Introduction to the Research Methods of Political Science

“十二五”普通高等教育本科国家级规划教材

新编政治学系列教材

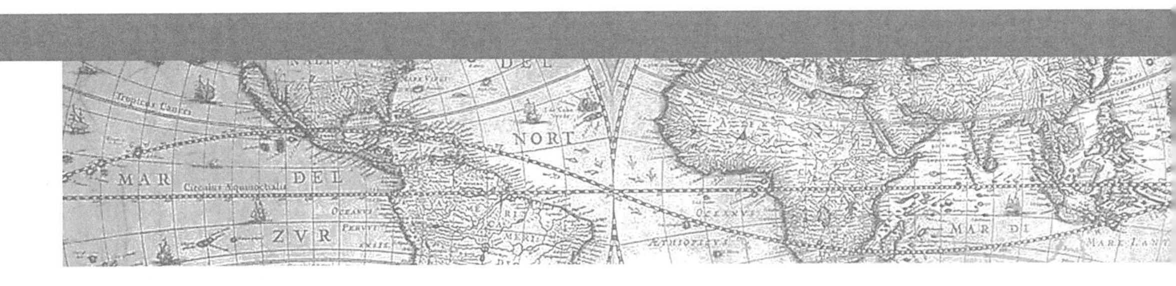

政治科学研究方法概论

方 雷　王元亮 主编

北京大学出版社
PEKING UNIVERSITY PRESS

图书在版编目(CIP)数据

政治科学研究方法概论/方雷,王元亮主编. —北京:北京大学出版社,2011.3
(新编政治学系列教材)
ISBN 978-7-301-18541-4

Ⅰ. ①政… Ⅱ. ①方… ②王… Ⅲ. ①政治学-研究方法-高等学校-教材 Ⅳ. ①D0-3

中国版本图书馆 CIP 数据核字(2011)第 022182 号

书　　　名: 政治科学研究方法概论
著作责任者: 方　雷　王元亮　主编
责 任 编 辑: 张盈盈
标 准 书 号: ISBN 978-7-301-18541-4
出 版 发 行: 北京大学出版社
地　　　址: 北京市海淀区成府路 205 号　100871
网　　　址: http://www.pup.cn　电子邮箱: ss@pup.pku.edu.cn
电　　　话: 邮购部 62752015　发行部 62750672　编辑部 62753121
出版部 62754962
印　刷　者: 北京虎彩文化传播有限公司
经　销　者: 新华书店
730 毫米×980 毫米　16 开本　21.25 印张　382 千字
2011 年 3 月第 1 版　2023 年 1 月第 5 次印刷
定　　　价: 53.00 元

目　　录

第三部分　政治科学研究的技术手段：从设计到实施

导　论

一

回顾人类社会政治生活的发展历史,我们可以清楚地看到,自古以来先后经历过从贤人政治到神权政治再到理性政治,从阶级政治到团体政治再到政策政治等不同的阶段和形态。人类社会纷繁复杂的政治生活时刻吸引着古今中外的思想家对其孜孜不倦的思索,由此推动了政治学科的不断发展。

政治学自产生以来就存在着两大学术分野,也就是所谓政治学的两大基本属性,即规范性和科学性。政治学的规范性一般指的是政治哲学,政治学的科学性一般指的是政治科学。19 世纪中叶以前西方政治学的发展,整体上看始终以政治哲学研究为主,其间虽曾有像亚里士多德和马基雅维利这样的从经验入手分析政治现象的政治思想家,但为数不多,直到休谟区分科学与哲学的界限,孔德提出实证主义之后,政治科学的研究才逐渐占据主导地位。

现代意义上的政治科学(Political Science),从时间上可以追溯到19 世纪末和20 世纪初美国政治学研究的兴起。1880 年在美国学者柏吉斯的倡议下,哥伦比亚大学成立了政治研究院,1903 年美国成立了政治学会。政治学由此获得独立学科的地位,这也标志着西方政治学的发展进入了现代时期。可以说,政治科学研究发展到20 世纪才真正具备现代政治科学的专业特征。在此之后的政治科学高歌猛进,已经相继经历了三次发展高峰。按照阿尔蒙德(Gabriel A. Almond)的归纳,这三次高峰分别是:(1)“芝加哥高峰”,其主要特点是有组织的实证研究,强调对政治的心理学与社会学解释,侧重于定量研究。(2)“行为主义高峰”,其主要特点是:政治科学的专业化水平急剧提高,子学科不断进步,政治科学在全世界范围内广泛传播。(3)“理性选择/方法论上的个人主义”高峰，此时的主要特点是注重理论演绎，强调使用数学方法和建构经济模型。①

现代意义上的政治科学同传统政治学的区别，主要体现在不同的方法论上。包容于政治哲学之中的传统政治学偏重理论思辨和政治制度的研究，虽然成果浩如烟海，但很难全面解释人类社会进入20世纪以来出现的有别于从前的政治现象。原因在于，传统政治学忽视了一个重要的趋势，即20世纪之初立足于经验哲学基础上的实证主义，在自然科学和其他社会科学的影响下，政治学者提出要研究人类的政治行为，他们指责传统政治学把不高明的、印象式的、粗疏的、怀疑主义的而又怀有偏见的研究，当作煞有介事，并且以科学名义写出来，他们批评政治哲学著作的汗牛充栋除支持著作家的价值偏好外别无作用，没有把统计及计量方法做更好的运用。这些不满酝酿产生变化，刺激了行为主义政治学的产生。

罗伯特·达尔认为，这种对传统研究的抗议运动已成功地使政治研究与现代心理学、社会学、人类学和经济学的理论、方法、调查结果紧密地结合了起来，形成政治学的新研究途径，即政治科学。美国政治学家伊斯顿将以行为主义方法论为主导的现代政治科学的特征归纳为：规律性、可证性、技术性、数量化、系统性、纯科学、整合性。

尽管行为主义政治学本身是一个十分模糊的概念，在这个旗号下充满着标新立异、自我评价和相互攻击，但作为一种新的政治研究方法，在一定程度上克服了传统政治学研究的局限性，客观上提高了政治理论的分析能力，促进了政治学研究的科学化。行为主义政治学从产生之日起就不断地遭到人们的批判和责难，其最大的缺陷就是其价值祛除的原则，由于回避对社会政治问题作出价值判断，强调使用调查方法和计量方法说明政治行为，醉心于数字和统计，热衷于数字的堆积和烦琐的求证，既无法说明宏观问题和政治现象的实质，也不能解释和预测社会的政治发展，反而日益脱离政治生活，因此，20世纪70年代开始走向衰落，为后行为主义所代替。

达尔从四个方面分析了行为主义政治学的不足。他认为，如果说政治学研究中的行为主义在对抗传统政治学中恢复了社会科学的统一性，那么它却与其他方面分裂了。那些分裂的部分也许永远不会沿着过去的路线真正重新联合起来。他所指的这些分裂在于：一是很难承担起政治哲学家的历史性任务；二是很难系统地运用那些已经发生的事，即历史；三是忽视政治变迁；四是缺乏想象力。

① 参见〔美〕罗伯特·古丁、汉斯-迪特尔·克林格曼编：《政治科学新手册》，钟开斌等译，生活·读书·新知三联书店2006年版，第66—67页。

时下每当谈到政治学的发展,不能不说其是欧美文化霸权主导下的知识体系,或者说当下的政治科学研究带有高度的美国化色彩。不仅发展中国家的学者以美国政治科学研究为圭臬,而且欧洲国家的很多学者也都在使用和传授美国政治学者创立的理论工具和知识。进入20世纪90年代之后,政治科学研究又经历了一次范式革命(paradigm revolution)。这次范式革命显然不能单纯地再用后行为主义(post-behavioralism)来概括,有人称之为政治学的后现代。伊斯顿在1991年发表的《政治科学的发展》一文中指出:"这个领域的发展大大加深了政治科学研究的深度和多样性,但也带来了碎片化(fragmentation)、资讯过量(communication overload),太多的研究途径、学派冲突、党同伐异,使得政治学作为一整体性的知识,已不能再称之为进展,也不再能继承前人的步伐,有自信地迈向未来。"[①]可见,政治科学研究的多中心、分歧化现象日益加剧,因此,建立普遍性的、世界性的政治知识已是不可能的事了。我们理解,这种政治学的后现代主义实际上要求各国学者研究政治问题时必须把它放在其所在的政治文化的脉络中,才能了悟其政治发展。对于中国学者来说,我们首要的还是学习西方学者创立的各种理论工具和范式,把它运用到实际问题的研究中,进行政治陈述,建构自己的学科体系。

二

学习任何一门科学,方法都是特别重要的。所谓政治科学研究方法是指在研究政治现象的过程中所采用的原则、程序和手段的总称。它直接决定着政治学体系是否完整、政治学解决实际问题的功能能否发挥等,在政治学的学科体系中占有举足轻重的地位。无论是进行规范性问题还是进行经验性问题的研究都需要相对应的方法指导我们认识问题、分析问题和解决问题。

政治科学研究往往开始于一个或一系列概念的界定,这些概念能够用来确立研究对象。在某种范围内按照某种研究方法组织和修正这些概念体系,综合来自不同方面的经验材料,确立研究视角与研究方向,在这个过程中,同时涉及概念分析和经验研究,通过某种模型将自己的研究所得组织起来,并有可能提出某种新的假设,发现某种新的模型,并最终发展为一种全面的解释理论。

研究方法,也可以称为概念体系、模型框架、研究路径等等,研究方法的启发性价值往往大于解释性价值。研究方法最大的用途也许就是提出有待验证

① David Easton, John G. Gunnell and Luigi Graziano, eds., *The Development of Political Science*, London and New York: Routledge, 1991, pp. 1—2.

的假设。因此,科学的研究方法是科学的发现而不是解释。研究方法在科学发现中的作用还可以表现在,科学发现中的变化不是由新的材料或观点引起的,而是由新的方法所导致的,是由发生在科学家自身头脑中的转变所引起的。

几乎所有观念、理论和模型都隐含着价值或假定,这也是难以建构纯粹经验理论的原因所在。拿概念来讲,人们在使用中就怀有褒扬(如“民主”、“自由”和“正义”)或贬斥(如“冲突”、“无政府”、“意识形态”,甚至包括“政治”)的不同感情倾向。模型和理论包含着多种偏见,从这个意义上讲,它们也是“诱导性的”,例如,我们难以接受理性选择理论是价值中立的说法。该理论的基本假定认为,人类根本上是自私自利的,这种理论的政策结论往往具有政治保守倾向实不足为怪。同样,马克思提出的政治的阶级性,也是以更为广泛的历史和社会理论为基础的。

因此,分析工具,如模型和微观理论,建立在更大的宏观理论基础上有其合理性。这些政治分析的主要理论工具包括多元主义、精英主义以及阶级分析等,它们解决权利和国家角色的问题。在更深的层次上,许多宏观理论又反映出了某种主要意识形态传统的假定和信念。这些传统颇有些像库恩(Kuhn)在《科学革命的结构》(1962)一书中所称的范式。“范式”一词通常有如下含义:一是指一项重大的科学成就所构成的,在一定时期内规定科学发展方向的指南;二是指包含一种图景、思路与看法的“形而上学的假设”;三是指特定时期某个科学共同体所恪守的信念;四是指一套特定的符号、模型与范例。[①] 我们认为,范式是一套帮助建构知识探究过程的相关原则、学说和理论,它实际上构成了进行知识探索的框架。在经济学中,从货币主义(monetarism)取代凯恩斯主义(Keynesianism),或许还有随后又到新凯恩斯主义(neo-Keynesianism)的转向,可以看到范式的影子;在运输政策中绿色环保理念的兴起,也显示了范式的作用。按照库恩的说法,自然科学的支配范式任何时候都只有一个;科学通过一系列新旧范式更替的革命获得发展。但政治和社会研究就大为不同,它们本身就是对立和竞争性范式的战场。这些范式以一般社会哲学的形态出现,通常称之为政治意识形态:自由主义、保守主义、社会主义、法西斯主义、女性主义等。每一种意识形态都对社会存在有自己的一套解释,提出了独特的世界观。当然,将这些意识形态描绘成理论范式,并不是说就促进一定团体或阶级的利益,多数(如果不是所有的话)政治分析具有狭隘的意识形态特性。相反,这仅仅是承认政治分析通常是以某种意识形态传统为基础进行的。例如,许多政治

① 严强、孔繁斌:《政治基础理论的观念——价值与知识的辩论》,中山大学出版社 2002 年版,第 111 页。

科学理论就是在自由—理性主义假定的基础上确立的，因而打上了自由主义传统的印记。[1] 所以，虽然我们不能独立于我们的价值，但我们要尽量独立于我们的研究对象，即使在政治科学研究中，绝对的价值中立是不可能的，但我们在研究之前至少要清楚地了解自己的价值立场，这也是政治科学研究的必要条件。

三

所谓科学，既包括科学研究的结果，即科学的结论，也包括科学研究的过程，即用科学的方法搜集与分析经验资料，从而获得关于事物的一般性知识，也就是通则。但与自然科学的通则不同的是，包括政治科学在内的社会科学的通则通常代表的是概率性通则。而且影响一个社会政治现象因变量的自变量往往不止一个，甚至这些自变量之间也存在着复杂的关系，因而对社会政治现象因变量的解释往往难以像自然科学那样用一种一一对应的函数关系来表达，社会政治变量之间的关系体现的是一种统计规律性。也就是说，政治科学规律无法与所有的观察个案准确吻合，也无法准确预测未来的每一个政治事件，它所描述和预测的只是政治变量之间的概率关系，所谓政治科学的通则就是代表政治变量之间的统计规律性。

政治科学研究的目的是发展和提炼一种通则或理论，从而形成对于人类社会政治现象的系统的、有组织的知识，以使复杂的社会政治现实简化，易于理解，从而帮助人们更好地认识政治现象及其规律。政治理论的目的就是要对复杂的社会政治现实进行简化，没有被政治理论系统化的社会政治现实，对于人们来说，往往是难以理解的、复杂的、混乱的。对此，美国政治学家亨廷顿曾经做过精彩的论述："一个较复杂的模式将比一个较简单的模式更接近于现实。然而，这会为了现实而牺牲简化，而且，如果走得过远，会导致拒绝所有的范式和理论。"[2]他又说："如果我们想要认真地对世界进行思考，并有效地在其中活动，某种简化现实的图画、某种理论、概念、模式和范式就是必要的。"[3]对于我们究竟需要一个什么样的简化的理论，他进一步解释道："我们需要一份这样的地图，它既描绘出了现实，又把现实简化到能够很好地服务于我们的目的。"[4]

---

① 〔英〕安德鲁·海伍德：《政治学》，张立鹏译，中国人民大学出版社2006年版，第26页。

② 〔美〕亨廷顿：《文明的冲突与世界秩序的重建》，周琪等译，新华出版社2002年版，第17页。

③ 同上书，第9页。

④ 同上书，第11页。

理论对现实的拟合度①与理论的简化两者往往不能兼得。要使理论对现实的拟合度高,所需要的理论往往要包含较多的变量,理论就会变得复杂;而要使一个理论简化,就意味着要使用较少的变量,这就可能使理论对现实的拟合度降低。

如何简化复杂的政治现象并形成理论,莫里斯·迪韦尔热研究政党的例子给了我们很好的示范。在这个例子中,他主要关注的问题是为什么有些国家是两党制,而另一些国家却发展成为多党制。②

他面对杂乱无章的政治事实,包括数十个国家以及这些国家在不同的历史时期所具有的政党数目和不同的政党类型,提出了如下理论假设:(1) 如果社会冲突交叠;(2) 如果选举体系不惩罚小的政党,那么这个国家将会发展成多党制,否则,将会发展成两党制。③

他的论证如下:(1) 如果一个国家内部有一个以上的冲突同时发生,而且卷入这些冲突的人们是交叠的,那么这个国家内部将会有两个以上的政治观点。政党作为选民利益诉求和政治诉求的表达机制,会对这些政治观点进行回应,如果每一个政党对应于一种政治观点,则政党的数目将会上升。(2) 如果选举体制按照不利于小党的方式建立,那么,这种趋向将会被抑制。例如,如果要求候选人在选举中获得绝对多数而不是相对多数的选票,这种要求会使得一些特定的集团妥协他们的立场,从而融合到更有机会获得胜利的更大的政党里面,这种过程逻辑上将会导致两党制。

这样一种政党理论,简化了政治现实的复杂性,给了一条有用的线索帮助我们认识不同国家的政党制度。但是这样一种理论,并不是无一例外地适用于所有国家的政党制度的,也就是说,对于迪韦尔热的政党理论,存在一些例外,比如说,根据他的理论预测应该发展成两党制的国家最终却形成了多党制。这样的例外并不意味着这一理论被彻底证伪了,或者毫无用处了,因为社会政治现实的复杂性,不存在像自然科学那样的严格的没有反例的社会规律。

在这样的情况下,我们仍然需要理论来深化对现实世界的认识,因为如果没有社会规律对社会政治现实的简化,正如威廉·詹姆斯所说,如果没有这样的思想产物,就只有“一团乱七八糟的混乱”。

亨廷顿对冷战结束以后国际冲突的研究,给我们提供了另一个很好的示

---

① 拟合度,英文是“goodness of fit”,是指理论预测模型与现实的吻合程度,通常用来检验理论假设与现实的一致性。

② 参见〔美〕W.菲利普斯·夏夫利:《政治科学研究方法》,新知译,上海人民出版社 2006 年版,第3页。

③ 同上。

范。他从冷战结束以后纷繁复杂的国际冲突中,提炼出了文明的冲突的理论。他认为他提出的文明的范式对于理解20世纪结束之际的国际政治,提出了一个"相对简单但又不过于简单的地图"。他说对于理解这些冲突,冷战范式已经过时,国家主义范式也没能提供很多帮助,混乱主义范式不能提供任何线索,而文明的范式对于理解和解释这些冲突显示出了高度的相关性。"如果把90年代任何其他六个月发生的类似事件汇编成一个清单,就会发现它们都显示出文明范式的相关性。"①世界既不是一个(混乱的范式或单极范式),或者两个(东方和西方,南方和北方,资本主义阵营和社会主义阵营),或者184个(国家),也不可能是近乎无限多的部落、种族集团和民族。而从七八个文明来看待世界,可避免许多困难。②

亨廷顿对自己提出的文明的范式的适用性有着清醒的认识,他说:"文明的范式为理解20世纪结束之际世界正在发生什么,提出了一个相对简单但又不过于简单的地图。然而,任何范式都不可能永远有效。世界政治的冷战模式在40年中是有用的和相关的,但它在20世纪80年代末已经变得过时了。在将来的某一时刻,文明的范式将遭受类似的命运。"③

四

政治学研究中高度抽象思辨的纯粹的规范研究属于政治哲学的范畴,大多数的政治学研究都是实证的,都具有某种科学的因素,都属于政治科学的范畴。社会调查也是政治科学领域实证研究通常利用的方法。我们这里把政治科学研究的类型作一下划分:

1. 基础性研究和应用性研究

关于政治科学研究的类型,一种最基本的区分是可以分为基础性研究和应用性研究。比如,现在研究项目的申报,一个很重要的需要填报的项目就是你准备从事的研究是基础性研究还是应用性研究。

基础性研究也叫做理论性研究,主要是侧重于基础性的理论问题。应用性研究也叫做政策性研究,侧重于研究现实问题,尤其是针对某类现实问题提出解决的对策。

理论性研究与应用性研究的主要区别在于研究的侧重点不同,可以用于同

---

① 〔美〕亨廷顿:《文明的冲突与世界秩序的重建》,周琪等译,新华出版社2002年版,第22页。
② 同上书,第18页。
③ 同上书,第19页。

一个主题。在同一个研究领域内，可以从基础性研究或实用性研究角度去从事一项研究，比如国际关系理论与具体外交政策的差别，公共行政理论与公共政策的差别。有的学者专门研究国际关系理论，如提出区域主义，对国际格局的类型进行分类等等，这些理论基本不涉及具体的外交政策。而有的学者则从事外交政策或战略的研究，如分析影响中美关系的因素，并提出如何发展中美关系的对策；或具体分析当前国际格局的现状，进而分析中国如何面对这种国际格局。在公共行政方面也是如此，有的学者从事理论方面的研究，如提出“新公共行政理论”，或者研究政策科学。而有的学者则就某些现实的问题进行分析，如怎样对待农民工的问题，并提出具有针对性的政策建议。

相比较而言，基础性研究具有理论性和抽象性的特点，在有些学科中特别突出，如文史哲，而管理类可能更多的是实用性研究。当然，即使在文史哲领域，也不是只存在基础性研究。比如文艺美学可谓是理论性很强的一种，但是在这个领域内也可以进行如何加强对青少年的美育教育的实用性很强的研究。

总的来说，高校和一般的科研单位所进行的研究的目的侧重于理论性研究，而那些与政府机构或大的企事业单位挂钩的研究所的研究目的侧重于应用性研究。当然，一项研究的目的，可能两个方面都要包括，但会有一个主要的目的。即使是以理论探索为主，也会考虑到现实的需要。比如，如果研究西方的政治理论，研究者往往着眼点也在于这些理论对中国有无参考价值。而即使是以解决实际问题为主，研究者也需要借助于一些理论视角。

2. 个案研究与比较研究

个案研究当然是相对于总体研究而言。相对于一个集体，集体中的一个人就是个体；而如果相对于整个国家，那么一个省份也就是个体；而相对于整个国际社会，那么一个国家就是一个个体。有的时候，因为总体太大，不可能对全体进行研究，往往只能从个案角度进行研究，或者选取某些个案进行研究，如很多论文的题目还有一个副标题，往往言明“以×××为个案”。

与个案研究相对，还有比较研究。比较研究可分为纵向比较和横向比较。纵向比较是按时间跨度进行的比较，把研究对象划分为不同时间段进行比较；而横向比较是按空间跨度进行比较，在同一个时间段上对不同的个体进行比较。值得一提的是，这两种比较方法得出的结论有时是有很大的差别的。

如对中国20世纪50年代以来经济发展成就的考察，纵向比较与横向比较所得出的结论差别就相当大。如果按照纵向比较，中国从50年代以来，国民生产总值和人均国民生产总值都增长达100多倍（以人民币来衡量）。20世纪50年代初，中国每年也就能够生产几十吨钢，但现在年产上亿吨，成为世界第一大钢铁生产国。因此，从这个结果我们似乎可以说，中国50年代以来经济发展取得了空前的成就。但是如果我们进行一下横向的比较,结果可能就不这么乐观了。我们可以与近邻的韩国进行比较。在50年代初,中国与韩国的经济发展水平相近,都面临恢复经济的任务。然而,50年后,韩国的人均国民生产总值达到1万美元以上,而中国只有1000多美元,相差近10倍之多。这么一比较,我们对自己的认识就会清醒许多。至于形成这种差别的原因,不是我们这里所需要探讨的。事实上,二战后东亚很多国家的经济发展速度都非常快,比如日本、泰国、马来西亚等。我们现在以每年接近10%的增长速度而自豪,而日本在整个20世纪60年代的10年时间里,其年经济增长速度平均都在10%左右。当然,我们还可以与一些经济发展速度不那么快的国家比,如印度,那么中国的经济增长速度无疑就算高的了。两国在50年代初的经济发展水平也接近,但是印度现在的人均国民生产总值只有中国的一半。

因此,比较的全面是非常重要的,否则会得出十分片面的结论。在进行比较研究时,在纵向比较的同时,不可忽视横向比较的价值和必要性。[①]

3. 定性研究与定量研究

在政治科学研究乃至整个社会科学研究中,传统上存在着定量研究与定性研究的分野。尤其是马克思主义的辩证唯物论认为,一切事物都是质与量的辩证统一体,同时具有质和量两种属性。因此,要获得对于事物的科学知识,反映事物的真实面目,全面地认识事物,既要对事物进行质的研究,即定性研究,也要对事物进行量的研究,即定量研究,两者不可偏废。

(1) 定性研究

国外的研究者通常将定性研究称为质的分析或质性分析(qualitative analysis),而将定量研究称为量的分析或量化分析(quantitative analysis)。一般认为,质的分析强调对事物的性质和内涵进行考察,在认识论方面主要依据社会建构主义,主张通过用解释主义和诠释学的途径来考察概念被创造并被赋予的意义,强调对事物的认识会受到情景的框架和限制,所采用的研究策略主要有个案研究、民族志、现象学、符号学、历史比较、叙事法、文本分析、女权主义、解构主义等方法,甚至也运用统计、表格、图表等技术手段。质的分析中,研究者本人对问题和概念的诠释、理解发挥着核心的作用,认为社会政治历史事件不是单纯的观察和描述,而是一个需要不断被研究者去解读、诠释并被赋予意义的认知对象,因而普遍认为,质的分析很难摆脱研究者的主观价值因素的影响,做到价值中立。定性研究所使用的上述方法或技术中,没有一种方法或技术居

① 有学者撰文强调:“必须把国与国之间的横向比较看成是一项使国家立足于世界民族之林的战略性任务。”见张宏毅:《重视国与国之间的横向比较研究》,载《世界经济与政治》2005年第7期。

于核心或主要地位，或者说，定性研究所使用的方法具有多元特征，不同的研究者在同一领域中要对基本的定义达成一致都很困难，因为它们可能根本就不是指同一件事情。

马克斯·韦伯对资本主义精神的研究为我们提供了一个定性研究的范例。在韦伯的时代，人们通常认为资本主义精神的主要特征即是利己主义、拜金主义和纵欲主义。韦伯阐述了对财富的欲望和追求是一切时代所有的人所共有，并非资本主义所独享。他进一步阐述了对财富的无节制的追求和对欲望的无节制的满足从来就不是资本主义精神的主要特质，而是相反，资本主义精神的特质是以清教伦理对上述欲望的节制和理性约束为根本特征的。他认为理性的具有自由劳动的资本主义组织方式与清教伦理的节制行为相结合导致了资本的迅速积累和经济的快速发展，这就说明了为什么有清教徒而不是天主教徒或其他宗教信徒的地方，资本主义都得到了较快的发展的原因，成功地阐述了早期资本主义在荷兰、英国和美国的巨大成功。这就有说服力地颠覆了人们通常认为的资本主义精神乃是资本主义社会中充斥着的利润至上、拜金主义和纵欲主义，得出了以职业观念为基础的理性行为是近代资本主义精神乃至整个近代文化精神的基本要素，而这一要素是从基督教禁欲主义中产生出来的。

道格拉斯·诺斯对于经济史的研究为我们提供了另一个定性研究的经典范例。传统的经济增长理论认为，专业化、劳动分工、技术进步是西方世界兴起的根本原因，而很少涉及制度因素。诺斯从经济增长首先在荷兰和英国出现，而没有在整个西方世界出现，尤其是没有在荷兰和英国的近邻西班牙和法国出现，其原因就在于英国和荷兰出现了产权制度的变革，从制度上激发和保护了经济领域的创新活动。这样，制度就不再是经济增长的背景因素或外生变量，而成为资本主义经济发展的关键因素，产业革命也不再是现代经济增长的原因所在，而成为经济发展的结果。

通过以上定性分析的案例，可以看出有说服力的定性分析，不仅包含了对历史概念的深刻辨析，比如资本主义精神，找到一个不是模糊不清的，而是一个拥有坚硬内核的概念；而且对概念之间关系的论述，不是泛泛而论、大而化之，而是通过认真地比较、对照分析，不仅要说明合乎原有理论的例子，更要解释原有理论的反例，使自己的理论概括突破原有的框架，具有更强的解释力。

韦伯打破了宽泛的资本主义精神的概念，确立了自己对于资本主义精神的新的内涵的定义，并在此基础上解决了原有理论所遇到的纵欲主义与资本积累的矛盾，找到了清教徒的而不是宽泛的基督徒的宗教伦理是导致经济增长在英国等清教徒人数较多的地方出现的根本原因。

诺斯的分析则是看到了原有的经济增长理论因为只注重技术创新因素，从而无法解释经济增长何以在英国、荷兰、美国出现，而没有在拥有相同技术条件的法国、西班牙出现这一矛盾。他通过比较这两种情况，找到了制度变迁是导致经济增长率先在英国、荷兰和美国出现的原因，并进而论证道，即使技术没有进步，仅仅通过制度变革，也可以通过减少经济中的搭便车行为、激发生产积极性来达到经济增长。

塞缪尔·亨廷顿就变革社会的政治秩序和冷战后的国际冲突所作的研究堪称政治学领域定性研究的又一典范。在对变革社会的政治秩序所作的研究中，他敏锐地意识到现代性可以带来稳定，而现代化过程却会带来大量的不稳定因素，因此一个社会要成功地实现政治转型，最重要的不是照搬在英国、美国等国家已经确立并行之有效的选举制度、分权制度，而是建立合法的、稳定的、有权威的政治组织和政治秩序。政治转型和现代化过程会动员起广泛的政治参与和利益诉求，如果缺少稳定的、有权威的政治组织和政治秩序来吸纳和有序疏导这些现代化过程中动员起来的广泛的政治参与，或者说政治参与大大超过政治制度的承载能力，就会造成参与危机，而没有组织的政治参与会堕落为大众运动或街头暴力，造成政治不稳定，这将严重影响政治共同体的生存，影响政治现代化进程。他指出，通过政治改革来实现政治转型比通过革命的方式通常需要更高超的政治技巧。他同时预言，对转型期国家而言，多党制是软弱的政党制度，而两党制容易因为其天生的两极性，会随着政治参与的扩大将严重的分裂带进政治体系。二战后转型期国家的政治现代化进程证明了他的预言，他随后列举了包括土耳其等国的例子，为他的政治发展理论和政治秩序理论提供了丰富的证据。乌克兰橙色革命导致的政治分裂、泰国的红衫军运动导致的政治不稳定等都为亨廷顿的分析和预言继续提供着精彩的注脚。

亨廷顿通过对冷战后国际冲突的分析，发现了多数国际冲突沿着文明的断层线展开，提出了国际冲突的文明范式。他指出人和人类群体在社会交往中首先需要界定自我，而确认新的身份认同，而在冷战结束之后，人类群体之间以意识形态为主的“你站在哪一边”的认同标准逐渐淡化甚至消失，“你是谁”的认同标准再次浮现出来，从而重新确认了延续几千年的以价值观、信仰、体制等为基本要素的文化和文明身份的认同。他以历史和当下的国际冲突的事例为他的分析和论断提供了实证支持。他还作出了文明的范式在 20 世纪末和 21 世纪初的有效性的预言。他的文明的范式为观察、解释冷战后的国际冲突提供了一个简单而有用的思维框架，至今仍具有强大的解释力。

上述关于定性研究的案例说明，作定性研究或质性分析时，对概念的辨析和清晰界定是研究的起点；对概念间的关系的分析、阐述，以至理论假设的提出是论述的重点；在最后阶段为理论假设提供实证支持同样不可或缺，这为理论的解释力的最后确立发挥着终极性的影响。

(2) 定量研究

定量研究或量化分析方法在认识论方面主要依据实证主义、证伪主义,承认事物客观性的一面,力图使对象客体的认识独立于认识主体的影响,这一实证的客观性原则在近代自然科学、实验科学的推动下,使人类告别了完全依赖于直觉、附会、巫术和奇迹的时代。以孔德为代表的早期的实证主义者试图将自然科学和实验科学的实证主义客观性原则推广到社会科学领域,并取得了一定成就。

尽管对社会政治现象的定义和测量面临种种困难,这并不能排除社会政治现象的某些客观性质,并不是说不可以利用在自然科学领域行之有效的定量方法对社会政治事实进行研究。相反,对社会政治现象的实证分析能大大扩充和改善人对自身以及人类社会的认识,弥补纯粹规范研究的不足。

到了20世纪上半叶,随着小样本统计推断理论的成熟,以统计分析为主要内容的定量研究在社会科学领域得到迅速普及和应用。在政治科学领域,因为定量描述可以较为精确、清晰地描述政治现象,并可以利用数据资料对政治理论进行验证,政治学者开始尝试用现代科学方法和实证方法研究现实政治问题,使政治研究科学化、定量化。从20世纪60年代开始,西方政治学出现了行为主义革命,以行为主义为代表的实证分析成为政治分析的主流,使政治学向政治科学的方向发展。

对社会政治现象的定量研究主要是指以问卷、量表、统计指标等方式测量社会政治现象,搜集数据资料并对社会政治现象进行定量分析,描述社会政治现象的存在状态和发展变化趋势,揭示社会政治现象之间的联系和规律性等。大规模数据收集已经渗透到了政治生活的各个方面,包括政府档案、国会档案、国会投票记录、选举统计、政党纲领、法律判例、选民问卷等。

迪尔凯姆对自杀现象的研究是社会科学领域定量分析的经典范例。他没有像许多医生和心理学家那样对自杀现象作病理学和心理学的个案分析,而是注重从社会的环境因素中寻求对社会现象的通则性解释。他仿照自然科学试验中常用的理念,运用差异法和共变法去寻求社会现象之间的联系。他比较了各个国家、地区、宗教、种族的自杀率,发现单个国家的自杀率在短期内变化很小,而不同国家的自杀率则有较大差别。通过比较分析,他先后批驳了气候等自然因素对自杀率的影响,发现宗教信仰、离婚率、政治动员等社会政治因素是造成不同群体自杀率差别的根本原因,并在这三个因素的背后提出了社会整合度的概念,发现社会整合度低的社会自杀率高,而社会整合度高的社会自杀率相对较低,这样他就找到了自杀率在不同群体之间差别的根本原因。一个社会整合程度越低,这个社会就越处于失范状态,人们缺少必要的社会行动规范的指导,由此会造成痛苦,并进而造成自杀率升高。

社会政治现象在宏观层面上往往具有很强的统计规律性,迪尔凯姆对不同社会群体的自杀率的研究的成功之处正是基于自杀率在不同群体间的统计规律,因而具有很强的说服力。

相较于定性研究更多地与个案式模式相结合,定量研究比较容易达到通则式的解释。

从上述关于定性分析与定量分析的论述可以看出,对一项政治科学研究而言,将其区分为定性的或是定量的,可能并不是一种很好的分类方法,很少有研究是纯粹定性的或是定量的,因为一项完整的研究既包括对概念的辨析和界定,包括对概念(往往用变量来表示)间关系的建构,也包括用经验事实为理论建构提供实证支持,其间往往既有定性分析,也有定量分析。多数政治科学领域的研究采取的是一种包含了定性分析与定量分析的混合研究路径。

定量分析往往是实证的、经验的,但定性分析既有实证的、经验的,也有规范的、思辨的、形而上学的。

4. 规范研究与实证研究

在整个社会科学研究中,传统上还存在着规范研究与实证研究的分野。不论在汉语中的对与错、是与非,还是英语中的对(right)与错(wrong)通常都包含两层含义,既包括了“真”“假”事实判断,也包括“好”“坏”价值判断,这说明在我们的语言传统中事实判断和价值判断是经常混淆在一起的。

对于两者的划分,最早的论述要归于休谟。休谟认为哲学分为思辨的和实践的两部分。道德被归在实践项下,指导人们的情感和行为,超出知性的判断以外。“道德的准则不能由理性得来”,价值规范不是理性的结论。人们的情感、意志和行为不是理性的对象,因为“理性的作用在于发现真伪”,而人们的情感、意志和行为是“原始的事实或实在,本身圆满自足,并不参照其他的情感、意志和行为”,因此“它们就不能被断定为真的或伪的,违反理性或符合理性”。道德准则无法得到理性的辩护,也不来源于知性所能发现的任何事实。“应该”与“不应该”的命题,跟“是”与“不是”的命题相比,是一个新命题①,而且这两个不同类型的命题往往被不恰当地联系起来。

后来有些学者从这里出发提出了“休谟的铡刀”,认为休谟自此就把事实判断和价值判断截然分开了。其实,得出这一结论是过于仓促的。休谟在同一部书的后面,又写道:“如果有人问,道德感是自然的还是人为的,我认为我现在对

① 〔英〕休谟:《人性论》,关文运译,商务印书馆1980年版,第509页。

于这个问题不可能给以任何确切的答复。往后我们或许会看到,我们的某些道德感是人为的,而另外一些的道德感则是自然的。"他认为,"有些道德之所以引起快乐和赞许,乃是由于应付人类的环境和需要所采用的人为措施或设计"。他进一步说,"正义的规则虽然是人为的,但并不是任意的",即使"称这些规则为自然法则,用语也并非不当"①。

可以说,休谟认识到了价值判断和事实判断是两个不同类型的判断,并做了大致划分,但他的工作没有彻底完成。

马克斯·韦伯进一步阐述了休谟关于价值判断和事实判断二分的思想,提出了社会科学研究价值中立或价值无涉的建议,并将之绝对化。他认为一种价值规范的内涵无法由任何一种伦理学予以明确的规定。诸如人们"是否对于那些成就甚多的人所欠也甚多,或者相反,对于能够成就甚多的人要求也应更多,人们是否应该比如在'正义'的名义下(其他的因素诸如必要的'刺激'暂时不予考虑)给卓尔英才以更多的机会,或者相反,人们是否应该力图通过严厉的预防措施消除由不平等的智力天赋造成的不公正,从而实现平等化,而这种措施就是:那些因能力带来声望的杰出人才决不利用他们较好的机会牟取私利,——所有这一切都无法通过'伦理的'前提来解决。然而,绝大多数社会政治问题之中的伦理问题都属于这种类型"。"这些原则彼此处于永恒的矛盾之中,而纯粹以自身为根据的伦理学方法是无法解决这个矛盾的。"他又说,"一个无论多么精心构造起来的'价值'体系也无法处理这种情况中的棘手问题",因为"它所涉及的真正问题不是各种价值之间的选择,而是诸如'上帝'和'魔鬼'之间的无可调和的殊死斗争"。而且"在这类对立之间,无论相对主义的态度还是妥协让步都是不可能的"。"种种人所向往的或强加的、出于具体对立之中的目的之间的冲突应该如何调解",事关选择和妥协。有资格对此作出裁决的任何理性的或经验的科学程序并不存在。他做结论说,"我们严格的经验科学最不宜妄称它可以免除个人的这类选择,它也不应该造成它能够这样做的印象"②。

此后一段时间,韦伯对价值判断与事实判断所作的这种严格界分,成为社会科学界广为接受的标准,这在很多情况下有助于减少科学讨论与评价性判断之间的混淆。

随后,波普尔沿用古希腊哲学的传统,以自然和社会约定的二元论展开论

---

① 〔英〕休谟:《人性论》,关文运译,商务印书馆1980年版,第524页。

② 〔德〕韦伯:《社会科学和经济科学价值无涉的意义》,韩水法译,载《社会科学方法论》,中央编译出版社1993年版,第153—154页。

述,就事实与价值二分法,作了哲学上的阐述和说明。

他认为,我们通常使用的术语"社会法则",混合了两种概念,一种是规范性法则,即可以由人来设计、执行和改变,因而人对这些规则是负有道德责任的;还有一种指的是社会生活的重要的自然规律,即社会学规律。对这两种法则,即自然的和规范性的法则做出区分是有益的。

他认为,规范与规范性法则是人为的,并不是说人可以随意改变它们,而是说"人能够评判和改变它们",因而是人(而不是神或自然)对它们负有责任,不管这些规范是有意识地被人们所设计的,还是逐步被人们发现的。如果人们发觉某些规范令人不快,那人们就可以尝试去改进它们。但这种人为绝不意味着完全的"任意性"。规范性的法则,无论它是一项依法制定的法律,或者是某项道德戒律,都能够由人来强制执行。"它并不描述事实,而是规定了我们行为的方向。"①

以上就是价值和事实二元论或者二分法的主要观点,但对这些观点并非没有异议。库恩指出,在一些重要情景中,规范性和描述性根本无法区分,"实然"与"应然"并不总是像过去所认为的那样泾渭分明。② 阿马蒂亚·森指出,我们通常的价值判断分为两类,一类为基本的价值判断,一类为非基本的价值判断。③ 布劳格则将其称为"纯粹的"价值判断和"不纯粹的"价值判断。④ 如果一个价值判断是"非基本的"或者"不纯粹的",则这个价值判断中就不仅包含了价值的因素,也包含了事实的因素,那么对这样的价值判断的争论就可以依据其中的事实因素做出某种裁决。因为对事实方面的争论进行比较和裁决,可以采取科学的方式,不涉及价值争论。在社会领域的大多数价值判断都是"不纯粹的",这为我们对这些价值判断进行讨论和理性分析提供了可能性。

在科学的或思辨的讨论中,明确地区分其中的事实(fact)因素和态度(opinion)因素是重要的,这有助于区分论断中的客观因素和主观态度,有助于对讨论中的事实因素和态度因素采用不同的原则、标准进行分析和裁决。但如果就此认为,事实因素(完全地或不完全地)无法影响价值判断,则罔顾人类思想史的事实。在我国古代社会、西方近代以前,古人的信仰、价值观、社会规范以及法律等,以他们认为的事实,即各种各样的神话传说、上帝、天道以及自然理性等为基础,当近代科学革命从某些方面彻底地推翻了这些神话传说,甚至把地球、太阳从宇宙的中心挪移开之后,人们的宇宙观因为新的事实证据,发生了翻天

① 〔英〕波谱尔:《开放社会及其敌人》,陆衡等译,中国社会科学出版社 1999 年版,第 120—121 页。
② 〔美〕库恩:《科学革命的结构》,金吾伦等译,北京大学出版社 2003 年版,第 186 页。
③ A. K. Sen, *Collective Choice and Social Welfare*, San Francisco: Holden-Day, 1970.
④ 〔英〕布劳格:《经济学方法论》,商务印书馆 1992 年版,第五章。

覆地的变化,这是坚持价值、事实二元论并将其绝对化的学者无法否认的。事实因素,因为其客观性,会对人类的信仰和价值观产生持久的、革命性的影响,这是人类思想史的事实。西方的一些自由主义学派,以财产的神圣性,或者以自由市场制度的完善性为根据,拒绝一切对社会财富进行更公正的分配的做法,经常以价值和事实二分法做挡箭牌,认为人们的公正观和价值观不能从任何社会的或经济的事实中得出,也不能受到这些事实的丝毫影响。他们看不到,或拒绝看到,资本主义发展过程中出现的周期性的经济危机,就不仅反驳了自由市场制度的完善性,也反驳了以自由市场制度完善性为论证基础的某些价值观点。同样地,社会主义发展过程中也曾经出现了低效率和经济波折,这也反驳了计划经济制度的天然的优越性和完善性。

尽管规范研究与实证研究难以截然分开,但认识到两者的区别,认识到事实判断与价值判断在通常情况下是两码事,不将两者混为一谈,还是在很大程度上促进了近代以来社会科学的发展。

(1) 规范研究

最经典的规范研究当属柏拉图的理想国。柏拉图提出事物的本质,即事物的最初的和完美的存在形式是“理念”(idea)[①],人们日常观察到的一切事物只是其理念的摹本,而摹本总是存在失真,不再具有完美的特点。他认为当时的政体很不完善,是腐败的、有很大缺陷的。因而在政治理想上,他提出了哲学家为王的纲领。他认为哲学家热爱智慧,能够穷究并最终发现政治共同体的本质,并尽力实行,摆脱政治的不公和腐败,走向理想国。

我国的宋明理学,追寻“道统”,力图“发明本心”,提倡格物致知,达至“良知”,大意是穷究自然社会万物之理,并实行之,跟柏拉图的理想国虽不是一脉相承,却是殊途同归的。

当代的罗尔斯提出并论证了“作为公平的正义”的理想,他虽然运用了古代学者无缘援引的功利主义、契约论、全体一致等思想观点,但其论证是同样的抽象和形而上。

从上面的例子可以看出,规范研究认定人类社会,甚至自然万物,都有一个本质、本原或理念,虽然看不见、摸不着,却不仅不影响它的存在,而且应该是我们最终的追求。理念或善,在柏拉图那里,是一种客观实在,独立于人类的认识,不管它存在于形式世界还是逻辑之中,人类依靠逻辑思辨和理性分析,最终能够发现它。规范研究是高度抽象、思辨的,是形而上的,跟社会政治现实缺乏紧密的勾连,尤其是无法用经验事实进行验证。从这一点来讲,尽管规范研究

① 英语中的理想一词“ideal”,即由柏拉图的理念而来,是理念的形容词。

可以启迪人类的智慧,激发人的理想和信仰,却无法称得上是科学的。

规范研究得出的理念、完美理想等,虽然美好,因其缺乏与实践经验的勾连,既无法验证其结论,也不提供对其结论证伪的途径,因而容易形成思想的专制和垄断。

(2) 实证研究

与规范研究注重抽象思辨不同,实证研究除了进行思辨和逻辑推理以外,还认为人类的理念、知识和客观世界并不是自动统一的,人的认识是否为真,需要接受实践经验的检验。实证研究不排除在研究的某一阶段进行抽象思维和形式逻辑,但坚持人的思维结论,即理论假设,最终要和外部现实相勾连,并接受实践经验的检验。

定量分析通常是实证的,定性研究往往也是实证的。曼瑟·奥尔森在对集体和集团行为的研究中,认为集团或集体行动必须用统一的起源来解释,首先按照个体经济人的假设,利用理性选择原则,认为无行为主体的所谓的公共利益(或集体利益)是不存在的,并进一步推演出自己的理论假设:有理性的、寻求自我利益的个人不会采取行动以实现他们共同的或集团的利益,除非一个集团中人数很少,或者除非存在强制或其他特殊手段以使个人按照他们的共同利益行事。这就意味着一个大型的组织,除非其中某一个或少数几个主要成员承担主要费用,否则组织将不会存在。然后,就可以用现实生活中的例子来为自己的理论假设提供实证支持。例如北大西洋公约组织的军费中,美国一个国家作出了很大贡献,如果不是这样,这个组织要么不会成立,要么早就瓦解了。还可以观察行业协会中,是否最大的企业负担也最大,否则行业协会这一对所有行业内企业都有利的组织可能难以生存。

五

政治学者艾伦·C.艾萨克在其经典著作《政治学:范围与方法》中指出,政治科学包括两个方面:一是政治科学的内容或者它研究的是什么,一是政治科学的结构或者它是怎样研究它的对象的。而对于政治学家来讲,他所采用的方法,所作的基本假设,都将在某种程度上影响自己对政治科学的看法。并且"方法"和"范围"不可分离,其采用的方法在某种程度上决定了政治科学能够研究什么和不能研究什么。[1] 他还进一步阐述了政治学方法论与具体的研究技术的区别,"前者, 它指的是政治研究的基本原则和假设。也就是说, 政治学方法的研究离不开技术, 但其研究重心应该放在范式的探讨上"[2]。

现代政治科学各种研究方法分别从特定的视角出发、着眼于特定的层次、依据特定的原则提出特定的假设,它们之间相互区别并且应用于不同的研究范围。基于对"范式"的理解,我们把现代政治科学研究方法的分析路径分为三个层次:微观层次,即个体主义研究方法;中观层次,即团体主义研究方法;宏观层次,即整体主义研究方法。当然,还有其他许多政治科学的研究方法是无法按照这个划分归类的,如比较研究方法、个案研究方法等。

微观层次的研究方法将视角转向以行为者个人的行为或者心理为研究对象,其发端深受二战后行为主义的影响。微观层次的研究范式围绕的一个基本问题是:为什么人们以他们行事的方式作为。具体来说:第一,其基本的分析单位是个体行为。从这一点上来说,它在很大程度上是对以系统或制度为分析单位的整体研究方法的否定。认为始于 19 世纪的制度研究忽略了两个基本的现象:人与政治制度的相互影响,以及快速变革的社会和不安定对人和制度产生的政治影响。[3] 第二,行为主义认为可观察到的行为都应该是研究的重点,而任何行为背后都有更深层次的内在原因。因此他们认为,态度、观点、人格特性等往往被视为属于精神上的或者观察不到的活动,都与经验有关,是可实证性的,都可以用于解释行为的产生。第三,强调科学的方法。行为主义者强调对任何行为的解释都要经得起经验的检测。在具体研究手段上注重经验研究和定量分析,并且借鉴了大量社会学、心理学、经济学的研究方法。[4]

中观层次的研究既不同于前述从个人的行为和心理的层面来考察政治现象,也不同于系统理论和结构功能主义方法从抽象和一般层次上得出政治科学的普遍规律。虽然中观层次研究的出发点也注重个体在政治活动中的作用,但前提是个体一定要置于一定的与之相联系的团体之中,并且还强调团体整体作用的效果。这就使中观层次的研究成为联系宏观与微观之间的纽带。基于中观层次研究视角的理论模型主要有:角色理论、小团体理论、集团理论、精英理论。

---

① 〔美〕艾伦·C. 艾萨克:《政治学:范围与方法》,郑永年等译,浙江人民出版社 1987 年版,第 15 页。

② 同上书,第 1—2 页。

③ Jeanne N. Knutson, *Handbook of Political Psychology*, California: Jossey-Bass, Inc., 1973, p. 1.

④ 叶丽娟:《行为主义政治学方法论研究纲论》,载《武汉大学学报》2002 年第 9 期。

而整体主义的研究方法强调整体的体系环境对个体的影响及其作用，认为政治活动离不开整体的行为，结构的影响甚至是决定性的。作为认识论视角的整体主义研究方法具有三个基本命题：社会整体大于各部分之和；社会整体显著地影响和制约着其部分的行为或功能；个体的行为应该从自成一体并适用于作为整体的社会系统或者社会的法律、目的或力量演绎而来，从个人在整体当中的地位演绎而来。① 整体主义与个体主义之间最大的区别就在于，在研究的视角上体现为，是从整体或结构的角度还是从个体或行为角度出发；在研究进路上体现为，是从整体解释部分，还是从部分解释整体。而在整体主义研究方法内部，由于各种范式的理论假设和关注的重点不同，又可分为制度主义研究方法和政治系统研究方法两个部分。

最后，对于本书关于各种研究范式的划分，以及在具体的研究工作中对各种研究方法的使用做出以下几点说明：

第一，由于政治科学研究方法是一个庞杂的体系，包含许多不同的理论范式，对于各种研究方法的划分也有许多不同视角和标准，因此研究方法的划分中难免出现重叠的情况，人们还可以采用学科性划分的方法，即以各类研究范式采用和借鉴其他学科的基本理论的不同为依据，如制度主义理论、理性主义等借鉴了经济学的研究方法来研究政治现象，而其他范式比如学习—社会化的模型、角色理论等更多地采用了社会学、心理学的方法等。

第二，不同的研究范式之间存在一定的相关性。比如当讨论政治集团在政治体系中的地位以及如何影响政府决策时，必然会与公共选择理论相关。同样，在研究利益集团如何追求自身利益时，也已经以其理性假定为前提。又如，我们不能忽视社会精英在政治社会化过程中的重要作用。② 因此，并不是说这些研究方法因为基于不同的研究视角或者范围就只能单独运用于某一领域或层次的研究。相反，在实际的研究过程中，往往出现研究方法运用的交叉，人们可以从多个角度出发，运用多种研究范式研究某一特定的研究对象，或用不同的理论解释某一政治现象。而这种相关性也与各研究范式本身的特性有关。正因为特定的研究范式都是从某个特定的视角去研究政治现象，因此不可能顾及政治现象的各个层次和方面。

第三，所有的研究范式都有一定的缺陷，总有他们所不能解释的问题和现象。比如，个体主义过分强调个体的态度、性格等差异，却忽视了行为者履行政

① 〔英〕马尔科姆·卢瑟福：《经济学中的制度：老制度主义和新制度主义》，陈建波、郁仲莉译，中国社会科学出版社 1999 年版，第 33—34 页。

② Paula S. Rothenberg, *Beyond Borders: Thinking Critically About Global Issues*, USA: Worth Publishers, 2006, pp. 60—73.

治角色的职责和规范。正因为如此,才更需要综合运用多种研究范式研究和解释政治对象和活动。正如阿尔蒙德曾指出的,政治科学应避免将自身建设成各离散部分不好相处的堆集。在方法和取向方面确实存在不应加以否认的多元主义,然而它们不应“孤立”起来,而应当相互作用,应当兼收并蓄和彼此协同。①

① 〔英〕大卫·马什、格里·斯托克:《政治科学的理论与方法》,景跃进等译,中国人民大学出版社2006年版,第4页。

第一部分

政治科学研究的逻辑过程：从概念到理论

第一章

政治科学研究中的概念

概念是人类知识的基础材料,是我们思考、论证、解释和分析的工具。仅仅感知外在的世界本身并不能给予我们有关的知识,为了理解这个世界,我们在某种意义上要赋予它一定的意涵,我们通过建构概念来达到这一目的。“概念是一种通用的描述性词语。一个概念涉及一类事物而非单个事物的特征。”①概念有助于我们对事物进行区分,辨识事物共同的形态或特征。因此,概念是一般性的,可以与很多事物相关。② 政治科学研究也是通过形成可以描述世界的概念开始的。在解释任何事物之前,首先必须描述事物。从逻辑上说,“是什么”的问题要先于“为什么”的问题。只有形成了对事物的描述,并加以分类、排列、比较和量化,政治科学研究才能够起步。③

一、概念的界定

(一) 概念与语词、词项

概念(concept)是哲学、心理学等学科的研究对象,语词是语言学的研究对象,而词项是逻辑学研究的对象。④

“概念是反映一类事物特有属性的思维形态。”⑤事物的形式、关系、功能等

---

① 〔美〕艾伦·C. 艾萨克:《政治学:范围与方法》,郑永年等译,浙江人民出版社 1987 年版,第 354 页。

② 〔英〕安德鲁·海伍德:《政治学》,张立鹏译,中国人民大学出版社 2006 年版,第 22 页。

③ 〔美〕艾伦·C. 艾萨克:《政治学:范围与方法》,郑永年等译,浙江人民出版社 1987 年版,第 84 页。

④ 何向东主编:《逻辑学教程》,高等教育出版社 2001 年版,第 88 页。

⑤ 同上书,第 89 页。

都是事物的属性,有些属性是一类事物具有而其他事物不具有的,这种属性就成为事物的特有属性。

概念也可以说是"表达经过对特殊事物进行概括而形成的某种抽象观念的词汇"①。概念与语词是一种内容与形式的关系。一方面,概念表达和存在必须依赖语词,不依赖语词的概念是不存在的。概念是人头脑中的一种思维,是看不见、摸不着的,概念的表达和传递必须依靠有声或有形的语词来完成。另一方面,语词是概念的外在形式,是表示事物某种声音或笔画,它之所以能够表示事物,就是因为语词与人思维中的某种概念相对应。所以语词是概念的表现形式和载体,而概念是语词的思维内容。②

语词有很多种分类,艾萨克认为最简单和最实用的方法也许是把所有的语词分成逻辑的或描述的。③ 逻辑语词,一般仅表达语法意义而不表达概念,只是表示语词之间的连接关系,比如"或者"、"因此"、"但是"等等。而描述语词是指某些事物或其特征,比如"中国"、"民主国家"、"发展"、"正义"、"伟大"、"光荣"等等。根据一般语言学的划分,类似地也可以将语词分为实词和虚词两大类。实词(名词、动词、形容词、数词、量词、代词)都表达概念,而虚词(副词、介词、连词、助词、叹词、拟声词)一般不表达概念。④

描述性语词又可分为两种,一种是指事物的类别,即具有某些特征的所有事物,比如"美国总统"。另一种不是指可观察到某一类的事物,而是指某类事物的特例,比如"乔治·华盛顿"。第一种类型的语词叫做"全称描述语词",是对某一类事物的描述,可以表达概念。第二种类型的语词叫做"特称描述语词",是对具体事物的描述。特称描述语词不能够表达概念。⑤ 在政治科学研究中,我们更感兴趣的是前者。因为政治科学研究是通过对若干特定事物的考察和描述,来研究某一类事物的总体特征和规律,是对现实世界纷繁复杂事物的简化和概括,所以,必须借助全称描述语词对不同事物进行识别、分类。政治科学研究的起步就是从概念开始,从对个别、具体事物的观察、描述,走向对类的描述和解释。所以,对于政治科学研究来说,"美国总统"这个语词可以成为政

① Kurt Lewin, *Field Theory in Social Science*, New York: Harper & Row, 1951, p. 4.

② 楚明锟主编:《逻辑学》,河南大学出版社 2000 年版,第 22 页。

③ 〔美〕艾伦·C. 艾萨克:《政治学:范围与方法》,郑永年等译,浙江人民出版社 1987 年版,第 84 页。

④ 楚明锟主编:《逻辑学》,河南大学出版社 2000 年版,第 22 页。

⑤ 〔美〕艾伦·C. 艾萨克:《政治学:范围与方法》,郑永年等译,浙江人民出版社 1987 年版,第 86 页。逻辑学界一般认为专有名词没有内涵,不能表达概念,对专有名词所命名的事物不能下定义。而政治科学研究中的概念一般不包括专有名词。参见何向东主编:《逻辑学教程》,高等教育出版社 2001 年版,第 89 页。

治科学研究的概念,而"乔治·华盛顿"一般情况下不应当做政治科学研究中的概念。当然,这不意味着政治科学研究过程中不使用特称描述语词,政治科学研究中也使用特称描述语词,只不过我们强调的是特称描述语词一般情况下不作为政治科学研究中的概念。

由此可见,概念是关于某类事物的一般观念。从语词的角度看,政治科学研究中的概念首先是描述语词,而非逻辑语词。其次,政治科学研究中的概念一般是全称描述语词,而非特称描述语词。

词项就是逻辑结构中的概念,是逻辑分析的基本单位。词项具有概念的一切特征。[①] 词项是在直言命题中充当主项或谓项的词或词组。含义确定的语词即词项。在日常语言中,语词往往是多义的,可以指称不同的事物,表达不同的概念。把日常语言中这些多义词的意义确定下来,使它们表达特定的含义,语词才能成为词项。经过对语词的抽象,语词就成为一方面指称确定事物,另一方面表达特定概念的词项。词项的两个逻辑特征就是:词项的外延和词项的内涵。词项的外延就是词项指称的一个或一类事物,这类事物的每一个分子都属于这个词项的外延。词项的内涵就是词项表达的概念。总之,词项就是逻辑结构中表达概念的词语。凡词项都是概念,凡概念都是语词,这就是它们之间的联系。[②]

(二) 概念的性质

关于概念的性质有两种看法。一种是概念的"真实定义",这种定义表述的概念只有一种唯一为真的定义。[③] 这种观点假定,每一个描述性词语都有一个本质含义,如果我们深入研究就可以发现这种本质含义。概念不是被人们赋予的,而是被发现的,即发现概念其内在的、实在的本质,概念的界定就是解释并陈述概念的实在性质,即对事物本质的陈述。所以,概念的含义不是人赋予的,而是其本质所决定的,由人去发现的。[④] 当把这种对定义的解释应用到科学中去的时候,就产生了一个问题,即把时间花费在寻求概念的真正本质上,而不是花费在寻求概念间的经验联系上。[⑤]

另一种是概念的"名词性定义",即将某种含义赋予一个概念,否定真实定

---

① 金守臣主编:《逻辑新教程》,山东大学出版社 1994 年版,第 17 页。

② 同上。

③ 〔美〕艾伦·C. 艾萨克:《政治学:范围与方法》,郑永年等译,浙江人民出版社 1987 年版,第 358 页。

④ 张铭、严强主编:《政治学方法论》,苏州大学出版社 2003 年版,第 44 页。

⑤ 〔美〕艾伦·C. 艾萨克:《政治学:范围与方法》,郑永年等译,浙江人民出版社 1987 年版,第 87 页。

义的观念。[①] 这种观点认为,概念是我们赋予某一种具有某些特征的物质对象的语词或语意的表达。科学中没有"真正"含义和"本质"特征的位置。我们使用概念描述我们所观察到的世界,至于"本质"这一观点与科学是不相关的。政治科学永远无法发现概念的本质。比如,"权力"、"椅子"都是我们对于这一特定对象的描述,这些概念既不真也不假,每个人都有自己关于"权力"、"椅子"的描述,我们不能以"这不是它们的本质含义"为理由去否定其他人的概念。尽管没有一个概念比另一个概念更真,但并非所有概念的定义具有同等的科学价值。但是,科学可以说我的定义比你的定义更加可靠和更加有用。虽然"权力"、"椅子"等概念没有真正的本质含义,但我们可以通过清晰地描述它们的一系列特征,来认识这些对象,并可以将它们与其他概念联系起来。[②]

概念的"真实定义"是从一个语词出发并试图解释它的本质。概念的"名词性定义"是从观察和描述它的经验特征入手,或者对它进行假定并赋予某种称谓。对于概念是否具有本质的探讨,属于科学哲学的范畴,对于政治科学来说,我们可以绕过对于事物是否具有实在本质的争论,着重于观察和描述对象的经验特征。

(三) 概念的明确

概念的明确就是指明确概念的内涵和外延。概念的内涵是指概念所反映对象的本质属性和特征,即概念的内在含义。概念的外延是指具有概念所反映的本质属性及特征的全部对象,即概念的适用范围。[③] 概念的外延就是概念所指称的一个或一类事物,这类事物的每一个特例都属于这个概念的外延。例如,"政治冲突"的内涵是"围绕国家权力与政府活动展开的冲突",其外延就是包括一切这类冲突在内,从选举辩论到武装斗争。任何概念都有内涵和外延,概念的内涵规定了概念的外延,概念的外延也影响着概念的内涵。有什么样的内涵,就有一定的外延与之相对应,同样,有什么样的外延,就必然有相应的内涵,它们是概念同时具有的两种不可分割的逻辑属性。但需要注意的是,由于事物的属性和特征是多方面、多层次的,因此,从不同方面反映同一事物的不同属性,就形成不同的概念。外延相同的概念不一定有相同的内涵。

---

① 〔美〕艾伦·C. 艾萨克:《政治学:范围与方法》,郑永年等译,浙江人民出版社 1987 年版,第 357 页。

② 同上书,第 88 页。

③ 金守臣主编:《逻辑新教程》,山东大学出版社 1994 年版,第 19 页。

从形式逻辑的角度来看，对于概念的界定，最常用的逻辑方法是“种差加邻近的属概念”的定义方法。这种定义方法可用公式表示如下：被定义概念 = 种差 + 邻近的属概念。用这种方法给概念下定义，首先要找出被定义概念临近的属概念，确定被定义概念所反映的对象属于哪一个种类，然后把被定义概念所反映的这一种对象同该类的其他种类进行比较，找出被定义概念所反映的这一种对象与其他种类对象之间的差别——种差。例如，在对“政治冲突”这一概念下定义时，首先我们要找到其邻近的属概念是“冲突”，确定它是“冲突”的一个种类，然后，把“政治冲突”与“冲突”的其他种类，比如“经济冲突”、“文化冲突”等相比较，找出它们的区别，也就是种差——“围绕国家权力与政府活动展开”。这样我们就可以将“政治冲突”定义为“政治冲突是围绕国家权力与政府活动展开的冲突”。

定义中的种差，是被定义概念所反映的对象区别于包含在同一属中其他种类事物的特征和属性。由于事物的本质属性是多方面的，因而种差也可以是不同方面的。因此，对于某一概念用属加种差的方法作出的定义也可以是多种多样的。常见的有性质定义、关系定义、功用定义、发生定义等。[①] 以被定义概念所反映对象的特有性质作为种差的，称之为性质定义；以被定义概念所反映的对象和其他概念所反映的对象之间的特有关系作为种差而形成的定义，称之为关系定义；以被定义概念所反映对象的用途作为种差的定义，称之为功用定义，例如资本是能够带来剩余价值的价值；以不同种概念所反映对象发生方式或形成的情况间的本质差别作为种差的，称之为发生定义。

以上定义方法都是揭示概念所反映对象自身属性及事物之间关系的定义，都属于实质定义。除此之外，还有一种定义是语词定义。语词定义即说明或规定语词意义的定义，其被定义项是一个意义有待说明或规定的语词，而定义项则揭示出该语词的意义。语词定义可以分为两种：规定的语词定义和说明的语词定义。规定的语词定义就是指规定某个语词表达什么意义的定义，比如“三个代表”的含义，就是规定的语词定义。说明的语词定义是指对已有语词的意义加以说明。比如，“坚持一个中心、两个基本点”中“一个中心”是指以经济建设为中心。把语词定义运用到政治学中就类似于对概念的理论性界定。由于语词定义只是对语词的意义做出规定和说明，所以它是一种类似于定义的方法。[②]

---

① 金守臣主编：《逻辑新教程》，山东大学出版社 1994 年版，第 31—32 页。

② 同上书，第 32—33 页。

根据政治学概念的可供观察的程度不同，将概念引入政治科学研究的途径主要有三种：

直接界定，对于某些概念我们有着直接的认识，对于这类事物我们可以进行直接界定。比如“阅兵仪式”，这一概念是与对象的一系列物质特征相联系的，我们通过对这些物质特征的识别来界定这种政治活动的概念。

操作性定义(operational definition)，是指当面对一个无法直接观察的对象时，政治科学家要把他们的概念和对象的可观察到的物质特征连接起来的概念定义方法。操作性定义是经验主义研究中一种常用的研究方法，是科学概念形成的基本要求，要求所有概念都必须根据可观察的特征来加以定义。① 比如“权力”、“民主”等概念，这些事物本身并不可以直接观察，但我们可以通过与这些事物相连接的经验特征加以认识和定义。

理论性界定，即在理论体系中获得意义的概念界定方法。我们发现，通过直接界定、操作性界定的概念，即便把它们从其置身的理论体系中抽取出来，它们还能保持自己的独立意义。但还有一类理论概念却不然，它们只有置身于一定的理论体系中才有存在的意义。比如“输入”、“输出”、“散布型支持”等概念只有在政治系统论的理论体系中才能获得其意义，离开特定的理论体系，这些概念就会失去自身特定的意义。也就是说，理论概念不是独立界定的，而是在特定理论中，由理论中的其他概念以及这些概念之间的关系界定的。

二、概念的分类

(一) 单独概念和普遍概念

根据外延的数量不同，可分为单独概念和普遍概念。

普遍概念是反映某一类事物本质属性的概念，其外延最少两个，多则可至无穷，或者说其外延是一个多元集。② 语词中的普遍名词都表达普遍概念。如“商品”、“国家”、“人”等都是普遍概念。

单独概念的外延是反映某一个对象的本质属性的词语，就其外延是独一无二的。一般用语词中的摹状词来表示。比如“人类”、“有机界”，其外延为单元

① 〔美〕艾伦·C.艾萨克：《政治学：范围与方法》，郑永年等译，浙江人民出版社1987年版，第357页。

② 何向东主编：《逻辑学教程》，高等教育出版社2001年版，第89页。

集,其内涵为它表达的概念,例如“人类”的内涵就是“能够制造和使用工具的动物”①。

(二)集合概念和非集合概念

根据概念反映的对象是否为集合体,可分为集合概念和非集合概念。反映集合体的概念是集合概念,反映类的概念是非集合概念。如:

森林—树

丛书—书

工人阶级—工人

人民—个人

以上几组概念,森林、丛书、工人阶级都是反映事物集合体的,是集合概念;树、书、工人都是反映事物类的,是非集合概念。在政治科学研究中,区分集合概念和非集合概念是非常必要的。

集合概念只适用于它所反映的集合体,而不适用于组成该集合体的个体。因为集合体所具有的属性不必然为构成该集合体的每个个体所具有。如“森林”所具有的属性,组成森林的每一棵树却不必然具有。再如“人民”所具有的属性不必然为每个人所具有。

非集合概念既可适用于它所反映的类,也可适用于该类中的分子。因为类所具有的属性,该类所包含的分子也都具有。如“树”所具有的属性,每棵树都具有。再如“个人主义”中的“个人”也是一个表达一类事物的非集合概念,其理念适用于一切单个个体。

应该注意的是,一类事物的集合体与由各个部分构成的整体也有区别,反映部分构成的整体的概念不是集合概念。构成集合体的个体则具有相同的属性。如组成“森林”这一集合体的个体“树”具有相同的属性。而构成整体的各个部分不必具有相同的属性。如桌子是由桌子面、桌子腿等级部分构成的整体。桌子面、桌子腿不必具有相同的属性。再如,“美国政府”是一个整体概念,而非集合概念,其中的“奥巴马政府”只是构成美国政府整体的一个组成部分,所以“奥巴马政府”不等于“美国政府”,奥巴马政府的意见也不等于美国国会和司法机构的意见。

有些语词在不同的语言环境中,既可表达集合概念,又可表达非集合概念。

---

① 有些形式逻辑著作将专有名词、摹状词作为“单独概念”与集合概念相对应,但逻辑学界一般认为,专有名词没有内涵,不能表达概念,对它们所命名的事物不能下定义。而摹状词虽然有内涵,但不符合政治科学研究中对概念普遍性的要求,所以,在政治科学研究中,我们倾向于不将专有名词、摹状词称为“单独概念”。参见何向东主编:《逻辑学教程》,高等教育出版社 2001 年版,第 89 页。

如“中国人是勤劳勇敢的”中的“中国人”是在集合意义下使用的,表达的是集合概念;“我是中国人,所以我是勤劳勇敢的”中的“中国人”则是在非集合意义下使用的,表达的是非集合概念。因此,在区分集合概念和非集合概念时,除了根据集合概念和非集合概念的特点外,还必须结合概念所处的具体语境加以分析。

(三) 实体概念与属性概念

根据概念反映的对象是事物本身还是事物的某种属性,可分为实体概念和属性概念。

实体概念是以具体事物为反映对象的概念,也成为具体概念。这类概念的外延是一类或一个具体事务。如“中国”、“选举”、“富士康”等。

属性概念是以事物的某种属性为反映对象的概念,也成为抽象概念。如“红”、“进步”、“伟大”、“理性”等。

(四) 正概念与负概念

根据概念所反映的对象是否具有某种属性,又可把概念分为正概念和负概念。

正概念是反映对象具有某种属性的概念,也称肯定概念。如“有机物”、“无产阶级”、“国家”等。

负概念是反映对象不具有某种属性的概念,又称否定概念。如“非无产阶级”、“无机物”等。

从语言形式看,负概念一般多由带“不”、“无”、“非”等否定词的语词来表示。如“非自由主义”、“不勇敢”等。但带有否定词的概念不都是否定感念。如“无产阶级”就不是否定概念。

尤当注意的是,负概念总是相对于一个特定范围而言。这一特定的论断范围逻辑上称为“论域”,实即正、负概念所共同隶属的直接上位概念。如“非马克思主义”这个负概念是相对于“马克思主义”以外的那些思想。“思想”就是“非马克思主义”的论域。

应当明确的是,任何一个概念,按照不同的标准都可以把它归到不同的类。如“森林”,按照是否反映事物的集合体划分,它属集合概念;按照概念反映对象数量多少划分,它又属普遍概念;按照其所反映的为事物本身而属于实体概念;按照是否具有某种属性划分,它又属于正概念。“共和党”既属集合概念,又属单独概念、实体概念和正概念。以上情况说明,集合概念既可以是普遍概念,也可是单独概念。同样,非集合概念也既可是普遍概念也可是单独概念。那种认为集合概念就只能是单独概念,非集合概念只能是普遍概念的观点是值得商榷的。①

三、概念的功能

(一)概念的功能

政治科学中概念的首要功能是对政治现象进行描述,但是概念还有其他更为重要的功能。比如对政治现象进行分类、比较和度量。政治科学中存在着分类的、比较的、量化的概念,而每一种概念都有独特的功能。②

1. 分类

政治科学面对的是纷繁复杂的政治现象,沃恩对政治现象的理解有很大一部分精力是花费在分类、整理和安排复杂的政治现象上的。分类是我们认识政治生活、理解政治现象、进行政治科学研究的起始方法之一。例如,我们研究人类社会冲突的种类时,经常使用"政治冲突"、"经济冲突"或"文化冲突"、"种族冲突"等分类概念,把冲突分为不同的类型。

政治学概念在发挥分类功能时,最简单的就是两分法分类,即把研究对象中所有具有某一特征的对象全部划归一类,而把不具有此种特征的对象,即剩下的全部对象划归另一类。例如,"民主"这个概念就把所有的政治系统划分为"民主的"和"非民主的"两大类。

两分法分类对于科学研究尽管是非常有用的,但是在很多情况下却是不充分、不具体的。例如,我们用"参与者"与"非参与者"把公众分成了两大类,但是我们无法了解"参与者"与"非参与者"群体内部的差异,这时就需要用多分法分类。多分法分类能帮助我们把研究对象划分在两个以上的范畴内,例如,罗伯特·达尔将政治体系中的人分为四类,"有权者"、"谋求权力者"、"政治阶层"、"无政治阶层"。③

二分法本身没有错误,而且二分法经常是描述某类事物最有效的方法。但当政治范畴更加复杂和多重化时,就需要多重的分类概念。多重的分类概念能够使我们把观察对象纳入两个以上的范畴中。

在分类概念建构过程中,给观察对象分类必须遵循两条基本逻辑原则:第

① 金守臣主编:《逻辑新教程》,山东大学出版社1994年版,第22—23页。

② Carl G. Hempel, *Fundamentals of Concept Formation in Empirical Science*, Chicago: Chicago University Press, 1952.

③ 〔美〕罗伯特·达尔:《现代政治分析》,王沪宁译,上海译文出版社1987年版,第130页。

一是穷尽性原则,即研究对象中的每个个体都能够被归入某个范畴内。第二是排他性原则,即研究对象中没有一个个体同时归属于两个或更多的范畴。例如,在研究不同国家的经济体制时,如果我们建构了“资本主义”与“社会主义”两个概念,那么,我们就会发现一些国家的经济制度既具有“资本主义”经济制度的特征,又具有“社会主义”经济制度的特征,也就是说可以同时归入两个范畴内。这说明概念的建构出了问题。

在运用概念对研究对象分类时,经常会遇到某个研究对象无法按照某种标准归入任何一种范畴的情况,这时就需要在对分类的标准进行调整的基础上,或者增加一个新的范畴,或者创立某种混合性的范畴,这也表明人们对某类政治现象的认识深化了。但完美无缺的分类框架是不可能的,如果通过不断地创立新的、过多的范畴来处理不能分类的项目,那么过多的分类范畴会导致与分类的原初目的背道而驰。

2. 比较或排列

分类概念可以帮助我们区分不同的观察对象。例如,通过“失败国家”与“成功国家”的概念,我们可以把不同的国家分别归入其中,但是在很多情况下,这种分类概念可能是远远不够的,如果我们需要进一步了解某一个国家究竟是多么失败或者多么成功,也就是在治理程度上,各国发展程度上的差异,这时就需要在分类概念的基础上发展出比较概念。

比较概念是一种更为复杂和更为有用的分类概念。比较概念通过确立某种范畴,按照分类对象拥有这种范畴特性的程度,将比较对象所包含的每一个个体按照这种特性程度排列起来。比较可以帮助我们把比较对象所包含的个体分离出来并按照某种标准排列。通过比较概念,我们不但可以了解研究对象属于哪个类别,而且还能得知这些对象在某种范畴中的排序。

比较概念的功能是在分类的基础上,按照研究对象拥有的某种特性的多寡与深浅程度进行排序。例如,失败国家指数衡量标准有 12 项,其中社会指标 4 项:人口增长压力;大规模难民迁徙或内部安置人数;寻仇团体或偏执团体的遗留问题;人们逃脱“苦海”的程度。经济指标有 2 项:经济发展不稳定的程度;严重的经济衰退。政治指标 6 项:政权腐败程度;公共服务衰退;法律执行过程中的拖延或武断以及广泛的违反人权;“国中之国”的安全机构的运行;精英派别的蹿升;其他国家或外部政治势力的干涉。2010 年失败国家前 10 名排行与往年没有太大变化,索马里依旧高居榜首,紧随其后的是 4 个非洲国家:乍得、苏丹、津巴布韦、刚果民主共和国。第 6 位到第 10 位是阿富汗、伊拉克、中非共和国、几内亚、巴基斯坦。在这个排行榜上,北欧的挪威连续两年“荣膺”最后一名,在这个榜上越靠后当然是评价越好。从挪威上溯,依次是芬兰、瑞典。①

比较概念可以显示研究对象在某个特性上、按照某种标准的排列,从而更清晰地描述对象世界。比较概念的优点在于它对概念作了详细的区别而产生了更多的知识,它使问题变成了"或多或少"的形式,而不是"或者……或者……"的形式。通过比较概念,我们不仅可以了解研究对象的类别归属,而且可以了解其在某个特性上的程度差异。因此,比较概念优于分类概念是显而易见的,因为"较为精细和确切的描述才有可能发展较为精确的政治通则和政治理论"②。

3. 量化

先用比较概念排列一类事物,然后给比较概念加上某种数学的特征,就形成了一个量化概念。量化概念不但能够使我们根据特征去排列事物的顺序,而且能够说明每一对象具有该特征的程度。量化概念面对的是一个"多少"的程度问题,必须进行一定的数学运算,给概念一定的数学特征,这就是定量概念。定量概念不仅能够根据一种特性把研究对象排序,而且还能显示出每个研究对象各有多少这个特性。可见定量概念是更高级的概念。

比如,恩格尔系数(Engel's Coefficient)是国际上通用的衡量居民生活水平高低的一项重要指标,也就是衡量食品支出总额占个人消费支出总额的比重。19世纪德国统计学家恩格尔根据统计资料,对消费结构的变化得出一个规律:一个家庭收入越少,家庭收入中(或总支出中)用来购买食物的支出所占的比例就越大,随着家庭收入的增加,家庭收入中(或总支出中)用来购买食物的支出比例则会下降。推而广之,一个国家越穷,每个国民的平均收入中(或平均支出中)用于购买食物的支出所占比例就越大,随着国家的富裕,这个比例呈下降趋势。国际上常常用恩格尔系数来衡量一个国家和地区人民生活水平的状况。根据联合国粮农组织提出的标准,恩格尔系数在59%以上为贫困,50%—59%为温饱,40%—50%为小康,30%—40%为富裕,低于30%为最富裕。简单地说,一个家庭或国家的恩格尔系数越小,就说明这个家庭或国家经济越富裕。恩格尔系数就是衡量家庭或国家生活水平高低的一个很实用的量化概念。

4. 设模

在政治学研究中有一种概念,它不与政治生活中实际的具体事物相对应,而是研究者为了与现实相比较,经过特殊的抽象所建构的理论概念,这种概念

① 《"失败"指数你说我听》,《南方周末》2010年7月1日。

② 〔美〕艾伦·C.艾萨克:《政治学:范围与方法》,郑永年等译,浙江人民出版社1987年版,第页。

叫做“理想类型”概念。当然这种概念也有一定的经验基础,但与具体的政治生活又不完全吻合,而是对具体真实的政治现象、政治过程的集中化和典型化,可以说是为了对具体真实的政治活动进行比较而设置的模型。这种概念中,经典的概念有马克斯·韦伯所建构的“官僚制组织”、“传统型合法性”、“个人魅力型合法性等。① 事实上在马克斯·韦伯看来,建构“理想类型”是社会科学研究的唯一科学方法。此外,如“经济人”、“政治人”、“理性”等概念也具有设模的功能。

(二)概念的评估

概念建构以后,可以根据一定的标准进行评估,以确定概念的优劣。政治学中概念评估的标准主要有四个。

1. 概念的经验内涵

具有“经验内涵”的概念是经验科学的基石,因此凡概念必须指涉客观经验世界。当进行政治科学研究时,必须确保概念中有经验含义,这是科学概念的基本要求。缺乏经验意义的概念不属于政治科学研究的范畴。建构具有经验内涵的概念的三种方法,即直接性界定、操作性界定和理论性界定。“直接性界定的概念”与可直接观察到的事物相对应,其经验内涵是不容置疑的,比如“英国殖民地”与“法国殖民地”;“操作性界定的概念”尽管不能直接与可观察的事物相对应,但是它们是通过可观察物的特征推断界定的,因此其经验内涵一般也是没有问题的,比如“政治权力”的测量。“理论性界定的概念”,既不直接与可观察的事物相关,也不是通过操作推断事物特征的概念,但理论概念仍具有经验内涵。理论概念是在理论中界定的,其意义依赖于理论中的其他概念以及这些概念之间的关系,而这些其他概念是具有经验内涵的,因此,理论概念是否具有和具有何种经验内涵的关键取决于与其他两类概念之间的逻辑关系。

2. 概念的系统内涵(systematic import)

概念的系统内涵与概念之间的联系有关,指的是概念不是被孤立地建构,概念能与其他经验概念发生联系。即概念不仅仅具有经验内涵。系统内涵是判断概念是否有用的重要标准,如果一个概念不与其他概念发生关系,那么这个概念就一无所用。比如“血型”是具有经验内涵的概念,但很难说明血型在政治科学研究中与“选举”、“政治偏好”等其他政治概念之间的关系。再如,领导人的姓氏与国家的政治现象之间也不可能存在某种经验联系。

应当指出的是,概念的经验内涵是概念的必要特征。概念的系统内涵却不

---

① 参见〔德〕马克斯·韦伯:《经济与社会》上卷,林荣远译,商务印书馆1997年版。

是概念的必要特征。在政治科学研究中,我们要求概念具有经验内涵,同时,我们希望概念具有系统内涵。因为有些概念在现阶段看起来是孤立的,与其他概念无关。但我们无法断定某一概念在未来是否和某些其他政治概念发生联系。因为很多政治学概念在建构之初,人们往往不能发现它们与其他概念有什么联系,因而似乎是无用的。然而随着相关知识的积累,政治学家们会突然发现它们与其他政治学概念的桥梁建立起来了,从而成为非常有用的概念。艾萨克曾经以"异化"这个概念来说明这种现象。比如"异化"这个概念一开始在西方政治科学研究中看来是没有意义的,即认为"异化"不是一个有用的经验概念,因为它不具有系统含义,不能与其他概念发生联系。但是后来发现"异化"的确与其他政治现象之间存在经验的联系,比如异化和城市骚动等现象之间的联系。所以概念的系统内涵与这个概念所处领域积累起来的知识有关。因此,政治科学家的工作不是轻而易举的。他一方面必须认识到政治研究的直接需要,另一方面又要预测其未来的发展。他必须脚踏实地同时又富于想象。[①]

3. 概念的有效性

概念的有效性指的是这个概念不仅具有经验内涵,而且概念能够代表它所要描述的对象。我们不能随意地赋予概念一定的意义,我们应该使概念的界定尽可能地贴近于公众对于概念的普遍理解。例如,我们不能把"天上飞的动物"界定为"书",因为在大多数人的观念中,"天上飞的动物"是"鸟"。我们也不能把"违法"定义为"临时性违法"。也就是说,语言是一种"约定",赋予概念的意义必须与大多数公众的理解相同,这概念才具有起码的表面有效性。

在很多情况下,研究者能够建立一个概念的表面有效性也就够了。但是在比较严格的政治科学研究中,就需要更加严格的对有效性的检验。艾萨克介绍了一种应用较广的技术叫集聚效力,它根据同一发现中同一概念或变量的多个变量指标的有效程度测定概念的效力。[②] 例如,柏拉图说:"人是没有羽毛的两脚直立的动物。"他的一位朋友就把一只拔了羽毛的鸡拿到他面前说,这就是柏拉图所谓的人。由此可见,少量的界定指标是很难准确界定某类事物的。再如,在对失败国家的操作性界定,我们可以以"大规模难民迁徙或内部安置人数"作为界定指标,也可以用"经济发展不稳定的程度"、"严重的经济衰退"、"政权腐败程度"、"公共服务衰退"、"法律执行过程中的拖延或武断以及广泛的违反人权"等等操作指标作为界定,如果研究结果表明,这些指标的衡量和其

① 〔美〕艾伦·C. 艾萨克:《政治学:范围与方法》,郑永年等译,浙江人民出版社1987年版,第107页。

② 同上。

他指标的衡量都共同指向一个方向，那么，用这些指标作为“失败国家”的操作性定义就是有效的。

4. 概念的可靠性

所谓可靠性，是指在类似的情景中能产生类似的结果。政治科学研究不能做到像自然科学那样精确和可靠，但政治科学家力求使自己的概念经得起经验的检验。经得起经验的检验是概念可靠性的最根本的立足点。也就是说，概念的可靠性在于在不同情况下，在不同观察者看来，同一概念都能指向同一事物。比如，我们建立了关于“理性”的概念，我们将其定义为人们通常会在行动时会“以最小成本最大化其价值偏好”①。通过观察我们发现在任何社会，在很多情况下，人类行动中都可以观察到“理性”存在。那么我们就认为“理性”这个概念是可靠的。②

但需要注意的是，概念的可靠性与概念的有效性是两种不同的要求。我们能够建立一个完全可靠的概念，但这个完全可靠的概念却可能是无效的概念。比如，我们可以建立一个关于强盗的可靠经验概念：“强盗就是脚底板上有七颗痣的人。”假如观察者有基本的感官和数学能力，那么不同观察者之间就不会产生不同的观察，但根据概念有效性的定义，这个关于强盗的定义是无效的概念，因为这个概念不会帮助我们发现强盗。同样，“光头的人就是新纳粹分子”，“留分头的人就是汉奸”这些都是可靠但无效的概念。

---

① 参见〔美〕奥尔森：《集体行动的逻辑》，陈郁等译，上海人民出版社 1995 年版。

② 关于理性的经验理论可参见〔挪威〕斯坦因 · U. 拉尔森：《政治学理论与方法》，任晓译，上海人民出版社 2006 年版。

第二章
政治科学研究中的命题

命题(statement)、通则(generalization)、假设(hypothesis)、定律(laws)这些概念是人们在政治科学研究方法教材中经常可以看到的词语。它们之间的关系是怎样的呢?

一、命题的分类

命题是关于一个概念的特征或多个概念间关系的陈述。[①] 以概念为基础,对事实或现象进行分类和分析,概括或假设它们之间的逻辑关系,并能给予合理的解释,这就是命题。

命题有单概念命题和多概念命题。单概念命题是由一个概念和逻辑词语构成的命题。例如"美国是总统制国家",其中"美国"是"特称描述语词",不能表述概念,只有"总统制国家"这种"全称描述语词"才能表述概念,所以这个命题中只有一个概念,是一个单概念命题。多概念命题是建立在两个或两个以上概念之间关系基础上的命题。比如"所有的商人都是共和党人",这个命题就包含两个概念,因此是一个多概念命题。

政治科学研究中涉及的大多数命题都是多概念命题。我们只有把不同种类的政治现象联系起来,发现和认知不同种类现象之间的关系,政治世界才会变得更有意义。只有当描述不同种类政治现象的概念被连接起来,它们之间的关系得到了检验即被证实或证伪时,政治科学才能够起步。

多概念命题就是通则。通则是"说明两个或两个以上概念之间关系的命

① 风笑天:《社会学研究方法》,中国人民大学出版社 2001 年版,第 30 页。

题"[1]。通则与单概念命题的区别就在于通则不指涉特殊的事物和人,而是指涉不同种类政治现象之间的关系。

通则对于政治科学研究来说是至关重要的,因为通则给我们提供了一种对于政治现象更为简约、更为普遍的描述。了解某个领导人的行为特点固然有趣,但无法构成政治科学知识。如果能够说明在某种政治体制之下,所有领导人的共同行为模式,那这种研究从长远来看也许会更有意义。这就意味着新闻工作者和政治科学家之间的工作有着一定程度的差别,这种差别就体现在政治科学家关注对象更加简约和普遍一些。前者主要关注当前的、特殊的具体个例,后者试图形成对于长远、普遍的现象与规律的总结。

通则之所以重要的另外一个方面是源自通则自身的特点和功能。通则关注的不是个别、具体事物和特例,通则关注的是不同种类的现象以及不同种类现象之间的关系,是对不同种类现象之间关系的简约化、普遍化描述和理解。所以这使得通则本身对于某些政治现象具有一定的解释和预测功能。每一个可靠的预测和解释都至少包含一个通则。没有通则就没有解释和预测。所以,通则的形成对于政治科学描述政治现象来说是必不可少的,而且它对解释和预测政治现象也是必不可少的。[2]

假设和定律是通则的两种形式。一个假设实际上是对概念之间存在的某种关系的一种猜测。在按照科学方法的原则,用各种可得到的证据对它进行检验后,这种关系就被证实或否定,假如它被证实了,那么,它就被称为定律。[3] 一个定律是一个真实的假设,是被证实的假设。当然这种"真实"只是表明假设在一定程度上得到了经验事实的支持。政治科学的真实并不表示永恒不变的含义,科学意味着对于知识的非必然性和偶然性的肯定,意味着知识的条件性。这就是政治科学知识的性质。

二、通则的特性

一个科学的通则,必须满足三个要求:条件、经验和抽象性。

第一,从结构上来说,科学的通则一般以有条件的形式来陈述概念之间的经验关系。

---

① 〔美〕艾伦·C.艾萨克:《政治学:范围与方法》,郑永年等译,浙江人民出版社1987年版,第355页。

② 同上书,第125页。

③ 同上。

通则通常由条件句“假如……,那么……”来表示。通则的基本格式是:“对任何X来说,如果X是A,那么X也同时是B。”简单地说,任何一个具有特征A的X也同时具有特征B。这个通则的替换命题是:“所有的A是B。”这两个命题在逻辑上是一致的,第二个命题只是把第一个命题简化而已。例如,“对任何人来说,如果他是商人,那么他也同时是共和党人”,这个通则替换命题是“所有商人都是共和党人”。

通则表达的是概念之间的经验关系,通则的意义在于如果你发现了某人具有特征A,那么你也可以期望他具有B。

第二,通则除了具有条件形式之外,科学的通则还必须是经验的,即以某种方式建立在观察和经验之上。

首先,通则是经验的,必须满足通则所包含的概念是经验的这一条件。通则的可靠性在很大程度上取决于概念的可靠性。一个通则包含的概念如果不能满足经验含义的标准,那么这个通则本身就不可能是经验的。比如“天堂里没有冲突”这一假设就是非经验的,因为这一假设所包含的概念是非经验概念,是无法观察和验证的。

其次,如果通则是经验的,那么它在语法规则上必须是正确的。因此,把任何两个有效的经验概念用适当的逻辑词连接起来并不能保证得出的通则在整体上是经验的。通则是经验的,意味着通则在整体上是可以被证实或证伪的。通则在语法上的无意义,主要原因在于把概念无意义地联系在一起,也就是说通则中的每一个概念虽然都是有经验内涵的,但概念之间彼此不构成任何联系,是不相容的,把这些概念联系在一起就会形成一个无意义的通则,从而无法检验,也就是荒谬的通则。比如“所有政治权力都是蓝色的”,这个通则所包含的每个词或概念都是有意义的,但这个通则是非经验的、荒谬的。因为这种通则是无法被经验所检验的。政治科学的基础就在于把知识建立在经验和观察之上。如果一个假设无法观察和被经验证明,那么这个假设就不能被称为科学的,因而也就不属于政治科学的研究范围,当然,可能属于宗教或形而上学的范围。

需要注意的是,一个通则是荒谬的和一个通则是虚假的,两者不是一个意思,它们的区别在于荒谬的通则不具有经验性,因此不属于政治科学的研究范围。而虚假的通则表明这个通则是可以被证伪的,因而也是经验的,属于政治科学的研究范围。

最后,通则不能被检验,还有可能归因于通则中界定和解释概念的方法。科学的通则中,概念必须独立地加以界定,而不是根据概念之间的相互关系来界定。通则中包含的概念必须是经验的,而不是分析的。如果通则中一个概念在逻辑上要有另外一个概念才能存在的话，那么，这个通则就是不可检验的，也就不是经验的。比如中国古代著名的“白马非马、坚石非石”的诡辩，就是一种部分地是重言式的。在这个陈述中，组成通则的概念并不是被独立地定义，换句话说，“马”的定义与“颜色”的定义并不是相互独立的，它们之间是重叠的，在这一通则中，马的界定性特征之一就是它不是白色的。“马不是白色的”是“马”的定义的组成部分，所以当一匹白马被观察到时，白马就不是马，所以，对于这种通则是不可检验的。①

第三，通则还必须满足通则是“抽象的”而非“具体的”，即“通则的范围不受限制”这个要求。② 通则不但与句子中的每个概念的范围有关，也最终与句子本身的范围有关。通则的力量就在于，通则不涉及特定的事物或个人。这个要求意味着不要将涉及特定客体的句子当作科学的通则。

首先，“通则的范围不受限制”指的是通则指涉的对象是“抽象的”还是“具体的”，“广泛的”还是“特定的”。“通则的范围不受限制”和“概念的形成必须恰当”是相关的。只有全称描述词语才能表述概念，才能描述对现实存在的一种分类。通则表述的是概念之间的关系，而概念是不能指涉特定的事物和个人的，所以，通则意味着对现实存在的种类的描述，而非指涉某个具体的、可辨识的存在物。

其次，“不受范围限制”的通则和特定的事实断言之间的区别不在于经验上的而在于学术意义上的。“奥巴马总统始终支持减税。”谁也不能否定这个句子是经验的，但这个句子却不能成为一个通则。包含“奥巴马总统”的句子之所以不能是一个通则，因为它的范围局限于一个人，即使这个人很重要，但这种陈述不属于科学的研究范围，而是新闻报道的范围。

再次，应该认识到，借助修饰词可以使一个通则或多或少地受到限制。然而，这不是要求限制通则的范围。通则范围的“抽象的而非具体的”、“有限与无限”与通则指涉种类的“广泛与狭窄”要区分开来。比如“社会群体性事件是结构性矛盾”与“基层社会群体性事件是结构性矛盾”的区别在于后者研究对象较为狭窄，但“基层社会群体性事件”也是一个类概念，而非特定的人或事物。一个无限定的通则既可以是广泛的也可以是狭窄的，但是，一个被限定的指涉特

① 参见（战国）公孙龙：《公孙龙子 · 白马论》：“白马为非马者，言白所以名色，言马所以名形也；色非形，形非色也。夫言色则形不当与，言形则色不宜从，今合以为物，非也。如求白马于厩中，无有，而有骊色之马，然不可以应有白马也。不可以应有白马，则所求之马亡矣；亡则白马竟非马。欲推是辩，以正名实，而化天下焉。”

② 〔美〕艾伦 · C. 艾萨克：《政治学：范围与方法》，郑永年等译，浙江人民出版社 1987 年版，第 132 页。

定对象的命题却不可能是一个通则。明确这一点,对于我们在进行理论研究选题的时候具有重要的指导意义,在确定选择研究题目时,要防止将题目定为“范围受限制”的题目,我们可以缩小题目的广泛性,但不要将题目界定为特定的、具体的某事物和人。而且在研究题目的广泛与狭窄问题上,我们是应该雄心勃勃地选择更为广泛和普遍的题目,还是应该选择适度广泛但适用范围有限的题目?前者意义更大但难以经受住考验,后者意义有限但经得起严格的考验。在研究的初始阶段,研究的题目最好还是不要立志于研究放之四海皆准的、最具普遍意义的题目,而是要选择较有普遍意义的题目。①

根据通则解释力的大小,可以将通则分为普遍的通则和统计的通则。②

(1) 普遍的通则的一般形式是:“所有的 *A* 是 *B*”,或者“对于所有的 *X* 来说,如果 *X* 是 *A*,那么 *X* 是 *B*”。这里,关键词是“所有”,因为它告诉我们关于某一特定种类所包含的所有个体所具有的特征。普遍通则是最强有力的解释工具。但是普遍通则的验证是非常困难的,因为它不允许有任何例外的情况。但是对于政治现象来说,这种普遍的通则几乎是不存在的。因此,更为常见的是统计的通则。

(2) 统计的通则的较弱的形式是,“有些 *A* 是 *B*”,“大多数 *A* 是 *B*”,或“*A* 趋向于 *B*”。较强的形式是“75% 的 *A* 是 *B*”或“*A* 为 *B* 的概率是 0.75”。这两种通则在逻辑上都是吸纳共同的,它们都是统计的,因为两者只涉及种类中的一部分。

三、假设的检验

假设和定律都是通则的两种形式,假设和定律都具有通则的特性。假设与通则的区别在于:假设是对概念之间关系的猜测,是“两个或多个概念之间关系的猜想”③,“是没有得到检验的通则,即对两个或两个以上的概念所作的一种有意义的推测”④,“是两种现象间的猜测性关系”⑤。而定律是已经得到检验并

① 〔美〕艾伦·C.艾萨克:《政治学:范围与方法》,郑永年等译,浙江人民出版社 1987 年版,第 134 页。

② 同上书,第 137 页。

③ P. McC. Miller and M. J. Wilson, *A Dictionary of Social Science Methods*, New York: John Wiley, 1983, p. 58. 卡尔·亨佩尔在更宽泛的意义上使用“假设”,他的“假设”包括对事实和关系的猜想。Carl. G. Hempel, *Philosophy of Natural Science*, Englewood Cliffs, N. J.: Prentice-Hall, 1966, p. 19.

④ 〔美〕艾伦·C.艾萨克:《政治学:范围与方法》,郑永年等译,浙江人民出版社 1987 年版,第 355 页。

⑤ 〔美〕斯蒂芬·范埃弗拉:《政治学研究方法指南》,北京大学出版社 2006 年版,第 8 页。

被证实的通则,是被证实的假设。那么,我们如何证实或证伪假设?

(一) 检验假设的逻辑基础

1. 归纳证明

检验假设的基本逻辑是看假设是否与可观察的经验世界相符合。①

使用归纳法建构定律是我们检验假设的最常用方法,归纳法就是从个别上升为一般的方法,从某一特定系列的具体证据推导出某个通则的形成。培根认为,归纳法就是在实验的帮助下,研究、分析感性材料,发现事物或现象的真正原因和本质的方法,“是从感觉与特殊事物把公理引申出来,然后不断地逐渐上升,最后达到最普遍的公理”的方法。② 比如我们检验“商人具有保守倾向”这一假设时,我们的检验就是随机抽取一些商人进行调查,如果结论是肯定的,这个假设在一定程度上就得到了证实。结论的可靠性取决于我们抽样调查的范围与随机性。但事实上,我们关于这一假设的证实是以对商人群体的一部分观察为基础的。也就是说,我们证实这一假设的方法是不完全归纳法。我们证实任何一个假设都是采取归纳法,都是从一些抽样调查的证据中得出普遍结论。这里蕴含一个问题,即我们能调查种类中的所有成员吗?即使能够调查所有成员,我们能够保证这个类别的所有成员以后都会保持统一特征不变吗?这就涉及归纳法本身能否成为证明假设的逻辑基础的问题,即“我们应该去证明归纳法吗?”这就是“休谟问题”的核心。③ 这个问题的确很难得到回答,事实上目前也没有得到回答。当代许多科学哲学家对于归纳问题采取了一种实证的方法。这种方法并不是要在终极或绝对意义上去证明归纳法,而是指出,如果存在了解世界的任何方法的话,那么一定是归纳法。检验通则唯一可行的方法就是归纳法。而如果要进一步,要想解释和预测经验现象,就必须采用不完全归纳的方法。“归纳法的证明是简单,而且是预测将来最好的方法。”正如艾萨克所言:“如果存在检验关于事物的真假的方法的话,那么这种方法必然来自归纳法。”④这就是政治科学知识的基本立场,即观察世界的知识不能超出我们的观察能力,我们的生活是短暂的,我们所能做的是尽可能地观察世界。

---

① 〔美〕艾伦·C. 艾萨克:《政治学:范围与方法》,郑永年等译,浙江人民出版社 1987 年版,第 138 页。

② 北京大学哲学系外国哲学史教研室:《十六—十八世纪西欧各国哲学》,商务印书馆 1975 年版,第 10 页。

③ 关于“休谟问题”参见〔英〕休谟:《人性论》上册,关文运译,商务印书馆 1997 年版;〔英〕休谟:《人类理解论》,关文运译,商务印书馆 1983 年版。

④ 〔美〕艾伦·C. 艾萨克:《政治学:范围与方法》,郑永年等译,浙江人民出版社 1987 年版,第 140 页。

2. 证实与证伪

现代实证主义在卡尔·亨普尔(Carl Hampel)和卡尔·波普尔(Karl Popper)之后,有了突破性的发展,对于假设的经验证明有了进一步的发展和完善。[①] 现代实证主义认为,经验证明的逻辑前提有以下三个方面:(1) 经验陈述能够成为有用的重言式(tautology):把一个特定的含义归于一个特殊现象或概念的纯粹的定义性陈述。(2) 这些陈述是可以检验的,为了证实或证伪它们,应该可以通过观察得到检验。(3) 不属于前面两种类型中任一类型的陈述是缺乏意义的。总之,对于实证主义者而言,有意义的分析只是在有意义的重言式和经验陈述的基础上才能进行。[②]

现代实证主义接受传统实证主义基于可观察事实的验证的观点,同时认为,根据观察到的事实证实和证伪是社会科学研究的关键。也就是说,任何理论都要经过事实的检验。这里使用了证实和证伪两个概念,因为这两者对于科学研究都是有意义的,都没有否认事实对于社会科学研究至关重要的意义。

波普尔对传统实证主义的修正在于:(1) 波普尔用可证伪原则取代了证实原则;(2) 他同时把可证伪的标准看做科学研究与伪科学研究的分界线。波普尔用“所有的天鹅都是白色的”这一陈述来解释所谓可证伪是什么意思。假如我们看到了一只黑色的天鹅,这意味着两种阐释方式:经验主义的阐释方式认为,观察到了黑天鹅表明“所有的天鹅都是白色的”这一陈述在经验意义上是虚假的,这一陈述在原则上可以被证伪,而且已经被证伪。第二种阐释认为,“所有的天鹅都是白色的”,这意味着我们观察到的黑天鹅不可能是一只天鹅,因为它不是白色的,因而这一陈述不是虚假的。就第一种经验主义的阐释而言,“天鹅”与“白色”这两个术语各自被独立地定义,它们之间没有重叠,因此这一陈述是经验的、可证伪的陈述。对于第二种阐释,“天鹅”与“白色”这两个术语并非被独立地定义,因此,这一陈述不是重言式的,它是一种不可检验的陈述。再比如:“如果人民对政府不满意,在大选中人民就把不称职的政府选下台。”如果没有进一步的信息,我们无法判断这是一个可检验的经验陈述,还是仅仅是一个定义性的重言式。实际上,这一陈述完全可以用两种不同的方法进行阐释。首先,我们可以使用纯粹的重言式进行阐释:(1) 每一位投票支持政府的选民必定对政府的表现感到满意(否则他们就不会投它的票);(2) 每一位不投票支持政府的选民可能对政府的表现不满(否则他们就会投它的票)。就这一阐释而

① 对实证主义的发展,可参见 Carl Hempel, *Philosophy of Natural Science*, Englewood Cliffs, New Jersey: Prentice-Hall, 1966; Karl Popper, *The Logic of Scientific Discovery*, London: Hutchinson, 1959。

② 〔英〕大卫·马什、格里·斯托克:《政治科学的理论与方法》,景跃进等译,中国人民大学出版社 2006 年版,第 42 页。

言,我们总是信任这一陈述,但我们并没有表明它在经验上是正确的,这只是一个逻辑上的纯粹的重言式。第二种阐释是把这一陈述当作一个经验上的陈述,这需要我们提供一个关于对政府不满的定义,而且这一定义与投票行为无关,通过提供“投票”与“不满”这两个概念的各自独立性的定义,我们创造了这一陈述在经验上可被证伪的可能性。

从某种意义上讲,波普尔的严格验证在社会科学中的可操作性甚小,判决性检验也很难进行。对于社会科学来说,不能被证伪的理论不是科学的理论,这一点是与波普尔证伪原则相一致的。但是波普尔的证伪主义的极端性却是不适用的。社会科学的检验是重要的,不过检验的目的是确定理论可以解释多少事实,证伪的过程是发现理论的适用范围和有效度。①

(二)检验假设的基本步骤

假设检验是为了检验假设的真理性,而真理性检验的唯一标准是社会实践,如科学试验等等。然而,假设有时候是不可直接进行检验的,它需要运用逻辑方法推导出可经实验检验的事实陈述,然后通过观察和实验来验证所推导出的事实陈述,进而验证原假设。因此,尽管假设的性质不同,检验的方法、手段会有差异,但一般说来,假说的检验必须经过以下两个途径:逻辑推演和事实验证。第一,逻辑推演过程,是指依据假说的基本观点,结合相关知识或条件陈述,引申出关于事实的陈述。这些陈述有的是对已知事实的陈述,有的是对未来的预测。第二,事实验证过程,是指运用社会实践活动所提出的相关信息资料,来检验从假说所导出的关于事实的陈述是否可靠,从而确认假设是否成立。这里所说的实践,包括观察、实验等。如果推出的结论与事实相符合,那么,一般就认为假设得到了证实。如果推出的结论与事实不相符合,那么,人们一般就认为假设被证伪了。以上两步,只是假设验证过程中的基本步骤。实际的假设验证过程,无论是证实一个假设,还是证伪一个假设,都是非常复杂的。②

(三)检验假设的具体方法

检验假设的具体方法,即用什么资料来支持或反驳假定的概念之间的关系,又用什么方法来获得和收集信息。

---

① Gary King, Robert Keohane, and Sidney Verba, *Designing Social Inquiry: Scientific Inference in Qualitative Research*, Princeton, NJ: Princeton University Press, 1994, pp. 100—105.

② 关于假设验证的逻辑方法可参见何向东主编:《逻辑学教程》,高等教育出版社 2001 年版,第 206 页;郭桥、资建民主编:《大学逻辑导论》,人民出版社 2003 年版,第 210—212 页。

1. 反应性研究方法

有些假设可以通过观察人们"刺激—反应"的方法进行检验。也就是说,研究者要系统地观察人们对一定刺激的反应。如态度调查,其目的在于通过抽取一个群体对问题的回答来描述这个群体的态度。例如,如果有一个群体以一定的方式回答了一系列问题,他们就被视为一群保守主义者。反应性研究方法主要包括调查研究、实验等。

调查研究是收集第一手数据用以描述一个难以直接观察的大总体的最佳方法。在大多数情况下,研究对象的总体过大,无法对之全体进行观察。因此有必要选取这个群体的一个比例,即用样本来代表这个总体。抽样有两种基本方法,即概率抽样和非概率抽样。前者是社会科学研究中抽取样本的基本方法。精心设计的概率抽样可以提供一个能够反映总体的样本。为此,研究者必须尽可能地使其抽样随意化,以满足概率抽样的随机抽取的原则:就是确保总体中的每一个个体都有同等的机会入选样本。或者说,总体中的每一个成员被抽中的概率相等。而且,任何一个个体的入选与否,与其他个体毫不相关,互不影响。或者说,每一个个体的抽取都是相互独立的,是一种随机事件。理解事件的随机性与事件的发生概率最好的例子也许就是投掷硬币。[①] 如果总体中的每一成员都具有被选入样本的机会,从这一总体中抽取的样本就能够代表总体。同时,研究者还必须使样本容量足够的大,一定容量的样本是科学地对总体进行推论的基础。换言之,如果应用了恰当的抽样技术,研究者可以相当有把握地假定,凡是抽样为真的东西对于总体也是真的。

运用调查研究方法验证假设,除了必须保证运用恰当的抽样方法抽取样本之外,还必须注意在调查中提出的问题。有几项原则可以帮助研究者正确地提出问题:第一,问题必须清楚明确,并使回答者有能力回答。第二,避免双重提问,即一个问题只询问一件事情,如,"有人认为我国当前最严重的问题是腐败问题,要从根本上解决这个问题,必须进行政治民主化改革。您同意这种观点吗?"这个问题就包含了两个问题,很多情况下使被调查者很难回答。第三,使问题尽可能为中性问题,带有倾向性的问题往往对被问者起某种诱导作用。第四,问题要简短并避免用否定形式提问。此外,由于反应研究的基本性质,研究者还必须考虑到"人们被要求回答问题"这一事实,即人们被要求回答问题时,已意味着这个情境中加入了一个因素——研究者可以用不同的语言反复数次提到同样的问题,以获知一个特定的意见或态度。

另一种反应性研究方法是实验。从宽泛意义上来说,实验所指的是研究者

① 风笑天:《社会学研究方法》,中国人民大学出版社 2001 年版,第 120 页。

刺激现实世界的所有研究，因而大多数反应研究，包括调查研究，也被认为是实验性的。但是大多数科学研究者从狭义上理解“实验”，他们认为实验必须满足三个条件：一是能够操纵的因素（通常被称为自变量）和随着被操纵的因素变化而变化的因素，即正在被解释的因素（通常被称为因变量）；二是能够控制其他那些可能会对因变量产生影响的不变因素（通常被称为常量）；三是能够测定自变量对因变量的影响。经典形式的实验包括三对主要内容：自变量与因变量；实验组与控制组；事前测验与事后测验。关于经典的社会科学实验的例子可参见“米尔格兰姆实验”。[①]

根据上述定义，实验意味着科学家控制着并且能够操纵所有影响因变量的有关条件。按照这一定义，政治科学家几乎不可能进行实验，因为几乎不存在使政治科学家能够完全控制所有条件的情况，政治科学家要想对其关于政治行为的假设进行检验，就必须通过分析自己的系统观察得到的信息，而不能通过操纵研究对象来进行。从这个意义上来说，社会科学家用调查来代替自然科学家的实验室里的实验。针对这种情况，一些政治科学家提出了一种替代性的方法，这种方法虽然不是纯粹的实验，却行之有效，这就是模拟技术，即在教室或实验室里模拟现实的世界并观察参与者的行为。虽然这种方法似乎满足了标准实验的基本要求，但是模拟制式是对现实世界的仿效，而不是现实世界本身。在教室里扮演竞选中的选民和候选人的学生毕竟不是现实世界的选民和候选人。

2. *非反应性方法*

并非所有政治科学中的假设都是基于反应之上来检验，有些假设通过使用非反应性的方法可以得到更好的检验。也就是说，无须对政治行动者进行反应的观察。非反应性验证方法有以下几种：

第一种是系统地考察政府文件、历史记录、报纸集汇、选民统计以及其他所有的官方或半官方的统计资料。这些资料最重要的特点在于它们都是已有的。研究者的问题是如何对它们进行系统的考察。一种广泛使用的方法是内容分析[②]，即对信息的分析。这种技术认为，任何成套的文字信息只要得到系统的考察，都能作为政治态度、价值和意向的载体来使用。如果对相关的文字信息进

---

① 参见〔美〕汉娜·阿伦特：《耶路撒冷的艾希曼：伦理的现代困境》，孙传钊编，吉林人民出版社2003版。关于“米尔格拉姆服从实验”的情况还可参见 Thomas Blass, “The Milgram paradigm after 35 years: Some things we now know about obedience to authority”, *Journal of Applied Social Psychology*, 1999, 25, pp. 955—978; http://zh.wikipedia.org/zh-sg/%E7%B1%B3%E7%88%BE%E6%A0%BC%E5%80%AB%E5%AF%A6%E9%A9%97。

② 内容分析的讨论可参见 Ole R. Holsti, *Conten Analysis for the Social Sciences and Humanities*, Massachusetts: Aaddison-wesley, 1969。

行了系统的考察,那么,这些文字信息可以表明政治态度、价值和意向。所谓系统考察就是根据严格标准指明如何解释文字信息。比如对国家冲突感兴趣的政治学家假定:对他国军事力量优势的担忧会导致本国加大军事方面的投入。这个假设的检验会涉及考察官方通讯和报纸等媒体。如果通过对政府态度的信息分析表明,政府在对“航母数量、潜艇数量”等信息大量强调的时候,可以认为这种内容反映了政府的担忧。通过对语言等信息资料进行分析,是我们最常用的检验方法之一。

第二种是直接观察法。政治科学家可以置身于某个政治情景之中,进行观察和记录,而所做的这一切均不让被观察者知道。这包括两种方式,一是作为一个完全观察者,对政治活动做纯粹的观察而并不打算成为活动的一部分;另一种方式是参加某一活动,例如参加游行示威活动,作为一名完全的参与者进行观察。后一种方式尽管使研究的结果较为全面而深刻,但是它不仅具有伦理问题,还有科学问题,即或多或少地影响了其他参与者的行为。①

① 张铭、严强主编:《政治学方法论》,苏州大学出版社2003年版,第59—62页。

第三章
政治科学研究中的模型

一、模型的界定

建立模型进行科学研究的思想有悠久的历史。有人考察,古希腊学者欧多克斯(约公元前409—前356年)大概是最早用模型解释行星运动的人。[①] 近代一些思想家曾试图用几何公理模式解释物理世界和社会伦理。在近现代物理学的发展中,理想模型方法成为科学研究的一种基本的方法。众所周知,模型及模型实验最早主要在自然科学领域里应用,迄今在这个领域里也最为成熟、有效,但近一个世纪以来,社会科学领域中模型化方法也越来越得到推广应用。随着社会科学不断走向定量化、数学化、精确化的趋势,科学理想模型的方法在社会科学各学科领域中呈现广阔的应用前景。[②]

模型(model)在自然科学的研究中本质上是"一种简化了的事物的形式"。[③] 科学研究中模型是对事物的合理简化,例如牛顿力学模型、氢原子的玻尔模型。实物模型通常被理解为某物的缩影,其他方面都是一致的,只是体积和规模比较小,比如汽车模型和飞机模型,这种意义上的模型应尽可能忠实地模仿原物实体。在自然科学中,一般地说,利用模型在思维中对现实客体原型进行认识或以实验揭示原型形态、特征和本质的研究方法被称为模型化方法。模型方法和模型思维是理性化方法的深化与具体化。[④]

在社会科学的研究中,人们通常在几种意义上使用"模型"这个概念:

---

① 章士嵘:《科学发现的逻辑》,人民出版社1986年版,第136页。

② 孙晶:《理想化方法与理论模型》,载《北京理工大学学报(哲学社会科学版)》2000年第1期。

③ 〔美〕艾伦·C.艾萨克:《政治学:范围与方法》,郑永年等译,浙江人民出版社1987年版,第357页。

④ 参见孙晶:《理想化方法与理论模型》,载《北京理工大学学报(哲学社会科学版)》2000年第1期。

(1) 任何尚未验证或者不可验证的理论被称为模型;

(2) 当数字被引入理论时,这种理论常常被称为模型;

(3) 抽象的理论被认为是模型;

(4) 运用诸如完全的直线等这种理想实体的理论;

(5) 指不同事物之间的相似性,即同型性。在科学上,同型性常常被认为是在两个理论之间,如果一个理论的各要素与另外一个理论的各要素是一一对应的,并且保持了所要求的联系,那么这个理论可能就成为另外一个理论的模型。比如博弈论与其算术式的表达。

在自然科学研究中,同型性的定义是关于模型的诸多定义中被接受范围最广的一种。但是在政治科学研究中,由于人类世界并不是严格按照科学模型的设定而运行的,所以社会科学研究中缺少可靠的科学理论,因此,同型性的模型在政治科学研究中仅仅是模型定义的一个十分狭窄的含义。许多观念式模型(conceptual model)无须在任何方面与实物相像。比如,坚持认为博弈论模型应该具有博弈主体本身的实体特征是很荒谬的。准确地说,观念式模型是分析工具,其价值在于将复杂的变量予以简化和组合,形成一定的排列关系,从而赋予现实世界纷繁复杂的现象以意义,否则,这些现象将只是令人迷惑且杂乱无章的堆砌而已。道理很简单,现实世界的事实和现象是自在的,科学知识的作用就在于认识现实世界的客观存在,并且要解释它们之间的复杂关系,我们对于现实世界的观察必须经过组织而变得有条理。模型能够协助完成此项任务,因为它所包含的不同现象之间的经验关系凸显了相关经验资料的意义和重要价值。观念式模型充其量不过是所要解释之现实的简化形式,仅是辅助理解的工具,而非可靠知识本身。比如,在伊斯顿的系统模型中,政党和利益集团被描绘成“守门者”,其核心功能是操控政治系统的输入内容。这是政党和利益团体的重要功能之一,但它们还影响公共的认知,从而帮助形塑公众需求的性质。简言之,与系统模型所表明的相比,政党和利益集团是更有趣、更复杂多样的制度机构。同样可以理解,伊斯顿的模型更能有效解释政治系统如何与为何对民众压力作出反应,而对政治系统采取镇压与强制手段的解释却存在缺憾。[①]

所以在政治科学研究中,模型一般是指对于现实世界的经验对象的一种“理想化”和“简单化”。正是因为把某一对象理想化和简单化,所以这种抽象出来的概念体系就会或多或少地带有相带性和同型性。在政治科学研究中,艾萨克认为也许应该用诸如“概念框架”或“研究方法”等词语来代替模型。而“模型”专指那些理论上存在同型关系的特例,比如博弈论、系统论等等。

① 〔英〕安德鲁·海伍德:《政治学》,中国人民大学出版社 2006 年版,第 24 页。

模型与理论的区别在于,“模型不同于理论,因为模型不用解释”①。在政治学中,理论与模型两个词经常交换使用,两者都是作为政治分析工具来使用的观念式建构。但严格来讲,理论是一组命题,它对一组经验资料给出系统的解释。相较之下,模型仅是用来实现解释目的一种工具,更像一个尚待验证的假设。按照这种理解,政治学中的理论可以说多少有些“真实性”,而模型只能说有或多或少的“用途”。但是很明显,理论和概念常常相互关联,宽泛的政治理论可以用若干模型来解释。比如多元主义(pluralism)理论即涵盖了国家、选举竞争和团体政治等模型(模式)。

二、模型的分类

根据模型的狭义用法,所有模型都应具有同型性。比如我们可以将博弈论视为关于政治的一种模型,是因为博弈论是基于同型性的模型。但在政治科学中,两个经验理论之间的同型性比较少见,因为政治科学中的科学经验理论很少见。人类的政治活动不可能像自然世界的科学规律一样。②

在政治科学中,由于真正的同型性模型不像自然科学中那么常见。在政治科学中,我们所谓的模型,实际上它们的同型性特征并不明显,从某种意义上说是建立在模糊的同型性基础之上的,是把某一事物的简单化和理想化,因为是对现实的理想化和简单化,所以与对应事物或多或少具有一定相似性。所以,这些模型往往是基于“理想类型”的方法而建立的一些概念框架,我们把这些更具思辨性和抽象性的模型叫做“概念框架”或者“研究方法”。

借助模型进行科学研究本身是一种理想化的方法。理想化方法是在思维中把现实的对象充分理想化、纯粹化,在排除现实客体系统中其他次要因素的影响后,借助科学的想象或抽象所进行的对现实对象虚构模拟或在思维中实验的逻辑方法。凡是一切在理想状态中对现实对象进行研究,揭示现实现象行为规律的方法都是理想化方法。这是对研究政治科学研究过程中政治现象所作的一种科学抽象,也是一种简化或理想化。现实的社会现象都是拥有多种属性的,并且处于与其他社会现象的相互作用之中,非常复杂地交织在一起。但是当我们将某一物体作为特定的研究对象,针对某种目的,从某种角度进行研究时,有许多没有直接关系的属性和作用可以忽略不计。例如,马克斯·韦伯对

---

① 〔美〕艾伦·C.艾萨克:《政治学:范围与方法》,郑永年等译,浙江人民出版社 1987 年版,第 208 页。

② 关于模型理论可以参见 K. Doets, *Basic Model Theory*, Stanford: CSLI Publications, 1996。

于统治合法性的分类,实际上就是运用了理想模型的方法,韦伯称之为"理想类型"。① 韦伯将统治的合法性类型分为传统型权威(traditional authority)、个人魅力型权威(charismatic authority)、法理型权威(legal-rational authority)。② 而在现实生活中,这三种类型的合法性统治都是不可能单独存在的,而是混合的并与其他统治要素结合在一起。政治科学研究离不开科学抽象,简化了的理想模型作为科学抽象的结果,在各门科学中比比皆是。例如,数学中的点、线、面;物理学和化学中的点电荷、绝对黑体、理想流体、理想晶体、理想热机、理想溶液;生物学中的模式细胞等等。由于这些理想模型反映了客体的本质属性,因而它们同时也是各门科学中的基本模型。

除了同型性模型和概念框架之外,还有其他模型技术。这些技术可以在一定程度上替代模型。首先,这种技术包括越来越广泛使用的模拟技术。在模拟过程中,模拟一种政治场景,或者再现一种实际的情景。然后有个人充当政治角色,或者由计算机根据事先输入的数据和决策的标准作出一系列的决策。③ 当然这种模拟的方法在经济学中也许会更常见,比如实验经济学。其次,为了推测在某种情况下其他人将会采取的行动,就要采取某种"移情"的方法,在政治科学研究中,根据现在的趋势,预测十年或者二十年后的世界,这种未来学的方法本身也可以理解为一种模型的演化技术。④

除了上述划分之外,还可分为物质模型(实物模型)和思想模型(想象模型)。物质模型方法,具体应用中对应于物质模型实验方法。例如自然科学和工程技术领域里的原子结构模型方法及实验方法,水电站模型方法及实验方法等。思想模型方法,具体应用中对应于想象模型实验方法,如经济投入产出模型方法及其实验。⑤

根据模型的抽象程度,还可以将模型分为理论模型和半经验半理论模型。⑥

(1)理论模型是对所研究的某个对象领域中的某个基本问题及其相关问题,在积累了相当多的科学事实的基础上,系统地进行分析和综合,提出基本概

① 〔德〕马克斯·韦伯:《社会科学方法论》,韩水法、莫茜译,中央编译出版社2008年版,第39—61页。

② 参见〔德〕马克斯·韦伯:《经济与社会》上卷,林荣远译,商务印书馆1997年版,第241页。

③ 参见 Harold Guetzkow, *Sitimulation in Social Science: Readings*, New Jersey: Prentice Hall, 1962。

④ 参见〔美〕丹尼尔·贝尔:《后工业社会的来临》,高铦等译,新华出版社1997年版。

⑤ 有关物质模型方法与思想模型方法的具体内容,参见夏甄陶、李淮春、邹湛主编:《思维世界导论:关于思维的认识论考察》,中国人民大学出版社1992年版,第543—545页。

⑥ 孙小礼:《模型:现代科学的核心方法》,《学习时报》2007年8月28日。还可参见阎莉:《整体论视域中的科学模型观》,科学出版社2008年版。

念,并据此进行推论,对这一领域中的有关诸问题给出理论上一以贯之的回答和说明,还要提出新的预见,以求实验证实。这样的理论模型通常表现为一种科学学说。在自然科学中,特别是在比较成熟的所谓精密科学,如力学,物理学中,所建立的理论模型都是定量化的,也就是说,是包括了数学模型的,能从一定的基本概念和数量关系出发,进行推理和演算,对有关的各种现象和问题,做出定量的解释和回答,并且推导出新的预言,做出指明一定误差范围的预测。这里所说的基本概念,虽然是根据已知的科学事实和科学规律提出的,但一般只能根据科学家所掌握的部分事实和已经了解的有限的科学规律,而要用它去涵盖更多的事实,并能演绎出新的事实亦即预言,实际上必然含有推测的成分,具有假说性质。因此,作为一种科学学说的理论模型,一般是一种"假说—演绎体系"。① 理论模型实际上是介于模型和理论之间的一种状态,它的主要作用在于由模型向理论的过渡。

(2) 在建立理论性的模型时,如果其中含有明显的或相当数量的经验成分,实际上就是形成了一种理论加经验的模型。运用这种半经验半理论的模型可以进行半定量半定性的研究。现代科学的理论模型,一般希望它具有数学形式,可以进行定量研究。但是,在很多情况下,特别是十分复杂的对象系统,其中所涉及的变量和参量,不但数量大而且其中有许多因素是难以测量、难以定量化的,所以不能提炼出定量的数学模型。于是人们就常常在经验基础上或是经验与理论相结合的基础上,对某些因素做出量的估计,并据以提出概念和假设。这时虽然也可能运用某种数学结构,也能进行推理和演算,但是所得到的结果其实只能理解为半定性半定量的,并不能作为严格的定量分析的依据,只能提供出定性的参考性推论。对复杂系统的研究,像复杂的生物体、人体以及社会系统等,实际上只能运用半经验半理论模型进行定量分析与定性分析相结合的综合研究方法才是最有效的。②

三、模型的功能

(一)"模型主要用来发现事实"③

"模型不同于理论,模型不用解释。"这种观点表明:

---

① 何向东主编:《逻辑学教程》,高等教育出版社2001年版,第207—209页。

② 孙小礼:《模型:现代科学的核心方法》,《学习时报》2007年8月28日。

③ 〔美〕艾伦·C.艾萨克:《政治学:范围与方法》,郑永年等译,浙江人民出版社1987年版,第200页。

首先,政治学家为了使诸如博弈论的模型成为实际的政治行为模型,不得不做一些不真实的假设。“无论在何种情况下,模型会由假设开始。”①模型建立者在承认他的模型不是完全真实地反映现实世界的同时,就相当于承认了模型缺乏解释能力。安东尼·唐斯就他的理性决策模型说:“模型并非像精确的描述显示。如同社会科学中的所有理论结构一样,模型只重视其中的一些变项,而忽视了那些事实上有某些影响的变项。”②唐斯在承认其模型是理想的、非真实的同时,已经明确地表明了模型没有能力去解释政治现象。建构一个理性行为的理论,然后指出没有一个人能够真正理性地行为,这就否定了模型的解释能力。模型本质上类似于马克斯·韦伯所说的“理想类型”,它作为理智上构造的思维工具,具有高度的概括性、抽象性,因而不同于经验事实;它作为考察现实的工具,又是在对繁多的经验进行整理后,突出了经验事实中具有共性的或规律性的东西,使之成为典型的形式。理想类型作为现实的某种变异形式,与现实本身保持有一定的距离。韦伯指出,现实中的行动只有在极少数情况下,其过程与理想类型中的过程类似。韦伯通过理想类型的方法来实现对现实世界的高度概括和抽象,从而达到认识世界的目的,而模型的作用有似于此。

其次,像博弈论这样的模型包含了涉及“理性的政治行为”这一概念的理想化。因为这些模型忽视了一些变量,所以这些模型不是完全真实的,因此,它们就不能用于解释。理论是一组有联系的经验通则,而模型并不是由被证实了的经验的通则所组成。既然证实了的通则是解释的基础,那么模型就不能被认为具有像理论那样的解释力。然而,存在着一种更精确的和可能被更多人接受的概念,它把理论看成概念的通则,包含直接可观察的和可从操作上加以限定的经验概念,此外还包括虽然不能观察,但逻辑上与那些可观察的概念有联系的理论概念。非真实的理想化的概念与包含了理论概念的理论不能相提并论。要想成为一种解释性的理论,必须具有一些经验的内容,这样理论结构至少是间接地与可观察的现象联系起来。在这种意义上,理论概念是经验的,不是理想化的或非真实的。

总之,模型不是经验理论。理想化的概念不能等同于理论概念。经验上是可靠的理论涉及经验,所以能够解释经验。如果将模型具体化,将具体的经验现象取代模型的抽象化和理想化概念,那么,模型就成为理论。

---

① 〔美〕艾伦·C.艾萨克:《政治学:范围与方法》,郑永年等译,浙江人民出版社1987年版,第229页。

② Anthony Downs, *An Economic Theory of Democracy*, New York: Harper Publishing, 1957, p.3.

（二）“模型具有启发功能”①

模型的启发功能主要表现为：我们观察理论或系统 A；我们看到它与我们自己感兴趣的领域 B 之间的某些相似性。这样，我们开始推测在 A 中具有的一些关系是否在 B 中也具有。我们认识到某些判断和补充可能是必要的，但至少我们从 A 中引导出来的模型能够为形成假设和组织对政治科学研究提供一种基础。比如，我们运用一种熟悉的体系（扑克游戏）来研究一个不熟悉的情况或领域（比如国际政治），那么是有希望取得成果的。模型在这里打开了知识的大门。理论和模型的解释与启发作用之间的差别是基于科学的证明和发现之间更基本的差别之上的。② 对于理论而言，对政治科学研究中通则和解释的性质以及理论的功能的全面分析，始终会涉及科学的证明，即证据对假设的关系这个问题。有许多方法可以区别好的和坏的解释或可靠的和不可靠的理论、可接受和不可接受的通则。而模型的分析不在于证明模型的真伪，而在模型能否发展出可供证明的经验理论。科学的发现与概念、假设和理论的来源有关。这种来源很大程度上来自模型的构建。

模型的主要价值在于启发，模型在科学研究中的主要作用是提出概念之间的关系，即形成假设，进而形成理论。那么，模型属于科学发现的范围而非解释的范围。

模型逻辑的本质是在理论、假设与客观原型之间充当中介，模型与假设、理论之间基本的逻辑联系如图 3-1 所示。③

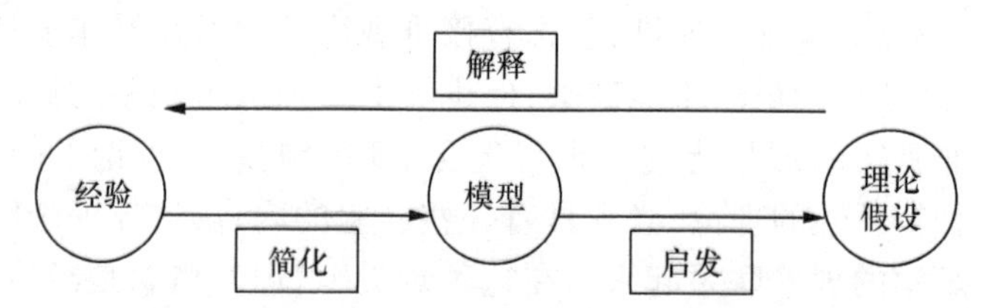

图 3-1　原型、模型、假设、理论之间的逻辑关系

① 〔美〕艾伦·C. 艾萨克：《政治学：范围与方法》，郑永年等译，浙江人民出版社 1987 年版，第 213 页。

② 关于科学证明与科学发现两种活动之间的区别请参见 Hans Reichenbach, *Experience and Prediction*, Chicago: Chicago University Press, 1967。

③ 对于模型、理论的进一步分析可参见章士嵘：《科学发现的逻辑》，人民出版社 1986 年版。

第四章
政治科学研究中的理论

一、理论的界定

(一) 理论(theory)的概念

政治科学理论,是指"在各个复杂的方面都有逻辑上的内在的联系的一整套命题或命题体系"①。"科学的理论……是一个由通则构成的演绎系统,从此可以得到对某种已知事件的解释和预测。"②艾萨克认为,"对于理论最简单的解释,是把它看成一整套相关的经验的通则"③。政治理论可以看成是关于某一特定领域或主体的经验通则的集合。理论可界定为"一整套包含概念的通则。这些概念可以为我们直接了解,或者可以从操作方面加以界定;但是除此以外,更重要的是,这种理论概念尽管没有直接与观察相联系,但它们在逻辑上与那些可直接观察的概念有关"④。亨德森(Conway W. Henderson)提出,理论是指意在解释与推测一定研究领域的变量间关系的一组具有逻辑联系的命题。⑤

理论和经验通则是有区别的,经验通则因其概念可直接观察,它在经验上可以得到验证(证实或证伪)。但我们不能用同样的方法验证包含理论概念的通则。因为包含理论概念的通则,其中的理论概念根据定义是不可观察的概念。当然这不是说,理论无法验证或评价。科学的理论有两个基本的特征:一

---

① Quentin Fibson, *The Logic of Social Enquiry*, Longdon: Routledge Press, p. 113.

② Nelson Polsby, Robert Dentler and Paul Smith, *Politics and Social Life*, Boston: Houghton Mifflin Harcourt, p. 4. 转引自〔美〕艾伦·C. 艾萨克:《政治学:范围与方法》,郑永年等译,浙江人民出版社 1987 年版,第 202 页。

③ 〔美〕艾伦·C. 艾萨克:《政治学:范围与方法》,郑永年等译,浙江人民出版社 1987 年版,第 202 页。

④ 同上。

⑤ Conway W. Henderson, *International Relations*, Boston: McGraw Hill, 1998, p. 23.

个是结构上的,是指理论的概念之间的关系;另一个是实质上的,是指理论的经验内容。[①] 科学的理论首先要求理论在逻辑上是自洽的;另外,科学的理论还要求理论所包含的经验内容是否能够得到检验。所以"科学的理论都可以视为包括一个未解释的,通过演绎法发展形成的体系,使体系的术语和句子有经验含义的解释"。[②] 我们可以以某种逻辑体系组织概念,并赋予概念以经验内涵,进而形成某种理论。比如,政治科学中的系统论就是源于某种自然科学的系统论逻辑体系,并将其概念与政治现象相联系,赋予其理论概念以经验内涵。实际上,未解释的数学或逻辑体系与政治科学理论的差别就在于科学理论本身的经验本质。[③]

(二)理论的基本形式

在社会科学中,理论的基本形式通常是以因果关系的模式来进行陈述的:"如果 X,那么 Y。"[④]比如亨廷顿指出,如果政治制度化的程度落后于政治参与的发展,那么这个国家的政治就会陷入不稳定。因果关系理论总是包含一些需要加以说明的现象,这些现象就是因变量。因果理论还包括一个或者多个影响因变量的因素,这些被称为自变量。因变量之所以被称为因变量,是因为根据特定的理论,它被看成是由其他因素(自变量)引起的结果。它的形式取决于其他因素的形式。

研究的过程实际上是发展和形成理论的过程,之所以这样做是因为理论能够帮助我们理解这个纷繁复杂、瞬息万变的现实世界。如果没有理论,我们对世界的认识只能停留在感性认识和直觉的阶段,而无法上升到理性认识的阶段。没有被理论所精炼和规整的现实世界对于我们来说太混乱,太难以把握,从而无法理解我们的生活。例如,一些人参与投票,而另外一些人却不参与;有些原因在某时某地会导致一些人的冲突,而同样的原因在其他时间和其他地点却不会导致同样的冲突。有些冲突看上去是因为一些无关紧要的原因,但冲突的发展却最终会导致令人吃惊的可怕后果;同样的民主制度在有些国家产生的效果很好,但在另外一些国家却产生很糟糕的结果。

---

① 〔美〕艾伦·C.艾萨克:《政治学:范围与方法》,郑永年等译,浙江人民出版社 1987 年版,第 203 页。

② Carl G. Hempel, *Fundamentals of Concept Formation in Empirical Science*, Chicago: Chicago University Press, 1952, p. 34.

③ 〔美〕艾伦·C.艾萨克:《政治学:范围与方法》,郑永年等译,浙江人民出版社 1987 年版,第 203 页。

④ 〔美〕W.菲利普斯·夏夫利:《政治科学研究方法》,新知译,上海人民出版社 2006 年版,第 17 页。

要想理解为什么有些事件会发生,而有些事件不会发生,或者希望控制一些事件的发生,我们必须简化对现实生活的认识。社会科学家通过发展理论来进行着这种简化工作。理论就是通过分析已经发生的一系列类似的事情,从它们中间找到共同的模式,以便使我们能够把这些事件当成是某一个事件的不断重复。这样,我们就不用再去思考这许多不同的事件,而只需要思考某一类型的几种变化形式而已。[①] 在这里,理论是指对现实世界规律的一种描述,就是对重复发生的事情的一种归纳和总结。

建立理论是需要代价的,因为理论在简化现实的同时,一些东西总是被忽略了。理论对现实的简化一方面要求我们缩小观察现实的范围,另一方面甚至要求我们对这部分已经缩小了范围的现实进行再次的简化。当面对例外时,我们有时必须将它们作为偶然事件加以接受,否则理论也许会变得像需要简化过的现实那样复杂。作为理论家,我们总是不得不在理论的简洁程度和我们所能容忍的例外数目之间寻求平衡。实际上,我们确实没有其他选择,没有理论,我们将面对不可辨识的现实混乱,所以我们必须接受这种一定程度的"片面",因为理论本身就是"片面的深刻"。

二、理论的分类

(一) 第一种分类

从探究知识的立场和方法看,理论可分为经验的、解释的理论和诠释的、理解的理论两种。科学的理论是将来源于自然科学的研究方法作为理论构建的主要基础,理论所揭示的是现象与现象之间的因果性联系,发现一般性或特定性的规律。政治科学研究中的大部分成形的理论都属于科学性或解释性理论,即因果理论。诠释的或理解的理论则是将理论基础放在研究者对当事人言语、行为的理解和诠释之上,通过研究者主体的内心直觉、反思、感悟来得出一般性或特殊性结论。后现代主义、建构主义的很多理论属于诠释性理论。

这两种理论的区别来自社会科学中探求知识的两种基本的立场和方法:一种是"科学"的方法;一种是"理解"的方法。"科学"的方法是一种或然预测的方法,这种方法认为,社会科学的研究,应该对各种不同的现象之间的联系进行非常具体的观察,通过概括得出结论。从事研究工作的人们还必须能够进行反

① 〔美〕W. 菲利普斯·夏夫利:《政治科学研究方法》,新知译,上海人民出版社 2006 年版,第 2—3 页。

复的观察和测量,能够描述他们的理论和观察结果,并能使其他学者在某种程度上检验这些研究成果。预测的方法适合于已经做了相当的研究或对相关变化因素已经比较了解的情况下的领域。“理解”(德文“Verstehen”)的方法在很大程度上来自马克斯·韦伯的诠释,“理解”意味着社会科学家对于各种社会活动、文化或变化过程,应使自己置身其中,以直观的方式来理解和把握它们。“理解”学派的学者竭力主张把注意力放在各种现象的前后关系上,尤其要放在与特定政治问题相关的社会价值和社会结构上。他们反对把建立在对少量变化因素研究基础上的解释看做是普遍适用的。理解学派的方法特别适用于对复杂社会现象进行考察性的研究。”“预测”学派的学者提倡在问题的界定、各种概念以及资料的收集和分析的过程等方面力求精确。①

我们应该明确的是,政治科学研究中的理论与政治哲学研究中的理论是不同的。政治哲学研究的是“应然”问题,而政治科学研究的是“实然”问题。政治科学理论的本质是经验,政治哲学理论的本质是规范。所以,政治哲学理论与政治科学理论之间是有区别的。我们这里所涉及的是政治科学理论。

(二)第二种分类

从社会科学研究的角度可以将理论分为四类,“社会研究是社会科学家发展和提炼理论的一种尝试,这些理论能够有助于我们理解这个世界”②。根据社会科学研究的用途和收集证据的方式,可以将理论分为:规范性理论,指基于道德、伦理等规范或价值的要求而进行的研究所导致的理论,它与政治哲学紧密相连,主要是研究“应该怎样”的问题;经验性理论,指用来解释、说明实际的行为或现象的理论,它与政治科学紧密相连,主要研究“本来是怎样”的问题;应用性理论,指用来提供行动方案或政策建议的理论;基础性理论则是指为改进理论本身而进行的研究所导致的理论。如表4-1所示:

表4-1 理论的分类

	应用型	基础型
规范型	规范应用研究	规范基础研究
经验型	经验应用研究	经验基础研究

① 参见〔美〕贝蒂·H.齐斯克:《政治学研究方法举隅》,沈明明等译,中国社会科学出版社1985年版,第21页。

② 〔美〕W.菲利普斯·夏夫利:《政治科学研究方法》,新知译,上海人民出版社2006年版,第5页。

规范应用研究包括关于政治中的应该有什么的问题。这也许是政治研究的最古老形式,它包括了许多的学者,如柏拉图(Plato)、卡尔·马克思(Karl Marx)、爱·兰德(Ayn Rand)、保罗·克鲁格曼(Paul Krugman)、乔治·威尔(George Will)等等。这类研究属于应用研究的范畴,也就是说,它的目标是解决问题。这意味着它的目的与其说是发展政治理论,不如说是使用政治理论告诉我们有关社会和政治的知识以作为政治决策的基础。它也是非经验型的研究,因为它不包括调查事实。典型的非经验研究是把某些政治事实作为既定的,并且将之与道德化的观点结合起来以指导政治行动。

与规范研究一样,经验应用研究是用来解决问题的。不过,它的立场是经验性的;它关注那些可用来解决现实政治问题的事实。例如,对各种重新分配方法的效果的测量,努力制定外交战略以影响裁军程序以及设计控制骚乱的方法。

规范基础研究的兴起主要是二战后的现象,它是最新引进到政治研究中的一种类型。和规范哲学家一样,规范理论家假定某些政治事实。但是与规范哲学家相反,他们假定这些事实为经验条件,而不是道德化观点的基础。而且,他们通过精确的逻辑和数学运作来获得假定条件的进一步含义。他们的关注是把假定事实或者假设设定为既定,通过它们来推导理论。他们的最终目的是在一些一致同意的假设之上发展和建立合理的普遍理论。

经验基础研究研究专注于扩展我们对于政治事件的发生及为何发生的知识。与政策导向的经验应用研究一样,它是经验性的,主要关注的是发现政治事实。但是它又与政策导向的经验应用研究有所不同:政策导向的经验应用研究主要处理对于特定政治问题有用的事实,而经验基础研究主要是发展新的理论或者是改变或证实旧有的经验理论。经验基础研究中的最重要的活动是发展出与观测到的政治现实相联系的经验理论。在政策导向的经验应用研究里面是为解决问题的需要而去寻求事实,而经验基础研究则是为发展经验基础理论而寻求事实。

(三) 第三种分类

从涵盖的范围来看,可以分为宏观理论、中层理论和微观理论。宏观理论是用概括的方法解释广泛的现象,而不考虑具体实例中的细节区别。如伊斯顿的政治系统理论、马克思主义的国家理论、摩根索的现实主义国际关系理论以及沃勒斯坦的世界体系理论都被认为是宏观理论。中层理论是用尽可能少的变量解释有限的现象。如地缘政治理论、公共选择理论、功能主义和新功能主义理论、相互依存理论和国际机制理论等。微观理论是那些对特殊的、个别的事物或现象进行说明的理论。上述三类理论不是截然分开的,有些理论可能居于几者之间,既有宏观理论的逻辑特点,又有中层或微观理论的经验基础,有些中层或微观理论可能以大理论的假设作为研究的基础。不同层次的理论之间也可以相互演进,如有的学者从巩固和检验中层理论开始,逐步发展到更为抽象的大理论。

可以按照从特殊性到一般性的分析层次,以及变量之间的相互解释关系来区分理论的层次。

微观理论研究是从最小的个体开始的,在政治科学中,是从人开始的。宏观研究是从最大的单位开始的,也就是从政治系统着手研究的。既然科学的主要目标是在概念之间发现联系,特别是希望发现因果联系,因此,考察自变量(原因)和因变量(结果)之间的联系是有意义的。如果在一种研究中,因变量(结果)的范围比自变量(原因)的范围要大,那么,这种研究就是微观研究;如果因变量(结果)的范围比自变量(原因)的范围要小,那么,这种研究就是宏观研究。

一般的常识是,假如我们用较小的或较低的层次去解释高层次的内容,比如,在《病夫治国》这本书中,用领导人的身体健康状况解释国家政策,我们就是在进行微观研究。如果我们用较高层次的变量去解释低层次的现象。比如,在涂尔干的《自杀论》中,用社会结构因素解释个体自杀的原因,这就是宏观研究。①

一般性理论总是试图概括政治的全部,甚至想用一个理论解释人类社会的一切现象。系统论就是这种雄心勃勃的努力的一个例证,当然系统论被应用于人类社会科学研究的很多领域。中层理论的目的没有一般性理论那么雄心勃勃,中层理论只是要解释和概括政治生活的某一方面,比如选举和政党。大多数政治科学研究是在中层理论上展开,还有一些政治科学研究只在较为狭窄的层面展开研究。

三、理论的功能

科学哲学家欧内斯特·内格尔(Ernest Nagel)认为,“科学事业与众不同的目的是提供系统的确实可靠的解释”②。艾萨克认为,“理论主要用来解释政治

① 〔法〕埃米尔·迪尔凯姆:《自杀论》,冯韵文译,商务印书馆1996年版。

② Ernest Nagel, *The Structure of Science: Problems in the Logic of Scientific Explanation*, Hackett Publishing Company, 1979, p. 15.

事实"①。事实上，社会科学家在发展理论的过程中所做的和我们日常生活中所做的，比如感知、解释我们的环境没有什么两样。社会科学家只是以一种更系统更明确的方式来解释现实，这就是理论。"理论的目的有二，一是指导研究，二是帮助作出预测。"②没有理论，进行社会科学研究的学者就会变得困惑。他们仅仅去观察事件而不能发表任何评论。因此，社会理论是社会科学家发展的，用来解释人类行为的所有理论的综合。政治理论是作为社会理论的一个分支，用来解释政治行为的所有理论。③"理论是一组描述一种有关现象的系统观点的思维产物(概念)、定义和命题。这种系统观点是采用详细说明各种变量之间的关系的方法予以展现。这种理论的目的则在于解释和预测某种现象。"④

理论的功能主要有以下几个方面：(1) 解释，即解释个别的事实和事件，但是也许更重要的是解释经验的通则。理论可以解释经验的通则，因为它比经验的通则更普遍，范围更广。定律是描述某一特定领域的知识，那么，可靠的理论能够更加普遍和完全地解释知识，告诉我们表面上孤立的事实之间的联系。(2) 理论的另外一个功能在于科学家运用理论对某一领域的现有知识进行组织、综合，使之系统化。按照理论的第一个功能，理论就是一整套相关的经验通则，从其本质上说，一种理论其本身就是一个系统。比如，选举行为理论是一整套相关的、集中起来的并按逻辑结构排列的通则。按照理论的第二种功能，理论在解释现象的时候，也是在组织知识。当理论解释了各种不同的通则时，这些通则也是彼此关联的，并成为知识系统的一部分。(3) 理论解释和组织现有的知识，它们也通过提出假设指出潜在的知识。假说的检验必须经过两个途径，即逻辑推演与事实验证。⑤ 理论以其高度抽象的通则为基础，能够经常预测经验的通则，预测经验通则所具有的某一特定的经验关系。通过运用逻辑方法推导出可经经验检验的事实陈述，然后通过观察和实验来验证推导出的事实陈述，进而验证原假说。这样，理论除了解释和组织知识的功能外，还有一种启发功能，即提出和形成假设。

---

① 〔美〕艾伦·C. 艾萨克：《政治学：范围与方法》，郑永年等译，浙江人民出版社 1987 年版，第 200 页。

② 〔美〕贝蒂·H. 齐斯克：《政治学研究方法举隅》，沈明明等译，中国社会科学出版社 1985 年版，第 31 页。

③ 〔美〕W. 菲利普斯·夏夫利：《政治科学研究方法》，新知译，上海人民出版社 2006 年版，第 4 页。

④ Kerlinger Fred, *Foundations of Behavioral Research*, New York: Holt, Rinehart & Winston, 1965, p. 11.

⑤ 何向东主编：《逻辑学教程》，高等教育出版社 2001 年版，第 206 页。

（一）解释(explanation)的界定

按照解释的对象可以将解释活动分为两类：一种是用法则和理论解释具体政治现象；一种是用理论解释经验通则。

1. 解释个别的事实和事件

政治科学研究者一直在努力寻找回答“为什么”的问题，对“为什么”的问题的回答就是在寻求对问题的解释，这是科学解释的基本性质。

解释的逻辑类型通常被称为“法则逻辑模型”或“包涵性法则模型”。对这一模式最简单的表述是：它要求通过把所要解释的事情纳入一般的、普遍的法则而获得解释。[①] 所以称之为法则逻辑或包涵性法则模型。解释只有一个逻辑类型，其他模式都是解释模式逻辑类型下的不同形态。需要注意的是有些情况是对“解释”的误解，比如我们能够“解释地方政府的组织架构”，或者“解释‘三民主义’一词的含义”。这是“解释”一词的其他语言用法，前者的“解释”是“描述”(description)的意思，后者的“解释”是“解说”(interpretation)的意思，这都不是解释的政治科学含义和用法。

法则性解释的结构分为两个部分。一个解释可分为“解释项”与“被解释项”两部分。解释项包含两种命题：(1) 普遍的法则；(2) 原始条件的陈述。当被解释项是一个单个事实时，解释项中的普遍法则和原始条件结合在一起就包含了被解释项。比如，如果要解释：“山东大学的某某班学生为什么要学政治科学研究方法？”那么我们可以做如下解释：(1) 通则：所有政治学专业的学生都要学政治科学研究方法；(2) 原始条件：山东大学某某班学生都是政治学专业的。所以山东大学某某班学生要学政治科学研究方法。

这种解释之所以有效，原因一：这种解释遵循的是演绎逻辑，即在前提与结论之间，即解释项与被解释项之间具有一种演绎逻辑关系。也就是说，只要前提为真，那么结论就一定为真。所以“在演绎模式中，必然性不在前提之中，而在前提与前提所控制的结论之间的关系之中”。原因有二：一种解释要成为真正的解释，其所引用的通则必须得到经验证据的充分证实。这种要求涉及通则本身，而不是指论证的逻辑结构。因此，一个可靠的科学解释对某一个具体事实的解释，是指出这个事实是一种为真的普遍法则中的一个具体案例。演绎逻辑的力量在于前提是经过验证的全称命题，即“所有的”A 都是 B。例如，如果“所有年轻人在政治上都是激进的”为真，那么毫无疑问，“年轻人 X 就是激进

---

① 〔美〕艾伦·C. 艾萨克：《政治学：范围与方法》，郑永年等译，浙江人民出版社 1987 年版，第 161 页。

的"则必须为真。

按照通则的区别可以将法则性解释分为两种类型,即全称解释和统计或然解释。"政治科学提出的通则至今都是统计的。"[①]全称法则解释说明在某一特定领域,所有个体都体现一定的特征,而统计法则说明在某一特定领域内,只有X%的个体具有这一特征。

但统计法则的解释不能对某个单一事件进行演绎的解释,因为一个个别事件的统计解释并不必然地指向那个事件。所以,统计解释并不在于证明为何结论为真,而只是在于说明为什么这个结论是可能的。

统计解释或者或然解释是使用统计法则所做的解释,政治科学家往往对这种解释有更大的兴趣,因为迄今为止,政治科学所概括的通则都是统计的。同演绎解释不一样,在统计解释中,如果是对个别事件的解释,会出现前提为真而结论为假的情况,因为统计解释并不必然蕴含这一事件。统计解释并不包含着关于结论为什么是真的说明,而只是说明为什么结论有可能是这样的。因此,可以通过统计法则来对某个群体的投票行为进行解释,也就是说,要说明他们的活动,就要指出根据法则所包含的证据和解释项的原初条件,他们最有可能如此活动。但我们不能根据统计法则的意义以演绎方法去说明单个的事件。法则和原初条件可能为真,但这个事件却可能不发生。比如,即使我们有一个得到充分证实的统计法则,表明几乎有80%的年轻人倾向于自由主义,我们也不能得出年轻人X必然倾向于自由主义的结论。

从逻辑的观点看全称法则的解释和统计法则的解释并没有什么差别。[②] 在某种意义上,它们两者均为"普遍"陈述。它们之间的差别仅在于全称法则陈述的是一定范围内所有个体都具有某种性质,统计法则陈述的则是在一定范围内X%的个体具有某种性质。因此,运用统计解释来解释个别事件是比较困难的。

2. 解释经验的通则

通则的功能主要是解释单个事实,理论不光可以解释单个事实,而且可以解释经验的通则,因为它比经验的通则更普遍,范围更广。经验通则展现的是某些特定变量之间的关系,而可靠的理论能够更加普遍地和完全地解释通则,告诉我们表面上孤立的事实之间的联系,是非通则性解释。比如,"冰激淋的销售量越大,就会导致海滩溺死的人数越多"[③]。这种经验的通则并不能成为解释

① 〔美〕艾伦·C.艾萨克:《政治学:范围与方法》,郑永年等译,浙江人民出版社1987年版,第163页。

② 同上书,第164页。

③ 关于变量关系的误用和虚假的解释更详细的材料可以参见http://en.wikipedia.org/wiki/Misuse_of_statistics。

的通则,因为它展现的概念关系是表面的、粗浅的和虚假的,需要更为深层次的理论分析来发现和解释。通过分析我们可以发现,冰激淋销量的增加是与气温升高和夏天的到来相关的,是夏天的到来导致了去海滩游泳的人数增加和溺死人数的增加。所以,简单的经验通则往往是被解释对象而非解释对象。再如"行政大楼越豪华,学校办学质量越差"这个解释也许可以作为经验的通则成立,除非我们能够拥有更为可靠的通则,如"行政支出远远超出教学支出,且超出比例越大,学校教学质量就会越差",否则行政大楼的豪华程度不能作为原因性因素。简而言之,如果我们没有任何更进一步的法则把学校教学质量与其他通则性因素结合起来,我们就不能作出解释。所以,这时就需要我们拥有相关的理论来帮助我们进行分析,并得出更为深刻的假设或通则,来实现对这种经验通则的解释。

另外,解释有不同的层次,"没有一种解释是最后的",任何科学研究都会不断地寻求更完善的法则去解释更多的变量,或者说要更全面地解释范围更为广泛的现象,并不意味着原先的通则不能做出一定程度的解释。用艾萨克的话说,"解释具有无限倒退性",但这不意味着在政治科学中"解释的层次最终必须上升到最后的无所不包的理论",这种观点认为科学的最终任务是发现最终的终极目的。我们必须明确这不是政治科学研究或说不是经验科学研究的目标,经验科学认为任何科学的法则都是偶然的,它们依据我们观察到的知识描述事物之间的关系。科学不能证明社会的必然性。①

(二)解释的完整性

在政治科学研究中,政治科学家所做的解释在完整性方面各不相同。我们可以根据完整性的不同程度来对解释进行分类。在进行具体分类之前,我们必须把那些虽然不完备,但是在实际中却可接受的解释同虚假解释,即同那些没有解释价值的论证区别开来。不完备的解释加上一个或几个要素就会成为完备的解释。然而,虚假解释如果不做彻底修正,无论给它加上什么要素,都是不可接受的解释。

根据解释的完整性程度不同,解释可以分为三种类型:

一是充分的解释或者说是完备的解释。充分解释一般由三部分构成:(1)具有一定普遍性和概然性的通则;(2)陈述原初条件的句子;(3)关于被解释实施的实存描述。在政治科学中,很难形成自然科学中存在的同样严格意

① 〔美〕艾伦·C.艾萨克:《政治学:范围与方法》,郑永年等译,浙江人民出版社1987年版,第167页。

义上的充分解释。

二是部分解释或局部解释。局部解释的特点是,它没有明确地阐述解释所需要的所有通则,或者没有完整地阐述被解释项。在局部解释中,即使通则都是明晰无误的,被解释项仍然没有得到完备的说明,它所证明的只是某个特定的一般类别中的某物有希望得到解释,或者得到了部分解释。局部解释对政治科学很重要。有些解释之所以是局部的,是因为这些解释的法则不能完备地说明其被解释项,关于政治现象的法则,大多数都有这种性质。

三是解释粗样或解释雏形。解释粗样一般没有明确阐述通则,或者所阐述的通则尚未得到经验证实,最典型的例子是假设。解释粗样只是一个解释的轮廓,是一种不成熟的、启发性的解释,其特点是缺乏明晰性和逻辑严密性,解释粗样的意义在于,借助于这种轮廓,可将人们的注意力导向可能的关系,这是解释雏形最终成为一种比较完备解释的起点。包括政治科学在内的社会科学充满着这样的解释粗样,政治科学在其发展的现阶段常常不得不满足于仅仅是粗样。但是,“解释粗样的缺陷只是经验的,而非逻辑的”。[①]

上述各种解释,包括解释粗样,都不同于虚假解释或非解释。区分它们的主要标准是“解释不管是如何不完备,哪怕是一个解释粗样,都可以被检验”,也就是说,即使不完备的解释只做了粗略的陈述,但是它却与经验实在,即经验世界有某种关系,而规范性的诠释则不然。

(三) 解释的模式

1. 倾向模式

政治科学的倾向模式是指按照某种倾向的指引来做出行动的解释。倾向是在某种特定的情境中以某种特定的方式作出反应的倾向。通常的倾向概念包括态度、意见、信仰、价值和人格特质。倾向模式与意向模式的不同之处在于,倾向模式通常是无意识的,而意向模式具有有意识的动机。

在倾向解释模式中,倾向本身在一个解释中不能作为通则运用。[②] 要想有效地告诉人们一些关于世界的知识,就得把这个倾向同某种经验通则联系起来,其结果形成一个经验通则。这时解释便不再是空洞的、循环的,模式的法则性质也就明显可见了。在倾向模式中,倾向是先决条件,是自变量,它只有通过

---

① 〔美〕艾伦·C.艾萨克:《政治学:范围与方法》,郑永年等译,浙江人民出版社1987年版,第173页。

② 同上书,第175页。

所包含的法则与产生的行为联系在一起，然后才可能做出解释。

倾向可以分为个人、团体、阶级、国家等主体的倾向，或者统计的倾向或常识性的推测。根据对倾向不同方面的不同回答可以对倾向解释进行分类：哪一种倾向概念？谁有这样的倾向？这种倾向与行为有何关系（即法则是如何得到充分发展和说明的）？提出了何种证明（即科学性如何）？后面的两个问题是任何解释模式都要求回答的问题。

比如我们解释，为什么我们看到盖有公章的公文就倾向于相信公文是真的。要解释这种倾向导致的行为，不能仅仅说因为公文上盖了公章，这种解释是空洞的、同语反复的解释。我们必须把这种相信倾向与某种经验通则结合起来，比如文件上盖了公章代表了某种公共权力的保障，而公共权力是可以确信的，所以盖了公章的文件是值得相信的。

2. 意向模式

"意向"一词指涉的是一切有意识的、有目的的活动。政治科学家往往试图说明，被解释项是某种意向活动的结果，并以此来解释政治现象。

以意向为基础的解释有两种形式。(1) 最简单的一种意向解释可概括为："X之所以做Y，是因为他有这样做的意向。"然而这并不是对Y的完备解释，因为X有做Y的意向，绝不意味着X真的想做Y，除非我们在经验证明的基础上有这样一个法则："所有X这样的人都会按自己的意向去做Y。"这也就是我们一再强调的，作为完全的解释，必须要有一个通则。(2) 大多数意向解释还具有另外一个重要特征，及它们同目标、目的和对象有某种联系。于是，根据通则，凡是想要G的人在一定条件下有做Y的趋向，意向模式的形式就成了"X之所以做Y，是因为他想要G"。

可见，不管是简单的意向解释，还是更为重要的通过"寻求目标"而进行的意向解释，都需要能够把意向和被解释的现象联系起来的经验法则。所以，像其他所有完备的解释一样，意向解释也是法则性的。它与其他解释模式的差别仅仅在于所应用的概念类型的不同以及通则排列方式的不同。而仅仅把意向或目标陈述出来并没有解释任何东西。比如解释某些人会有意向购买某某世界知名产品，可能是因为知名品牌会使其产品质量和设计得到更好的保障，而不仅仅将解释局限于回答因为这件衣服是某某品牌的。

3. 理性模式

理性解释以预设的或得到证明的人的理性为基础。对理性行为的基本定义是:“理性行为就是以最小成本来最大化其价值偏好的行为。”①因此,如果一个人在追求其目标时尽可能地追求高效率,那么他就是理性的。所有的理性行为都是追求目标的行为。大多数关于理性的界定都涉及理性行为或理性行动,即当人们的行为合乎理性时,他们就是理性的。理性的行为就是理性地适应于追求行为者的某个目的的行为。通俗地说,如果一个人在追求自己的目标时,尽可能地讲求效率,此人就是理性的。

理性行为可以被视为意向行为的一个特例。从理性的定义可以看出,目标的实现方式对于理性是十分重要的,理性模式与意向模式之间的本质差别在于,理性行动是达到某个目标的最佳方法,而意向解释只是陈述某一有目的的行为,意向行为中的行为未必就是实现目标的最佳方法。因此,完全的理性行为是有目的的行为的一种特例。

理性解释的一般形式是:“因为某甲是理性的,所以有 X。”或者为了突出其法则性质,说成是:“因为某甲是理性的,而且在情景 C 中一个理性的人会做 X,所以有 X。”总之,理性解释是有如下成分合乎逻辑地构建出来的:首先是对当事人目标的陈述;其次把理性这种习性归于当事人,最后形成一个法则把目标、理性(习性)以及当事人同被解释的行为联系起来。②

需要注意的是,在理性解释模式中,虽然实现目标的手段有理性和非理性之分,但是追求的目标却没有理性或非理性之分。在政治科学的解释框架中,我们只谈手段是否合理,而不讨论目标是否正确。所以,从政治科学的理性解释模式看,追求“政治混乱”的行为也有可能是理性行为。如果要探究目标的正确与否属于政治哲学研究的内容。

4. 宏观模式

上述三种解释模式,以不同类型的自变量为基础,各自以不同的方式对政治现象作了说明。但是它们都是法则性解释,而且它们所有的概念以及随着概念而产生并包含着概念对解释进行说明的通则,都清楚地涉及人的特征。下面要分析的解释模式与上面三种模式相比,同样也是法则解释,但采用的是宏观解释的通则,把体制概念和物理概念作为先决因素或自变量。宏观模式有两种,即体制的和物质的。

---

① Joseph E. Harrington, Jr., *Games, Strategies, and Decision Making*, New York: Worth Publishers, p. 56. 关于理性的定义还可参见〔美〕W. 菲利普斯·夏夫利:《政治科学研究方法》,新知译,上海人民出版社 2006 年版;〔英〕大卫·马什:《政治科学的理论与方法》,景跃进等译,中国人民大学出版社 2006 年版,第 42 页;Robert Dahl and Charles Lindbolm, *Politics, Economics and Welfare*, New York: Harper, 1953, p. 36。

② 〔美〕艾伦·C. 艾萨克:《政治学:范围与方法》,郑永年等译,浙江人民出版社 1987 年版,第 180—181 页。

宏观解释的一般形式为:“若 A(一种体制或物理事实),则 B(被解释项)。”物理事实指的是环境的物理特征,一般包括自然环境和社会环境。可见,宏观解释模式与其他完备的解释模式一样是法则性的。事实上,宏观解释所具有的法则性也许比其他许多模式更明显,因为宏观解释认为,政治现象是与某种体制特性或某个物理事实结合在一起的。显然,这种结合必须通过一个法则来表达。上述四种模式都可以看做是一种因果解释,所不同的是在不同的模式中,不同的因素——习性、意向、理性、体制和环境,充当了“原因”。

因果分析是政治科学研究中使用最为普遍的一种解释方法。作为研究对象的政治现象,可以看做是一种“结果”,解释的目标就是寻找这种“结果”形成的原因。

5. 系统维持模式

系统维持模式也叫功能解释,是指那些试图给政治现象提供可靠解释的活动。有些系统解释模式不属于我们所要讨论的系统维持模式。比如,在一些解释中,行为模式、制度要素是被解释项。由于它们被证明是履行功能行为必不可少的,所以把这些被解释项就被认为已经得到了解释。事实上,一个政治现象发生的原因由其目的来解释,这种目的论的功能主义解释是不可靠的。很难说明,一种特定的功能对维持一个系统是必要的。更难的是证明一种特殊的政治机构或活动是履行这种功能的唯一的东西。我们或许能够提供证据,证明某一特定的政治功能对社会系统的维持是必要的,但是,却不能证明某一特定的政治机构是履行这种功能的唯一机构。我们所谓的系统维持模式是指,断言并可能证明,变项与一个系统之间存在着某种因果关系。功能性的解释必须是因果性的。如果功能解释是要说明某一特定的活动或事件对一个系统的影响,那么其目的必定是建立因果关系。因果关系只有通过引用某一能够说明在特定情形下,可期望这种状况将要发生的通则才能得到解释。系统维持解释的独特特征是强调因变项即系统维持。这种解释试图说明,某些功能对于维持系统来说是必不可少的,而独特的变量履行着这些功能。①

6. 发生模式

发生模式是结构上最有特色的一种解释模式。而其他模式都可以简化为极其简单的公式:“如果 A(表示法则和先决条件);则 B(被解释项)。”但是,用内格尔的话说,“发生解释的任务是陈述主要事件的顺序,说明某一先前的系统

① 〔美〕艾伦·C. 艾萨克:《政治学:范围与方法》,郑永年等译,浙江人民出版社 1987 年版,第 186 页。

经过这个顺序转化为后来的系统"①。因此,一种发生解释并不符合上述公式,因为发生模式涉及了几个阶段。发生模式的最简单的形式只包括两个阶段,"如果 *A*(第一阶段的因素),则 *B*(随之发生的因素);并且,如果 *C*(*B* 加上第二阶段的其他因素),则 *D*(被解释项)"。显然,公式中的因素发生或存在于不同的阶段。这就是为什么我们说发生模式具有阶段性这种特征。简单的因果解释是,"如果 *A*,则 *B*;由于 *A* 的发生,因此 *B* 也就存在"。这里已包含了一种时间顺序。然而,一个发生模式至少要有三个阶段来表示,每个阶段都可以被视为一种独立的解释,它们共同证明了一个政治现象过去或现在为什么会发生的原因。换言之,满足发生模式的解释首先是解释某种状态 *X*,然后,以 *X* 为基础着手解释另一种状态,并以此类推。

因此,发生模式解释政治现象的现状,是要说明它如何从前一阶段向前发展的。发生模式不同于其他模式,因为它具有发展的因素和多重的阶段。综上所述,可以合理地得出结论:发生模式经常被等同于历史的解释。在这方面,历史哲学家已经对发生模式方法做了许多分析,指出这一点也是颇令人感兴趣的。事实上,政治学家提出的许多可归类为发生模式的解释,其实质是历史的解释。就是说,在这些解释中,政治学家在解释政治事件或情形中充当了历史学家的角色。许多发生解释的主要特点是用叙事体或编年体记述事件。然而,很显然,在解释一个政治现象时,并不是每一个先前的事件都与被解释项相关。在这一点上,我们能够说,发生解释是通过描述一系列相关事件来解释政治现象的,这些事件以链状方式决定被解释项的状况。

发生模式发挥解释作用需要具备两个条件,第一是连接不同阶段现象之间关系的方式必须是法则逻辑模式。第二,发生模式中发生解释的每一阶段实际上是一个独立的解释,每一阶段先决条件的发生并非有其必然性。

发生模式并不仅仅是列举某一政治现象发展中的相关阶段。一个发生解释通过说明某一政治现象在发展的不同阶段如何被改变或受影响来解释这个政治现象。因此,关键在于,每一阶段都被认为对下一阶段具有某些影响,并以此类推,直至被解释项;人们把上一阶段视为下一阶段的"必要条件"。问题是:怎样才能把每一阶段和下一阶段联系起来?我们的答案是,通过使用通则把它们联系起来。这也就是说,先用一个法则解释为什么某现象从 *A* 变化到 *B*,然后用一个法则把 *B* 的某些部分和 *C* 联系起来,并以此类推。这样,我们就可以看到,如果某一发生模式具有某些价值,它必须是法则逻辑式的,因为它取决于

---

① Ernest Nagel, *The Structure of Science: Problems in the Logic of Scientific Explanation*, Hackett Publishing Company, 1979, p. 25.

说明上一个阶段对下一个阶段有影响。①

发生模式的解释链条中不仅要满足法则逻辑的条件,还要满足解释的存在有其先决条件。一个发生解释的每一阶段实际上都是独立的解释。每一阶段都可以从整体中抽取出来,成为一个单独发展阶段的完整解释。先决条件是发生模式的一部分。发生模式不应等同于历史社会学之类的理论。发生模式的解释仅仅说明:"在第一阶段,发生了 A;由于第二阶段的事件 1 和 2,A 促使 B 的发生;由于第三阶段的事件 3 和 4,B 促使 C 的发生。"或者说,发生解释不应被表述为:$A \rightarrow B \rightarrow C$。意思是:发生模式不应被解释为有 A 就必然有 B,有 B 就必然有 C。阶段一、阶段二仅仅是阶段三事件发生的必要而非充分条件,且阶段三事件的发生要有偶然事件 1、2、3、4 的发生。或者说结果 C 并不是必然发生,因为事件 1、2、3、4 并非必然发生。②

① 〔美〕艾伦·C. 艾萨克:《政治学:范围与方法》,郑永年等译,浙江人民出版社 1987 年版,第 188 页。

② 同上书,第 190 页。

第二部分

政治科学研究的分析途径：从微观到宏观

第五章
政治心理分析方法

政治科学之父亚里士多德曾经以“人天生就是政治的动物”这一命题阐述了人与政治之间千丝万缕的关系。正是人们的各种政治行为构成了纷繁复杂的政治现象,组合成丰富多彩的政治生活。而任何政治行为都会在一定程度上受到其行为者的心理因素的调节和控制,因此想要正确解释政治行为、分析政治现象、理解政治生活和预测政治发展,就一定要了解政治行为者的心理世界及其发展规律。政治心理分析方法正是基于以上的需求,将研究的视角深入到政治行为者的心理,利用心理学、社会心理学的基本原理,对政治行为和政治现象做出心理背景的分析和探讨。

一、政治研究的心理学途径

(一) 政治心理的界定

既然政治心理研究方法是围绕政治心理展开的,那么,何谓政治心理? 作为政治心理分析方法的基本因素,它有什么特性? 在政治生活中的重要性主要体现在哪些方面呢?

1. 政治心理的定义

政治心理源于“心理”一词,“心理”来自希腊语的“psyche”,原意为灵魂,现为感觉、知觉、记忆、思维、情感、意志、气质、性格、能力等心理现象的总称。[1] 长期处于特定的政治环境和政治生活中的人,其大脑机制中会形成对这些政治现实的反应形式,并参与支配或调节其政治行为。这种反应形式是复杂多样、丰富多彩的,具有不同的表现形式,其中既包括较低层次的、直观的、感性的反应

---

① 王浦劬主编:《政治学基础》(第2版),北京大学出版社2006年版,第243页。

形式,如政治动机、政治情绪,又包括较高层次的反应形式,如政治认知、政治态度等。

由此可见,政治心理是政治主体在政治活动中表现出来的精神现象[①],是社会成员在社会政治实践中对社会政治关系及其表现出的政治行为、政治体系和政治发展等政治生活各方面现象的一种自发的心理反应,其具体表现为人们对政治关系的认识、情感、态度、情绪、兴趣、愿望和信念等等,而这些因素的综合,构成了社会成员的政治人格。[②]

2. 政治心理的结构

政治心理是一个总体概念,可以进一步分解成若干构成要素。这些要素处于政治心理过程从低级到高级的不同维度上,但又相互影响相互制约,因此构成了复杂的政治心理结构。这些要素也是学者在进行政治心理分析时所采用的不同变量。

(1) 政治动机(motivation)。动机表示一种心理学的素质、个性的特征、需要或内驱力,它是指直接推动个体活动以达到一定目的内部动力,具有活动性和选择性两大作用。[③] 对政治动机的研究假设表明,寻求积极政治角色的个人,受到满足这种需要的愿望和冲动的"激发"。[④] 对政治动机的研究从政治行为发生学的角度来看是心理过程,动机是行为的直接导因,为政治行为提供了直接心理动力。以弗洛伊德为代表的精神分析学派强调人类行为的潜意识动机,他在对人格结构进行分析的过程中,指出潜意识动机的存在性:"本我"就是由基本的驱动力组成,即原始冲动及生理需求的满足以及性和攻击的本能。[⑤] 也有学者指出,人类在长期的生存斗争和群体活动中,不管是否自觉或者清楚地意识到,都会具有一定的对安全和自我保护的动机、对权力和荣誉的动机、利益需求的动机,这些不仅是个体政治行为的心理动机,也是构成社会政治心理并使之运作的重要动力之一。[⑥]

(2) 政治认知(cognition)。政治认知是政治行为者对政治意识形态、政治制度和政治运行的感知、推测、判断和评价。认知理论强调知识结构,把人看做

① 朱永新、袁振国编著:《政治心理学》,知识出版社1990年版,第3页。

② 王浦劬主编:《政治学基础》(第2版),北京大学出版社2006年版,第245页。

③ 时蓉华:《社会心理学》,浙江教育出版社2003年版,第217页。

④ 〔美〕克佐德诺维斯基:《介入政治活动的心理动机》,载《现代外国哲学社会科学文摘》1984年第9期。

⑤ 〔美〕威廉·F. 斯通:《政治心理学》,胡杰译,黑龙江人民出版社1987年版,第30页。

⑥ 董敏志:《政治心理学的视野:政治行为与人格》,载《学术月刊》1995年第1期。

是纯粹的信息处理者,而排除欲望、价值、感情等因素的影响。[①] 根据认知心理学的基本观点,当一个人接收信息或者受到环境中刺激因素刺激的时候,他就会产生对这一刺激的知觉。知觉是指在受到刺激后,进行选择、组织和判断自己接收信息的过程。人们对知觉到的信息加以理解,并根据自己的理解对刺激做出反应。人对刺激因素的反应是基于他对刺激因素的知觉,而不是基于客观真实的刺激因素本身。[②] 认知理论在政治心理学应用以罗伯特·杰维斯的《国际政治中的知觉与错误知觉》为代表,在本章的最后一部分将对其理论进行介绍,在这里不做赘述。

(3) 政治情感(affect and emotion)。政治情感是政治主体在政治生活中对政治体系、政治活动、政治事件和人物等方面产生的内心体验和感受,常常表现为对政治体系的亲近—疏远、相信—怀疑、热爱—憎恨、热衷—冷漠、服从—抗拒等积极和消极的情感反应。政治情感有感情(affect)和情绪(emotion)之分,二者之间的区别在于:感情是对事物采取的不同态度、产生的不同内心体验,而情绪是同基本生理需求或本能活动有关的内心体验;感情往往具有一定的稳定性和内隐性,而情绪则具有情境性和外显形。任何人都不仅仅是冷冰冰的信息处理者或者冷静的理性分析者,政治心理学对感情和情绪的关注是对政治研究的一大进步,情感要素对于分析政治决策、投票行为乃至大规模暴力和种族清洗等政治现象都大有裨益。另外,政治认知与政治情感之间相互关系的问题也成为学者研究的重点,学者们在政治认知与政治情感孰先孰后的问题上产生了分歧。但是就其意义而言,情感与认知之间的相互关系对于研究政治妥协和政治暴力事件研究具有重要作用。[③]

(4) 政治态度(attitude)。对态度的比较完整的定义是迈尔斯(Myers)提出的,他认为"态度是对某物或者某人的一种喜欢与不喜欢的评价性反应,它在人们的信念、情感和倾向性中表现出来"。所谓评价性反应泛指对某种事物的价值予以评定的历程。而里帕(Lippa)则强调"态度是社会心理学研究中的一个中介变量",也就是说态度不是可触摸的具体客体,而是一种假设的建构,可以推断出,但无法直接观察。比如,当纳粹分子攻击犹太人时,我们可以看到某种态度引起的效果,但是看不到态度本身。[④] 因此态度只能由调查问卷的方式获

① David Patrick Houghton, *Political Psychology: Situations, Individuals, and Cases*, Taylor and Francies, 2009, p. 132.

② 〔美〕罗伯特·杰维斯:《国际政治中的知觉与错误知觉》,秦亚青译,世界知识出版社2003年版,译者前言,第13页。

③ Martha Cottam, Beth Dietz-Uhler, Elena Mastors and Tomas Preston, *Introduction to Political Psychology*, Lawrence Erlbaume Associates, Inc., 2004, pp. 48—49.

④ 时蓉华:《社会心理学》,浙江教育出版社2003年版,第296页。

得,而社会心理学中出现的民意调查使得态度研究由社会心理学领域扩展到了政治心理学领域。政治心理学领域对态度的研究包括态度的基础和结构、态度的改变、态度的结果,还包括对态度的测量。① 态度理论认为,政治态度的形成和改变与政治认知、政治情感、个体行为倾向等内在要素有一定的相关性。

3. 政治心理的特性

(1) 自发性

就政治心理的形成过程而言,政治心理是人们长期处于某种特定的政治生活中,与环境不断发生相互作用的自然而然的结果。我们借用 K. 勒温(Kurt Lewin)的"场理论模型"对政治心理的形成过程加以解释。人生活在由人和环境所组成的特定的生活空间中(如图 5-1 所示),这一曲线就表示了此时此刻对他有影响的一切事物。处于"场"中的人的政治心理的形成,是人们在日常政治生活和相互交往过程中根据先验的经验和直接的感受自然而然形成的。

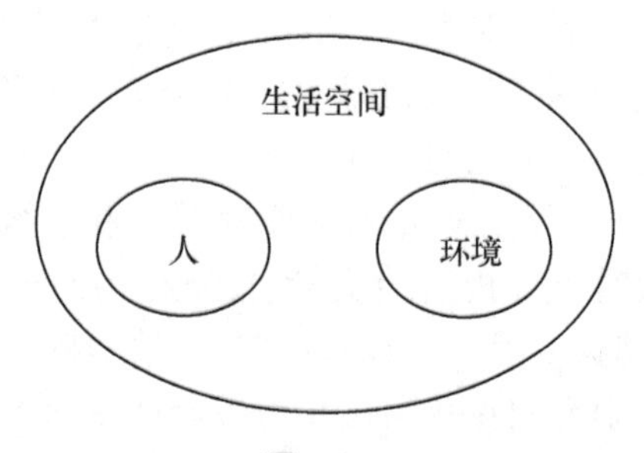

图 5-1

资料来源:〔美〕威廉 · F. 斯通:《政治心理学》,胡杰译,黑龙江人民出版社 1987 年版,第 58 页。

就其存在形式而言,与政治思想相比,政治心理只是一种较为初级的、表层的、非系统的社会意识,是对社会存在的一种不自觉的反映,以感性的、情绪性的因素为主。G. 沃拉斯(G. Wallas)认为,大多数人的政治行为是非理性的,是基于本能和感情之上的。他认为在西方政党选举的具体政治实践中,候选人利用政治心理的自发性和群众容易上当受骗这一特点,力图摆布群众非理性的下意识的心理给自己创造种种有利条件。②

(2) 社会性

处于一定社会结构中的"人的本质不是单个人所固有的抽象物,在其现实

---

① 王丽萍:《政治心理学中的态度研究》,载《北京大学学报(哲学社会科学版)》2006 年第 1 期。

② 〔英〕格雷厄姆 · 沃拉斯:《政治中的人性》,郑永年、李茂奇译,浙江人民出版社 1988 年版,译者序。

性上，它是一切社会关系的总和”①。政治心理的形成过程就是由“自然人”到“政治人”的转变过程，而社会中的每一个成员，都会在这样的政治心理的作用下自觉不自觉地参与政治生活，扮演着一定的社会角色，影响社会政治发展进程。比如大众的政治愿望和政治要求往往成为革命爆发的前期预兆，而人们的政治认同和满足往往是革命取得全面成功的重要心理条件。法国学者古斯塔夫·勒庞在其著作《革命心理学》中指出：“不管革命的起因是什么，除非它已经渗透到群众的灵魂当中，否则，它就不会取得丰硕的成果。从这个意义上说，革命代表了大众心理的一个结果。”②

（3）复杂多样性

一方面，政治心理的多样性体现在个体差异上。由于先天的差异以及人们不同的生活环境和生活经历，使得个体之间具有不同的政治心理结构，表现出丰富多彩的政治性格。根据政治人物的倾向，拉斯韦尔把政治心理区分为鼓动家、行为者和理论家三种类型③；也有学者将政治性格类型分为自动者、假保守主义、专断主义、政治鼓动者、政治行动者、官僚主义者个性、冷漠者、感情冲动者、不动感情者、社会反常人、自治者等类型。④ 另一方面，政治心理的实质是政治主体对政治现实的心理反映，由于社会政治现实的复杂多变性，也使政治心理表现出很大的阶级和阶层的差异性、地域差异性、民族差异性和时代差异性等。

（4）相对稳定性

政治心理是长期政治社会化作用的结果，其形成是一个长期缓慢的过程，因此一旦形成，政治心理也不容易改变，更不会在短期内就摆脱政治心理的影响。法国学者古斯塔夫·庞勒在《乌合之众》中指出：“造成文明洗心革面的唯一重要的变化是影响到思想、观念和信仰的变化……这种重大事件如此罕见，是因为人类这个物种最稳定的因素，莫过于他世代相传的思维结构。”⑤相对稳定性的特点广泛表现在政治变革中，例如第三次民族解放运动之后，亚非拉许多国家纷纷获得独立，此时一些发达资本主义国家向这些国家强行兜售民主制度，全然不顾这些国家长期以来形成的民族特点、宗教传统、心理承受能力，最终往往导致严重的地区动乱和冲突。

---

① 《马克思恩格斯选集》第1卷，人民出版社1995年版，第60页。

② 〔法〕古斯塔夫·勒庞：《革命心理学》，佟德志、刘训练译，吉林人民出版社2004年版，第76页。

③ 〔美〕威廉·F.斯通：《政治心理学》，胡杰译，黑龙江人民出版社1987年版，第38页。

④ 罗伯特·E.莱恩：《政治性格和政治分析》，载《精神病学》1953年第16卷，转载于〔美〕威廉·F.斯通：《政治心理学》，胡杰译，黑龙江人民出版社1987年版，第142页。

⑤ 〔法〕古斯塔夫·勒庞：《乌合之众——大众心理研究》，冯克利译，中央编译出版社2004年版，第1页。

4. 政治心理的作用

政治心理与政治现实之间是双向互动的作用关系:一方面,政治心理是政治主体在政治生活中产生的,是对政治现实的反映;另一方面,政治心理一旦形成,便成为支配政治主体参与政治生活的能动力,对政治生活产生重要作用。

第一,对政治主体而言,政治心理是政治行为产生的重要内在动因。恩格斯曾经指出:“外部世界对人的影响表现在人的头脑中,反映在人的头脑中,成为感觉、思想、动机、意识,总之成为‘理想的意图’,并且以这种形态变成‘理想的力量’。”①人们的大多数政治行为总是具有明确的政治动机,并且被一定的政治热情所鼓舞,为一定的政治意志所制约。② 因此在考察政治行为、分析政治现象时,政治心理是必不可少的重要因素。在分析具体问题时,可以用以解释诸如这样的问题:为什么扮演同样政治角色的人在处理问题时会采用截然不同的方式和风格?为什么不同地区、不同民族的人们在对待同一政治事件时会采取不同的行为方式?自杀性暴力事件的实施者,是以怎么样的心理和动机来采取如此极端的行动的?

第二,从静态政治现实和政治形势来看,政治心理是政治现实的晴雨表,是判断政治形势的重要依据。正确、及时地捕捉并理解处于特定时期的社会群众的政治心理,对正确地分析政治现实的大环境、把握政治发展的大趋势有重要意义;同时只有以群众的情绪与愿望作为制定政策法规的重要依据,才能为政策实施获得坚实的社会基础和群众基础。例如,自 2008 年以来,在中组部下发的地方政府政绩考核相关办法中,不再唯 GDP 而论,而是引入了民意调查机制。在山东省德州市和烟台市市长的“地市大考”中,采用了电话随机采访的形式,调查当地常住居民对当地市委、市政府的态度、评价和意见。这两个调查机制的科学设置和有效衔接,将使得政府、官员的绩效考核体系朝向更加科学化、民主化的方向发展。

第三,从动态的政治发展和变革过程来看,政治心理既是政治变革的催化剂,同时又是政治变革的缓冲剂。当政治变革顺应了社会政治心理的潮流,那么政治心理将在这个过程中起到催化剂的作用,成为推动变革成功的重要力量;相反,如果变革的方向或者采取的方法超出了人们的心理承受能力,甚至是人们深恶痛绝的,只会导致人们对新制度的认知能力低下,甚至对新制度的排斥,那么必然导致变革不能正常进行甚至失败的后果,此时,政治心理则发挥着维护旧制度的缓冲剂的作用。美国学者英格尔斯在《走向现代化》中对人们的

① 《马克思恩格斯选集》第 4 卷,人民出版社 1995 年版,第 232 页。
② 朱永新、袁振国编著:《政治心理学》,知识出版社 1990 年版,第 16 页。

心理和观念在社会变革中的作用有着精辟的论述。他指出:"那些完善的现代制度本身是一些空的躯壳,如果一个国家的人民缺乏一种能赋予这些制度以真实生命力的广泛的现代心理基础,如果执行和运用这现代制度的人,自身还没有从心理、思想、态度和行为方式上都经历一个现代化的转变,失败和畸形发展的悲剧结局是不可避免的。"①

(二) 政治心理学

1. 政治心理学的概念

政治心理学是兴起于20世纪20年代的新兴学科,对传统的政治学研究方法提出了挑战,认为政治科学忽略了两个基本的现象:人对政治制度的影响(反之亦然),以及快速变革的社会和不安定对人和制度产生的政治影响。② 它以全新的研究视角、采取新的研究方法、借助先进的科学技术手段,通过个人层面的决定因素来看待几乎涵盖政治生活的各个方面,在人与政治之间建立起更为紧密、合理的联系。

政治心理学还是一门新兴的学科,学科发展尚处于不完善、不系统的时期,而且由于政治心理学本身的研究领域很广阔,确定政治心理从何处开始,政治行为从何处结束本身也是很困难的,因此导致了对政治心理学自身定义见仁见智的局面。没有一篇文章、一个章节或者一本书能够将政治心理学领域作为一个整体概念化或者探讨其主要分支和基本模式。③ 下面,我们将介绍国内外几种较为权威的定义。

《布莱克维尔政治学百科全书》"将这门学科限定于研究心理学对政治决策、对政治精英的纳用和对政治价值观的发展所起的作用……这门学科跨度较大,其研究范围兼容并包,但是政治心理学研究的要点是人类动机的作用(有时是无意识的作用)和人类对政治结果的知觉"④。

美国著名政治心理学家威廉·F. 斯通认为,政治心理学主要研究"个体的忧虑、观念、反映和他自己政治经验和行为的反应"⑤。

国内政治学界对政治心理学比较权威的定义,应属蒋云根提出的:"政治心理学,是指运用一系列心理学、社会心理学的知识,研究政治过程中各类政治角

① 参见殷陆君编译:《人的现代化——心理、思想、态度、行为》,四川人民出版社1985年版,第3—5页。

② Jeanne N. Knutson, *Handbook of Political Psychology*, Ca: Jossey-Bass Publishers, 1973, p. 1.

③ *Ibid.*, p. vii.

④ 〔英〕戴维·米勒、韦农·波格丹诺编著:《布莱克维尔政治学百科全书》,邓正来译,中国政法大学出版社1996年版,第566页。

⑤ 〔美〕威廉·F. 斯通:《政治心理学》,胡杰译,黑龙江人民出版社1987年版,第17页。

色的政治行为同特定的社会政治环境之间的相互作用关系,探索并把握种种政治现象背后的心理背景和心理活动规律,努力使政治过程不断趋向科学性、合理性、规范性的一门现代学科。"①

从以上学者的定义中,我们可以看出不同学者强调政治心理学研究的不同侧面。但都是基于政治心理学的基本公式:$B=f(OE)$。它所表现出的深刻含义是:所有可观察的行为(behavior),包括政治行为,都是有机体(organism)和环境(environment)相互作用的功能(或产物)。② 而若将这一公式置于更广泛的社会政治体系中,还应加上反馈系统才算完整,那么这一公式可以通过以下模型表现出来:

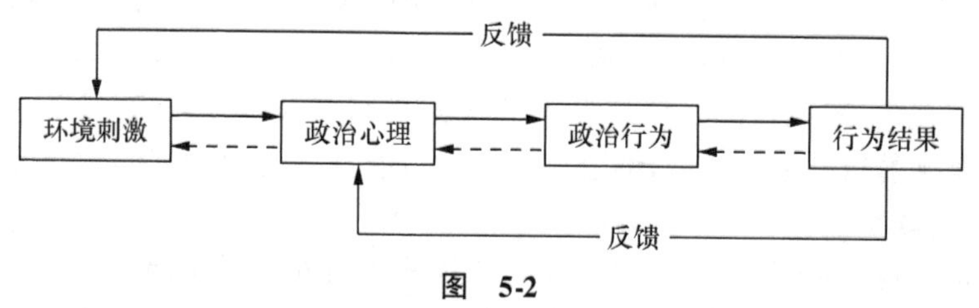

图 5-2

资料来源:王科:《政治心理学》,四川人民出版社 1988 年版,第 33 页。

通过对此模型的分析,可以看出政治心理学对政治心理的关注,不仅研究心理过程对政治过程的影响,同时也要关注政治过程对政治心理形成的作用。由此,我们更倾向于国内学者蒋云根对政治心理学的定义,认为政治心理学研究的主要是政治过程和心理过程的一种双向互动关系。

2. 政治心理学的学科特点

政治心理学具有以下几个特点:

第一,政治心理学一改传统政治学界只注重宏观的政治制度和政治体制的研究,将研究的视角深入到政治行为者的心理世界,从微观的政治心理出发,对政治行为和政治现象进行解释和分析。行为主义政治学产生之初的研究焦点集中在政治活动的心理方面,正如政治心理学的先驱者英国政治学家 G. 沃拉斯在 1908 年的《政治中的人性》一书中,把当时政治学令人不满意的情状归于坚持一套过时的、错误的研究取向,他说:"几乎所有政治研究者在对制度进行分析时避免对人进行分析……我自己认为,这种把政治研究同人性研究割裂开来的趋向只可能被证明是思想史上短暂的一个阶段;尽管它对政治科学和行为

① 蒋云根:《我国政治心理学在当前应该着重研究的若干主题》,载《政治学研究》1999 年第 1 期。

② Jeanne N. Knutson, *Handbook of Political Psychology*, Ca: Jossey-Bass Publishers, 1973, p. 2.

有持续的影响,但可能是有害的。"[①]同年美国的本特来也指出,应集中研究人的行为,认为这是政治科学适当的焦点,提出以计量征服混乱。1923 年行为主义研究途径的 C. 梅里安(Charles Merriam)开始关注政治心理的研究,他在 1925 年出版的《政治科学的新面向》一书中阐明了政治行为研究的目的、方法、步骤及重点。1928 年赖斯出版了《政治中的计量方法》,梅里安的高足拉斯韦尔进一步推动了政治心理学的发展。

第二,作为一门独立的学科,政治心理学是介于政治学、心理学和社会心理学等学科之间的边缘学科,具有很强的学科交叉性。由于其对"政治现象的理论解释根植于心理学的理解和概念"[②],政治心理学也一度被一些学者看做是社会学、社会心理学等学科在政治领域的应用。[③] 但是政治心理学又不是几个学科的简单拼凑,而是具有区别于其他学科的独特的研究对象、范围和方法。政治心理学与相关学科的相对关系可以参见图 5-3。[④]

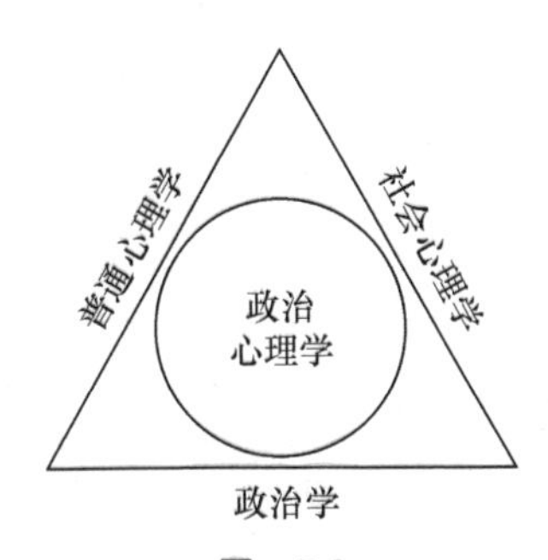

图 5-3

资料来源:王科:《政治心理学》,四川人民出版社 1988 年版,第 26 页。

第三,在具体的研究方法上,政治心理学者们不再局限于对法律、制度等的文献解读和静态描述,不再满足于单纯的思辨和规范性研究方法,而是更倾向于政治研究的"科学性",更强调科学的方法,以判断数据收集过程的可靠性以及用于验证前提假设的证据之有效性。具体而言,其采用的方法主要包括:观察法、访谈法、问卷法、测验法和实验法等。各研究方法的具体内容请参见表 5-1。

---

① 〔英〕格雷厄姆·沃拉斯:《政治中的人性》,郑永年、李茂奇译,浙江人民出版社 1988 年版,第 10 页。

② Kristen Renwick Monroe, *Political Psychology*, Lawrence Erlbaum Associates, Inc, 2002, p. 82.

③ Stephen L. Wasby, *Political Science: The Discipline and Its Dimensions*, Scirbner, 1970, p. 44.

④ 政治学是从宏观上研究社会的政治关系及其历史发展的规律的;政治心理学则关注于微观的心理层面,研究政治过程和心理过程的相互作用;普通心理学着重于研究个体一般行为的心理过程及其生理机制;而社会心理学则是注重社会与个人之间相互关系与影响及其心理机制。

表 5-1　政治心理学研究方法比对表

名称	概念	应用	评价
观察法	是指有目的、有计划地观察被观察者在一定条件下的言行、表情等反应，并详尽记录、认真分析的一种方法。	比如观察公民投票时的行为和心理等，这也是儿童心理研究最常用的方法。	优点：简单方便，真实自然。缺点：观察被动，难以深入。
访谈法	由调查者直接向被调查者提出问题，以收集被调查者心理和行为数据的方法。	比如考核政府绩效时，电话随机访谈常住居民。	优点：真实深刻，更有价值。缺点：过于复杂，难以掌握。
问卷法	亦称“书面调查法”，或称“填表法”，通过向调查者发出简明扼要的征询单（表），来间接获得材料和信息的一种方法。	比如在特定时期向被调查者请示填写对有关问题的意见和建议等。	优点：格式统一，便于分析。缺点：客体受限，内容主观。
测验法	先从一定量的个体中收集有关问题的常模资料，据此编制出测验题目（又称标准化表）作为尺度，去研究其他个体的一种方法。	测验类型有人格、智力、能力、态度测验等，在考核团体领导时，可以此进行测量。	优点：编制严谨，处理方便。缺点：灵活性差，要求较高。
实验法	实验法是指对研究的某些变量进行操纵和控制，创设一定的情境，以揭示变量间的因果关系。可分为实验室实验和现场实验两种类型。	广泛应用于对青少年道德发展研究或者儿童心理发展过程的研究。	优点：严格控制，操控变量。缺点：环境复杂，无代表性。

3. 政治心理学的发展历程

概括起来说，政治心理学的发展经历了以下几个阶段：

第一，孕育时期：源于古希腊。

西方政治心理思想的渊源可追溯到古希腊思想家柏拉图和亚里士多德。柏拉图最先在其著作《理想国》中分析了政治制度的心理基础，他提出：“有多少种不同类型的政制就有多少种不同类型的人的性格。……如果有 5 种政治制度,就应有5种个人心灵。"[1]而亚里士多德更是以"人天生是政治的动物"这一命题指出人与政治之间的密切关系,他将一般的情绪骚动、具体发难人的动机、事变和政治斗争爆发的契机看做政治变革的原因。[2] 他还说过,人类有着渴望建立国家制度、主张和平和安宁、实现国民团结的天然倾向,国家正是这种心理的产物,也就是说,国家是适应人类本性或心理上的需要而产生的。到15世纪,被马克思称为第一个"用人的眼光来观察国家"的马基雅维利在他的《君主论》里探讨了试图统治别人的人的个性与动机的形成。俄国学者高尔库诺夫认为,国家权力的产生好像是人类所固有的甘愿服从别人的心理造成的;而另一位俄国人彼得拉任斯基则力图以特殊的心理体验来解释国家权力的形成,即人们所固有的渴望服从和顺从心理要求。此外,霍布斯、洛克、卢梭等政治学者也从人性论出发来探讨国家和政治权力的来源问题,都闪耀着政治心理思想的火花。

第二,形成时期:始于20世纪20年代。

英国政治学家G.沃拉斯(Graham Wallas)是政治心理学研究的先驱。他在《政治中的人性》(1908)一书中,最先提倡研究政治中的人性和人格问题。美国政治学家C.梅里安(Charles Merriam),在1925年出版的《政治科学的新面向》中最早看到将心理学甚至生理学运用到政治科学中的可能性。此后,他的学生哈罗德D.拉斯韦尔(Harold D. Lasswell)以其成名之作《精神病理学与政治学》(1930),以及随后的《世界政治与个人的不安全》(1935)、《权力与个性》(1948)、《政治行为的分析》(1949)等,确立了从心理学角度研究政治行为、政治活动和政治现象的基础与原则,被称为政治心理学的奠基之父。[3]

第三,确立时期:20世纪50至60年代。

20世纪50、60年代随着行为主义运动的影响,政治心理学的研究范围也在不断扩大。50年代政治心理学研究的重点在于权威主义人格和政治态度问题,这一时期也被称为"态度和选举行为"时期。[4]W.阿多诺(W. Adorno)等人合著的《权威主义人格》(1950),旨在探究反犹太主义和反法西斯主义的心理基础。英国心理学家H.艾里克森(H. Erikson)出版的《童年与社会》(1950)可以看做是这个时期研究政治态度的代表作。60年代之后出现了对个体政治心理研究

---

① 柏拉图:《理想国》,郭斌、张竹明译,商务印书馆1986年版,第313—314页。

② 亚里士多德:《政治学》,吴寿彭译,商务印书馆1965年版,序言。

③ Jeanne N. Knutson, *Handbook of Political Psychology*, Ca: Jossey-Bass Publishers, 1973, p.18; Kristen Renwick Monroe, *Political Psychology*, Lawrence Erlbaum Associates, Inc., 2002, p.15.

④ David Patrick Houghton, *Political Psychology: Situations, Individuals, and Cases*, Taylor and Francies, 2009, p.26.

的小高潮,A. 坎贝尔(A. Campbell)等人设计了一个量表从五个方面来评判人们的政治态度。G. 斯莱恩的《儿童与政治》、兰伯特等人的《儿童对外国人的看法》、道森和普鲁伊特的《政治社会化》都反映了政治社会化的研究成果。另外还有一些心理学家关注集团间冲突和战争心理根源的研究,其代表作有R. 斯莱格勒的论文《人格动力学还是投向》、R. K. 怀特的《错误的感觉与越南战争》等。1968 年,美国政治科学协会成立了政治心理学会,标志着政治心理学的正式诞生。

第四,成熟时期:20 世纪 70 年代。

20 世纪 70 年代是政治心理学迅速发展并且逐渐趋于成熟的时期,虽然拉斯韦尔等人早在 20 年代就开始研究心理对政治的现代影响,但是绝大多数研究成果直到 70 年代才涌现出来,这一时期的研究主要关注政治信仰、信息过程、政策制定和国际政治等问题。[①] 1973 年由珍妮 · N. 克努森(Jeane N. Knutson)等编著的《政治心理学手册》出版,系统地论述了政治心理学的历史与地位、内容和方法,此书被看做是政治心理学的权威著作,促进了政治心理学的科学化和系统化。1974 年由威廉 · 斯通(William Stone)编写的教材《政治心理学》使得政治心理学走进了课堂,耶鲁大学、威斯康星大学等一些高校政治学系分别开设了政治心理学的博士和硕士研究方向。1978 年国际政治心理协会(ISPP)成立,并且出版了两份政治心理学方面的专门杂志《政治心理学》和《微观政治学》,积极推动了政治心理学的研究和发展。

第五,新发展:20 世纪 90 年代以来。

20 世纪 90 年代以来,政治心理学仍然处于不断发展的状态,主要体现在:第一,研究队伍的逐渐壮大,接受政治心理学学科训练的人数的增多;第二,研究范围日益扩大,学者的兴趣从传统的"权威人格"、"投票"、"决策"、"态度"等问题,扩展到"种族主义和国际冲突"、"政治参与"、"政党认同"、"恐怖主义"等热点问题;第三,政治心理学的发展逐渐呈现出国际化发展趋势,对政治心理学的关注已逐渐由美国扩展到欧洲、大洋洲等世界各个地方;国际政治心理学协会也多次在全球范围内召开研讨会。但同时,政治心理学仍然是一个正在发展的相对较新的学科,还局限于对各种理论与调查结果的结合,其学科本身的逻辑性、系统性以及对各种理论和研究成果进行总体概括亟待完善。

---

① David Patrick Houghton, *Political Psychology: Situations, Individuals, and Cases*, Taylor and Francies, 2009, pp. 23—26.

二、政治心理分析方法的三种范式

政治心理学主要研究心理过程和政治过程相互作用的双向关系，由于研究的角度不同、重点不一，政治心理学的研究中出现了不同范式。约翰·A.克罗斯尼克(Jon A. Krosnick)和凯瑟琳·M.麦格劳(Kathleen M. McGraw)在回答"什么是政治心理学?"这一问题时，根据研究机构所强调的基本点的不同，将其分为"心理的政治科学"(psychological political science)和"本意的政治心理学"(politcal psychology "ture to its name")两大流派，前者被看做是政治科学的一大分支，将心理学的知识应用于对政治现象的分析；后者更加强调心理学理论的发展。[①]《政治学心理学手册》中根据影响政治行为的不同因素，将政治心理学的研究和理论分为三大类：强调有机体(organism)为主要影响因素；强调邻近的、直接的社会环境(proximal, direct influences)是主要影响因素；强调广泛的社会环境(distal influences)是主要影响因素。[②]

本书对前人的划分进行了吸收和改进，认为政治心理分析方法可分为以下三种基本范式：一是心理—政治学派，强调政治活动的心理规律，研究心理活动在政治活动中的作用、地位和表现形式；二是政治—心理学派，研究政治活动、政治环境对于心理活动的影响；三是政治—心理交互作用学派，研究政治过程和心理过程的相互作用和相互影响。

(一) 心理—政治学派

心理—政治学派强调政治心理在政治过程中的作用地位和表现形式，注重揭示政治活动的心理规律，所回答的基本问题是：政治心理的哪些方面、在什么情况下、是怎样影响政治活动的及影响的程度如何。在20世纪40到50年代，人格理论几乎主宰了整个政治心理学研究，人格从很多方面影响政治活动以及政治意识形态，这几乎是公认的真理。但同时，对人格理论有效性的质疑从来都不绝于耳，也使人格理论成为炙手可热也最备受争议的流派。在这里我们将对心理—政治学派的探讨置于人格理论的框架下展开。

人格理论的理论前提是：占据一定政治角色的个人，其个体类型对角色的实现具有至关重要的作用；而个人行为以一种可知的方式与内在决定因素相

① Jon A. Krosnick and Kathleen M. McGraw, "Psychological Political Science Versus Political Psychology True to Its Name: A Plea for Balance", in Kristen Renwick Monroe, *Political Psychology*, Lawrence Erlbaum Associates, Inc., 2002, pp. 79—94.

② Jeanne N. Knutson, *Handbook of Political Psychology*, Ca: Jossey-Bass Publishers, 1973, p. 3.

关,并且这些方式随着外在环境的变化而变化。① 但批评者认为,人格与社会行为之间的关系只是偶然的,只有在一定程度下、在特定案例以及特定场合下才是真实的;且并非所有的政治行为和政治现象都是可以用人格作为变量来解释的,其他重要因素如情境、角色、人口等都是解释和预测政治行为的重要变量。

因此,如果学者要将人格作为其研究设计中的变量,他需要详细阐明其理论基础。这其中第一步需要做的就是界定什么是人格。但是,虽然人格在心理学、政治心理学界都占据核心位置,形成普遍认可的"人格"概念却是十分困难的。正如伊文(Ewen)指出,在心理学界,没有一个普遍接受的人格定义,也没有一个普遍承认的人格理论。舒尔茨(Schultz)根据人格概念外延的及应用领域的不同,考察了20种人格理论并将其分为9类。②

1. "人格"的概念

政治心理学中人格(personality)一词,来源于心理学。从词源上说来自拉丁文"persona",指的是希腊罗马时代喜剧演员在舞台上的面具,经过演变进入了科学领域,转化成了一个科学概念。③ 对于什么是人格,一直没有一个统一和公认的看法,学者们提出了林林总总的有关人格的定义:

心理学家伊文指出:"人格是指个人行为中重要的和相对稳定的方面,并以此来形成个人行为的一致性;这些方面可能是可观察的或不可观察的,也可能是有意识或无意识的。"迪伦佐(Direnzo)给出的相关定义是:"人格是个人拥有的、相对稳定但具有动态性的、独一无二的心理或社会行为的特质。"④奥尔波特在综合分析了50多种人格定义之后,给出了他对人格的著名定义:"人格是个体内部决定其独特地顺应环境的身心系统的动力组织。"⑤

从以上定义可以看出,虽然对人格的具体定义没有达成一致,但是学者们在使用这一概念时,都包含两大共同含义:(1) 有组织的内在倾向;(2) 历时的稳定性或一致性。⑥ 因此,我们可以认为,人格可以看做是每个个体将其带入情境中的有组织的、稳定的、内在倾向性;这种倾向性决定其行为,并且表现出个体差异性。

① Jeanne N. Knutson, *Handbook of Political Psychology*, Ca: Jossey-Bass Publishers, 1973, pp. 28—30.

② Martha Cottam, Beth Dietz-Uhler, Elena Mastors and Tomas Preston, *Introduction to Political Psychology*, Lawrence Erlbaume Associates, Inc., 2004, pp. 13—14.

③ 周晓虹:《现代社会心理学》,上海人民出版社2000年版,第140页。

④ Martha Cottam, Beth Dietz-Uhler, Elena Mastors and Tomas Preston, *Introduction to Political Psychology*, Lawrence Erlbaume Associates, Inc., 2004, p. 14.

⑤ Jeanne N. Knutson, *Handbook of Political Psychology*, Ca: Jossey-Bass Publishers, 1973, p. 31.

⑥ *Ibid.*, p. 30.

2. 人格理论的两大分析框架

根据研究者对人格考察侧重点的不同,人格理论可以分为整体研究模式和特质研究模式。

(1) 整体(holistic)研究模式试图研究整体心理结构和功能,强调对内在功能组织原则的理解,认为一个人做出的每个行为都是其整体人格结构的表现。他们认为所有的人格构成一个整体,其各个部分只是在理论上具有可分性,组织比要素更基本。如弗洛伊德的精神分析以及巴伯关于总统性格的分析都属于这一模式。

精神分析——以弗洛伊德的精神分析为例。奥地利心理学者弗洛伊德(Sigmund Freud)的精神分析法,建立了一门包括所有潜意识决定因素的严密的人格理论。他认为人格是多种成分和特质的有机结合,并且在早期提出人格由意识(conscious)、前意识(preconscious)和潜意识(unconscious)三个层次构成。人的许多行为都是由我们没有意识到的动机造成的,没有什么偶然性的事件,这些事件不过是来自我们潜意识的感情而已。① 后期,他又提出人格结构观,即人格是由本我(id)、自我(ego) 和超我(superego)组成。在每个人身上他们不是孤立存在的,而是组成一个有机组织,人的内部心理活动和外部行为表现,都是这个有机组织协调活动的结果。

类型分析——以巴伯对总统性格的分类为例。美国政治学家巴伯在《总统的性格》一书中对13位总统进行人格分析以及分类的研究。他的研究基于这样的假设:总统的行为不是理智分析的结果,人格的确会塑造总统的行为和表现。他从积极还是被动(处理政务时的热情程度)、肯定还是否定(对自己行为的欣赏程度)两个维度,将总统分为四种类型:积极—肯定型,积极—否定型,被动—肯定型,被动—否定型。②

(2) 特质(traits)研究模式侧重于整体人格中理论上有限的或者经验上可分的方面,关注在单一维度上的个体行为差异。他们认为基于整体视角的研究是十分困难的,人格是由多个不同的相分离的维度构成,对某些维度的研究就意味着对其他维度的忽略。而个性研究,仅仅限定于人格的某一或某些方面,就很好地解决了这个问题。比如当关注进攻和顺从时,就没有必要再考察智力和创造性(或者这些不同特质之间的相关性)。

这里需要指出的是,人格理论对“人格”的理解,几乎等同于我们所说的政

① 〔美〕威廉·F. 斯通:《政治心理学》,胡杰译,黑龙江人民出版社1987年版,第29—30页。
② 〔美〕詹姆士·戴维·巴伯:《总统的性格》,胡杰译,四川人民出版社1991年版,第1—15页。

治心理,包括认知、情感、动机、认同、自我防御过程等不同方面①,但是将政治态度和政治观念排除在外。② 特质理论就是将构成人格的某一特质作为变量,以考察其对政治活动的影响。其代表理论是拉斯韦尔关于权力动机的分析。

拉斯韦尔关于权力动机的分析。他在《精神病理学与政治学》一书中提出一个著名的命题:政治人物是个人动机的产物,他将个人动机置于公共事务之中,并通过公共利益使其理性化。③ 他认为"各种政治运动的生命力来自倾注在公众心目之上的私人感情",支配政治人物生活风格的动力不是性罪恶就是被压抑的仇恨,他说:"从社会中的个人紧张中可以发现政治的原动力。"也就是说,人们将不被接受的敌意或罪恶感转向了政治事业。他在《权力与个性》(1984)一书中,着重分析了那些重视权力的人的性格特征。他认为政治人的基本素质包括:重视权力;为自身要求权力(和其他价值);看中与权力有关的其他预期;至少要获得最低限度的运用权力的能力。④ 拉斯韦尔还指出追求权力是被剥夺感的一种补偿,权力是用来克服自身的自卑心理的。具有不健全人格和巨大的心理紧张的个人常常想在政治上找到他们的发泄之处。因为政治活动提供给他们体验成功的机会、满足他们对权力的欲望以及成就感和归属感,正是这些吸引着人们参与政治。

3. 人格对政治的影响

虽然人格以不同的方式对政治过程产生影响的实事日益引起人们的关注,但需要认识到人格对政治过程的影响并非在每一个点上都存在。有学者研究表明人格与政治行为发生时所处的语境同样都是影响政治行为的有力影响因素。因此摆在人格理论者面前的一个问题就是"人格何时才在政治中发挥作用"⑤或者"人格在政治的哪些方面发挥作用"。《政治心理学手册》中将人格与政治卷入的两个维度之间建立联系:政治活动和意识形态。

首先,在政治活动层面,对人格影响的研究主要集中在:政治效能、权威主义、离群和疏远、权力动机、教条主义五个方面。⑥

政治效能感(political efficacy)。在与政治行为相关的人格特质的研究中,

---

① Martha Cottam, Beth Dietz-Uhler, Elena Mastors and Tomas Preston, *Introduction to Political Psychology*, Lawrence Erlbaume Associates, Inc., 2004, p. 14.

② Theodore Millon, Melvin J Lerner, *Handbooke of Psychology (Volume 5): Personality and Social Psychology*, John Wiley & Sons, Inc., 2003, p. 600.

③ Jeanne N. Knutson, *Handbook of Political Psychology*, Ca: Jossey-Bass Publishers, 1973, p. 18.

④ Harold D. Lasswell, *Power and Personality*, W. W. R Norton&Company, Inc., 1948, pp. 39—57.

⑤ Martha Cottam, Beth Dietz-Uhler, Elena Mastors and Tomas Preston, *Introduction to Political Psychology*, Lawrence Erlbaume Associates, Inc., 2004, pp. 14—15.

⑥ Jeanne N. Knutson, *Handbook of Political Psychology*, Ca: Jossey-Bass Publishers, 1973, pp. 45—52.

政治效能是获得最多研究的。政治效能感是指个体对其在所处的政治体系中的地位和作用的感知。许多研究表明,政治效能感的高低会影响个体政治参与或政治卷入的积极性。但是不同学者却对政治效能感对政治参与发挥作用的结果产生较大分歧。

权威主义(authoritarianism)。权威主义人格是与政治活动相关的另一个人格维度,以阿多诺等人在《权威主义人格》一书中对希特勒个性特征的研究为代表。权威人格的核心品质是"权威主义侵犯"和"权威主义服从",即权威主义者的统治—服从倾向。权威人格的这些特征对政治领域的行为具有重要意义,如对下属的控制、对上级的恭顺、对权力的敏感等。[①]

离群(anomie)和疏远(alienation)。离群和疏远现象的研究是理解和预测政治活动的另一个有效的维度。离群和疏远是指政治上的无力、绝望和无意义感,与效能感相对,是指个人对与社会断层的感知。有学者研究指出,这种无力感的产生与政治知识以及其他特定领域知识的缺乏、政治和社会活动卷入的缺乏,以及较低的社会经济地位有关。

权力动机(power motivation)。拉斯韦尔最早提出权力是对政治人物自卑感的补偿,之后的学者在对这一纬度的研究中提出了自己的观点:勃朗宁(Browing)和雅各布(Jacob)通过实验的方法得出权力动机受到环境因素限制的结论;霍妮(K. Horney)等的观点认为包括权力动机在内的所有需求都可以服务于各种不同的功能;而还有一些学者认为将政治领袖视作只由某一特定需求驱使的观点太过简单化了。

教条主义(dogmatism)。实验证明,在从观念封闭到观念开放的维度上,位于观念封闭一端的个体与位于另一端的个体在政治上表现出极大的不同。观念封闭的个体容易表现出焦虑以及接受新信息的困难,因此他们可能拒绝接受新信息或者对信息进行曲解。对教条主义的研究大量地应用于政治领袖以及投票行为的研究中。

其次,在意识形态的方向上,学者的研究发现,各种人格变量不仅与政治活动的方向和强度有关,还与意识形态有重要的关系。比如有研究认为教条主义与右翼政治有关,但也有学者质疑这项研究的有效性;同时,有学者发现了权威主义与"右"的政治倾向之间的关系。由此可以看出,学者们承认人格变量与政治意识形态之间的确存在联系,但是却无法确定这两者之间存在着怎样的联系。

---

① 王丽萍:《人格与政治:政治心理学领域核心关系分析》,载《北京大学学报(哲学社会科学版)》2002年第2期。

（二）政治—心理学派

与心理—政治学派对心理过程的片面强调相比，政治—心理学派则将重点放在探究政治过程乃至社会经济过程对个体的影响，他们认为人的心理是由人的地位、环境决定的，社会政治心理是由政治势力、政治统治决定的，解决一切问题的关键是政治。

1. 行为主义学习理论

行为主义心理学是在巴甫洛夫（Ivan Petrovitch Pavlov）条件反射学说上建立起来的，主要代表人物有J. B. 华生（J. B. Watson）、E. C. 托尔曼（E. C. Tolman）、B. F. 斯金纳（B. F. Skinner）等。他们把环境看做决定因素，环境是刺激，伴随而来的有机行为是反应。行为主义学习理论认为，人类的思维是与外界环境相互作用的结果，即"刺激—反应"，刺激和反应之间的联结叫做强化。他们认为通过对环境的"操作"和对行为的"积极强化"，任何行为都能被创造、设计、塑造和改变。①

早期行为主义代表人物华生将其整个理论建立在"可观察"的基础上，人类所有的感觉，喜、怒、哀、乐、思考、饥饿等都是可观察的，如饥饿就是胃的收缩，思考就是一系列肌肉运动。人类的行为都是后天习得的，环境决定了一个人的行为模式，无论是正常的行为还是病态的行为都是经过学习获得的，也可以通过学习更改、增加或消除，并认为查明了环境刺激与行为反应之间的规律性关系，就能根据刺激预知反应，或根据反应推断刺激，达到预测并控制动物和人的行为的目的。

1930年起以托尔曼为代表的新行为主义者修正了华生的极端观点。他们指出，在个体所受刺激与行为反应之间存在着中间变量，这个中间变量是指个体当时的生理和心理状态，它们是行为的实际决定因子，包括需求变量和认知变量。需求变量本质上就是动机，包括性、饥饿以及面临危险时对安全的要求；认知变量就是能力，包括对象知觉、运动技能等等。

斯金纳在巴甫洛夫经典条件反射基础上提出了操作性条件反射（即操作学习理论），他自制了一个"斯金纳箱"②，斯金纳认为强化训练是解释机体学习过程的主要机制。斯金纳把动物的学习行为推而广之到人类的学习行为上，学习

---

① 费穗宇、张潘仕主编：《社会心理学辞典》，河北人民出版社1986年版，第120页。

② "斯金纳箱"：在箱内装一特殊装置，压一次杠杆就会出现食物，将一只饿鼠放入箱内，它会在里面乱跑乱碰，自由探索，偶然一次压杠杆就得到食物，此后老鼠压杠杆的频率越来越多，即学会了通过压杠杆来得到食物的方法。斯金纳将其命名为操作性条件反射或工具性条件作用。食物即是强化物，运用强化物来增加某种反应（即行为）频率的过程叫做强化。

者要想获得有效的学习效果，就必须及时给予适当的积极“强化”。同时他指出他的刺激—反应心理学的政治和社会意义，即人们通常不愿意自己做决定，而更倾向于被理解自己的人所统治。因此，政府就需要有足够的能力来调节人们，使他们接受他们所向往的但又不知如何达到的和谐与优良的生活。[①]

2. 学习理论—社会化模型

行为主义心理学对西方政治学尤其是行为主义政治学具有深刻的影响，心理学家通过研究外在行为来研究人的心理，以刺激—反应模型来解释人类行为都对政治学的行为研究具有启发和触类旁通的作用。在政治学领域借用学习理论提出解释个人获取政治认知、情感、价值的内化过程就是政治社会化过程，它的主要目标是探讨人们获得政治取向和政治态度的过程。“学习理论—社会化模型”是这一学派的典型代表，用以研究习性、政治态度的形成、演化以及不断的调整过程的。根据这一模型的观点，政治心理的发展过程分为形成、扩大和调整三个阶段。[②]

（1）形成：科学家阿纳托尔·拉帕波特把学习定义为“行为模式的选择性积累”[③]，人们通过学习过程学到了他以前不知道的东西，即“行为模式”。政治学习就如同学生学习一样，是通过不断的行为模式来积累和固化所获得的意见、态度和价值观，这种积累是通过刺激—反应模式完成的。

学习理论分为两类，即有两种方式可以说明刺激与反应之间的关系：联系论和强化论。联系论指出人们通过观察和经历各种不同的联系和关系进行学习。这种学习是潜移默化的、非强化性的，对幼年个体的行为模式的形成具有重要的影响，比如儿童会不自觉地接受或模仿家长的行为模式或态度倾向。美国政治学家以此来研究和解释为何美国选民对政党的认同与其父母的态度有密切关系。而强化论则假设，刺激与反应之间联系的建立需要通过某些方式进行不断增强。因此，在学习过程中只有这种带有奖惩措施的强化刺激，才能最终形成固化的行为模式。而在政治生活中，基于强化论的政治行为研究法，则可以说明步入社会之后人们可能改变童年时期形成的政党倾向，并且政治当局利用各种措施推行政治文化的教育手段就属于强化学习模式。[④] 米尔曼在探讨政治体系里学习与合法化之间的关系时，就是从强化论的假定入手分析了人民在道德上支持其政治体制的性质——人民感觉该体制合法的程度。

① Jeanne N. Knutson, *Handbook of Political Psychology*, Ca: Jossey-Bass Publishers, 1973, p. 9.

② ［美］艾伦·C. 艾萨克：《政治学：范围与方法》，郑永年等译，浙江人民出版社1987年版，第246页。

③ 同上书，第247页。

④ 同上书，第246—253页。

(2) 扩大:如果说学习理论解释了政治倾向的形成,那么社会化理论可以看做是学习理论的进一步发展和大范围的运用,用以解释人们为何需要社会、政治态度和信仰。这是一种从社会学的视角并运用社会学的方法来解释政治现象的研究方法。[①] 社会化就是个体如何在成长过程中不断学习,如何通过与家庭和社会环境的互动而逐渐学会接受社会规范并且按此行为的过程,即如何将思想意识等内化到个体的意识中,从而构成固有的反应模式的过程。[②] 按照社会化过程发生的时间顺序,在社会化过程中起作用的制度和环境依次是:家庭—学校—社会。在此基础上,社会化理论的应用主要有以下几种途径:第一,以特定个体为对象,通过个案比较的方式,研究特定政治倾向、政治文化的形成过程;第二,研究政府如何通过学校和社会团体等机制,推进主流政治文化的发生和发展;第三,分析社会环境,包括大众传媒、公共舆论、流行文化等对政治意见和态度等的塑造功能。

(3) 调整:认识不一致理论可以看做是社会化理论的补充,是态度的调整理论。社会化理论假定人们学习和获得政治态度,而认识不一致理论强调学习过程中的纠错功能。这一理论假设人们的行为不是意在最大限度地实现目标,而是最大限度地达到态度的一致,从而消除态度冲突所带来的心理紧张,即大多数人都有趋众心理。因此,当人们觉得自己的政治态度不同于主流倾向时,便会自行调整态度,以获得心理的平衡和安宁。[③]

(三) 政治—心理交互作用学派:场心理学

政治—心理交互作用学派,不同于单纯强调政治和心理相互作用的某一方面的政治心理分析学派和心理的政治学派,这一学派认为政治过程和心理过程是相互影响、相互依赖、相辅相成的。这一学派的代表应属K. 勒温的"场心理学"了。他的理论本身虽然没有真正涉及政治心理学的内容,但是场理论在政治心理学上的应用却开拓了政治心理学的研究视野,对政治心理学发展起到十分重要的作用。

他认为之前的研究人们心理行为的理论都过于简单化了,他公然挑战传统心理学的"刺激—反应"模式,他提出人的行为是个人的心理环境和社会环境之间的变量函数。它借助物理学中的场理论原理,提出心理学中"场"(field)的概

---

① 孔德元:《政治社会学导论》,人民出版社2001年版,第1—2页。

② 〔美〕阿尔蒙德·A.鲍威尔:《比较政治学:体系、过程和政策》,曹沛霖等译,上海译文出版社1987年版,第29页。

③ 〔美〕艾伦·C.艾萨克:《政治学:范围与方法》,郑永年等译,浙江人民出版社1987年版,第256—269页。

念,“场”既包括物质环境中的某些事件(即被知觉到的物质环境),也包括个人的信念、感情和目的等。简言之,勒温探讨的是认知场和知觉场。他认为人是一个场,人的心理活动是在一种心理场或生活空间里发生的。生活空间(life space,简称LSP)包括个人及其心理环境。一个人的行为(B)取决于个人(P)和他的环境(E)的相互作用,也就是说,行为取决于个体的生活空间(LSP)。这样,勒温的基本公式就是:

$$B = f(P, E) = f(\mathrm{LSP})$$

按照他的理论,个人的行为既不依存于过去,也不依存于未来,而是依存于现在。人的心理行为处于每一个人特定的“场”中,这个场的每一个部分都依赖于场的其他部分,因此行为必然为这些共存事实的总体所导演出来。他特别注重研究个人的心理状态(需要、动机、心境、个性等)和社会环境(社会心理气氛、特定的人际关系等)相互交错的关系对人的行为的影响,并且试图将这种关系数量化。

勒温创造性地借用了物理学、数学等学科的概念,并把这些概念和心理学巧妙地结合了起来,引进“场”、“生活空间”、“向量”等概念,另辟蹊径,这在心理学史上绝对是一件开创性工作;他研究的重心放在社会心理学方面,对行为、问题和动机等方面的探讨,从而开创了团体动力学,在当时是很有新意的。勒温的研究方法,对心理学理论联系实际起到了很大的影响,大大提高了心理学的应用性和可操作性,对实验的社会心理学的产生也起了极大的推动作用。虽然勒温本身没有撰写关于政治心理学方面的专著,但是后来的政治学家、心理学家对团体动力学、政治团体领导的研究等很明显都受到他的场理论的影响。如他的学生R.利皮特借用他的思维和研究方法发表了《民族与独裁的集团气氛的影响的试验研究》(1940)。[①]

三、政治心理分析方法在四个层次中的运用

政治心理分析方法的一个很重要的特点就是具有很强的现实性、应用性,更多地关注现实问题,随着学科的不断发展,这一研究方法逐渐有了自己独特的研究范围和研究主题。莫顿·多伊奇(Morton Deutsch)和卡特琳娜·金诺维尔(Catarina Kinnvall)细致地阐述了政治心理学的专门领域,并将其归为十二类:作为政治行为体的个人;政治运动;政治领袖;政治结盟与政治结构;政治群际关系;政治过程;个案分析;人的发展与政治经济;投票与决策;外交政策与团

① 朱永新、袁振国编著:《政治心理学》,知识出版社1990年版,第63页。

体思维;政府与自尊;认同与群体冲突。① 为了更清楚地介绍,我们暂且将这些研究主题从个体、群体、社会、国际政治四个层次分别进行介绍。

(一) 个体政治心理分析

在个体层面上,政治心理学将主要精力都投入到政治领袖和精英人物身上,政治领袖或精英们在政治过程中发挥着不可替代的作用,因此这些个体的人格,即个体行为在对不同刺激做出反应的稳定的内在规律,就成为分析其政治行为、解释政治过程的重要变量。比如,戈尔巴乔夫的个人性格与苏联的解体有没有直接的关系?如果温斯顿·丘吉尔在20世纪40年代没有当上英国首相,事情的结局会是另外一个样子吗?如果希特勒在第一次世界大战中被打死,第二次世界大战会爆发吗?或者最终会达到那样的规模吗?简言之,政治行为者是可有可无的吗?不同类型的领袖会做出不同的举动吗?重大政治决策的作出与某个特定的政治人物之间有着怎样的相关性呢?

对政治领袖的研究分为两种途径:传记心理学和人格类型分类学。传记心理学将研究的对象限定在某一个著名的领导人身上,对其进行深入的研究。通过深入了解某个人的政治生活,探求影响领导人行为的决定因素。比如美国政治学家格特斯坦、亚历山大和朱利安·乔治以及弗洛伊德等都曾对美国第28届总统威尔逊进行过研究。格特斯坦不仅对威尔逊的政治行为进行描述,并且从马斯洛的需求层次理论②出发,根据威尔逊的地位的变化来解释他的性格表现;亚历山大等人将威尔逊总统在政治舞台上的成功和挫折与其儿童时期的痛苦的奋斗所形成的个性联系起来;弗洛伊德则认为威尔逊儿童时期对自己父亲下意识的憎恨使他在对外政策上表现出刚出道时的刚愎自用。著名政治学家路辛·派伊在《毛泽东:领导者》中根据毛泽东提及自己有猴性和虎性,对毛泽东这一中国革命领袖的政治人格进行了深入的剖析。③

但是,这种个案的分析无法将其结论普遍化,而人格类型分类学则弥补了这一不足。其中最著名的是美国政治学家巴伯在《总统的性格》一书中对13位总统进行人格分析以及分类的研究,他还进一步探讨了每种类型下的政治领袖在政治决策过程中表现出的不同行为模式及其影响,但批评者却认为这种研究方式因为其结论过于宽泛而失去了原本的价值。④

---

① Kristen Renwick Monroe, *Political Psychology*, Lawrence Erlbaum Associates, Inc. , 2002, p. 2.

② 马斯洛理论把需求分成生理需求、安全需求、社交需求、尊重需求和自我实现需求五类,依次由较低层次到较高层次排列。

③ 王东理:《政治文化导论》,中国人民大学出版社2002年版,第11页。

④ Jeanne N. Knutson, *Handbook of Political Psychology*, Ca: Jossey-Bass Publishers, 1973, p. 41.

（二）群体政治心理分析

如果说个体层面的政治心理分析关注的对象是精英人物，那么群体层面的政治心理分析则将重点放在大众身上，关注大众与精英之间的关系、大众对精英的“跟随”以及大众的行为及态度等。这其中主要包括投票行为、政治态度及其改变、群体心理等。

1. 投票行为

对公众投票行为的研究是政治科学的传统研究领域。以往政治学家在研究大众投票行为的影响因素时，往往将重点放在利益投票（Interest Voting）或社会经济地位（Social Economic Status）的影响上。但是政治心理学却倾向于探讨投票者以及候选人的心理特征对选民投票参与率和选民投票决定的影响。对投票行为的政治心理学研究有以下几个主要途径：

政党政治中的人性。沃拉斯在《政治中的人性》所表达的基本观点是，大多数人的政治行为是非理性的，是基于本能和感情之上的。他认为在西方政党选举的具体政治实践中，候选人利用政治心理的自发性和群众容易上当受骗这一特点，力图摆布群众非理性的下意识的心理给自己创造种种有利条件。“政治演说家往往巧妙地利用充满情感内涵的文字和图像，口号和标语，引诱投票人的情感冲动，以达到自己的目的。”[①]因此他认为从这个意义上说政党政治是最符合人性的政治制度安排。

服从投票（Conformity Voting）。利益投票把投票行为解释为个体试图通过投票影响政府的决策并获取个人利益的理性行为；与利益投票不同，政治心理学者认为投票行为只是一种个体对群体压力的反应，称为“服从投票”，即个体之所以投票是因为群体要求个体投票，而不管他是否感觉到特定的政府政策会对他产生什么样的影响。

心理卷入（Psychological Involvement）。投票行为的心理卷入包括四个方面：对竞选活动的兴趣、对竞选结果的关切、公民责任感和政治效能感。研究发现，对竞选活动的兴趣越大、越关切选举结果、越有公民责任感和政治效能感的人，越有可能去投票。

党派偏好（Partisan Preference）。所谓党派偏好，是指个人对政治竞争中的甲党和乙党候选人所具有的偏好。学者在研究选民投票参与率时发现，具有党派偏好的公民比没有党派偏好的公民更有可能去投票。这其中斯托克斯

---

① 〔英〕格雷厄姆·沃拉斯：《政治中的人性》，郑永年、李茂奇译，浙江人民出版社 1988 年版，译者序。

(Stokes)提出了表达性因素(expressive factor)的概念,认为对于一些选民来说,投票只不过是为了给自己欣赏的候选人一种鼓励,与政府的政策毫不相干,这种表达性因素包含着某种潜意识或非理性的成分。①

2. 政治态度

政治心理学引入"态度"研究,是20世纪30年代晚期社会心理学中民意调查出现的结果。因此从态度、社会态度到政治态度,其概念内涵本身并未发生太大的变化,只是在使用时侧重的内容和方面有所不同。除了态度本身的结构基础,政治理论更关注政治态度的结果及其改变。

态度的结果。态度的结果有两个重要方面:一是对行为的影响,二是对判断的影响。这两个方面是联系在一起的。行为主义者做了大量的关于态度与行为的一致性研究,并且普遍认为,从一个人的态度就可以预见其行为。在现实政治生活中,态度对行为的作用可以体现在选民的情绪对其投票行为的影响以及选民的政策偏好上。因此,及时、正确地了解民意对做出正确的政治决策、维持政治稳定具有十分重要的意义。②

态度的改变。由于态度对行为的预测作用,态度理论认为,态度改变了,其行为也随之发生改变,所以研究态度的转变也具有现实意义。霍弗兰和韦斯(Havland and Weiss)曾提出学界公认为有效的态度转变模式,认为影响态度转变的因素有四个,即宣传说服者变量、信息变量、渠道变量以及信息接收者变量。③ 在政治心理学领域,对态度转变的相关理论有学习理论、认知理论和人格理论④。其中学习理论认为首先态度是通过学习获得的,态度的改变也需要进一步学习,因而学习理论就成为使态度改变概念化的一个主要途径;认知理论认为态度体现了信息处理的结果,并影响个体对其周围世界的认识和判断;对态度研究的第三种理论倾向是人格理论,认为态度作为心理客体有组织的倾向,是人格的重要组成部分。

3. 群体心理

从心理学的角度来看,大量个人聚集在一起并不足以构成一个群体,在某些既定的条件下,一群人会表现出一些新的特点,它非常不同于组成这一个群体的个人所具有的特点。⑤ 也就是说,聚集在一起的一些人,只有彼此之间具有

① 朱金卫、李春茂:《国外选举行为心理学研究综述》,载《陕西教育学院学报》2007年第3期。

② 王丽萍:《政治心理学中的态度研究》,载《北京大学学报(哲学社会科学版)》2006年第1期。

③ 时蓉华:《社会心理学》,浙江教育出版社2003年版,第311页。

④ Jeanne N. Knutson, *Handbook of Political Psychology*, Ca: Jossey-Bass Publishers, 1973, p. 67.

⑤ 〔法〕古斯塔夫·勒庞:《乌合之众——大众心理研究》,冯克利译,中央编译出版社2004年版,第11页。

某种联系和纽带,比如有共同的目标、共同的意识和价值观等,才能组成一个有机的集合体,才能称之为群体。政治心理学视角下的群体研究,就是讨论在特定的社会政治环境下产生群体行为的心理渊源和影响。

群体心理表现出来的显著特点有:(1)去个性化。一个心理群体表现出来的最惊人的特点是:构成这个群体的个人不管是谁,他们的生活方式、职业、性格或智力不管相同还是不同,他们变成了一个群体的这个事实,便使得他们获得一种集体心理,……在集体心理中,人的才智被削弱了,从而他们的个性也被削弱了。异质性被同质性所吞没,无意识的品质占了上风。[①] (2)情绪强烈。群体行为往往表现出强烈的情绪色彩,在很多情况下理智为情绪所支配。根据勒庞的观点,群体中大众群体很容易受到暗示或者欺骗,并且这种暗示很容易在群体之中传染开来,加之在群体中很容易占上风的无意识品质,使得群体心理极容易表现出冲动、易变和急躁。另一方面,群体往往喜欢措辞简明、语气尖锐、感情充沛的意见。(3)要求变革。即群众往往不安于现状,不满于现状,要求进步、改革。美国学者罗纳德·英格尔哈特在20世纪70年代对西方公众进行过调查,发现各国公众绝大多数都赞成对现存社会进行不同程度的变革。[②]

(三)社会政治心理分析

社会政治心理分析从一个相对宏观的层面来看待政治心理与政治之间的相互关系,将行为主体置于整个国家、社会或民族的层面,主要的研究领域包括:政治运动心理、社会变革的心理基础、民族精神分析等。

1. 政治运动心理

政治运动的发生、发展、衰落、停止总是经历一定的过程,政治心理在政治运动的兴衰起伏中具有重要的作用。因此,我们根据政治运动发生发展的过程为顺序,来探讨心理因素在其中起到的作用。

第一,政治运动的产生。近几年最引人注目的研究政治运动的理论是"上升期望"或称"不满"理论。这一理论提出了"相对剥削"的概念,也就是说当心理上的需要期望和现实中的需要满足程度之间造成差别,人们就会产生被剥夺感和挫折感,革命便由此而来了。

第二,政治运动的发展。需要期望和需要满足之间的激烈矛盾导致运动的发生,在此后的过程中,心理因素成为推动运动发展方向的一个重要因素。随

① 〔法〕古斯塔夫·勒庞:《乌合之众——大众心理研究》,冯克利译,中央编译出版社2004年版,第14—16页。

② 参见〔美〕阿尔蒙德·A.鲍威尔:《比较政治学:体系、过程和政策》,曹沛霖等译,上海译文出版社1987年版,第49页。

着群众热情的高涨，这种情绪在群众之间互相传染，甚至使不同运动之间也会互相推波助澜。

第三，政治运动的衰落。在一些政治运动，尤其是“持久战”式的政治运动中，由于参与者的心理承受能力有限或者产生疲劳感往往导致运动的衰落甚至终结。另者，参与者中缺乏组织凝聚力和约束力，也是导致运动衰落的一个重要的原因。在群体心理中我们曾经指出，大众心理的一个很重要的特点就是非理性主导并且容易激动，在这样的状态下，缺乏组织力量也往往是乌合之众一事无成的重要原因。

第四，政治运动的影响。政治运动的停息，并不代表其心理影响的停止。有的时候往往政治运动被平息了，但是参与者的心理并没有改变，因此一旦条件成熟，他们又会东山再起。而政治运动造成的心理影响主要体现在人们的思维方式、情感方式和价值观念上，往往都会对人与社会、人与人之间的关系做出某些调整。①

2. 社会变革的心理基础

在社会改革的过程中，改革要改的不仅是政治经济制度和体制，还要改变人们的传统心理和守旧思想。改革要有一定的心理准备，克服一些心理障碍才能顺利进行。这些心理障碍主要有心理定势，如前所述，政治心理具有相对稳定性的特点，一旦形成就很难改变；落后舆论的压力，政治心理往往具有求稳怕乱的特点，传统思想和守旧观念会形成巨大的团体压力，迫使改革者放弃初衷；失衡心理，包括在改革过程中会出现的目标失衡、焦虑失衡和攀比失衡；期望效应，社会角色对这一角色的扮演者的行为具有一定的期望和要求，当行为者的行为超出了角色期望，就会受到来自舆论等各方面的压力。为了克服这些障碍，可以通过重视宣传、加强意见沟通、满足各类需要、提高承受能力等来达到克服障碍、促进改革的目的。

3. 民族政治心理

民族最普遍的特征是共同的心理素质，民族心理是一个民族在长期的共同社会生活条件下形成的，并反映本民族文化和意识的心理特征。民族性格的分析理论是将特定的团体或国家化约为个人，并将其赋予特定的性格特征，以此来解释团体性的政治行为。这种对民族性格的分析在国际政治的研究中是一个很重要的方面，尤其在特定的历史时期，这种民族性格会直接作用于国家内外的政治行为。如本尼迪克特在《菊与刀》中以日本传统文化的双重性分析了第二次世界大战中日本先期拒不投降的原因，并预测了日本会投降，以及美国

① 朱永新、袁振国编著：《政治心理学》，知识出版社 1990 年版，第 235—241 页。

要保持日本原有政治体制的原因。[1] 汉斯·摩根索在《国家间政治》一书中,将民族性格看做对国家权力具有影响作用的一个重要因素。[2]

(四) 国际政治心理分析

政治心理学在国际政治领域的应用取得了累累硕果。越来越多的学者倾向于从微观和个体层面来探究外交政策以及国际关系等国际政治学的核心问题,体现了研究层次由体系、国家向个人回落的趋势。国际政治心理学派可以分为传统的对外政策的个体心理分析以及对国际安全与冲突、种族主义、恐怖主义等问题的心理研究。

1. 个体心理分析在对外政策问题中的应用

这一学派的学者们所关注的是国家领袖以及主要政策制定者的心理过程——其人格、信仰、认知、生活经历等要素能否成为影响国家对外政策以及国际关系的变量以及如何影响的问题,其理论分析建立在两大理论预设基础之上:第一,认为国家行为的行使主体是个人;第二,认为个人是理性与非理性的集合体。[3] 基于这样的理论预设,学者们借鉴人格理论、认知理论等心理学相关理论进行相关分析。我们将对几种具有代表性的理论进行简要介绍:

(1) 人格理论(Personality Theory)。这个学派的学者们致力于对政治领袖的不同人格特点进行归纳和分类或者对特定决策者的人格特征进行近距离的观察,并且探究在什么样的条件下,这些人格特点是如何影响决策者的外交倾向进而影响国家行为的。外交政治策研究中对领袖人物的人格分析,类似于在个体层面上政治心理学者对政治领袖的分析,在这里就不做赘述。

(2) 认知理论(Cognition Theory)。对外政策中认知研究的一个核心目标是理解决策者构建和保持他们对环境的简化意向所依赖的认知策略[4],其代表人物罗伯特·杰维斯(Robert Jervis)在其代表作《国际政治中的知觉与错误知觉》中对对外政策的知觉与错误知觉进行了系统阐述。杰维斯研究的理论假设是:国家决策者的知觉与国家之间的冲突行为这两大变量之间存在相关性。决策者在面对纷繁复杂的国际环境进行对外决策时,起直接作用的是其"心理环境"而非"操作环境"[5],即决策者是根据对现实世界的"印象",而不是"现实世

---

[1] 〔美〕本尼迪克特:《菊与刀》,刘锋译,当代世界出版社 2008 年版。

[2] Hans J. Morgenthau, *Politics Among Nations: The Struggle for Power and Peace*, Alfred A. Knopf. Inc., 1973, pp. 128—135.

[3] 尹继武:《心理与国际关系:个体心理分析的理论与实践》,载《欧洲研究》2004 年第 1 期。

[4] 同上。

[5] 尹继武:《认知心理学在国际关系领域的应用:进步及其问题》,载《外交评论》2006 年总第 90 期。

界”本身来做出反应的,人对现实的‘认知’,而不是‘现实’本身,对于理解决策行为至关重要。而在认知相符现象、诱发定势和历史包袱等机制的作用下,错误知觉如愿望思维、认知失调等在所难免,而这些错误知觉很可能是加剧国家之间冲突甚至国家之间战争的重要因素。①

(3) 多元启发理论(Poliheuristic Theory)。多元启发理论兴起于1993年,代表人物是亚历克斯·明茨(Alex Mintz)等学者。这一理论是对认知理论的修正,将认知心理学与理性选择理论相结合,并同时纳于对外政策分析的框架。史蒂文·雷德(Steven B. Redd)认为,从多元启发的含义来看,这一理论主要关注决策的“原因”和“方法”,即决策者是如何做出决策以及在不同方案中决策者是如何选择的问题。基于此,该理论将决策的过程分为两大阶段:认知阶段和理性选择阶段。第一阶段决策者采用基于维度原则(dimension-based)和非补偿性原则(noncompensatory)对可能的方案进行认知分析并加以筛选,目的是简化和减少;第二阶段决策者基于预期效用(expected utility)规则和词典编纂式(lexicographic choice)原则对第一阶段所做出的方案集合进行理性分析,以选出最终的政策方案。②

(4) 小团体思维(Groupthink)。前面三种政策的心理分析都是从决策者个人的角度展开,而由简尼斯(Irving L. Janis)于1972年提出的“小团体思维”模式认为,重要的对外决策往往都是在一个由极少数人组成的小组所做出的集体决定。“内聚的小组下意识地产生一些共同的幻觉,以及干预性思考和经得起考验的规范来保持一种集体精神。”③正是过分强调一致气氛而导致了团体不能理性地、全面地分析问题和制定决策。简尼斯称其为“团体迷思”(Groupthink),是指在一个较有团队精神的团体,成员为维护团体的凝聚力,追求团体和谐和共识,忽略了最初的决策目的,因而不能确实地进行周详评估的思考模式。④

2. 国际安全与冲突的心理分析

杰维斯对国家间发生冲突的原因进行了总结。他发现,在以下两种情况下,国家之间会发生冲突:第一,作为对手的双方或其中一方确实有侵略和发起冲突的意图,在这种情况下,无论是否存在错误知觉,冲突都难以避免;第二,双

① 〔美〕罗伯特·杰维斯:《国际政治中的知觉与错误知觉》,秦亚青译,世界知识出版社2003年版,译者序。

② 韩召颖、袁维杰:《对外分析政策中的多元启发理论》,载《外交评论》2007年总第100期。

③ 张清敏:《“小团体思维”:外交政策分析的特殊模式》,载《国际论坛》2004年第2期。

④ 〔美〕艾伦·C.艾萨克:《政治学:范围与方法》,郑永年等译,浙江人民出版社1987年版,第311—313页。

方都是维持现状国家,都不喜欢发生冲突,但是冲突还是发生了,这种情况下,冲突发生的重要原因是决策者的错误知觉。根据前面我们所分析的,由于决策者错误知觉的存在和不可避免,其对形势和对方意图作出了错误的判断,往往夸大对敌意的判断,并且将对方妖魔化,所以会采取过分的行为。如果双方都是如此,敌意螺旋就会不断上升,冲突就会在双方都无意冲突的情况下爆发。①

3. 种族主义、族群冲突和种族灭绝的心理分析

种族主义并非一个新现象,但是从政治心理学的角度来看待种族主义和族群冲突却开始于20世纪90年代。从约书亚·塞尔—怀特(Joshua Searle-White)对种族主义(Nationalism)的定义中可以看出其对心理因素的强调:从最广泛的意义上来讲,种族主义只是一种存在于具有共同历史、语言、地域、文化的群体的认同感……由于当今世界中对民族自决权的赋予,单一民族国家成为许多种族主义运动的特定目标。②

(1)关于种族主义和种族冲突的心理分析有以下几种主要理论和方法③:

现实群体冲突理论(Realistic Group Conflict Theory)。社会具有自动分类的倾向,因此人们有"我们vs你们"的观念以及"内群"(ingroups)和"外群"(outgroups)的区别。基于此,现实群体冲突理论认为群体尤其是族群之间的冲突仅仅来源于人的"竞争本能",即一个群体与其他群体竞争或斗争的这一现实和看似理性的原因。

社会认同理论(Social Identity Theory)。社会认同理论也是基于"内群、外群"区别发展而来的,该理论认为我们对自我的身份认知是基于群体身份的基础之上的,换言之:你所属的群体性质决定了你的身份。因此,群体成员对内群的认同感(尤其是当这一群体享有较高的地位或认为自己优于外群时)有助于人类最基本的对自尊需求的实现,进而促进群体认同感的强化。英国心理学家亨利·泰弗尔(Henri Tajfel)还认为,对外群的仇恨和对内群的偏好来源于群体之间相互影响的缺乏,换言之,当内群认为在与外群竞争的过程中无利可图时,便会产生冲突。

社会支配理论(Social Dominance Theory)。该理论认为任何社会在一定程度上都是基于特定的等级结构,每个社会中至少有一个处于支配地位的群体和处于次要地位的群体。人们都具有不同程度的社会支配偏好的倾向,这种偏好

① 〔美〕罗伯特·杰维斯:《国际政治中的知觉与错误知觉》,秦亚青译,世界知识出版社2003年版,译者前言第13页。

② Joshua Searle-White, *The Psychology of Nationalism*, Palgrave, 2002, p. 3.

③ David Patrick Houghton, *Political Psychology: Situations, Individuals, and Cases*, Taylor and Francies, 2009, pp. 168—183.

可以通过社会心理学的方法予以测量。而大多数的压迫形式，如种族主义、种族歧视、性别歧视等都有助于建立和维持这种基于群体之上的等级结构，有助于维持人们的这种支配偏好。

精神分析方法（Psychoanalytic Approach）。弗洛伊德提出人们有与自己邻近并且看起来和自己十分相似的人产生冲突的倾向，这一点可以在阿拉伯—以色列冲突中得到印证；另外，他认为，当长期处于社会的压制中，攻击是人们最基本的天生的动机。除此之外，在弗洛伊德的心理分析中难以找到与种族主义相关的心理解释，但是它的继承者文米克·沃尔卡（Vamik Volkan）却很好地扩展了他的理论。他认为种族冲突产生的原因只是人们将对其自身不满的方面投射到外部世界中去，当我们谴责敌人的时候，我们谴责的不仅是他们，还包括我们自身上的那些我们不喜欢的东西，也就是说，对敌人的愤怒和仇恨，可以使我们免于对自己的愤怒。

生物政治学途径（Biopolitical Approach）。生物政治学方法是一种应用于解释种族主义、族群冲突或其他任何形式人类冲突的生物学途径。简单地说，这些冲突源于自然选择理论所鼓吹的人类天生的攻击动机。

（2）种族灭绝的心理分析。当研究种族灭绝时，心理学者们关注是什么原因促使人们采取如此极端的行为，为什么一个族群的人要仇恨甚至痛杀另一个族群的所有人。学者们认为，以上所介绍的“我们 vs 他们”的思维模式及其相关理论只能解释种族主义和种族冲突的产生，不能解释其为什么会走向极端，因此学者们试图从社会情境和心理因素的相互作用中寻找答案，但是到目前为止，学者们对种族灭绝的心理分析还存在很大的分歧。

4. 恐怖主义的心理分析

越来越多的自杀性爆炸事件等恐怖袭击活动对国际安全造成的极大威胁，已引起人们的广泛关注，尤其是“9·11”事件以来，对恐怖主义的讨论成为国际政治领域的热点话题。布莱恩·詹金斯（Brian Jenkins）认为，恐怖主义与种族清洗等暴力形式的区别在于：恐怖主义是以激烈的行为方式构成，它的目的是引起公众的关注和产生一种恐慌的气氛，而不是受害者本身。① 因此恐怖主义是一种威胁。为什么恐怖主义者会采取这样极端的行动？政治心理学者倾向于从恐怖主义者及恐怖组织内部因素来寻找答案。对此出现了两大相对立的理论流派——精神分析和过程模型，其争论的焦点在于是否存在一个单一的“恐怖主义人格”支配恐怖主义者的行动，心理因素能否独立解释恐怖主义行为。

① David Patrick Houghton, *Political Psychology: Situations, Individuals, and Cases*, Taylor and Francies, 2009, p. 202.

其中,精神分析理论又可以分为三大理论模型,挫折—攻击理论、自恋攻击理论模型、纯粹的精神分析理论。下面,我们将对这四种理论分别进行简要介绍:①

挫折—攻击理论模型(Frustration-Aggression)。这是由约翰·多拉德(John Dollard)等人提出的用以介绍包括恐怖主义在内的一般政治暴力的理论。该理论认为当个人的目标受挫或受阻时,攻击行为就会产生。这一理论是这样来解释恐怖主义的:恐怖主义行为是一个"替代"形式,是置于其他目标的攻击行为,而恐怖主义者的变态人格则来源于他们个人生活中的挫折。

自恋—攻击理论模型(Narcissism-Aggrrssion)。理查德·皮尔斯特(Richard Pearlste)在其著作《政治恐怖主义者思想》中提出,极端形式的自恋可以成为恐怖主义的可能的解释。自恋的人认为他们在这个世界上极其重要且意义重大,但是这种自我印象并非总是被他人接受。当这种"伟大的自我"形象经不起现实的考验时,就会产生愤怒和攻击行为。这种理论的支持者发现,许多恐怖主义者都经受过个人生活中的重大挫折,而恐怖主义就产生于这些挫折对自尊的破坏及其所产生的愤怒。

纯粹的精神分析理论(Psychoanalytic/Freudian Accounts)。虽然前两个理论都是根植于精神分析理论,但是纯粹的精神分析理论同样也可以为恐怖主义提供解释。弗洛伊德提出人的大多数行为都是由潜意识的动机驱动的,但是人的欲望却经常因社会无法接受而受到压制。这一理论的支持者将恐怖主义人格的形成追溯到恐怖主义者儿童时期对其父亲的仇恨。同时,E. 艾里克森(Eric Erikson)提出了"消极认同"的概念以解释恐怖主义的形成,"消极认同"是指个体对家庭和社会赋予他的角色期望的痛恨和拒绝。珍妮·N. 克努森(Jeanne N. Knutson)将这一理论应用于对克罗地亚恐怖主义的分析。

过程模型(Horgan's Process Model)。这种模型认为恐怖主义是一个复杂的现象,并非单一的社会情境或者单一的心理因素所能解释的,而应该是两个方面相结合的产物。该理论提出情境为恐怖主义提供了前提,而心理因素使得特定个体变得容易受到环境的影响而加入恐怖组织。外部环境因素(如社会结构、经济条件、政治现实等)只是恐怖主义产生的必要条件而非充分条件,只有当这些条件与特定的内在因素发生互动时才会产生恐怖主义。

除了过程模型对精神分析的批判,还有学者认为精神分析理论将恐怖主义者看做"变态"、"怪癖"或"精神不正常"的观点失之偏颇,相反,大多数恐怖主义者是精神正常的,因此强调以分析正常人的行为模式的方法来看待恐怖主

① David Patrick Houghton, *Political Psychology: Situations, Individuals, and Cases*, Taylor and Francies, 2009, pp. 202—215.

义,比如通过认知理论和信息处理过程对其进行分析。总之,从心理角度对恐怖主义的分析还有很大的发展空间。

总之,从以上政治心理学的应用层次可以看出,所谓微观层次的政治心理学,其研究对象和应用范围不仅仅是微观的个体心理,还包括团体、群体、社会、国际政治等相对宏观的层面。但是总体来看,政治心理的分析方法与制度主义、结构功能主义等分析方法相比,还是从个人和微观的角度出发对政治现象进行分析研究,以个体的政治心理为研究起点。虽然涉及团体、国家、社会这些宏观领域,但往往是将这些宏观的概念化约成个人,并赋予特定的性格、特征,以解释团体性的行为,比如对民族性格和民族心理的研究。另者,从进行具体研究时所采用的调查法、谈话法、测量法等研究技术也可以看出,虽然研究的是整体的心理状态,但是还是以个体的心理为基础,关注的始终是“政治人”的心理和行为。

第六章

理性选择分析方法

理性选择为政治科学提供了一套有价值的理论与分析工具。理性选择理论一般都假定个体是理性的、物质上自利的最大化者。并从这一假设出发,运用演绎方法引申出涉及人类活动任何方面的假设,这些假设之间是逻辑上一致的,由其推导出的结论是简洁、精确且可以经验检验的。

一、理性选择分析探源

(一) 理性选择分析的产生

无论人们对于20世纪政治科学的发展历史持有怎样的观点,理性选择理论试图朝着建立一套适用于整个社会秩序(包括政治)的精练、正式的科学理论不断发展。虽然这一企图遭到了不同理论派别的攻击。

理性选择理论的出现与一场规模更大、影响更深远、持续时间更长的政治科学"革命"相伴随,这场"革命"使行为主义在20世纪50—70年代成为主流,理性选择在当时并未能显达,但是与更早的"政治经济学"传统却有渊源,此时与理性选择沾边的代表人物有罗伯特·达尔(Robert A. Dahl)和他的经济学家同事查尔斯·林德布洛姆(Charles Lindblom)、戴维·杜鲁门(David B. Truman)等人。[①] 此时,最具理论意义的代表作是安东尼·唐斯的《民主的经济理论》,可是在当时并未引起其他重要政治科学家的注意,如达尔基本没有采用唐斯式的分析框架。

与行为主义一样,理性选择也是基于对"个体"的研究。不过,行为主义在

---

① William C. Mitchell, "Political Science and Public Choice: 1950—70", in *Public Choice*, Vol. 98, No. 3/4 (Jan., 1999), p. 239.

对象和方法上更倾向于采用社会学与心理学途径。虽然行为主义力图发现行为的“决定因素”,但是这些因素是个人控制范围之外的。因此,政治科学家们做了大量工作试图理解人类行为的社会—经济背景。理性选择就是要研究个人是如何作选择和决定的。①

(二)理性选择理论的演进

理性选择因其在本质上反映了经济学对政治科学的渗透,所以也被人们称为“公共选择理论”或“集体选择理论”。最早反映这一趋势、第一次使用经济学模型和方法来分析选举、委员会和立法机构的投票、利益集团等政治主题的,都是一些赫赫有名的经济学家,如肯尼思·阿罗(Kenneth Arrow)、安东尼·唐斯(Anthony Downs)、邓肯·布莱克(Duncan Black)、詹姆斯·布坎南(James Buchanan)、戈登·塔洛克(Gordon Tullock)以及曼库尔·奥尔森(Mancur Olson)等。

从这以后,至少在美国,理性选择虽有争议,但却成了政治科学中占统治地位的研究取向。安东尼·唐斯作为运用理性选择理论来分析选举行为及政党竞争的先驱,他的著作产生了选举研究上的一场革命。从唐斯的开创性著作开始,理性选择开始在各个领域开花结果,曼库尔·奥尔森证明自利的个人并非总会参加到促进共同目标的集体行动中。他意识到由于“搭便车”和“外部性”现象的存在,集体行为可能会失败,理性的自利又导致每个人的生活变得更加糟糕。

与之相关的是,如何解释个体决策者在因其规模较小情况下,集体行动的失败有时可以避免的问题。这种对集体行动理论的重要发展,就是博弈论研究。它考虑别人的策略选择会如何影响我们自己的最佳选择,以及策略选择的相互影响。博弈论的运用相当广泛,可以解释立法联盟的形成,以及国际政治中的军备竞赛、裁军等现象。

由肯尼思·阿罗首先提出了一个关系到民主程序的重要问题,即民主过程能否整合公民个体利益偏好以达成一种合理的社会时序安排。她证明的结论是,不存在对利益偏好进行整合的令人满意的民主方法,而且这一问题不仅局限于简单多数规则。

公共选择理论作为理性选择的次级理论,其核心主题是能否通过民主政府的干预来弥补市场失败。公共选择学家得出的结论是政府干预产生的问题往

① 参见 William C. Mitchell,“Political Science and Public Choice: 1950—70”, in *Public Choice*, Vol. 98, No. 3/4 (Jan., 1999), p. 244。

往要比它解决的问题更多。在尼斯坎能(Niskanen)等人的分析中指出,官僚机构的自利动机导致财政预算最大化,同时,官僚机构在对国家公共产品供给的成本结构上存在着信息控制,这二者的结合导致了以公民的利益为代价的对财政预算及公共物品的过量供给。另一个主题是寻租,布坎南、奥尔森、诺斯等人都证明,组织化的集团利益可以成功地进行院外游说,以获得国家的补贴和垄断权力,这会侵蚀市场效率,减慢经济增长。还有基于唐斯的追求经济利益的投票理论所产生的"政治经济周期"或者"政治商业循环"(political business cycle)理论,表明通过操纵经济来追求获选,会人为加剧经济动荡,使之高于自然通胀的程度。公共选择理论的规范性目标,是要对政府的规模与自主性进行宪制上的约束,以及使政府摆脱利益集团的干扰。[①]

由于看到理性选择理论正经历着重大改进,且是一种非排他性的分析工具,奥斯特罗姆(Elinor Ostrom)预言,从长期来看,理性选择理论会成为政治分析的主要方法。不过他提醒我们,这要取决于理论和经验检验之间的相容性,也要防止过分夸大某一单一模型的作用。[②]

二、理性选择分析的基本理论

(一)理性选择分析的核心假定

理性选择方法主要建立在来自经济学的共同原理和假设之上,力图建构有统一标准、可以不断累积的政治科学。这些基本假设中最重要的是关于人性的假设。

虽然对于人性及人类动机的复杂性有清醒的认识,但是理性选择理论一般都假定个体是理性的、物质上自利的最大化者。从这一假设出发,理性选择学家们认为可以如同几何学一样,运用演绎方法引申出涉及人类活动任何方面的假设,这些假设之间在逻辑上是一致的,由其推导出的结论是简洁、精确且可以用经验检验的。此一做法反映了理性选择方法的抱负,它将理性选择之前的政治科学历史看做是不连续的,是"前科学"的,它相信政治科学未来的发展是出现一个形式理论,该理论内容合乎逻辑、前后一致,可以用假设体系和基本原理来解释政治现实。

---

① 参见〔英〕大卫·马什、格里·斯托克编:《政治科学的理论与方法》,景跃进等译,中国人民大学出版社2006年版,第63—64页。

② Elinor Ostrom,"Rational Choice Theory and Institutional Analysis: Toward Complementarity", in *The American Political Science Review*, Vol. 85, No. 1 (Mar., 1991), p. 237.

把人类看做是理性的、物质上追求自利最大化的“经济人”，是理性选择方法的基石，也是受人诟病最多的地方。所以，它的辩护者如米尔顿·弗里德曼(Milton Friedman)就认为，只要从长远来看可以进行合理预测，这个假设正确与否并没有什么区别。即可以从结论反证假设的有效性。[①]

（二）理性选择分析的方法论特点

理性选择分析方法的最大特色就是运用演绎—推理法则来建立理论。这一方法论的优点是相当显著的。正如鲍威尔(R. Powell)所归纳的，可以体现在以下几个方面[②]：

1. 它促使你清晰地了解那些在文字论证中常常被搞得模糊不清的假定。

2. 它提供了一种“建设性的探试程序”[③]——一组在建构解释时有帮助的范畴，一组进行好的解释时可以模仿的典型事例，以及关于富有成效的研究方法的建议。

3. 因为根据定义，模型是以促进我们的理解为目的而建立的一种现实的简单表现，所以它迫使我们注意：我们想要解释什么东西，什么对我们解释我们感兴趣的现象具有重要意义，以及什么可以被看成边缘性的或无关紧要的东西而将它排除到这一模型之外。

4. 如果正确地加以运用，它就能确保你合乎逻辑地得出你的观点；因此这一方法可以用来判断是否可能为得到广泛认可的结论而建立一个逻辑上前后一致的基础。

5. 它超越了通过归纳方式得出的相互联系，提供了一种联结贯穿在个体采取的行动中的独立变量与依附变量的机制[④]。

6. 它提供了一个可以超越社会科学不同领域和次级领域的统一的解释框架，从而允许在各种思想之间进行相互得益的交流。它还提供了一个

---

① Milton Friedman, *Essays in Positive Economics*, Chicago: University of Chicago Press, 1953. 转引自〔美〕罗伯特·古丁、汉斯-迪特尔·克林格曼编：《政治科学新手册》，钟开斌等译，生活·读书·新知三联书店2006年版，第118页。

② R. Powell, *In the Shadow of Power: States and Strategies in International Politcs*, Princeton University Press, 1999. 转引自〔英〕大卫·马什、格里·斯托克编：《政治科学的理论与方法》，景跃进等译，中国人民大学出版社2006年版，第66—67页。

③ 为原文转引的文献，I. Lakatos, *The Methdology of Scientific Research Programmes*, Cambridge University Press, 1978。

④ 为原文转引的文献，J. J. Mansbridge, “The Rise and Fall of Self-Interest in the Explanation of Political Life”, in J. J. Mansbridge (ed.), *Beyond Self Interest*, Chicago: University of Chicago Press, 1990, p. 20。

观察角度,从这一角度,可以在不同的现象之间发现一种普遍的模式。

7. 即使在行为非理性的情况下,它也提供了一种判断行为的标准,而且它还指出了导致偏离理性的变数。

从中我们可以进一步发现理性选择方法论的其他特点。它的方法论具有追求形式和简化的特征。这是一种以演绎方法产生各种假设的理论体系。与从实证知识中归纳出假设的过程相比,优越性很难断定。正如格林和夏皮罗所说:"实际上,形式主义的说明甚至不能保证能够带来清晰的思考。如果实证的东西并不明晰,那么形式上严格的理论就可能是不精确和模糊不清的。而且,形式化本身并不能成为目标;不管理论能够分析得多么严谨、多么简洁,它的科学价值只取决于它能够在多大程度上解释相关的数据。"①在实证研究上的欠缺,也与理性选择方法论追求理论的普适性有关。

理性选择理论在方法论上接受个体主义的原则。它的本体论立场使其将个体看成是唯一"真实"的存在,而社会结构、制度、角色、规范等概念都是理解个体的途径。此种化约的处理方法逐渐失去了对制度的关注,如今大部分理性选择理论的实践都在"重新发现"制度。这一企图就是要把政治经济学的方法同有关文化、社会结构和制度的研究结合在一起。"任何生活在其他文化中的人都知道,人们的信念和价值至关重要,所在的制度其独特的特征也一样……""选择理论与人类互动理论的最大魅力——这也是当代政治经济学的核心所在,其原因就在于它们能够提供一种把价值、结构同它们的社会后果建立因果关系的工具。"②

(三) 理性选择分析的理论形态

从唐斯的开创性著作开始,理性选择就在许多领域的分析中发展起来。由此产生了三种最为重要的次级理论形态:奥尔森(Mancur Olson)开创的集体行动理论;与集体行动理论可以互补,并解释规模较小的个体决策者如何避免集体行动失败的博弈论;以及讨论民主与市场失败关系的公共选择理论。由于以下两节将详述集体行动和博弈论,故在此不展开,只重点介绍作为理性选择次级领域且影响重大的"公共选择理论"。

公共选择理论认为,公共选择是指对非市场决策的经济学研究。就研究对

---

① Green and Shapiro, *Pathologies of Rational Choice Theory*, New Heaven, Conn.: Yale University Press, 1994, p. 10.

② 转引自〔美〕罗伯特·古丁、汉斯-迪特尔·克林格曼编:《政治科学新手册》,钟开斌等译,生活·读书·新知三联书店2006年版,第119页。

象而言,公共选择和传统的政治科学并无二致;然而其方法论却是经济学的。与经济学一样,公共选择的基本假设也是,人是自利的、理性的效用最大化者。丹尼斯·C.缪勒(Dennis C. Mueller)认为,公共选择理论有着深厚的政治学渊源,它"最起码可追溯到托马斯·霍布斯和本尼迪克特·斯宾诺莎的政治哲学传统之中,置于始于詹姆斯·麦迪逊和亚力克西·德·托克维尔的政治科学的源流之中"①。早在20世纪30年代期间,"市场社会主义"的流行表明了人们对市场过程的不满。这类理论探讨政府怎样可以取代价格制度,并至少可以像市场那样有效率地分配资源。亚伯拉姆·柏格森(Abraham Bergson)对社会福利函数的创新性分析似乎表明,可以把经济学家的个人主义、功利主义伦理学融入政府计划者的目标函数之中,并在国家治理中实现某种社会福利最大值。

在柏格森的基础上,结合保尔·萨缪尔森《经济分析基础》中第八章关于社会福利函数的讨论,肯尼思·阿罗在《社会选择与个人价值》中继续描述社会福利函数得以实现的市场或政治过程的特征。阿罗之后,人们集中探讨如何整合个人偏好而使社会福利函数最大化或满足某些规范性的标准,这种整合方法主要是通过投票规则和程序来实现的。也就是要说明在不同的投票规则下,如果个人偏好集是给定的,社会选择的结果会是怎样的。

20世纪30、40年代,经历过经济大危机和凯恩斯主义,人们认为市场会是无效率的,由于公共物品、外部性和规模经济这些条件的存在,市场无法实现有效配置资源的功能。"市场失灵"的存在,为政府干预提供了一种合理的解释。

如果国家作为一种类似于市场的制度而且能够提供公共物品并减少外部性的话,它就应该能够反映出公民对公共物品的偏好。所以,公共选择对于非市场决策的分析思路是②:

(1)作出与一般经济学相同的行为假设;

(2)通常把偏好显示过程描述为类似于市场过程(选民从事交换活动,个人通过投票行为来显示他们的需求集,公民自由进入或退出俱乐部);

(3)提出与传统价格理论相同的理论(均衡存在吗?它们是否稳定?是否具有帕累托效率?它们是如何达成的?)。

唐斯于1957年发表的《民主的经济理论》力求弥补阿罗不可能定理。它表明党派之间的竞争会对政治过程的结果产生有益的影响,正如企业之间的竞争对市场过程结果所产生的影响一样。

"市场失灵"需要政府调节,是否暗示政府纠正这些市场失灵的成本为零?

---

① 〔美〕丹尼斯·C.缪勒:《公共选择理论》杨春学等译,中国社会科学出版社1999年版,第4页。
② 同上书,第6页。

政府被视为一种万能的、仁慈的机构,它控制着赋税、津贴和各种资源,试图实现一种帕累托最优的资源配置。到了20世纪60年代,大量公共选择文献开始对有关政府的这种"仁慈的神话"提出了挑战。它们揭示了"政府也会失败"。

伴随20世纪70年代"滞胀"的出现,政府规模的扩张成了公共选择最关注的问题。这种扩张是否反映了某些集团借助于政府而对其他集团的财富进行再分配的愿望,或是由政府官僚强加给公民的一个负担?

从詹姆斯·布坎南之后,公共选择开始反思社会福利函数所包含的"有机国家观",既把国家视为如同是一个理性的个人一样行事的整体。布坎南认为国家是一种制度,个人通过这种制度而进行彼此有利的活动;也可以像克努特·维克塞尔(K. Wicksell)那样把政府视为一个相当于在公民之间进行的交换过程。[①] 布坎南等人将政府视为达成对所有公民均有利的协定的一种制度,因而这种协定是对所有公民都具有约束力的契约。这就是公共选择的契约主义视角。

布坎南还区分了政府的立宪阶段和议会政治阶段,这种划分源自维克塞尔,又重现在理查德·A. 马斯格雷夫的《公共财政理论》之中,他把政府的工作划分为配置性和再分配性两部分。

不同的投票规则和民主程序会产生不同的社会结果,这足以说明制度的重要性。公共选择理论就是要尝试阐明民主过程的结果和投票规则、政党制度、利益集团等因素之间的复杂关系。

三、理性选择中的集体行动

(一) 集体行动分析的兴起

由于公共选择理论从一开始就用经济学方法研究非市场决策问题,坚持将"经济人"假定引入除私人经济部门之外的公共部门,假设公共活动的参与者也是追求自身利益最大化的理性人。因而无行为主体的所谓"公共利益"(或集体利益)是不存在的。从这个共有的假定出发,曼库尔·奥尔森(Mancur Olson)证明自利的个体并非总会参加到促进共同目标的集体行动中。他先后发表《集体行动的逻辑》(1965)、《国家的兴衰》(1982)以及《权力与繁荣》(2000)三部著作来提出他集体行动的理论。其著作构成了对多元主义和正统马克思主义的

---

① 参见〔美〕丹尼斯·C. 缪勒:《公共选择理论》,杨春学等译,中国社会科学出版社1999年版,第8页。

根本性批判。严格说来,集体行动是理性选择学派和其他学科(如社会心理学、经济社会学和公共管理学)研究的一个共同主题,凡是涉及群体或集体的行为或行动的现象都离不开集体行动这一范畴的探讨,它不能作为一个独立的理论流派。所以在本章中,我们将其放在理性选择理论的背景下来介绍。

(二)集体行动的分析逻辑

传统的政治理论认为,集团是由有相同利益的个人所形成的,集团利益就是其成员的共同利益。该集团具有进一步追求扩大这种利益的倾向。奥尔森在《集体行动的逻辑》中证明这种理论论断的不妥。设想,购买同一商品的消费者作为一个集团,其中的每一个成员都会发现生产这种商品的垄断集团抬高价格或政府增税会使该商品价格上升,从而使自己利益受损。在同一个产业部门中就业的工人作为一个集团,其中的每个成员都认为自己的工资受到厂方压制而低于应得水平。在此情形下,集团中的成员会如何行动?换言之,如果一个消费者打算抵制来自生产者或供给者方面的垄断或对议员进行游说促其提出并通过减税议案;或者,某一工人打算组织罢工或争取立法来限定最低工资,其行为规则是什么?作为理性的个人如何计算成本和收益,并采取行动呢?

如果因为某个个人的行动导致了集团利益的改善,那个人付出的成本与整个集团的收益是相等的,但是其个人行动的收益只是集团利益的一个极小份额。经过理性计算的个人在考量了成本和收益之后,是否还会采取行动呢?在一个集团范围内,集团收益是公共性的,每一成员都无法排除其他成员共享集团利益,而不论其他成员是否为之付出了成本。这就是"搭便车"现象。由于此种现象的存在,其成员都想坐享其成而不愿为集团利益的增进采取行动。集团越大,能够分享收益的人越多,为实现集团利益而行动的个人所能得到的份额就越小。所以,严格按照经济学关于人及其行为的假定,理性的"经济人"是不会为集团的共同利益采取行动的。上面那两个例子的答案就是,只要某种商品的价格下降了,购买这种商品的所有消费者都将获益;只要最低工资法通过并实施了,所有的产业工人都将获益,但是问题是没有谁会采取行动使之发生。所以,奥尔森说:"认为从理性的和寻求自我利益的行为这一前提可以逻辑地推出集团会从自身利益出发采取行动,这种观念事实上是不正确的。如果一个集团中的所有个人在实现了集团目标后都能获利,由此也不能推出他们会采取行动以实现那一目标,即使他们都是有理性的和寻求自我利益的。……认为个人组成的集团会自愿地采取行动以实现共同的或集团的利益,这一想法远非一个集团中的个人会有理性地增进他们的个人利益这一假设的逻辑推论。”①

在证明一个常识性错误，得出这个一般性结论之后，奥尔森展开了他对集体行动的分析。他将集团利益分为相容性的(inclusive)和排他性的(exclusive)两种。前者是指利益主体在追求这种利益时是相互包容的，如处于同一行业中的公司在向政府寻求更低的税额以及其他优惠政策时利益就是相容的，相当于博弈论中利益主体之间的“正和博弈”。后者是指利益主体在追求这种利益时是相互排斥的，如处于同一产业的公司以限制产出来维持较高价格时，由于市场份额一定，彼此之间是“此消彼长”的关系，这相当于博弈论中利益主体之间的“零和博弈”。

根据这种对集体利益的划分，可以将各种各样的集团相应地划分为相容性集团和排他性集团两类，具有排他性利益的集团面临的是“分蛋糕”问题，分利者的人数与份额成反比，所以这类集团排斥他人进入。相容性利益的集团遇到的则是“做蛋糕”问题，蛋糕做得越大，每人得到的就越多，故这类集团希望更多具有共同利益追求的行为主体加入其中，集团规模越大越好。因而，相容性集团比排他性集团更可能实现集体利益。

如何解决集团成员中存在的“搭便车”行为，奥尔森认为，“实际上，除非一个集团中人数很少，或者除非存在强制或其他某些特殊手段以使个人按照他们的共同利益行事，有理性的、寻求自我利益的个人不会采取行动以实现他们共同的或集团的利益”②。这里所谓的“强制或其他特殊手段”是指“选择性激励”(selective incentives)。它要求对集团的每一成员依情况实施正面的奖励和负面的惩罚：对于那些为集团利益的增进作出贡献的成员，除了获得与正常的集体利益的一个份额之外，再给他额外的收益，如荣誉、红利等；同时制订一套激励个人行为和集体利益相一致的规章制度，若有成员违反，就对其罚款、通报批评或开除乃至法办等。

“选择性激励”的有效性往往与集团规模有关。如果集团规模大到一定程度，实施这种激励的成本就会很高，这包括有关集体利益和个人利益的信息成本、度量成本以及奖惩制度的实施成本等。集团的组织成本会随着集团规模的扩张而剧增。

小集团是一种例外，“上面所说的都不完全适用于小集团，因为小集团中的情况要复杂得多”③。在小集团中，为了集团中成员的共同目的很可能会有某些

---

① 〔美〕曼瑟尔·奥尔森：《集体行动的逻辑》，陈郁等译，上海人民出版社1995年版，第2页。

② 同上。

③ 同上书，第3页。

自愿的行动,虽然在多数情况下,这类行动会在达到对集团成员作为一个整体来说的最佳水平之前就止步不前。因为小集团的人数少,其成员发现他为集体利益去行动,他从中获得的收益超过了他为之付出的成本。

奥尔森的结论是:小集团比大集团更容易组织起来集体行动;具有选择性激励机制的集团比没有这种机制的集团更容易组织起集体行动。

(三)集体行动分析的运用及评价

奥尔森提出的集体行动理论在政治学的许多领域都产生了广泛的影响。如他本人应用这一理论来解释国家的兴衰。在《国家的兴衰》这本书中,奥尔森主要考察了各国经济增长率之间的差别及20世纪中叶以后的“滞胀”问题。

任何利益集团为其成员增加福利的途径主要是以下两条:一是使全社会生产增加,从而使其按照原有的份额取得更多的产品;二是在原有的总产量内为其成员争取更大的份额。由于组织在社会内分享收益的规律与个体在集团内部享有集体福利的规律相类似,所以,如果社会中典型的集团只代表其中一小部分人的利益,则该组织必然不肯为增加全社会利益做出自我牺牲。更为可能的是,它将为其成员在社会总收益中争取更大的份额。

奥尔森把这种集团称为“特殊的利益集团”或“分利集团”。如工会、商业、贸易和专业协会就是这种集团的典型实例。这些集团的大多数活动都是致力于创造和保护其垄断地位。

分利集团极端强调再分配目标,导致其活动倾向大都在效应可能性边界上寻求有利于自己的分配点,而不是把这一边界向外移动。此外,对进入的每一种限制、每一个配额和每一项规则都是把效用可能性边界向内移动,从而造成制度僵化并带来某种效率损失。随着致力于分割馅饼的集团越多,馅饼却变得越小。

奥尔森运用这种再分配—效率损失论解释了各个国家之间经济增长率的差别。由于分利集团不同程度地倾向于民主决策过程,因而决策缓慢,对外界变化反应迟缓。其后果是降低了社会采用新技术和重新配置资源对变化的环境作出反应的能力,从而降低了经济增长率。

从这一命题中可以得出这样的结论:假使其他情况均保持不变,一个国家的经济增长率与利益集团的活动水平呈反向变化。

由于克服搭便车惯性、发现集体利益、运用选择性激励手段组织集体行动都需要时间和成本,因此,在一个社会和政治环境长期保持稳定的国家里,现有集团的利益将会得到巩固。同时,将会不断有新的利益集团产生,从而使整个社会的利益集团的数目不断增加,利益分配冲突加剧,导致经济增长缓慢。与此相反,在其他情况相同的条件下,由于突发事件摧毁了现存的利益集团或者强迫利益集团追求制度性目标的国家,其经济增长更快。

奥尔森用二战以后25年西方主要国家的经济增长差异来为其理论提供经验证明。二战的战败国德国、意大利和日本三国,由于其经济体制遭受了重创,原有的利益集团结构受破坏最严重,它们的增长率直到20世纪70年代都处于发达国家的前列。欧洲占领区的国家,由于其利益集团结构被战争破坏,二战后又因为共同市场的发展,进一步削弱了利益集团的实力,它们的增长率在20世纪50、60年代也是相当的高。那些经济和社会制度在二战中破坏最小的国家——如美国、英国等,其经济增长率至70年代都无法与上述两类国家相比。

对于"滞胀"现象,奥尔森则把它看成是分利集团试图以牺牲他人的利益为代价,促进自身利益所产生的进一步的后果。工人或者雇主组成卡特尔,为维护各自的利益,将劳动供给量控制在低于自由市场条件下的均衡水平。由于分利集团决策的迟缓,无论直接地还是借助于政府干预和管制,分利集团决定价格的工业数量越大,经济就越不可能平稳和迅速地应对需求和供给的冲击。一个利益集团充分发展的经济,若有过某种通货膨胀之后忽然经受通货紧缩冲击的经历,则可以预期将继续出现通货膨胀式的价格上升,同时失业增加,从而产生"滞胀"的现象。

"集体行动的困境"在于集团利益的公共性和个体成员之间的"囚徒困境"以及搭便车行为。搭便车的普遍程度是集体行动的成功与否的关键。现代的大量博弈论研究成果表明:(1) 在囚徒困境情景中某些个人而不是全体个人都搭便车。(2) 当博弈者缺乏其他博弈者个人贡献的信息,在一系列囚徒困境中的第一局博弈中,或者在一次性博弈中,发生搭便车的程度最小,但如果是重复博弈,搭便车的程度才会大大提高。(3) 重复博弈之后,如果博弈者拥有了其他博弈者个人贡献的信息,贡献可能提高。(4) 随着博弈者人数的扩大,搭便车现象会增加。最起码如果把一个博弈者得到的回报会随着集团规模的扩大而递减时是如此①,这些结论可以很好地佐证奥尔森关于集体行动理论的正确性。

如果从经济学史的角度上看,奥尔森是第一个系统全面地研究利益集团与制度变迁关系的经济学家,这也主要体现在他的《国家的兴衰》一书中。

利益集团对制度变迁具有决定作用,其原因主要是:一方面是因为它们是制度变迁的推动主体,制度变迁的方向和性质取决于各个利益集团的力量对

① 参阅〔美〕丹尼斯·C.缪勒:《公共选择理论》,杨春学等译,中国社会科学出版社1999年版,第376页。

比;另一方面是因为制度变迁具有利益诱导性。任何一项制度变迁都是经济主体为了获得因外部约束条件(如技术、资源禀赋、创新、制度供给等因素)的变化而产生的潜在利润。利益集团是这些潜在利润的分享者。每一种制度变迁的结果都可以看成是集团利益关系的"均衡"。

奥尔森认为:由于小的集团具有较大的行动能力,能够形成对自己有利的局面;人数众多的有共同利益的集团却无法或很难采取集体行动,从而使制度结果是对大部分人不利,仅对小部分人有利,即"少数人剥削多数人的倾向"。这一观点要说明,一种制度的好坏及其对经济绩效的影响并不是偶然随机的现象,而是具有规律性和必然性。一个长期稳定的社会使利益集团扩张,从而引起社会经济的停滞;而一个动荡后的社会消除了原有利益集团的力量,从而使经济得到增长。这揭示了经济增长和制度变迁交替性和周期性的发展规律,而这一规律则源于利益集团的"谋利"行为。

其理论的政策建议就是:鼓励组建具有广泛代表性的集团,使其能够代表整个社会的总体利益;或者是尽可能地放松对建立利益集团的限制,使不同的利益集团在竞争中形成均衡,由此约束某一个或者少数集团的过于强大而损害全社会的利益。

在应用奥尔森的集体行动理论时,应注意到以下几个问题:

第一,关于集团的定义和划分标准。奥尔森根据集团的利益目标来区分不同的集团。但是这一划分标准不具备确定性和穷尽性。因为,集团的利益目标不是唯一的,也不是固定不变的。很多个体可以同属于很多不同的利益集团。这一定义的直接后果就是引起实证研究的混乱和困难。首先是集团数目的难以计算,其次是集团实力也难以进行量化。因此,在进行实证证明的时候,只能构造相关变量代替关键变量进行说明,而这无疑会大大降低该理论的说服力。

同时,奥尔森仅仅考察了集团规模和数量,并没有考虑集团性质对其成员行为和社会经济发展的影响。一个社会的真正的文明和进步,必须要建立一种能够代表广泛利益的制度。毫无疑问,这需要占主导地位的利益集团,包括政党、阶级和阶层去推动。所以,集团的性质会影响社会经济发展的方向。

第二,奥尔森忽视了影响经济增长率差异的其他可能因素。一国的资源禀赋、技术、资本、人力资本、制度、文化等因素对经济增长率有着明显的影响。即使与利益集团相关的意识形态、宗教信仰、人口规模以及种族差异等变量同样会对经济增长产生影响。

第三,许多国家的增长纪录和利益集团的结构与奥尔森的预测难以一致。最具代表性的就是瑞士。虽然瑞士的体制硬化症指数在18个经合组织国家中位居第四,而且有复杂的利益集团组织结构,但是在20世纪50、60年代,瑞士的平均增长率高于18个国家的平均值。这种现象与奥尔森理论明显的不一致,可能的解释就是,瑞士的政治结构具有强烈的联邦主义性质,而且州一级政府层面或公民投票中直接民主的重要性。这种直接民主制度降低了再分配斗争在瑞士政治生活中的影响。所以,瑞士的案例不能成为反对奥尔森理论的主要原理,而是指出了奥尔森研究的一项遗漏,就是一个国家的政治和经济体制如何引导利益集团的压力,从而产生他的理论所预测的经济增长率差异。①

搭便车问题遍布于集体选择的一切方面。曼瑟尔·奥尔森运用搭便车原理作为利益集团形成的理论基础,揭示了个体理性与集体理性之间的矛盾,并从这一理论出发解释了许多重要的宏观经济现象。这些假说和理论的逻辑是简单扼要的,而其含义和解释力却极为广泛。这种结合构成了该理论的优点和缺点。对于这样以一种简明而有效的逻辑为基础的理论,反例和局限肯定是不可避免。然而,可得到的结论是,对他自己所提出的问题,奥尔森已经给出了很重要的答案。

作为理性选择的奠基之作,奥尔森的三部著作在解释集团行动与经济发展的关系、发现一个繁荣社会成功的逻辑、解释特定的发展规律和解释现有的宏观经济理论不能解释的现象方面,应该说都已取得相当程度的进展,而这些都具有举足轻重的作用和意义。

四、理性选择中的博弈

(一)博弈论的基本概念和假设

博弈论是理性选择理论中最为成熟的政治理性模型。博弈论特别适合分析政治冲突与合作。在此种情境中两个或更多的行动者为了各自的利益而彼此竞争。博弈论的核心是理性假设,即在博弈中,参与者和决策者都力图使各自的利益最大化或使损失最小化。在此基础上,博弈论还假定了其他一些条件

首先,假定每一次博弈都有参赛者,每个参赛者都拥有目标和资源。资源是参与博弈的前提,正如没有军事力量的国家不可能参与战争。参与者的资源类似于成本,他们参与博弈是为了从中获得利益,这就是参赛者的目标。在特定的一场博弈中,每一个参赛者的目标是明确的。一个人在不同的博弈中会有不同的目标。例如,在一次选举博弈中,有两位候选人,他们参与选举的目的各

① 参阅〔美〕丹尼斯·C.缪勒:《公共选择理论》,杨春学等译,中国社会科学出版社1999年版,第379—385页。

不相同,一位候选人是为了在选举中获胜,而另一位只是想通过亮相以宣传其政党的纲领。

既然博弈论假定一场博弈是由拥有一定资源为了达到一定目的的理性参赛者(至少两人)组成的,那么理性的参与者要想利用现有的资源在博弈中获得利益实现目标,就需要"策略"(strategies)。在博弈论中的策略是指理性的参赛者提出的行动计划,指导他在对方采取可能的行动时应采取的对策。在大多数博弈中,各方都有多种可供采取的策略。参与者采取的策略一般是一个能获利最多、损失最少的策略,即最佳策略。

博弈论所分析的那种策略游戏,假定有其他的参赛者试图取胜,同时,一个人的行为能够影响其他参赛者的行为。因此,参赛者不仅要考虑他们自身,而且他们必须经常关注别人的行为,他们只能依赖不完全的信息来制定策略。

如何选择最佳的策略,还要考虑参赛者做决策的先后时序问题。博弈各方的决策有先后之分,且一个博弈方要作不止一次的决策选择,就出现了次序(orders)问题;其他要素相同,次序不同,博弈就不同。比如乒乓球比赛中,先发球的一方得决定发什么样的球,而他做出这样的判断往往是依赖于自身的感受和经验。在博弈论中把依据自身的感受、经验和表面状态优先采取一种有方向性的行动、率先作出决策的一方称为"决策人"。在博弈中,根据决策人的行动作出相应决定的参赛者称为"对抗者"。他的行动是滞后的,反应性的。

每一局博弈结局时的结果称为得失(payoffs)。每个局中人在一局博弈结束时的得失,不仅与该局中人自身所选择的策略有关,而且与全局中人所取定的一组策略有关。所以,一局博弈结束时每个局中人的"得失"是全体局中人所取定的一组策略的函数,通常称为支付(payoff)函数。

至此,我们已经说明了博弈论中的重要概念和假定,还有一个因素与之有关,甚至非常重要,这就是进行博弈时一整套说明参赛者能做什么、不能做什么的规则,在博弈理论中是由一系列命题来描述的。在一般的竞赛游戏中,如象棋、扑克等,规则是具体而明确的。在政治领域中,就相当复杂了。规则可能是成文的,或是习惯、传统等不成文的。当然,我们不能遗忘了制约参与者行为的地理、生物、社会和心理因素。

(二) 政治学中博弈论的类型与运用

博弈可以根据不同的基准划分为不同的类型。一般认为,博弈主要可以分为合作博弈和非合作博弈。它们的区别在于相互发生作用的当事人之间有没有一个具有约束力的协议,如果有,就是合作博弈;如果没有,就是非合作博弈。

从行为的时间序列性上看,博弈论进一步分为两类:(1) 静态博弈,它是指在博弈中,参与人同时选择或虽非同时选择但后行动者并不知道先行动者采取了什么具体行动;(2) 动态博弈,它是指在博弈中,参与人的行动有先后顺序,且后行动者能够观察到先行动者所选择的行动。通俗的理解是:“囚徒困境”就是同时决策的,属于静态博弈;而棋牌类游戏等决策或行动有先后次序的,属于动态博弈。

按照参与人对其他参与人的了解程度分为完全信息博弈和不完全信息博弈。完全博弈是指在博弈过程中,每一位参与人对其他参与人的特征、策略空间及收益函数有准确的信息。如果参与人对其他参与人的特征、策略空间及收益函数信息了解得不够准确,或者不是对所有参与人的特征、策略空间及收益函数都有准确的信息,在这种情况下进行的博弈就是不完全信息博弈。

由于合作博弈论比非合作博弈论复杂,在理论上的成熟度远远不如非合作博弈论,目前经济学家们所谈的博弈论一般是指非合作博弈。非合作博弈又分为:完全信息静态博弈、完全信息动态博弈、不完全信息静态博弈、不完全信息动态博弈。与上述四种博弈相对应的均衡概念为:纳什均衡(Nash equilibrium)、子博弈精炼纳什均衡(subgame perfect Nash equilibrium)、贝叶斯纳什均衡(Bayesian Nash equilibrium)、精炼贝叶斯纳什均衡(perfect Bayesian Nash equilibrium)。

其他的分类还有很多,比如:按博弈进行的次数或者持续长短可以分为有限博弈和无限博弈;以表现形式也可以分为一般型(战略型)或者展开型博弈等等。

当我们考虑博弈论和它运用于政治研究的可能性时,可以根据游戏参与人数的多少或游戏产生的得失种类来进行分类。①

两人“零和”博弈是其中最简单的一例。此类博弈包括两个参赛者,其中的博弈规则只允许那种导致全失或全得的策略存在。即一人所得即是另一人所失,所得和所失总是相互抵消,其和为“零”。可能最适合“零和”博弈的政治情境是两人选举。我们假定两个候选人是有理性的并都试图获胜,此时这两人中只要有一个人选举获胜则另一人便失败,符合“零和”游戏。现实政治虽然存在着这一类型的博弈,但是更多的政治情境需要更为复杂的游戏模型。

两人“非零和”博弈就是一种规定了两个参赛者的得失并不相互抵消,不等于零的博弈类型。它的得失范围较宽,可能是两人全得或两人全失等复杂情况。更为复杂的游戏模型是,有两个以上的参赛者参加,而且,所得和所失并不

---

① 参阅〔美〕艾伦·C.艾萨克:《政治学:范围与方法》,郑永年等译,浙江人民出版社1987年版,第293—298页。

相互抵消,此类博弈被称为多人“非零和”博弈。如有一处战略要地,有5个国家想在此处建立军事基地,结果只能是一个国家获得此处基地,而其他4个国家将失去它,每个国家的“得”、“失”的利益衡量是10个单位,这样结果就是$(10\times1)-(10\times4)=-30$。这一游戏模型可能用于多种政治场合,包括利益团体行为、国际谈判和结盟。

混合动机游戏是其中更为成熟和复杂的一种形式,在这种游戏中,相互竞争的团体有着一些共同的利益和一些相互冲突的利益。此一类型虽更为复杂但却更符合实际。它可能用于解释更大范围的政治现象。但是这种博弈的分析需要一定的数学语言。因而,此处我们先介绍一个最为基础的完全信息静态博弈中的标准数学表达式和纳什均衡。其他的三种非合作博弈(完全信息动态博弈、不完全信息静态博弈、不完全信息动态博弈)及其分别对应的三种均衡(子博弈精炼纳什均衡、贝叶斯纳什均衡、精炼贝叶斯纳什均衡)都是以完全信息静态博弈及纳什均衡为基础,逐渐强化假设条件得出的。

在博弈的标准式表达中,每一参与者同时选择一个战略,所有参与者选择战略的组合决定了每个参与者的收益。说明博弈的标准式最好的例子就是“囚徒困境”。两个犯罪嫌疑人被捕并受到指控,但除非最少一人招认犯罪,警方并无充足证据将其按罪判刑。警方把他们关入不同的牢房,向他们说明了招供与否的不同后果。如果两人都不坦白,均会被判为轻罪,入狱一个月;如果两人都坦白,都会被判入狱6个月;如果有一人招供认罪而另一人拒不认罪,招认的一方将立即获释,而另一人将判入狱9个月。

囚徒面临的问题可用双变量矩阵来描述。如图6-1所示:

		囚徒2	
		沉默	招认
囚徒1	沉默	-1, -1	-9,0
	招认	0, -9	-6, -6

图6-1　囚徒困境

在此博弈中,每一囚徒有两种战略可供选择:招认(坦白)、沉默(不坦白)。在一组特定的战略组合被选定后,两人的收益由图6-1双变量矩阵中相应单元的数据所表示。习惯上,横行代表的参与者(囚徒1)的收益在两个数字中放前面,竖列代表参与者(囚徒2)的收益置于其后。这样,如果囚徒1选择沉默,囚徒2选择招认,囚徒1的收益就是-9(代表服刑9个月),囚徒2的收益为0(代表马上开释)。

一般情况下,博弈的标准式表述包括:(1) 博弈的参与者;(2) 每个参与者可供选择的战略集;(3) 针对所有参与者可能选择的战略组合,每一个参与者获得的收益。此一表述同样适合 n 个参与者的博弈。

尽管在博弈的标准式中,参与者是同时选择战略的,但各方的行动不必也是同时的,只要每一参与者在选择行动时不知道其他参与者的选择就足够了,如囚徒困境中分开关押的囚犯可以在任何时间作出他们的选择。因而这里的分析是静态的。

下面可以从囚徒困境这个例子开始,运用"理性参与者不会选择严格劣战略原则"来分析一个博弈论问题。在囚徒困境中,如果一个犯罪嫌疑人选择了招认,那么另一人也会选择招认,获刑 6 个月,而不会选择沉默从而被判 9 个月的监禁;相似地,如果一个犯罪嫌疑人选择沉默,另一人还是会选择招认,这样会马上获释,而不会选择在牢里待一个月。这样,对第 i 个囚徒来说,沉默比招认来说是劣战略——对囚徒 j 可能选择的每一战略,囚徒 i 选择沉默的收益都低于选择招认的收益。对任何双变量矩阵,上例中的收益的具体数字 0, -1, -6, -9 可以换成任意的 T、R、P、S,只要 $S < P < R < T$,上述结论依然成立。

理性的参与不会选择严格劣战略,因为他(对其他人选择的战略)无法作出这样的推断,使这一战略成为他的最优反应。这样,在囚徒的困境中,一个理性的参与者会选择招认,于是(招认,招认)的收益(-6, -6)就成为两个理性参与者的结果,尽管(招认,招认)的收益(-6, -6)低于(沉默,沉默)的收益(-1, -1)。

如果博弈的结果是博弈过程的唯一解,这一解就是纳什均衡。设想在博弈论预测的博弈结果中,给每个参与者选定各自的战略,为使该预测是正确的,必须使参与者自愿选择理论给他推导出的战略。这样,每一参与者要选择的战略必须是针对其他参与者选择战略的最优反应,这种理论推测结果可以叫做"战略稳定"或"自动实施"的,因为没有参与者愿意独自离弃他所选定的战略,我们把这一状态称为纳什均衡。数学证明过程从略。这里我们还是从囚徒困境来理解纳什均衡。

在两人博弈中,对每一参与者,并且对该参与者每一个可选战略,确定另一参与者相应的最优战略。上图中,如果列参与者选择左列,行参与者的最优战略将会是(招认,招认),因为 $-6 > -9$。

在政治科学中,博弈论的应用引起了较为普遍的关注。由于博弈论研究的是他人的策略选择如何影响到参与者的最佳选择以及博弈双方相互影响的情境。它广泛用于对核威慑、军备竞赛、裁军以及其他对国际关系领域非常重要的现象设计模型,也可解释国内立法联盟的形成。①

应当看到,策略均衡是博弈论中最重要的思想。在博弈参与者之间没有制定有约束力的协议的博弈中,一种均衡就是一组策略,对于其中每一位博弈者而言,鉴于其他的博弈者不会改变策略,所以没有任何博弈者可以通过学习改变其策略来增加各自的所得。这种策略的相互依赖性可能会导致策略计算的无限循环:如果 B 认为 A 会选择 a,那么 B 就选择 b;但如果 B 选择 b,A 就选择 c;而如果 A 选择 c,B 就选择 d……当策略处于均衡时,就不会发生这种情况,假定 A 的策略 s 和 B 的策略 t 为均衡状态,而且双方都是理性的。那么,如果 A 预计 B 会选择 t,就没有策略比选择 s 更好;而如果 A 相信 B 会认为他将选择 s,那么 B 就会选择 t,从而也证明了 A 的预期。所以,可以说此时策略 s 是对策略 t 的最好回应,反之亦成立。这样,处于均衡状态的博弈参与者的策略选择,是相互之间对对方的最优回应,而且与各自的预期也保持了一致。此外,均衡本身是具有约束力的,而非均衡的策略选择却存在着使博弈者改变这一策略的动机。②

总之,通过把数学方法和逻辑运用到一组假定(包括关于理性行为的公理和其他辅助性假定)中,来进行理性选择的研究,博弈论解释了个体行为及行为所依据的策略可能导向的结果,是理性选择学派中最具形式主义的理论分支。

(三) 博弈论的解释力

博弈论在政治学中的解释力问题主要涉及以下几个方面:

第一,纯粹的博弈理论可能包括一种以上的博弈均衡,如何协调是影响其解释力的关键因素。为了理性地进行博弈,博弈者必须都猜测一种特定的均衡将会形成。如果不存在这种共同的猜测的话,即使博弈者选择符合某种均衡的策略,但由于他们关注的是不同的均衡,从而在总体上,他们的策略并未能得到相互间的最佳回应。可是关于共同的猜测只能是主观间的事实。如在两人博弈中,(1) A 和 B 都相信均衡 e 会发生;(2) 他们知道他们相互都相信这点;(3) 他们知道,他们相互知道他们知道这点;……这一系统与博弈论关于博弈者作为一个孤立的“社会原子”的看法不符。

第二,与第一点相关,博弈的发生离不开游戏规则,亦即博弈者可以做或不可以做什么,及他们知道什么与不知道什么。这就是说博弈不仅包括关于个体

---

① 参阅〔英〕大卫·马什、格里·斯托克编:《政治科学的理论与方法》,景跃进等译,中国人民大学出版社 2006 年版,第 62—63 页。

② 同上书,第 65—66 页。

的事实,也包括有关“角色”与“规则”的社会结构要素。

第三,进化性的博弈理论表明,对观察者而言,给予足够的时间,进化的压力会确保它遵守那些成为纳什均衡中一部分的惯例。因为,如果博弈者的惯例不是对他人正在做的事情的最佳回应,他们最终就会模仿更为成功的其他人。这种模仿很类似于自然选择。通过重复的博弈互动,惯例在这些博弈者之间如同“文化基因符号”那样“携带”,惯例在这一过程中也在发生变化。进化式博弈或许可以解决上面提到的在博弈中存在几种均衡时如何达到某一特定均衡的难题。

第四,影响到博弈论的解释力的一个重要方面就是信息不对称的问题。从一开始,博弈论解决的是不确定性,可是,却假设信息是均衡分布的。从 20 世纪 80 年代起,博弈论专家就不完全信息博弈进行分析,这一类型的博弈假定在博弈中的有些参与者拥有“私人信息”,亦即他们知道其他博弈者所不知道的与他们的决定有关的事情。这些观点现已扩散到了政治科学之中并产生了许多重要的运用。在诸如选民与政治家之间的关系、选举行为、国际联盟等存在着信息不对称的领域都产生了许多重要成果。

第七章
政治精英与角色分析方法

前面一章所讨论的研究方法以个人作为政治分析中的主要单位,这一章我们主要探讨的两种研究方法,仍然是考察个人,但更注重把个人置于社会结构中加以考察,它们都假定个人只有在社会联系中才是重要的。

一、精英与角色理论的历史发展

(一)政治精英分析的萌芽及其先驱

精英(elite)一词,在17世纪是描述特别优越的商品,其后意义扩大到"优越的社会团体",如一流的军队、阶级较高的贵族。根据牛津字典的记载,英文最早用精英一词是1823年,当时已用来描述"社会团体"。但欧洲大陆一直到19世纪末、英美在20世纪初才开始建立精英的社会理论。最早用精英一词来描述人物的是勒克莱尔(Max Leclerc),他的著作讨论的是英国及德国的精英,并且将这个词用来指涉具有较高教育、较高政治职位、较高威望的人。对帕累托的介绍,使得这个名词普遍适用于政治和社会的著作中。他首先提出了有关"精英"的一个非常普遍的概念,他认为精英由每个人类活动领域中能力最强的所有人组成。①

精英理论,又名政治精英理论,以对政治统治阶层或政治杰出人物的精深研究而在现代西方政治科学领域占有一席之地,并对20世纪的社会政治思想和政治实践发生了深刻而持久的影响。虽然精英分析由来已久,但自20世纪中叶之后才成为比较明确而严谨的研究途径,并获得理论性的地位。政治精英

① 参阅〔英〕戴维·米勒、韦农·波格诺丹编:《布莱克维尔政治学百科全书》,邓正来等译,中国政法大学出版社2002年版,第236页。

分析作为一种分析路径,虽然目前不是政治科学的主流研究途径,但是它曾经显赫一时且至今仍有重要的理论价值和方法论意义。

精英分析的发展应归功于19世纪末20世纪初的三位欧洲政治社会学家。莫斯卡(Gaetano Mosca)、帕累托(Vilfredo Pareto)、米歇尔斯(Roberto Michels)三人奠定了精英分析的基石。精英研究的根源,也许可以追溯到柏拉图、亚里士多德,也可以说受到了马基雅维利的启发,但真正对精英主义贡献较多的先驱是圣西门(Henri Comte de Saint Simon)、丹纳(Hippolyte Taine)、贡普洛维奇(Ludwig Gumplowicz)乃至马克思。

莫斯卡认为法国人圣西门是第一位真正系统论述精英的人。他说:"如果我们暂且将这样的即兴论述(指马基雅维利对精英的论述——引者注)放在一边,那么该理论的基本框架最早可以在100多年前圣西门的著作中找到非常明确的论述。"[①]圣西门认为社会是一座金字塔,塔顶是政治精英。他考察了中世纪社会的道德和政治状况,将其与19世纪早期的社会状况作了比较,认为中世纪是军事与神学因素占据主导的时期,军事领袖和神职人员往往处于政治权力金字塔的顶端。而到了19世纪,科学与工业变成了维系社会正常运转的主要力量,因此政治权力开始转移到那些能够促进科学、指导工业生产的人手中。在这里,圣西门不仅间接指出了统治阶级的必要性,而且说明了统治阶级所应具备的诸多素质,这些素质是在特定时期和特定文明类型中引导社会的基本要求。[②] 基于此,他指出社会改革不可能妄想打破金字塔结构,但可以设法改变精英。他主张有能力的人诸如科学家、艺术家与工业领袖成为政治领袖,为社会制定开明而合于理性的政策。旧的世袭贵族与靠家庭背景占据高位者应当让贤。圣西门的精英理论有很强的规范色彩,着力于讨论社会应由某一类精英统治。

丹纳是法国历史学者,在他的著作《当代法国的起源(第一卷):分析法国大革命前的旧制度》(*Les Origines de la France Contemporaine* Ⅰ: *The Ancient Regime*)一书中,详细描述并分析了法国的统治精英,并依据此一精英的行为来解释法国政治系统的命运。他认为在旧君主制的黄金时代,统治法国的三大社会集团——国王、教士和贵族——的衰落最终导致了革命的爆发。[③] 他把这三大统治法国的社会集团称作"统治阶级"与"特权阶级"(privileged class)。丹纳对法国大革命前"统治阶级"行为的描述精致而生动,为精英研究提供了许多真知

① 〔意〕加埃塔诺·莫斯卡:《政治科学要义》,任军锋等译,上海人民出版社2005年版,第362页。
② 同上书,第362—363页。
③ 同上书,第47页。

灼见。丹纳在《旧制度》一书中的研究方法对后来的莫斯卡有着深远的影响。它促使莫斯卡思考是否能将其分析君主制法国的方法用来分析任何社会。

贡普洛维奇是德国社会学家,他认为政治精英是生理上比较优越的分子,他们的智力较高,因此其统治社会是理所当然的。他把国家与政府界定为少数对多数之有组织控制之表现。他还分析了精英的组成、功能与维持地位的方法与策略等。①

马克思对于精英主义的影响主要表现在他强调社会的阶级性。莫斯卡等人的理论实际上是对马克思的阶级分析的否定,因为它仅重视社会阶层结构中一个层次,而不是不同阶级的关系。也许可以说,马克思对精英主义的影响主要是反面的促进作用。

虽然这些精英分析先驱对精英的看法大相径庭,但是他们有着共同关注的基本问题:(1) 谁统治社会?(2) 统治者有哪些共性?(3) 统治者如何维持其统治地位?在此基础上,不同的人又会加上不同的问题,形成自己独特的精英理论和分析进路。

(二) 精英分析理论的建立

一般认为,拉斯维尔(Harold D. Lasswell)是现代社会科学中精英分析的建立者。拉斯维尔是把莫斯卡等人的观念重新探讨,并用于现代政治科学的第一人。在他 1935 年出版的《世界政治与个人的不安全》中指出:"获得任何价值的大部分之少数人谓之精英;其余的人为百姓。"②而政治分析就是要"就社会出身、特殊才能、个人特质、主观态度及支持资源诸如符号、财富与暴力等各项来比较全球的精英以进行"③。在他 1936 年出版的《政治学:谁得到什么?何时和如何得到?》一书中,他又再次明确了对"精英"的定义:"权势人物是可以取得的价值中获取最多的那些人们。可望获取的价值可以分为尊重、收入、安全等类。取得价值最多的人是精英;其余的人是群众。"④

拉斯韦尔对精英主义的一个主要贡献就是,把精英的概念从传统理论中局限于少数阶级,扩大到社会各个阶层。他认为:"民主政治的领袖是从社会广泛

① 吕亚力:《政治学方法论》,三民书局 1979 年版,第 290—291 页。

② Harold D. Lasswell, *World Politics and Personal Insecurity*, New York, 1965, p. 3. 转引自吕亚力:《政治学方法论》,三民书局 1979 年版,第 297 页。

③ 同上。

④ 〔美〕哈罗德·D. 拉斯韦尔:《政治学:谁得到什么?何时和如何得到?》,杨昌裕译,商务印书馆 1992 年版,第 3 页。

基础中选拔出来的,并且有赖于整个社会的积极支持"。① 从他开始,精英分析被扩展到了政治学之外的广大领域。并且,他对精英的定义具有行为主义分析的特点,使之成了一个分析性概念,而不再含有价值意蕴。这使得他可以将判别精英的标准经验化与客观化。

他认为精英统治社会的方式有四种,即符号、暴力、财物和实践。其中,符号是指各种精英利用人们有"共同的命运"这一名义符号为自己辩护,使人们从内心接受和服从精英的统治。符号的作用是论证精英统治的正义性和合理性的思想工具,类似于莫斯卡的政治公式。暴力和财物则是指有组织的武装力量和有形的经济手段,它们对维持精英的统治地位是必不可少的,但却不能滥用无度。至于实践,是指政治统治的实施过程,包括立法、行政和司法过程等。

对精英统治方式的深入而独特的研究是拉斯韦尔对当代精英理论的最大贡献。首先,对符号、象征或者说意识形态的研究发展出了传播学中著名的"5W"模式。其次,暴力方法论在拉斯维尔的精英理论中占有重要地位,暴力构成了精英统治的重要手段。他从暴力和政治的关系出发,以历史资料和统计数据为基础,对暴力行为进行了行为主义研究,具体地说明了暴力在政治中的地位和作用、使用暴力的策略、具体措施及如何与其他行为协调等问题。这填补了传统精英理论的重大空白,并且其行为主义方法也具有开创性。

值得强调的是,拉斯维尔与传统的精英理论家不同,注意从精英和大众的关系来描述、解释政治现象。并且他认为统治阶级的现实基础是其社会经济地位,在他的著作中可以明显地感受到马克思主义的影响。② 从而,他非常重视精英的可接受性研究。任何精英的优势地位都部分地取决于他所采用的实际措施的成功。这些措施包括所有吸收和训练精英的方法和所有在制定政策和实行管理中所采取的形式。精英成功的关键就在于大众的接受与认可程度。

他批评传统理论家如莫斯卡、帕累托等人视民主政治是不可能的观点,强调精英与民主政治并不矛盾。"在一个由少数人担任领导者的社会,仍可能是民主的。"③问题的关键是建立民众如何有效控制精英的"责任制度"。在承认权力分配在任何社会都是不平等的、被统治者在任何情况下都分享最少量的权力的同时,他指出,只要这个社会的统治者向被统治者负责,被统治者具有影响

① 金贻顺:《当代精英民主理论对经典民主理论的挑战》,载《政治学研究》1999 年第 2 期,第 68 页。

② 拉斯维尔本人就多次提到马克思主义分析法是现代最重要的政治分析法。见〔美〕哈罗德·D. 拉斯韦尔:《政治学:谁得到什么? 何时和如何得到?》,杨昌裕译,商务印书馆 1992 年版,第 137 页。

③ 参阅金贻顺:《当代精英民主理论对经典民主理论的挑战》,载《政治学研究》1999 年第 2 期,第 68 页。

统治者的权力,同时社会提供给全体公民平等获得权力的机会,这个社会仍然是一个民主社会。这使得他的精英理论成为现代最重要的精英理论,并且对二战后的"精英民主理论"产生了直接的影响。

二战后,将精英政治理论与民主政治相协调的趋势汇成了一股重要的潮流,其代表人物除了拉斯韦尔,还有约瑟夫·熊彼特(Joseph Alois Schumpeter)、季奥尼夫·萨托利(Giovanni Sartori)等。

在20世纪70年代对精英分析的发展作出重要理论性贡献的人主要有:巴特摩尔(T. B. Bottomore)、凯勒(Suzanne Keller)、康浩瑟(William Kornhauser)、佩里(Geraint Parry)与帕特南(Robert D. Putnam)等人。精英分析的实证研究方面较为著名的学者有:亨特(Floyd Hunter)、米尔斯(C. Wright Mills)、多姆霍夫(G. William Domhoff)、罗斯(Arnold M. Ross),以及弗雷(Frederick Frey)、李普赛特(Seymour M. Lipset)、艾丁格(Lewis J. Edinger)、西林(Donald D. Searing)、贝克(Carl Beck)、阿姆斯壮(John Armstrong)等人。①

也有人把20世纪50、60、70年代的精英研究视为精英实证研究的第一代,它包括两大主题:(1) 精英的形成——包括精英的甄补;(2) 精英的流动——包括精英的转型与政治变迁等。这些研究的角度属于社会学的途径,把研究的焦点放在那些影响政治精英甄补,产生政治精英的因素。20世纪80年代以后的政治精英研究被视为精英经验研究的第二代,此阶段的研究特色是近年来的政策科学的进展,与政治经济学途径的结合,比如交换理论、谈判理论和理性选择的概念架构也成为当代精英研究的新尝试。

(三) 角色理论的概念和由来

角色理论产生于20世纪20至60年代,是一种试图从人的社会角色属性解释人的社会心理与行为的产生、变化的理论取向,被称为社会心理学从个人水平的分析过渡到群体和更高水平的宏观分析的一个桥梁。"角色"原指戏剧中演员所扮演的剧中人物,被美国社会心理学家米德在进行社会心理研究时借用。在社会心理研究中,角色概念发生了变化。在社会行为中的角色是指一种符合一个人的社会地位及其权利、义务所要求的行为模式。具体地说,角色就是一定的家庭、社会或政治身份。在不同的社会关系中,有不同的身份,要求扮演不同的角色。在米德看来,角色扮演包含两层含义:第一,作为一种行为模式,行为者个人对自己行为应该符合身份和角色的要求,他经常会努力迎合这种对自己所扮演角色的期望。第二,社会规范期望个体按他的社会身份、地位

① 参阅吕亚力:《政治学方法论》,三民书局1979年版,第297页。

或角色行事。这两方面通常是相互加强的。

政治学中的角色概念，是由芝加哥学派从社会学中引进并创造性运用的，代表人物有约翰·瓦尔克（John Walke）、海因茨·尤劳（Heinz Eulau）等人。他们从20世纪20年代开始就从社会心理学研究中借用角色概念。政治角色是指政治个体与政治职位或政治身份的结合体。角色扮演则是指个体根据社会对自身的某种期望去行动，使自己的行为符合角色的要求。在许多情况下，一个个体可以扮演多个政治角色。如一位总理作为一种政治角色，同时还扮演着政治家的角色；在议会制国家，他还可能是执政党的党魁。这种多重的政治角色会形成角色网络，它们之间的相互联系和冲突会影响政治个体的行为选择。

需要指出的是，一方面，角色理论中所指的角色与阿尔蒙德的结构—功能理论中所指的角色既相区别又相联系。在两种理论中，“角色”都是政治生活中相互关联、相互作用的单元行为体，进行有规则的行为活动并执行相应的职责和功能。而不同之处在于，在阿尔蒙德的理论中，他用角色来代替机构、团体或个体等，并从更为宏观的角度来考察角色，认为角色组成政治系统中相互作用的结构。而角色理论从相对微观的角度来考察“角色”，认为角色是处于一定社会地位的个体，并且从人的社会角色属性解释人的社会心理与行为产生、变化的社会心理。另一方面，虽然角色理论与个体层次一样关注行为者的行为，但是二者所研究的影响行为者行为的变量却不同。角色理论并不像行为主义一样，仅仅将行为者看做是个体或者团体的个体成员，他们认为，行为主义单纯以个体的人格、习性等方面来解释政治行为，无法解释为什么具有差异的个体其行为最终大多会符合某一特定的行为规范。

二、精英与角色分析的基本认知

（一）精英分析的主题及其“三大理论”

要掌握精英分析途径，了解其基本的理论结构和方法论，评估它作为一种理论的解释力和效用，以及方法论上的科学性和优劣，我们首先就得熟悉三位精英理论奠基人的思想。莫斯卡的“政治阶级”论、帕累托的“统治精英”论和米歇尔斯的“寡头统治铁律”一起构成了精英分析的三大理论。具体介绍如下：

1. 莫斯卡的“政治阶级”论

莫斯卡的精英理论主要体现在他的《政府和议会制政府理论：历史与社会研究》（*On the Theory of Governments and on Parliamentary Government: Historical and Social Studies*, 1884）和稍后的《政治科学要义》（*Elementi di Scienza Politica*,

1896)两本书中。莫斯卡理论的最基本原理可以概括如下:在所有社会,只要存在一个政府,掌握并行使公共权力(统治者)的总是少数人,而多数人(被统治者)事实上从未能参与政府,而只是服从罢了。[①] 这是莫斯卡思想中一个一以贯之的主题。

莫斯卡认为统治者与被统治者属于"两个阶级":"前者总是少数人,他们行使一切政治职能,垄断权力,享有特权;而后者虽然在人数上居于多数,却受到前者的引导和控制,其方式在不同程度上借助法律手段,或者说较少强制和暴力,而这一少数统治者阶级在生活上则要靠被统治者阶级。"[②]他本人喜欢把统治者或领导者阶级称为政治阶级(the political class),并认为"政治阶级理论"既可以指这一特定原理,也可以指他的整个理论原则体系。这与马克思所说的"统治阶级"不同,莫斯卡的统治阶级是指社会权力结构中的统治阶层,而不仅是因在生产关系中的统治地位而获得的统治地位。

莫斯卡探讨的主题有两个:第一个是关于政治精英的本质;第二个是精英如何维持其地位以及如何被更换的问题。先看第一个主题,他除了界定什么是"政治阶级"这一概念,还要回答在一个社会内,如何成为政治精英。他认为不同的社会,精英地位的基础是不同的。在原始社会,征战的勇气是获得地位的关键;在较进步的社会,运用宗教符号的才是赢取权力的主要工具;随着社会的进步,财富成为精英地位的基础;在最进步的社会,专业知识是成为精英的最主要依据。虽然,莫斯卡把精英按社会发展层次分为军事的、宗教的、经济的和才智的(merit elite)四种,但并不是说这四种精英是截然分开的。他只是说在某一特定社会,某种基础特别重要,但其他基础的成分也是存在的。比如,在官僚社会,专家学者同时也得家财万贯才更易成为显贵。

关于如何维持精英的地位以及精英是如何被更换的问题,莫斯卡把它和社会的维系与变革相联系。这是因为莫斯卡相信,在特定时期,特定社会文明的核心品性取决于统治集团(政治家、统治者)的品性。[③] 为何一个精英集团会变得软弱呢?这就涉及精英如何维持其地位的问题,也就是说一个统治阶段统治的成败由何决定的问题。莫斯卡认为有五个因素影响到了精英地位的维持:(1) 生活方式的密切一致;(2) 政治程式(political formula)的使用;(3) 模仿性(mimetism)的养成;(4) 精英的循环流动;以及(5) 军队的支持。其中,政治程式是莫斯卡特有的概念,精英通过政治程式为其权力获得道德与法律根据。

---

① Mosca, *Sctitti Politici*, ed. by G. Sola, Turin: UTET, 1982, p. 203. 转引自〔意〕加埃塔诺·莫斯卡:《政治科学要义》,任军锋等译,上海人民出版社 2005 年版,第 2 页。

② 同上。

③ 见阿瑟·利文斯顿(Arthur Livingston)为《政治科学要义》所作的英文版序言,同上书,第 48 页。

2. 帕累托的“统治精英”论

帕累托的精英论见于他的巨著《心灵与社会》和《论普通社会学》。帕累托把精英定义为一个社会或集团中那些最能干的人。他使用“精英”一词,剔除了道德判断,仅指在“在其活动领域能力最高的那批人”。他把精英分成两类:一类是直接或间接担当重要政治角色的精英,称为“统治精英”;其余的精英分子指非统治精英(non-governing elite)。帕累托主要集中于统治精英的讨论。

在帕累托的精英分析框架中最有特色的就是对“残留质”(residues)和“衍生质”(derivations)的区分。这两个概念是帕累托精英理论中最具特殊意义的,它们是为了说明精英的特质。所谓“残留质”是人的情绪的反映或由某种行动反映的某些品质。它们可以归为七类,其中有两类与政治精英有关。第一类即“混合残留质”(residues of combination),反映智力、狡诈、计谋与权术;第二类叫“持续的集合残留质”(residues of persistent aggregates),反映了力量、忠贞、爱国心与保守性。在不同时期,精英的主要特质是不同的,而这与精英流动有关。衍生质相当于莫斯卡的“政治程式”,是为证明统治精英行动的合理性,通常表现为政治神话。

帕累托的精英理论中独创且核心的概念是“精英流动”(circulation of elite)。最初提出类似概念的是莫斯卡,帕累托则赋予了它丰富的内涵。所谓精英流动是指精英的组成成分不断地改变。他认为,在所有社会中,都存在着普通群众和精英以及精英之间(统治精英和非统治精英)的双向变动,这种变动直接导致社会的变迁或革命,也就是说,当下层的群众进入精英队伍而原先的精英下降为较低阶层的时候,革命就可能发生。因此,社会发展过程就表现为政治精英的流动过程。精英集团维持自己地位的能力也就是维持精英集团流动的才能。如果精英集团高高在上,封闭排他,不能自动吸收来自群众中的杰出分子,就容易导致政治不稳定。新的精英可能通过暴力或革命方式进入精英集团或取代原有的精英集团。

帕累托将残留质的改变和精英流动联系起来,以解释精英集团的维系与改变这一中心问题。当精英集团的特质是以混合残留质为主时,他们靠机智与谋略统治。此一特质的精英集团一般出现在治平之世,其失败的原因主要是当危机来临时,不能果断处之,过于软弱,尤其是不能坚决地使用武力。当精英集团的特质以集合残留质为主时,他们更倾向于武力统治,他们可能过于强势,过于压制和骄横,也易于导致变革。

3. 米歇尔斯的“寡头统治铁律”

“寡头统治铁律”(iron law of oligarchy)是米歇尔斯《寡头统治铁律:现代民主制度中的政党社会学》一书的结论,该书 1911 年最初以德文出版,后于 1915

年出版了英文版。他的政党理论发现一切政党都是寡头组织,不仅如此,甚至一切人类组织中,都难免出现寡头的倾向。此之谓“寡头统治铁律”。

米歇尔斯主要关注三个问题:(1) 政党为何具有寡头统治的倾向?(2) 寡头集团的一般性质是什么?(3) 寡头集团如何维持自己的地位?

为什么政党等组织有寡头统治的倾向呢?主要有三个原因:第一,在大型组织中,通过成员普遍参与的办法解决所有的组织内纷争,无论在技术上还是机制上都是不可能的。这样,代表制便应运而生。起初代表是大众的“公仆”,他的一切行动都受到大众意志的支配。但是,随着代表们所从事的事务日趋繁复,对个人的某些才能提出了更高要求,而这不是普通成员所能胜任的。现代政治组织中的领导者与被领导者之间开始走向分化,那些具有更高经济和社会地位并受过良好教育的人获得了更多进入领导阶层的机会。这样一个相对稳定、受过特殊训练的由职业领导组成的精英群体就此产生。“公仆”变成了大众的主人。第二,组织要应付环境的变化,实现自己的目标,必须要有严明的纪律、团结一致并能迅速采取行动。这些都需要少数常任的领袖。第三,一般的政党成员常常得过且过、对新政治状况反应迟钝,如果没有来自外部并凌驾于他们之上的权威的指点,他们便失去了基本的行动能力。这就给予了少数人聚敛权力的绝好机遇。总之,无论从结构上、智识上还是心理上,领袖在实践中和理论上获得了自身存在的正当性。尤其在现代大众式组织中,领导者与被领导者之间的鸿沟随着组织的专业化和运行机制的复杂化而不断拉大。权力逐步集中于少数人手里,他们日益形成一个封闭的、几乎不受任何约束的小型寡头集团。①

那么,寡头集团的一般性质为何呢?这主要取决于领袖的个人特质、政治倾向与寡头集团内部的关系等因素。在领袖个人的特质上,主要表现为他们在文化上的优越地位;在寡头集团内部关系上,新旧领袖之间的冲突是导致集团裂痕的重要原因;在政治倾向上,他认为寡头都有日趋保守的倾向,以至于那些革命领袖最后也会变得保守。通过观察大多数社会主义政党在第一次世界大战中的反应,他得出结论说,在社会主义政党领袖眼中,政党组织的存继要比他们的信条重要得多。

寡头地位的维系又是靠哪些因素呢?他提出了四个方面原因:(1) 使用“一般伦理原则”(general ethical principle),即莫斯卡的“政治公式”;(2) 寡头集团的成员素质如忠贞、敬业与经济上的自足;(3) 寡头集团内部的团结与抗

① 〔德〕罗伯特·米歇尔斯:《寡头统治铁律:现代民主制度中的政党社会学》,任军锋译,天津人民出版社2003年版,序言,第4—8页。

拒日益腐败或丧失责任感的"自然倾向";(4)寡头集团吸收新崛起的精英与新观念的能力。①

米歇尔斯认为,现代政治生活是由各种政治组织,特别是政党操纵的,而政党及其他各种政治组织又都是操纵在寡头统治精英的手中。离开了统治寡头,他们就变成了无组织的乌合之众,政治生活也就处于混乱的无秩序状态。这样,寡头政治便成了各种社会和政治组织所必须遵循的"铁一般的规律"。

20世纪30年代,精英理论发生了重要转变。上文提到的拉斯韦尔、佩里、凯勒和李普赛特等人从多学科角度,特别是运用心理学和人类学成果对政治精英进行了重新研究,形成了行为主义政治精英理论。它对传统的精英理论的继承性主要表现在他们都以政治精英为研究对象,将统治阶级作为研究起点和中心,强调少数精英的作用以及少数人统治的现实。它与传统精英理论的不同主要表现在以下几个方面:

第一,行为主义精英理论扩大了精英理论的研究对象的外延。传统的精英理论研究的是政治上的统治阶级,特别是其权力核心。行为主义精英理论则把精英范围扩展到经济、文化、社会各个领域。

第二,行为主义的政治精英理论不仅以政治精英的统治行为为研究的基本对象,还将精英在经济、文化、意识形态等各个领域的统治行为纳入其研究视野。

第三,行为主义政治精英理论更加强调精英后天在社会活动中形成的专门技能。它认为,这些技能决定了精英地位的维持和巩固。

最后,行为主义政治精英理论深化了对精英如何维持统治地位问题的认识。如拉斯韦尔的精英统治社会的四种方式说。

(二)精英分析方法的评估

我们可以看到,精英分析方法在政治学中的运用有其独特的优势,它对于分析那些权力比较集中的政治系统、政治精英发挥较大作用的传统社会和许多发展中国家的政治系统,优势明显。因为,在这些系统中精英的影响力巨大甚至具有决定意义,而且精英比较易辨识。

不仅如此,精英分析途径的方法论优点也是很明显的。第一,它的分析目标集中。精英分析方法把政治系统中占少数的统治阶级作为政治过程的核心,便于做集中深度的分析和使用经验实证研究方法,并运用各种研究工具诸如心理分析等。如达尔对美国康涅狄格州纽黑文市的政治决策系统的研究就是实

① 参阅吕亚力:《政治学方法论》,三民书局1979年版,第296—297页。

证研究的典型代表。

第二,由于精英在一切政治系统中都存在,方便进行比较研究,容易确定研究的具体问题,而且它的历史资料特别丰富,因为传统的历史文献中有大量关于统治阶级行为、决策、维持和流动的记载,这就为精英分析提供了得天独厚的条件。因此,精英分析方法还可以与文献研究方法和历史研究很好地结合。古今中外有很多关于精英的文献,这对精英分析是相当有利的。

第三,精英分析方法具有动态分析的特点。不少研究者认为它能为社会科学研究提供一种极有价值的动态探讨方式,精英分析途径不仅可用来做宏观体系的研究,也可用来作为政治发展与变迁的研究的理论架构:一个社会的政治变迁的性质,可从精英结构与活动的改变中去探溯。精英理论注重精英的角色分析,常常从政治系统中的诸多子系统的相互作用,从政治过程的变化发展,从众多精英角色之间的关系互动,从角色之间的相互替代等角度展开分析。如莫斯卡和帕累托的“精英流动”概念就很好地体现了如何从动态角度解释精英在不同角色之间转换、保持流动以及维持自己的地位。反之,对精英流动的研究可以说明政治系统如何通过精英的选择与维持来保持自身的动态稳定。米歇尔斯的“寡头统治铁律”则是从对政治系统的历时性动态分析中抽象出了组织的寡头倾向。①

但是,精英分析的理论弱点和方法论缺陷也不可忽视。

第一,概念框架很难清晰明确。尽管许多精英主义者都力图界定精英这一主要概念,但却是众说纷纭。另外,精英理论中的主要概念比如“权威”、“影响力”等也很难达成一致的界定。核心概念的多样性直接导致了理论的争论。

第二,分析精英的政治行为也很困难。即使对于谁是精英、如何衡量的问题有清晰的界定,如何界定政治精英的主要活动方式与过程仍有重大分歧。

第三,精英分析方法的普遍性和适用性有限。由于精英分析方法的研究对象是政治精英,而精英在不同的时期、国家和文化中有不同的特质和行为方式,很难将一种关于精英的理论直接上升为一般方法,更不能对政治系统中其他领域的研究形成指导。可以说,精英分析方法的层次较低,它的普遍性和适用性较为有限。②

(三)角色分析方法的基本范畴

角色理论的基本假设是:政治行动者将自己所处的位置与某些行为模式相

① 参阅张铭、严强主编:《政治学方法论》,苏州大学出版社2003年第2版,第179页。
② 同上书,第180页。

联系,对处于某一特定位置上的人有着某种特定的行为上的期望。这些期望构成了一个角色或许多角色。[①] 这意味着政治行为是政治角色所表现的行为,政治行为在很大程度上都是对政治行为者充当角色的要求和期望的结果。这样,就可以把个人的行为、社会对于个人行为的规范放在社会文化、传统和结构中考察。

在角色分析方法中存在以下重要的范畴:

1. 角色期望

一般来说,存在着两种有关角色行为的期望:

(1) "局外人"的期望。即一个社会中关于某个职位的人应该做什么和不应该做什么的某些看法。这些看法包括公民、团体、政府官员的期望,它们表现在宪法、法规、公共舆论中,并深深根植于文化规范之中。任何充当某一特定角色的人都会意识到这些期望,否则这些期望就不能影响他的行为。这样在每一角色中,就存在着"当事人"对"局外人"的期望的感受。[②] 比如一位总统不仅要意识到总统这一职位所包含的权力与职责,而且要了解所有的公民对他的职责所持的期望。

(2) "当事人"自己的期望。角色的充当者有他们自己对角色的理解,他们对自己扮演某一角色时应做什么、不应做什么,能做什么、不能做什么有着自己的看法。比如一位履新的总统,肯定要考虑局外人的期望,但他也有自己的想法,有着自己对角色的理解。这一理解可以来源于他以前的生活经历、个性、态度和意识。这里存在着"学习"问题。一位即将做总统的政治家,会学习他的前任或历史上的领袖,考虑"局外人"的期望,习得一些思想和态度作为自己的思想和态度。他会把习得的对于角色的期望带入到他扮演的角色中去。[③]

这里存在着"局外人"期望与"当事人"期望之间产生差距甚至冲突的可能。在西方国家,公共舆论对重要的政治角色(比如总统、总理)进行各种评价,这是外界的角色期望,这些评论与担任政治角色充当者个人(某一位总统或总理)的看法会有差异。此时就产生了如何弥补的问题。是不为所动、我行我素,还是见风使舵、顺从民意;抑或折中处理;这就要视角色充当者个人的性格、品质和客观形势而定了。

2. 角色扮演

角色扮演首先是由米德(Mead)明确提出的,他认为自我的发展和社会互

---

① 参阅〔美〕艾伦·C.艾萨克:《政治学:范围与方法》,郑永年等译,浙江人民出版社1987年版,第303页。

② 同上书,第304页。

③ 同上书,第304—305页。

动的参与都要求人们去“扮演别人的角色”。成功的角色扮演有可能由以下两个方面决定：(1) 人们对他们归属于别人的期望同别人实际抱有的期望相符合；或者(2) 人们能考虑到别人对他人思想或行为的期望。对于角色扮演，很多研究者都关注于其复杂性的研究，强调角色扮演的能力因人而异。他们发现那些被选为群体领袖的人们存在着较高的角色扮演的准确性。[①]

3. 角色冲突

如果人们对某人行为的期望不一致，就会造成期望独特且不相容的人群。此时，人们就会遭受到冲突压力、承受压力，相应会产生应变行为(coping behavior)以求应对。从这里产生了角色冲突的概念，它通常是指两个或两个以上不相容的人的行为期望的同时出现。[②] 角色冲突主要包括三个基本类型：(1) 角色外冲突，即一种发生在两个或两个以上的角色扮演者之间的冲突。比如，在法国的半总统制中，如果出现“左右共治”的情况，分别从属于左右两个政党的总统和总理就有可能产生紧张或政策相左。(2) 角色间冲突是指个体因扮演的角色过多而引起的内心冲突或利益矛盾。角色担任过多、角色转换过于频繁、角色期望差异较大常是这一类冲突发生的诱因。如台湾地区 2006 年 9 月—10 月间的“倒扁”行为中，身兼台北市长和国民党主席两个政治角色于一身的马英九就常面临角色间冲突。他要协调作为反对党的领袖和民进党政府地方大员之间两个角色间的不同，既要力挺“倒扁”，又要站在“当局”的角度维持秩序。(3) 角色内冲突。这是指特定的个人担任特定的角色所形成的自我冲突。比如林肯总统内向、封闭、不善交际甚至有点怯场或害羞的性格似乎不太适合担任总统，但他成功地实现了转变，并领导北方在南北战争中获胜，保卫了联邦，维护了美国的统一。

(四) 角色分析方法的理论形态

以上诸种重要范畴是角色分析的基础，它们确立了角色分析的基本框架，划定了角色分析的应用范围。下面简要介绍几种主要的角色理论[③]：

1. 功能角色理论(Functional Role Theory)

对角色理论的功能研究是从林顿(R. Linton，1936)的著作开始的，直至帕

---

① 参阅〔美〕比德尔：《角色理论的主要概念和研究》，曾霖生译，载《现代外国哲学社会科学文摘》1988 年 11 期。

② 同上书，第 6 页。

③ 参阅 B. J. Biddle，“Recent Development in Role Theory”， in *Annual Review of Sociology*， Vol. 12， 1986，pp. 70—76. 并参考了〔美〕比德尔：《角色理论的最近发展情况》，曾霖生译，载《现代外国哲学社会科学文摘》1988 年第 11 期。

森斯和希尔斯(T. Parsons and E. A. Shils, 1951)的著作发表以后才基本定型。一般说来,功能角色理论重点研究在稳定的社会体系中占有社会地位的人的特征行为。"角色"被设想为规定和解释这些行为者的共享且规范性的期望。在这种社会中,假设行为者被教化去接受这些规范,并且被指望去遵守对自己行为的准则,同时也约束别人去遵守适用他们的规范。功能角色理论成为描述稳定社会体系中不同"角色"的语言,也是解释那些社会体系为什么稳定,它们如何使参与者达到适应的工具。

功能角色理论的代表作是贝茨和哈维(Bates and Harvey)在1975年写的教科书《社会系统的结构》(*The Structure of Social Systems*)。它把社会结构看做是被指定的社会位置的集合体,同时也就是支配不同行为的共同规范。有些适用于某一特定位置的规范支配着一般的行为,而另一些只规定焦点位置及其对立位置之间的关系。在后一类规范中,"角色"是指那些能胜任完成特定功能的人。从这些概念出发,他们对从群体到复杂组织和人类团体等各种形式的社会系统进行了分析,并且考察了分层现象和社会变迁。

功能理论是一种通俗的理论,直到20世纪70年代中期,它都在角色理论中处于支配地位,后来逐渐式微。

2. 象征互动论角色理论(Symbolic Interactions Role Theory)

将象征互动论与角色理论结合起来是从米德(G. H. Mead, 1934)开始的。他特别强调个人行为者的角色、通过社会互动的角色进化以及社会行为者借以了解和解释自己和他人行为的各种认知概念。象征互动论强调规范的作用,认为共同的规范与社会位置有关,同时在非正式交行中的角色研究方面有重大贡献。批评者们认为此理论几乎没有把注意力真正集中到行为者对别人的期望或对期望和角色的结构性约束上。

3. 结构角色理论(Structural Role Theory)

从林顿对角色概念做的早期论述开始,角色理论在结构理论学者那里受到重视。他们对行为规范或其他行为期望很少给予重视,而把注意力集中到"社会结构"上,这种社会结构被理解为是由有着共同的模式行为("角色")的人群所参与的稳定组织(称作"社会位置"或"社会地位"),而这些模式行为又是针对这一结构中的其他人群的。这些概念导致他们对有关社会网络、亲属、角色丛(role sets)、交换关系,各种社会系统形式的比较,以及对经济行为的分析方面进行了有益的探讨。这一派的角色理论的代表著作重数理表达、多使用数学符号、逻辑严密且文理清晰。

4. 组织角色理论(Organizational Role Theory)

有一部分研究者对于形式组织的角色感兴趣,重点是想要建立预先计划、任务取向和等级制的社会系统中的角色理论。他们假定角色与被认同的社会位置相一致,由规范性期待所产生。规范在个人之间可能发生变化,这反映了这些组织正式提出的一些要求,也反映了非正式群体的压力。鉴于规范来源的多样性,会产生角色冲突。在角色冲突中,这些个人必须处理各种相对立的规范。这种理论往往假定,组织是些合理的、稳定的实体,它们内部的所有冲突都仅仅是角色间冲突。角色冲突如果得到解决,组织和个人都可从中获益。这就限定了此理论的解释范围,它无法对演化中的角色或非规范性期望产生的角色进行研究。

5. 认知角色理论(Cognitive Role Theory)

一般来说,这一研究的重点在于角色期望和行为之间的关系。所关注的是产生期望的社会条件、衡量期望的方法以及期望对社会行为的影响。许多认知角色理论家也关心人们是如何觉察别人期望的,以及这种察觉对行为的影响。这一研究方法为人们思考角色提供了一种精巧的模式,并将角色理论与对"态度"、自我概念以及相关主题的各种传统研究结合起来。认知角色理论具有实验心理学的特征,并且把个人作为主要的研究对象,因而常常忽视了与社会位置或与结构性现象有关的角色问题。

(五)角色分析方法的评价

作为政治分析的一个极其重要的手段,角色分析方法的优点有以下几个方面:

第一,它把政治活动置于社会关系中进行思考,力图把人们的政治活动视为一种互动生成的过程,把个体的角色行为视为在社会关系及其互动过程中的相互反应。

第二,角色分析方法具有从行为上描述政治机构的能力,它利用政治角色这一中介环节使个体行为与政治机构相联系,沟通了个体研究和团体研究两个层次。同时,角色分析方法也能与系统理论和行为主义、精英理论和沟通理论相衔接,既可以进行宏观定性分析又能进行微观定量分析。

第三,角色理论最明显的价值是可以用来解释和预测政治行为,提供解释角色充当者的行为基础。角色分析强调角色充当者个人的行为深受角色规范的影响,这些角色规范主要由社会期望、期望的内部感受和角色扮演三方面构成。若能分解、量化并测量这三个方面,便可能在一定程度上解释和预测个体的政治行为。

第四,角色分析方法借助于"角色冲突"和"角色网络"这两个概念,在微观上能够较好地解释某一特定政府官员反复无常的行为;还可以预测具有多重角色的政治家在面临重要选择时的可能选择。

总之,角色分析方法为政治科学研究增加了一种认识维度。由于它的抽象程度较高,很难避免定性分析常出现的空泛、不精确的缺点。因此,角色分析可以进一步细化,深入分析政治系统中的某些重要角色如精英分析;或者面对社会背景的非正式方面如小团体分析,从而更有效地理解政治现象。

三、精英与角色分析方法的实际运用

(一) 精英分析方法的运用

政治科学中的精英分析主要集中在以下几个方面:

1. 对政治现状与精英之间关系的分析

精英分析方法在政治学中的运用有两个基本方向:一是规范性认知,二是经验性分析。对精英的规范性认知认为社会公共权力必须由精英来掌握,表现出一种价值诉求。经验性分析则是指出在现实生活中,精英的产生不可避免,精英的存在是人类固有的特征,所有的社会组织都控制在人数很少但内聚力很强的精英手中,一切政治体系中的权力分配不仅不平衡,而且极度不平衡,政治权力由少数精英掌握,他们是统治阶级。①

2. 对精英的兴衰之原因与规律的分析

在这方面,典型的理论成果有帕累托的禀赋差异说、米歇尔斯的自然需要说以及达尔的政治资源分配不平等说。帕累托指出,当一个精英阶层衰落时,会同时出现两种迹象:一是衰落的精英越来越软弱,不太能捍卫自己的权力;二是对社会财富强取豪夺。这两方面的综合作用导致了精英的衰败。新的精英形成的原因则在于个体的品质、特性、能力等自然禀赋方面的优势,而高度严格的组织化选任策略又使自然禀赋较优者被吸收到一起,组成新的精英阶层。②米尔斯则从大众因为对公共事务的冷漠和无能而希望精英专门管理他们的事务,并从崇拜领袖的心理角度来解释精英产生。达尔认为,精英的产生是由于权力的不平等分配,而权力的不平等分配则是由于政治资源分配的差别、个人使用政治资源技能和效率的差别,以及个人在不同方面使用其政治资源的差别。③

---

① 参阅胡宗山:《政治学研究方法》,华中师范大学出版社 2007 年版,第 181 页。

② 〔意〕维尔弗雷多·帕累托:《精英的兴衰》,刘北成译,上海人民出版社 2003 年版,第 42—43,58—77 页。

③ 〔美〕罗伯特·达尔:《现代政治分析》,王沪宁等译,上海译文出版社 1987 年版,第 47—48 页。

3. 对精英的流动与维持分析

莫斯卡和帕累托的“精英流动”理论说明了精英的开放对于维持精英集团和精英阶层统治地位的重要性。例如帕累托认为,革命只是出现新精英的表现,当低级的精英升入更高的统治阶层而较高阶层的成员并入较低阶层时,革命就可能发生。他还认为,精英的流动采取两种方式,一种是新的成员升入精英行列,从而参与和平变革的过程。另一种是原先的精英拒绝与新的对手合作,其结果往往是导致战争或革命。在他看来,社会的发展过程就是政治精英的无限循环过程。

4. 对民主政治的分析

精英理论对领袖人物的强调深深地影响了民主理论的发展。在米歇尔斯等人的著作中可以明显地看到他们将人民统治作为乌托邦思想加以拒斥,并且他们也不相信民主参与的逐渐扩大可能改善或改变“精英统治”这样一种事实。20世纪50年代以后,精英理论家的关注点在于精英集团,包括企事业首领、高级官僚、军事首脑和知识分子。多数研究都转入对个别国家的特殊精英或一般精英的研究,以及区域性或比较研究。① 人们普遍从政治稳定和社会转型的角度,关注发展中国家精英的成长和他们发挥的作用。如在对拉丁美洲的研究中,军队中的精英就受到极大的重视。也有比较知识分子的影响、政治领袖和官僚集团的选任。如1956年怀特·米尔斯(Wright Mills)的《权力精英》,以及后继的1976出版的戴伊(Dye)的《谁在统治美国?》,将米尔斯的研究范式扩大到对英国的分析中去并得出了类似结论的米利班德(Miliband, 1969),至于对其他国家的类似研究更是层出不穷。

精英主义促使了经典民主理论对民主概念的修正,最典型的就体现在约瑟夫·熊彼特对经典民主理论批判上。他将民主概念重新定义为:“民主方法是为达到政治决定的一种制度上的安排,在这种安排中,某些人通过竞取人民选票而得到作出决定的权力。”②他将民主看做是一套制度性的程序,是一种选择政治领导人的政治方法。民主原则仅仅意味着政府权力应交给那些获得了更多选票的人。选择统治者成了民主方法唯一的和充足的目的,同时也为判断一个制度是否民主提供了一个简便有效的方法。这样通过将精英理论和民主理论相融合,形成了精英民主理论,促使精英理论和民主理论都能有效地面对政治现实的挑战。

---

① 参阅〔英〕戴维·米勒、韦农·波格诺丹编:《布莱克维尔政治学百科全书》,邓正来等译,中国政法大学出版社2002年版,第237页。

② 约瑟夫·熊彼特:《资本主义、社会主义与民主》,吴良健译,商务印书馆1979年版,第337页。

还有一些理论家如罗伯特·达尔等人，将精英理论与多元主义融合起来。他们一方面承认政治社会中精英的存在及精英的重要作用；另一方面，强调权力的多元分布以及利益集团的相互竞争，从而打破了精英对权力寡头式的垄断。多元主义通过对精英主义的修正，用为数众多且相互竞争的精英取代经典精英理论中的少数精英，并通过说明这些相互竞争的众多精英由选民进行选择，从而发展出了“多元精英主义”。

（二）角色分析方法的运用

角色分析最明显的价值是它对政治行为的解释力和预测力都非常强。一个社会对角色的期望，可以作为政治科学家们预测某一特定角色充当者的行为的基础。这是解释和预测政治行为的关键点。例如，在对总统施政风格的解释和预测中，虽然我们要考虑总统的个性特点，但是社会对于总统的角色期望会极大地约束总统按照某种行为模式采取行动。在尼克松总统因为“水门事件”辞职以后，作为中途继任的福特总统，保留了尼克松在任时的大多数白宫职员，这是因为社会期望尼克松总统的辞职不会影响美国国内外政策的连续性，也包括政府主要职位人事的稳定性。社会对中途执政的总统的期望作为福特总统角色的一部分，为我们解释他的行为提供了重要的依据。

要准确把握一个角色的行为，光靠外部期望是不够的。必须要综合考虑角色充当者对外部期望的感受和对内部角色的理解。如果我们能够确切地知道社会期望、期望的内部感受和角色充当者对角色的理解，那么就可以较准确地解释和预测角色充当者的行为。

“角色冲突”的概念在解释某一特定政治行为者反复无常的行为时有很高的效力。一个政治行为者可能充当多个角色，这些角色之间可能出现冲突，这就会导致他无法协调不同角色的行为，产生了紊乱。因而发现几个角色间的冲突，有助于提出政治行为者行为混乱的假设，以及为解决冲突而设计的行为。

角色理论还可为分析机构提供一个框架。在角色理论看来，机构既不是由个体组成的团体，也不是无生机的结构，而是由相关的角色组成的“角色网络”。这样，政治科学家们便可以分析诸如参议院、行政部门、政党等机构，可以把它们看成是某种持续性的过程。同时，可以通过对不同角色充当者个性特征、角色期望的变化等来解释总统的更换、政府的更迭等现象，甚至可以预测政治制度的发展和变化。

角色分析学可以用于预测什么样的候选人会赢得选举这样的实证问题。如果社会存在着对某一既定角色的期望，那么能满足那些期望者要求的个人就比那些不能满足其要求的个人充当这一角色的可能性大。不过角色分析对于选举问题的预测多是否定性的,它预测某些类型的人不会被吸收担任某些角色的准确性大于对谁能充当这些角色的预测。这是因为角色分析不能说明决定一个人是否能充当某一角色的其他因素。如同任何其他分析方法一样,我们在使用角色分析方法时也要对其解释力尤其是预测力持谨慎的态度。

第八章

政治团体分析方法

权力是政治过程的中心,也是政治科学理论着重探讨的问题。但是关于权力如何在政治系统中分配的看法非常的不一致。上一章的精英分析理论告诉我们权力掌握在社会中的少数人手中,本章的团体理论以及政治团体分析则正好相反,强调在许多社会中,权力的分配是极为广泛的,而且往往分布在不同的团体之间。这种理论与多元主义密切相关。

一、政治团体分析方法的产生与发展

(一) 行为主义背景下的政治团体分析

许多世纪以前,就有学者从集团的合作与冲突的角度来分析政治过程,如14 世纪阿拉伯的政治哲学家伊本·哈勒敦(Ibn Khaldun)曾按集团的凝聚力之消长来解释伊斯兰文明的兴衰。19 世纪的詹姆斯·麦迪逊(James Madison)和约翰·卡尔霍恩(John Calhoun)也曾以集团的合作与冲突为出发点去分析政治现象。[①] 最早强调团体在社会中的作用并对其进行理论分析的是德国历史学家吉尔克,他强调国家与其他社会团体之间的相似性,提出了团体真实人格理论。

政治团体分析的真正奠基人与创立者是本特利(Arthur F. Bently),他在1908 年问世的名著《政府过程》(*The Process of Government*)中,首次将集团行为作为政治分析的中心,该书也成为系统的政治团体分析的经典著作。本特利的分析框架在当时并未引起很大的注意,直至 1951 年杜鲁门(David B. Truman)的《政府过程》(*The Governmental Process*)一书出版,把集团分析发展成为一种理论性分析途径,才一改惨淡境况。

---

① 吕亚力:《政治学方法论》,台北:三民书局 1979 年版,第 247 页。

集团途径是对传统的“法律—制度研究范式”的否定,也是使政治研究从规范分析转向实证分析运动的一部分。20世纪50年代后期和60年代出现的大量的行为研究关注的焦点主要集中于政治参与。因此,这一时期有大量的论文、专著和教材来论述政党、利益集团、选举和政治社会化。可以说,正是行为主义直接促进了对政治集团的分析。[①] 本特利认为他那个时代的政治学不过是“公务机构最表面的特征之形式化研究”,他认为政府的真实过程不能见之于法典、宪法条文、文告、公文与政客们的说辞之中。政治团体分析从一开始就表现出了对经验事实的实证研究倾向。杜鲁门的《政府过程》则体现了政治团体分析对早期行为革命在襁褓中的哺乳作用,并充实了多元主义。[②]

20世纪60年代初期是政治团体分析的巅峰。现代的政治团体分析作为政治科学中土生土长的理论,已经奠定了其作为政治研究中主要途径之一的地位。

(二)政治团体分析的发展阶段及其特征

政治团体分析或者说集团理论(group pluralism)在美国的发展大致经历了了四个发展阶段:一是20世纪50年代的原始集团理论阶段,杜鲁门的《政府过程》是这一时期的代表作。二是20世纪60年代的多元主义权力理论(pluralist theory of power)阶段,以罗伯特·达尔(Robert Dahl)为代表,从集团互动的角度阐释现代民主,进而形成了多元主义民主理论。达尔主要是进一步考察了制约团体活动的因素,阿尔蒙德主要是对团体的分类作了概括。三是20世纪70年代的多元精英主义理论(the theory of multiple elitism)阶段,以西奥多·罗威(Theodore Lowi)和曼库尔·奥尔森(Mancur Olson)为代表,他们侧重于集团政治产生的问题,认为权力实际掌握在不同的精英集团手中而不是由大众分享,结果造成特殊利益对公共利益的扭曲。四是20世纪80年代的新多元主义理论(the neopluralist theory)阶段,以杰克·沃尔克(Jack Walker)和詹姆斯·威尔逊(James Q. Wilson)为代表,他们肯定了广泛分享的利益被代表的可能性,但并不认为公众利益可以通过利益集团加以公正地代表而达成“均衡”。[③]

政治团体分析在方法论上最为典型的特征就是启动了政治科学的“过程”研究方法,直接推动了20世纪50、60年代的行为主义革命。

传统上,美国乃至西方政治学采用的是“法律—制度研究范式”,这一范式

---

① William C. Mitchell, “Political Science and Public Choice: 1950—70”, in *Public Choice*, Vol. 98, No. 3/4 (Jan., 1999), p. 245.

② *Ibid.*, p. 240.

③ 参见〔美〕D. B. 杜鲁门:《政治过程》,陈尧译,天津人民出版社2005年版,中译本序8—9页。

主要分析政府的正式机构,针对的是宪政制度、政府结构和法律体系。这种研究具有很强的规范倾向,不能准确地反映政治运作的实际图景。到19世纪中叶,这种"法律—制度研究范式"面对政治现实越来越缺乏解释力了。这样便出现了对政府体制进行超宪法文本的"现实主义"研究。这一范式的转换最早出现在英国学者沃尔特·白芝浩(Walter Bagehot)1867年的著作《英国宪法》(*The English Constitution*)中。他在书中批判了传统政治理论对英国宪法的纸上描述式分析,力图探寻宪法的"活生生的现实"。白芝浩的《英国宪法》由于第一次发现了英国立法权的真正所在和全社会政治权力的根源,从而出色地解释了英国议会制君主立宪政体,开创了宪政体制研究的"现实主义"方法先河。到了1908年阿瑟·本特利的《政府过程》首次从集团的角度对政治过程作了动态研究。20世纪20—30年代,查尔斯·梅里安(Charles E. Merriam)等人又进一步推广了政治过程的研究方法。①

二战后,"过程"研究方法伴随着"行为主义政治学"的勃兴,打破了直到20世纪上半叶还占主流地位的"法律—制度范式",引起了政治学界的普遍关注。杜鲁门的《政府过程》正是在这个时候面世的,也可以说正是它的面世直接推动了政治学研究方法的变革。《政府过程》运用行为主义研究的方法,通过社会心理学和人类学基础上的经验性研究,将美国政治和政府描绘成不同利益集团相互作用和讨价还价的复杂结合,是实证研究和"过程" 研究的里程碑式著作,也成就了政治团体分析方法。

政治团体分析的早期理论和后期理论之间存在很大的区别。早期理论又被称为古典多元主义时期,把国家看做是虚的,团体才是实在的,团体的活动构成国家的行为,离开团体也就无所谓国家,政府的决策只是利益集团压力平衡的结果,国家的地位没有利益集团的地位高,利益集团在国家权力体系中占据核心地位。早期理论的局限性在于既不重视政府在政治活动中的能动作用,也不重视客观环境对政治过程的影响,而只重视团体的作用;既不重视政治集团领导人的作用,也不重视公民的影响,把公民概念看做是永远的神话,因此它既无法说明政治秩序,也不能说明政治现象中政治文化的影响。

后期理论又称新多元化主义时期,后期理论的学者在承认团体对国家和政府的作用的前提下,也看到了国家和政府对团体的影响。比如国家制度决定团体是否存在和存在的方式、存在的边界。并且认为,政治活动是以由制度、习惯、组织构成的结构化了的模式为依托展开的,这一结构性模式制约着政治活动;特定社会中占支配地位的文化、政治规范、政治和经济制度制约着政治集团

① 参见〔美〕D. B. 杜鲁门:《政治过程》,陈尧译,天津人民出版社2005年版,中译本序第10页。

活动的范围和性质。就是说,团体并非绝对自由的,活动范围也不是无限的,必须以不危及国家政权和根本制度为前提。

二、政治团体分析方法的理论认知

一般认为政治团体分析方法包括两个层次,一是小团体理论,二是利益集团理论。

(一)小团体理论的分析方法

小团体理论与上一章中介绍的角色理论有着相同的出发点和假设,即都认为政治个体的行为应放到社会背景中去理解。角色理论更强调正式机构中角色的作用,小团体理论关注的却是社会背景的非正式方面。同时,小团体理论与本特利和杜鲁门开创的利益集团理论所使用的方法和分析的对象也不完全相同。可以说,它处在政治学方法从微观向宏观过渡的层次上。小团体理论的主要学者及其代表著作是多温·凯特莱特和阿尔文·赞德的《团体动态》和悉尼·维巴的《小团体和政治行为:对领导的研究》。[①] 在这里我们只做一个简要的介绍。

第一,小团体理论只适合于特定的决策环境,即工作团体(work group)。它们是指集结在一起以解决某一问题、作出某一决定、制定某项策略的少数人组成的团体。这里的"工作团体"包括决策委员会、国家安全委员会、革命委员会、工作领导小组等一类的临时或永久性机构。小团体理论将所有的团体都分为两个方面,一是团体的正式方面,它与正式的结构及正式的指挥环节相关;二是团体的非正式方面,它是指在正式结构之外的参与者中发展起来的那些关系。小团体理论根据团体的非正式方面将决策集团分为独裁主义结构、民主结构和放任自由结构团体三类。对非正式小团体的分析也能更好地说明团体成员间形成的社会关系和心理关系。

第二,小团体理论的主要观点是:当由决策者们组成一个特定的团体时,他们所作出的决策往往是各个人之间互相影响的结果。对这类团体的分析不能仅靠对其组成人员个体特性的了解,而要从团体互动的角度,把团体作为一个分析单位才能理解团体内的政治行为。小团体理论假定,在某些情况下,某一团体的决策者的行为不同于他们在团体外作为个体的行为。

---

① 〔美〕艾伦·C.艾萨克:《政治学:范围与方法》,郑永年等译,浙江人民出版社1987年版,第310页。

第三，小团体理论主要包括以下三种次级理论类型：

（1）场论（field theory），它认为团体是一个整体，每一团体都有其自身的特征，不能简化为个体成员，小团体可以对环境做出反应，学习关于环境的知识并影响乃至改变环境。团体决策在很大程度上是环境影响的结果。相对来讲，场论从较为宏观的整体论研究视角出发；强调将团体视为一个整体，认为其既有内向性，又有外向性。团体的行为像个体的行为那样是团体与环境的函数，因而决策在很大程度上是团体环境影响的结果。作为团体，它不是由各个个体的特征所决定的，而取决于团体成员相互依存的那种内在关系。虽然团体的行动要由构成团体的成员来执行，但是团体具有较强的整体性，对个体具有很大的支配力。因而一般来说，要改变个体应先使其所属团体发生变化，还要比直接改变个体来得容易。勒温指出，只要团体的价值观没有改变，就很难使个体放弃团体的标准来改变自己的意见，而一旦团体标准发生了变化，那么由于个体依附于该团体而产生的那种对变化的抵抗也就会消失。通过从 30 年代中期到 40 年代中期前后十余年的努力，勒温的研究成果被汇集成了两本专著：《解决社会冲突》和《社会科学中的场论》[①]。

（2）微观功能理论，它假定团体具有满足其成员心理需求的功能，这些心理需求包括现实创造性、归属感和安全感等。团体成员的心理需求可以在参与团体的过程中得到满足。因而可以解释为什么在严重的政策危机时期，决策团体表现出很强的凝聚力以采取共同行动，这就是因为决策者们之间的相互信任感比外界环境对决策的影响更大。

（3）团体思想氛围理论，它主要是运用场论和微观功能理论来解释一些小团体中特有的现象。它认为团体所提供的心理功能比规定的团体工作任务更为重要。在一个具有共同利益的人们组成的内聚性决策团体中，可能会产生重视形成一致意见的气氛，它压制了对问题进行全面、公开的批评讨论，可能产生决策的失误。团体中的大多数人会控制自己的言论，力求维持适宜团体的情绪，不愿引起同事的不满，这有助于解释那些由经验丰富而机智的人组成的团体所做出的决定未取得成功的原因。[②] “内聚的小组下意识地产生一些共同的幻觉，以及干预性思考和经得起考验的规范来保持一种集体精神。”[③]而正是过分强调这种团体思想，过分重视一致气氛而导致了团体不能理性地、全面地分

---

① 〔美〕艾伦·C. 艾萨克：《角色理论与小团体理论》，胡淳译，载《现代外国哲学社会科学文摘》1986 年第 7 期。

② 参见〔美〕艾伦·C. 艾萨克：《政治学：范围与方法》，郑永年等译，浙江人民出版社 1987 年版，第 308—312 页。

③ 张清敏：《“小团体思维”：外交政策分析的特殊模式》，载《国际论坛》2004 年第 2 期。

析问题和制定决策。[①] 欧文·简尼斯在1972年的《团体迷思》一书中首次提出著名的团体迷思(Groupthink)一词,团体迷思也译为群体迷思、团体盲思或团体思考。简尼斯定义为“在一个较有团队精神的团体,成员为维护团体的凝聚力,追求团体和谐和共识,忽略了最初的决策目的,因而不能确实地进行周详评估的思考模式”。1982年,他在探究了入侵猪湾事件、偷袭珍珠港事件、朝鲜战争、越南战争、古巴导弹危机、马歇尔计划的发展、水门事件等美国政府历年外交决策事件之后,参照各个事件的环境、决策过程、决策结果,归纳出团体迷思的模型。

(二)利益集团分析的基本框架

政治团体分析的基本概念是利益集团,或称为压力集团。所谓利益集团是指一些在某个方面有着共同利益、共同兴趣的人们所组成的团体,其宗旨在于采取共同行动,向政府施加压力以实现集团群体利益。本特利认为利益集团是“社会中某一部分人”按“某种固定的行动路线”进行的活动。杜鲁门甚至认为,只要是个人之间的相互交往就会形成团体。杜鲁门把集团分为两类,即类别集团(categoric group)与利益集团(interest group)。类别集团是指某些具有共同特征的个人集合。在这一意义上,集团是指同一年龄的人群、具有相同收入或社会地位的人群、生活在特定地区的人群等。[②] 而利益集团是指在一种或几种共同的态度基础上,为了建立、维护或提升具有共同态度的行为方式的集团。[③] 从两人的分析中可以看出集团概念的基本特征:第一,集团是个人的集合体;第二,这一集合体的特征是互动;第三,此集合体的目的是要追求共同的利益。而阿尔蒙德用它来指“因兴趣和利益而联系在一起,并意识到这些共同利益的人的组合”[④]。罗伯特·达尔则认为:“任何一群为了争取或维护某种共同的利益或目标而一起行动的人,就是一个利益集团。”[⑤]通过以上学者对利益集团的定义及运用可知:集团的概念是指由利益相关的政治个体或组织为了一定的目标组织起来形成的正式或者非正式的组织。

集团是团体分析的基本单位。本特利和杜鲁门都主张团体分析方法的焦点应是集团而不是个人。因为它假设集团比个人在政治过程的形成上更有影

---

① 〔美〕艾伦·C.艾萨克:《政治学:范围与方法》,郑永年等译,浙江人民出版社1987年版,第311—313页。

② 〔美〕D. B. 杜鲁门:《政治过程》,陈尧译,天津人民出版社2005年版,第26页。

③ 同上书,第37页。

④ 〔美〕加布里埃尔·A.阿尔蒙德、〔美〕小G.宾厄姆·鲍威尔:《比较政治学:体系、过程和政策》,第200页。

⑤ Robert A. Dahl, *Modern Political Analysis*, Englewood, Cliff: Prentice-Hall, 1991, p. 20.

响力。集团分析认为,政治系统是由许多集团互动而形成的网络。这种互动包括集团之间的相互竞争,集团竞争的结果决定了政治职位的人选、价值的分配,正是集团形态改变导致了政治系统的变迁。①

团体分析方法不仅把集团作为分析的基本单位,更重要的是把利益集团放在政治过程中来研究。利益集团在政治过程中的角色主要有两点:第一,集团之间竞争是政治过程的主要内容,也就是说,只有透过对集团行为的分析才能了解和分析政治过程。第二,团体分析方法假定,利益集团的互动,不会损害公共利益,而且从长远来看可以促进社会的公共利益。这一点是团体分析方法异于传统政治理论的地方。为何追求其成员私利的利益集团不会损害公共利益,甚至会促进公共利益呢?本特利和杜鲁门对此的解释有二:(1)利益集团之间是相互竞争的,每一利益集团都有别的集团制约它,政治家不至于受制于任一集团,而且任何集团的要求都无法完全满足,妥协就是必要的,而妥协的结果使社会上大多数人均获益,此即公益。(2)杜鲁门发现,任一集团的成员中的很多人可能同时属于多个集团,这些集团的要求常相互抵触,因此那些同时属于不同集团的成员就不可能对任一集团的要求绝对地支持,因此,利益集团的要求往往比较"温和",策略比较"平和",此即后来对政治学产生重大影响的"交叠身份理论"(overlapping membership theory)。②

团体分析方法特别注重利益集团与政府的联系。它实际上区分了政治性质的利益团体和非政治性质的利益团体。如以杜鲁门为代表的团体理论家,他们把政治科学的研究范围限定在围绕政府机构而展开的团体活动上。因此,在杜鲁门等人看来,有一些团体活动就并不属于政治领域。同时,他们把政治看成主要是团体的结果,政府机构也是一种特殊的团体。一方面,它们有着自身的利益,并为此而与其他的团体相互竞争。另一方面,政府制定各种规则,在某种程度上又决定了团体斗争的方式。政府的决策就是利益集团和政府机构的各自要求和目标相互作用的结果。因而团体分析中最核心的问题是,描述团体怎样追逐和运用权力,政府怎样决策。这就涉及团体分析中最核心的概念"接近"(access)。

利益集团如果不能"接近"政府的决策过程,它们就不能影响政府决策。杜鲁门认为,接近是"政治利益集团实现其目标的有效手段。这种'接近'的发展和完善,便是衡量政治利益集团是否成功的基本标准"。任何利益集团,若要达到它的目标,就必须影响政府的决策。为此,它要与决策者相处和共事,并对他

① 参见吕亚力:《政治学方法论》,三民书局1979年版,第247页。

② 同上书,第252页。

们施加作用和影响。政治利益集团与决策者之间关系的密切程度说明了该集团的“接近”程度。

“接近”作为团体分析的核心概念,不仅方便人们更好地观察既定的政治现象,还能够帮助人们整理、描述和解释政治现象。这主要表现在以下几个方面:第一,“接近”是描述团体与政府之间进行重要联系的纽带,是说明利益集团如何影响政治决策的关键变量。第二,“接近”可以作为一个与其他概念相关的概念,同时可能具有自变量和因变量的作用。如果把“接近”当作是自变量,把权力或影响力看成是因变量,可以通过说明一个利益集团比另一个利益集团更“接近”,来解释其有更大影响力的原因。如果把“接近”作为一个因变量,通过引入团体的内聚力、组织严密程度以及团体所处之地位等自变量,可以说明利益集团“接近”程度的差异。所以,作为团体分析的核心概念,该理论中的大多数重要概念都与之相关。它是自变量(团体的内聚力、组织严密程度、团体所处之地位、团体的领导、团体所拥有的物质财富等)、因变量(团体的影响力等)以及政治决策之间联系的决定性因素。

由于所有团体都要“接近”,而通过对不同团体的“接近”程度的比较,就能比较出不同团体的影响力和权力,也就实现了团体分析的目标。所以杜鲁门把它称为基本的标准,它也是我们理解政治团体分析方法的关键。

(三)集团分析的修正与发展

政治团体分析进入20世纪70年代以后,由于内部不同理论的不断融合和交叉以及现实世界的变化,出现了一批新的利益集团分析和研究动向。它们修正并发展了前期的政治团体分析方法。

首先,作为研究对象的利益集团政治本身在世界范围内扩展,并且在特征方面增加了许多共同点。压力集团和院外活动集团曾是美国特有的团体,但是到了二战后50年代,欧洲和日本的许多研究也开始使用相同的概念。经过60年代世界范围的经济高速增长和工业发展,政治集团概念已经传播到了亚洲、南美甚至非洲。

70年代以后,世界经济的依存关系增加,世界政治经济趋向一体化,促成了国际利益集团的急速出现,利益集团在各国国内和国际舞台上都发挥了越来越重要的作用,成了国内和国际政治的主角。伴随着上述现实政治状况的变化,政治团体分析在下述三个方面都出现了理论性发展。

第一,曼库尔·奥尔森从经济学和公共选择理论的观点出发,提出新的认识,否定了迄今为止几乎全部有关利益集团和团体研究理论,并以此为转机,提出各种微观集团理论,重点分析集团成员和集团的关系。与此同时,索尔兹伯利将社会学交换理论引集团分析,迪比特·诺克则力图利用社会学意义上的网络理论分析集团问题。

第二,基于欧洲的历史经验和欧洲对第三世界拉丁美洲的分析而产生的新合作主义理论,使人们重新思考利益集团的作用,形成了利益中介的一般性理论,重新解释美国、日本及当时社会主义国家的政治团体。

第三,中观实证分析的进展直接促进了利益集团分析的兴盛。微观范畴中理性的数学模型和宏观范畴中关于历史和国家论式的利益集团体系分析构成了两种对中观实证分析的理论刺激,再加上实证方法的变革,开拓了新的当代利益集团研究的领域。利益集团理论开始超越国别差异,并将国家也纳入分析视野;开始系统地分析利益集团,不仅考虑利益集团在政治过程中的利益输入功能,而且开始考虑它的输入过程。[①]

三、政治团体分析方法的运用与评估

(一) 政治团体分析方法的运用

政治团体分析作为美国土生土长的政治科学分析方法,试图要解决的问题有:第一,政治集团在政治生活中发挥的作用和地位。第二,从不同层次论述政治集团对政治生活和政治系统作用的方式。第三,不同类型的政治集团之间的相互联系。

下面以杜鲁门的《政府过程》为例,来说明政治团体分析方法的具体运用。杜鲁门认为,从基本特征来看,政治利益集团的起源、结构和行为,与非政治性的社会互动模式是共享的,而这些政治利益集团同政府机构发生联系时,又衍生出其特殊的意义。

因而,首先要分析在一个复杂社会的行为中,利益集团连同其他同构组织共同扮演的角色,再重点考虑在政治系统中,利益集团所处的特殊情境。

杜鲁门已经注意到从单纯建立在相对小规模的、面对面的集团之观察基础上的结论,在运用到讨论跨度更大的集团时需要小心谨慎。这一点后来被奥尔森的集体行动理论所证实。

其次,利益集团在政治过程中的角色离开它们内部的动因是无法得到充分理解的。正式结构和内部政治是理解集团生活的相互依赖的两个方面。因而,要关注利益集团的内聚力与其冲突的态度以及在集团成员归属之间产生的领

① 参见〔日〕过中丰:《利益集团》,郝玉珍译,经济日报出版社 1989 年版,第 33—35 页。

导问题和领导技巧。

利益集团在政府活动的舞台上的策略是政治团体分析的重点。这涉及利益集团依赖于公共舆论与它们的宣传技巧，然后是分析利益集团在政府机构在各分支之中的活动。这种关系主要是集团与政府官员之间可观察到的关系，而不是宪法和法令上的规定。

最后，杜鲁门还谈了集团政治与代议民主的关系，解释了现实中被广泛接受的由各种利益集团所包围的政治体制。

（二）政治团体分析方法评估

1. 政治团体分析方法的意义

首先，团体分析方法突破了政治学研究的"法律—制度研究范式"，改变了传统政治理论对正式的政府制度的静态描述，努力发掘政治生活中的各种动态因素，在政治研究中引入了"权力"、"利益"、"冲突"等概念，把政治分析从传统中解放出来，成为后来形成的一系列分析方法（如结构功能分析方法）的先导，对行为主义政治学的形成产生极大的影响。

其次，团体分析方法具有强烈的实证主义色彩，并且具有强大的描述力。团体分析将研究的中心定位于政治生活中的利益集团，有利于深入研究政治过程。通过利益集团我们能够更好地理解现实的政治过程，这主要表现在以下两点：（1）在现代代议制民主中，集团的功能代议可以弥补区域代议的不足。由于现代社会利益结构分化，各地区人民的利益也相当复杂，传统的基于区域代议制产生的民意代表已无法充分代表民意，利益集团却正好能发挥功能代议弥补区域代议的不足。（2）利益集团能够为决策者提供信息和政策建议，虽然利益集团是从自身立场出发，试图以此方式影响决策，但是，由于众多利益集团的相互竞争，决策者也可以从许多偏颇的政策建议与信息中进行筛选和鉴别，为决策作依据。[①] 此外，团体分析方法结合行为主义方法论的优势，在很多方面都产生了极有价值的研究成果。

第三，团体分析方法在很大程度上介于个体研究和整体宏观研究之间，有承接不同层次理论和方法的意义。

2. 政治团体分析方法的局限性

团体分析方法从其产生之日起就一直遭到各种批评。首先，团体分析往往忽视个人在政治生活中的作用。在相反的方面，有人认为团体理论没有考虑民

① 参见吕亚力：《政治学方法论》，三民书局1979年版，第252页。

族、国家和社会这些更大的“超级集团”。再次,大多数团体分析都是基于美国等西方国家的政治系统,对这于非西方国家的政治过程的解释力就不强。非西方国家中的非正式利益团体与机构的利益团体发挥的作用非常重要,是政治决策的中心,而正式的利益集团在政治过程中往往不甚重要。因而,团体分析的结论往往不具有普遍意义。

第九章
政治经济学与制度分析方法

“政治经济学”这一术语在过去的几个世纪中包含了太多的含义。在古典经济学家诸如亚当·斯密看来,政治经济学是一门研究如何管理国家资源以达到不断增加财富目的的科学。在后来的卡尔·马克思等资本主义的批判者看来,政治经济学是研究生产资料的所有权关系如何影响历史进程的科学。对于20世纪的许多人来说,政治经济学包含着诸多相互矛盾的意思。有时是指一种涉及经济学与政治学两个学科互动关系的研究领域,而有时它则被视为一种方法论或研究途径。有人把强调个人理性的经济学分析方法和在制度层面分析的社会学方法都囊括在这一研究途径之类。

我们把“政治经济学”解释为使用经济学的方法来解释政治过程的起源和维持,以及公共政策的制订与实施,并分析政治和经济制度如何约束、引导和反映个体行为的理论与方法。现在它更多地被看成是政治科学的一部分。它有两个最为核心的问题:制度如何根据个体的动机、策略和选择而演化;以及制度怎样影响政治和经济系统的表现。“政治经济学”具有很强的实证性,它同时强调政治过程中的“经济”行为,也强调市场中的“政治”行为。①

一、政治经济学分析方法的发展沿革

一般而言,政治学是探讨公共权力和公共事务的科学,经济学是探讨生产与分配问题的科学。二者的研究领域与方法都不尽相同,如果把这两门学科加以整合,面临着重大的方法论分歧。因为经济学的假设及逻辑是建立在自由抉择的个人基础上,而政治学则更多地诉诸带有强制力的权力和政策,企图整合

① 参见〔美〕罗伯特·古丁、汉斯-迪特尔·克林格曼编:《政治科学新手册》,钟开斌等译,生活·读书·新知三联书店2006年版,第921—922页。

经济学与政治学，不仅在国内体系还是在国际体系都是困难重重。

然而，政治经济学恰恰整合了政治学和经济学的研究范围，分析政治与经济之间的相互关系，换言之，它是一种科际整合的研究，探讨市场机能的运作和国家机关之间的互动关系，也就是结合了政治学的权力和经济学的利润观念分析。把政治学和经济学看做两个独立的学科已经不能充分解释当前复杂的政治经济发展进程。无可否认，政治干预经济对国家发展有其重要性。同时，经济运作也必然影响到政治权力的分配与发展过程。基本上，政治经济学所关心的是国家机关的经济干预与自由主义的市场机制运作间的相对关系，也就是国家机构对经济事务的管理方式。

显然，政治经济学不是政治学加上经济学，政治经济学的出现带来一个重要的争论，国家机关的责任与经济间的相互关系，这个问题有两个意义：第一，国家机关是否应进行经济干预或让经济自由运作。第二，民间的需求，如住宅、医疗、教育、交通、福利、公共安全等是否由国家机关来提供，或是由私人部门提供等。当然这种争论国家机关与经济的关系也反映在资本主义与社会主义的经济管理理念上。这种争论也衍生出两极化的研究途径：一是强调市场经济具有自我调节的功能，重视私有和利己的原则，对国家机关的干预经济坚持反对与怀疑的立场；另一是强调国家机关对经济发展的主导角色，为求经济发展与稳定，国家机关应有效地调整和控制经济。①

（一）政治经济学分析的发展与演变

虽然从当今的政治学与经济学的基本概念出发，这两门学科似乎是各自独立的科学，但是经济学在近代的时候是以政治经济学的面目出现的，或者说作为现代西方经济学前身的古典政治经济学是既关注经济又关注政治的。最初的政治经济学由17、18世纪的重商主义者提出并使用。最早提出“政治经济学”这个概念的是一个叫A. 蒙克莱田的法国重商主义者，他在1615年写的《献给皇上皇后的政治经济学论》中第一次使用这个概念，当时只是向国王建言，谈论的是如何增加国家的财政收入的问题。到18世纪的时候，英语世界中就有了政治经济学这个名词，最早见于1767年重商主义学者斯图亚特出版的《政治经济原理的探讨》，他认为经济是以审慎的态度来提供家庭所需的艺术，同理，政治经济学是在国家中提供国家的需要。早期的重商主义者把商业，特别是对外贸易当作财富的主要来源，他们认为保证外贸的入超是国家最重要的经济任务。后期的重商主义者更主张用发展工业来促进贸易，但仍主张国家垄断对外

① 参见彭怀恩：《政治学理论与方法论》，风云论坛出版社有限公司2003年版，第271—272页。

贸易。所以在早期政治经济学包含两个层面的问题:一是经济的事务,一是政府的手段。

由这些认识出发,政治经济学首次把经济整体的效果评价问题和国家在经济中的地位和作用问题结合起来,认为经济的目标是增加财富,国家的任务是保证财富的增加。18 世纪古典政治经济学家斯密、李嘉图正式以政治经济学为题目展开自己的学说。斯密反对重商主义者的父权思想,他在《国富论》中提出:"作为为政治家或立法者服务的科学分支,政治经济学有两个明确的目标,首先,他要为人们提供,或者更恰当地说,使人们能够为自己提供丰厚的收入或生活资料;其次,向国家或全体国民提供足以维持公共事业的财源。"①也就是说,政治经济学的目的是要实现国富民强。斯密还主张接受重农主义的自由放任思想,反对重商主义的国家干涉主义,认为个人利己行动的极大化会自动实现整个社会的利益,国家财富是来自每个国民对自身利益的努力追求,一个人满足自身利益之后,被一只看不见的手引导,才可能贡献于公共的福祉。虽然他也不认为个人利益与公共利益是对立的,但也反对政治对经济的干预,主张无论国内还是国际贸易都应尽可能地保持市场与交易自由,反对保护关税和对自由贸易的限制。

斯密的继承者李嘉图在其代表作《政治经济学及赋税原理》中通过对工资、利润和地租的研究进一步发展了斯密的观点,贬低国家的能力和重要性,反对政治权力对经济的干预。他认为国家的干预并不能帮助贫困者,只会限制经济自由和个人的利益追求,反而不利于经济制度的运作。同样地,他认为在国际分工与交易条件下,基于比较优势的前提,证明相互利益的对立与竞争可能增加双方的福利,从而主张贸易自由。

李嘉图之后古典的政治经济学分为两大支流。一是约翰·斯图亚特·密尔(John Stuart Mill)和马歇尔(Alfred Marshall)为代表的改良派,密尔在 1848 年出版了《政治经济学原理》维护斯密的自由市场理论,剑桥大学的马歇尔在 1890 年出版了《经济学原理》开创了新古典学派,把注意力集中在微观经济分析上,把制度当作不变的常量,只考察既定制度下稀缺资源的配置和效率问题。从此之后西方经济学与政治学分离。

另一流派是马克思主义政治经济学的产生,马克思通过对古典政治经济学的批判,在唯物史观的指导下提出劳动价值论和剩余价值论,马克思认为生产方式决定经济结构,政治的结构是建立在经济基础之上的,经济结构的变迁决

① 〔英〕亚当·斯密:《国民财富的性质和原因的研究》下卷,郭大力、王亚南译,商务印书馆 1974 年版,第 1 页。

定政治的变迁，把国家概念建立在社会生产方式上，用经济因素解释国家的起源，用经济基础和上层建筑的相互作用描述政治与经济的关系，正如他在《共产党宣言》中所说："现代国家的行政部门只不过是管理资产阶级一般事务的委员会而已。"所以，国家只提供政治及压制条件，即实质上是维持生产方式为统治阶级服务的工具。因此要架构政治经济学的理论，必须考虑两个方面的问题：一是政治如何决定经济体系；一是经济制度如何决定政治过程。

新古典经济学无法解释一个问题，即市场价格机制并不能解决一切经济运行的问题，由于经济的外部性、公共资源信息的不充分以及生产规模报酬递增的现象都会造成市场失败。到了20世纪初产生了福利经济学。1920年，剑桥学派的庇古(Arthur Cecil Pigou)发展了福利经济学，他开始引进政府干预的观念，提出福利经济三原则：(1) 提高国民所得的水准；(2) 增加国民所得应转给贫者的比例；(3) 对贫者每年所得分配应与保障。为了达到这些目标，经济过程中必须加入政策因素。

到了20世纪30年代，资本主义世界爆发了世界性的经济危机，凯恩斯经济学应运而生，他对古典政治学进行了修正，支持政府介入经济过程。他主张："国家最重要的议事日程不是涉及那些私人已经在完成的活动，而是那些落在个人活动范围之外，如果国家不出面不会有人去作出决定的事情。对政府来说，重要的不是去干那些正在由私人做的事情，或把这些事情做得更好或更坏的问题，而是去做那些根本就没人去做的事情。"①他建议要充分就业，还必须依赖政府财政政策及货币政策的干预。20世纪40年代之后，凯恩斯主义成为西方经济学的主流，政治学与经济学再度结合。其后萨缪尔森综合了凯恩斯和其他经济学的理论，提出建立一个以混合经济为蓝本的新经济学体系，他的那本《经济学》教科书自1948年问世以来，到2008年已经是第18版，风靡全球。它的特色在于把经济学分为微观和宏观分析，微观的经济行为可以自由放任，但总量平衡需要国家干预。

20世纪60、70年代，新政治经济学在西方复兴，一些学者开始运用经济学的方法研究政治问题以及政治过程，并强调政治和经济的内在关联性，从而导致了新政治经济学的产生。新政治经济学中的"政治"和"经济学"都有特定的含义。政治是指一个社会运用国家权力作出集体选择的过程。经济学是指研究稀缺资源如何在不同的用途中进行配置，或社会产品如何在社会成员中分

① 〔英〕凯恩斯：《预言与劝说》，赵波、包晓闻译，江苏人民出版社1997年版，第317页。

配。新政治经济学试图把观察社会的政治学方法和经济学方法整合起来[1],它在政治学领域的运用形成了“政治经济学分析”。

政治学领域中的政治经济学分析方法在20世纪70年代快速发展,但在这之前有过近30年的积淀并且成果斐然。政治经济学分析的早期主要致力于解释制度的起源、演化和维持,研究的对象主要集中于立法机构、议会制中的行政组织和官僚机构。这一时期有代表意义的理论主要是:(1)对经济和政治制度如何使行动者从交易中获益的分析,有阿罗对多数投票循环的讨论、布莱克的中间投票人定理及其在投票制度稳定化研究中运用;唐斯对政党竞争的讨论以及赖克的联盟形成理论;科斯(Coase)的高成本交易理论、谢林(Schelling)的协调博弈以及布坎南和塔洛克对绝对多数与外部性关系的讨论。(2)对制度内和制度间关系的代理成本的分析方面,主要是尼斯卡宁(Niskanen)的官僚信息优势理论。[2] 早期的研究表现出了一种为政治制度的起源和政策结果提供一种综合的、理性的研究方法的趋势。

20世纪70年代以后的政治经济学分析,在方法论上结合了宏观经济学、博弈论和社会选择理论,研究对象主要转向了公共政策尤其是经济和财政政策,特别强调政策选择是在具有某种特征的制度内,选民和政策制定者之间的互动结果。主要理论成果包括以下几个方面:(1)政治经济周期分析,有20世纪70年代诺德豪斯(Nordhaus)的“机会主义”循环和希布斯(Hibbs)“党派”循环;20世纪80年代中期“理性”的机会主义模型和阿利西纳(Alesina)的“理性党派理论”。(2)预算赤字的政治经济学,有税收抚平(tax smoothing)理论、布坎南和塔洛克的“财政幻觉”理论、代际间再分配理论以及制度过程理论。后期的政治经济学分析表现出强烈的实证气息,在研究主题和方法上则较为分散和多样。

有意思的是,长期以来总是经济学家频频介入政治领域,而政治学家一直没有把政府在经济中的作用纳入自己的视野,直到1970年伊斯顿在为《国际社会科学百科全书》撰写政治学条目时仍没有提及政治经济学。只是到了90年代,政治学者才明确提出:“政治学研究不能孤立于社会问题和经济问题之外。”主要表现是理性选择理论开始充斥政治学界。所以说,当代对政治经济学兴趣的重新燃起与其说是政治学家努力的结果,不如说是激进经济学家和社会学家努力的结果。经济学家对政治问题的研究给政治学注入了新的血液,引起政治学从新的角度研究政府、国家、制度等政治问题,现代政治学开始转向,不仅研

① 参见陈振明主编:《政治的经济学分析:新政治经济学导论》,中国人民大学出版社2003年版,第9—16页。

② 参见〔美〕罗伯特·古丁、汉斯-迪特尔·克林格曼编:《政治科学新手册》,钟开斌等译,生活·读书·新知三联书店2006年版,第923页。

究组织、制度,而且研究政策和决策过程,研究政府在经济发展中的作用。相比经济学家没有发展出产生巨大影响的理论,经济学家对政治的研究却形成了几大流派,包括布坎南等人的公共选择理论、奥尔逊的集团理论、唐斯的经济民主理论、诺斯的制度经济学以及科斯的产权经济学等等。以上这些统称为新政治经济学。政治经济学的再次出现已经不是单纯的经济学,而是作为政治学和经济交叉的学科,例如《韦氏第三版新国际词典》中把政治经济学定义为:“处理政治和经济过程的相互关系的一门社会科学。”

(二) 政治经济学分析方法的独特性

政治经济学分析试图结合社会科学的各种研究方法,把理性的经济人理论与制度和历史分析结合起来,用结构知识来改进对经济人的分析,用经济人的知识来改进对结构的分析,力图弥补结构主义和理性选择理论相互独立所造成的弊端。它在方法论上的特殊性主要表现在以下几个方面:

1. 研究方法具有跨学科性

当代社会的许多问题很难在单一学科框架内得到解决,往往需要跨学科的知识。政治经济分析与那一时期的社会科学发展趋势一样,都强调跨学科的研究方法。政治经济分析的最典型特点就是对政治和经济的整合研究,它运用经济的理论和方法来观察、分析政治问题,同时运用政治学的理论和方法来研究经济过程,力图在分析问题时把政治学的研究方法和经济学研究方法整合起来。①

2. 同时涵盖了规范和经验的研究层次

政治经济分析以人的行为假设为基础,建立模型,联系事实,遵循演绎推理,逐步导出结论,同时其结论具有可验证性。熊彼特把政治经济学界定为,基于某种一贯的规范和原理,如自由主义和社会主义经济原理,提出一系列周延的经济政策。许多政治经济学者都关心某些重要的价值问题,例如驾驭市场的适当角色是什么?并经常对现实的安排作批判性的分析。不可否认的事,在当代政治经济学中,相当明确地,有许多内容都是缘于19世纪的社会主义和自由主义的价值取向,而不同的价值观则形成了学者的个别意见和对实际的建议,这些往往表现为经验研究。也就是说,由于所持基本假设和概念的不同,对于政治与经济的关系及政治、经济对对方的影响,不同的学者有不同的看法。

3. 注重历史分析与横向比较

对于政治经济学者而言,历史提供了一个相当重要的层面。政治经济分析

---

① 陈振明主编:《政治的经济学分析:新政治经济学导论》,中国人民大学出版社2003年版,第29页。

注意把社会问题放到其所在的历史环境中加以考察和分析研究，发现其产生和存在的历史原因，在历史的因果联系中理解政治现象。例如马克思与韦伯虽然在许多方面看法不同，但二人都认为过去对于了解现在相当重要。而马克思与密尔则都认为，理性的经济行为不仅是人类永久的本性，也是源于历史的发展。同时，当代政治经济学者注重对政治现象在不同社会文化背景和共同体中的对比，找出异同的原因，探求各种可变因素的内在联系，得出具有普遍性的结论。他们还把特定的经验性研究，置于更广的比较与科际整合的系络中来进行，以便更客观地分析各种经验性的问题，不至于流于片面地观察或分析问题。

4. 扬弃了传统的组织—制度分析方法

政治经济分析中强调制度对于理解人类行为的重要性，并形成了专门的制度分析方法。它认为现代市场和政府制度中都存在信息不对称问题和交易费用问题，这使得个人之间的协调和合作变得不确定。在政治经济分析中，制度分析常被用来考察国家、市场、中介组织和文化的关系，尤其关注特定制度对经济绩效和经济发展的作用，并在宏观上对导致特定制度存在和变迁的因素作出比较分析。

政治经济学者还相信，经济与政治活动并非由两个不同的社会体系所支配，而是有一个共同体制来负责分配和奖惩与合法化特定的社会行为。而结构之间的重大差异，则会导致社会行为的差异。国家机关和市场是同时存在的，但二者的相对力量则会因时因地而异。根据许多学者的看法，即便是在多元主义影响下的社会，国家机关对市场仍有一定的影响力，更不用说在新统合主义与国家统合主义的结构之下，国家结构对行为或企业行为的影响了。

5. 公共政策取向的分析

政治经济学趋向于探讨公共政策的目的和手段，而非个别政策领域的特定决策。他们不必然认为不同政策的目的可以加以调和，或以最适合方法加以交换，而将政治冲突是不可避免的视为前提。此外，政治经济学相当注重与探讨影响经济政策制定的政治因素和背景，或是经济政策在政治方面所产生的影响。如果将权力和利益分别视为政治学和经济学的重要概念，政治经济学的研究强调的是，权力因素如何影响经济政策，资源与利益的生产和分配，政策的制定与执行，或者是经济政策所导致的利益分配如何影响权力的分配。①

① 参见彭怀恩：《政治学理论与方法论》，风云论坛出版社有限公司 2003 年版，第 279—280 页。

二、政治经济学分析的理论类型及其运用

由于政治经济分析是一个正在成长中的方法,关于这一分析方法所适用的范围、对象和主题都没有形成一致意见。布坎南认为“政治学的经济学”或“政治学的经济理论”,其内容包括以下六个方面:(1) 公共选择;(2) 产权经济学;(3) 法律经济学或法律的经济分析;(4) 规制的政治经济学;(5) 新制度经济学;(6) 新经济史学。新政治经济学的代表人物安德鲁·盖保尔认为“新政治经济学”可以包括:(1) 国际政治经济学;(2) 国家理论;(3) 比较政府—产业关系;(4) 公共选择四个方面。①

我们将政治经济学分析方法的范围归纳如下:(1) 公共选择分析;(2) 规制的政治经济分析;(3) 国际政治经济分析和(4) 新制度经济分析。公共选择分析是政治经济学分析和理性选择分析的交叉领域,由于在第六章已详述过公共选择分析方法,故此处从略。下面我们主要看一看其他三个分析方法。

(一) 规制的政治经济分析

规制的政治经济学(Political Economy of Regulation)产生于20世纪70年代,是从经济学领域发端而后渗入政治学中的。它主要研究在市场经济条件下政府如何根据一定的规则对微观经济行为进行制约、干预和管理。这一分析方法可能受到布坎南的“宪政经济学”的影响,其主要代表人物有:卡恩(A. E. Kahn)、斯蒂格勒、匹斯曼(S. Peltzman)、鲍莫尔(W. J. Baumol)、奥兹(Oates)、托理森(A. Tpllison)等人。

规制的政治经济分析的对象——“规制”包括三个方面:经济性规制、社会性规制、反垄断规制。对经济性规制的研究主要是自然垄断和信息不对称两个方面;对社会性规制的研究则主要有卫生健康、安全和环境保护等领域;反垄断规制讨论的是反垄断行为,目的是促进市场公平竞争。通过对三种不同规制的分析,形成了以下几个基本分析方法②:

1. 政府规制的供求分析

规制是指政府以制裁为手段,对个人或组织的自由决策的一种强制性限制。政府的主要资源是强制力,政府规制就是以限制经济主体的决策为目的而

---

① 参见陈振明主编:《政治的经济学分析:新政治经济学导论》,中国人民大学出版社2003年版,第17页。

② 同上书,第26—29页。

运用这种强制力。[①] 政府规制的需求主要来源于自然垄断和外部性。自然垄断要求政府抑制企业制定垄断价格,防止恶性竞争,维护生产效率和供应稳定并保证分配公平。外部效应的存在要求政府促进正的外部效应,降低乃至消除负的外部效应。它们产生了政府的规制需求。政府规制的供给则主要取决于政府的作为以及制度约束。

2. 政府规制的成本—收益分析

政府规制是要付出一定的成本的,这主要包括以下几个方面:(1) 微观规制的运作成本;(2) 实施政府规制从而影响经济效率所产生的相关费用;(3) 规制的机会成本;(4) 政府规制的寻租成本。由于政府规制对资源的再配置作用,又会相应地产生收益,这主要是指政府规制实行后给当事人和社会福利带来的利益增量。比如一项环境规制,会带来环境改善,从而增加了整个社会的福利。

3. 政府规制的利益分析

关于政府规制的利益分析主要包括两个方面,一个是政府规制的公共利益理论,另一个是政府规制的部门利益理论。政府规制的公共利益理论从积极方面肯定规制的作用。它假定政府规制的目的是通过提高资源配置效率以增加社会福利,并且假定规制者专一地追求这一目标。它直接扩展了政府活动的边界,凡是市场失灵的地方,都是政府规制的潜在或实在的范围。与之相对应的是部门利益理论,它认为政府规制机构仅仅代表某一特殊利益集团利益,而非公共利益。部门利益理论的一个重要理论结论是"政府规制俘虏理论":俘虏政府规制即促使政府进行规制的,可能是规制对象本身或是其他可能从中获益的人,规制的设计与实施主要是受规制的产业或集团为了自己产业或集团利益而自己争取来的。在许多规制结构下,规制的相关部门以牺牲消费者的利益而使部门得利。政府规制对社会公共利益的促进,可能不是规制设计者的初衷,而是规制的"副产品"。

4. 政府规制的失灵与改革

"政府规制俘虏理论"说明政府规制也可能失灵,其原因主要有四个方面:一是由于政府部门是在不完全信息情况下作出强制性限制,这就导致规制者的有限理性。其二,政府的公共性和政府机构、官员的目标之间不是完全重合的,政府部门也有自己的利益。其三,政府规制具有强制性,会促使相关产业或集团与政府机构之间进行设租和寻租。其四,规制者控制并垄断制度供给,行为

---

① W. K. Viscusi and J. M. Harrington, *Economics of Regulation and Antitrust*, The MIT Press, 1995, p. 295. 转引自陈振明主编:《政治的经济学分析:新政治经济学导论》,中国人民大学出版社 2003 年版,第 26 页。

难以监督,规制机构设置不合理和规制程序不透明也会导致规制失灵。解决这些问题就涉及规制的改革。政府规制的改革主要有两个方面:一是“放松规制理论”,它使用成本—收益分析来评价一项规制,相应地做出改革或取消的决策。同时,根据“可竞争市场理论”(又叫“新自然垄断理论”)对那些自然垄断产业进行分析,得出放松规制的政策主张。二是“激励规制理论”,其目的是要提高规制的效益,它主张在保持原有规制的结构下,以特许投标、价格上限、区域间竞争和契约制度等方式刺激受规制企业提高内部效率。

(二)国际政治经济分析

许多政治经济学者都非常强调国际政治与经济的互动,也认识到世界市场体系与结构牺牲了某些国家与团体的利益。美国霸权的式微和日本与新兴工业国家的兴起,也都显示高度互相依赖的世界经济体系对各国的影响,以及全球化和世界经济一体化的趋势。国际政治经济分析就是政治经济分析的一个重要组成部分。它产生于20世纪70年代的国际关系学科之中,后来形成了一门独立的研究领域,代表人物及其著作有琼·施佩罗(J. Spero)的《国际经济关系的政治学》(1977)、罗伯特·吉尔平的《国际关系的政治经济学》(1987)。《国际关系的政治经济学》被认为是构建了一个完整的国际政治经济学框架,标志着国际政治经济学体系的完成。国际政治经济分析就是直接来源于国际政治经济学。它主要可以分为三种理论流派:自由主义、(新)马克思主义和(新)重商主义。① 具体来说,它的研究主要集中于以下几个方面。②

1. 国际政治经济的权力分析

国际政治经济分析特别强调对权力以及权力结构因素的探讨,“权力”是其分析的核心概念,一般都认为权力包括国际政治经济关系中的权力和国内政治经济权力。最典型的理论就是霸权稳定理论:它认为要维护世界经济和平有序,必须有一个“稳定者”,这个稳定者只能是国际上具有一定政治经济实力的超级大国,大国不仅有而且应当承担维护国际政治经济秩序的责任。

2. 国际政治经济的结构分析

二战后建立的布雷顿森林体系在20世纪70年代随着美国宣布放弃美元的“金本位”而彻底崩溃了。国际经济中出现了浮动汇率,各国预算赤字和债务锐增,美日欧竞争加剧,都直接动摇了二战后的资本主义世界经济和政治格局,

① 参见陈振明主编:《政治的经济学分析:新政治经济学导论》,中国人民大学出版社2003年版,第21页。

② 同上书,第21—23页。

导致国际政治经济秩序的不稳定。国际政治经济的结构分析将国际政治与国际经济结合起来,特别重视科学技术对国际经济和政治的变革作用,以此来解释国际经济政治秩序的变迁,它认为多边主义、地区主义和保护主义等几种状态并存的混合体系将取代原有的国际体系,在长期内维持稳定。

3. 国际政治经济的国际组织分析

国际政治经济分析将国际组织当作有别于民族国家的新兴国际行为主体,它们具有自身的结构和功能,推动了国际政治、经济的相互依存,并导致了政治问题经济化和经济问题政治化,加深了国际政治与经济的相互关系,对国际政治经济秩序产生了深远影响。其中,跨国公司是世界性的生产组织形式,是国际贸易的主角,直接影响着世界的生产、销售、贸易和金融,甚至改变了世界政治实力对比与格局,已经成为国际政治的新行为主体。它们可以利用超越特定国家主权和法律的相对独立的行为能力,直接参与国际政治事务,影响国际政治和各国政治发展。

4. 国际政治经济的"世界体系"分析

20世纪五六十年代,经济学界产生了一个新的学科分支——"发展经济学",推动了人们对"发展"问题的思考。在其影响下,经由美国国际政治理论家伊曼纽尔·沃勒斯坦等人的努力,于70年代创立了国际政治经济学中一个具有重大影响力的"世界体系理论"。它把资本主义作为一个整体的世界体系来研究,进而得出了与古典政治经济学以国家为中心的分析模式截然不同的理论观点。经过30多年的发展,"世界体系论"成为全球化理论的先驱。

(三)新制度经济分析

新制度经济分析产生于20世纪60年代,是政治经济学分析中最有影响的分支之一。下文会作专门论述,这里先作一点简单的介绍。新制度经济分析其实可以称为新古典制度经济分析,因为它完全承袭了新古典经济学的核心假设、方法和工具,在新古典的范式里讨论资源配置所依赖的制度条件,并将传统理论视为外生常量的产权制度、交易费用和组织结构作为关键变量来分析。这一分析方法的主要代表人物有:罗纳德·科斯、阿尔钦、张五常、道格拉斯·C.诺斯、威廉姆森(O. E. Willimson)等人。制度分析方法迅速向各个学科渗透,20世纪80年代以后成为显学。政治学中的新制度主义就是这种渗透的产物,目前形成的几个影响较大的新制度主义流派有:(1)规范制度主义;(2)理性选择制度主义;(3)历史制度主义;(4)自由制度主义;(5)社会学制度主义;

(6) 历史制度主义等。[1] 下面我们详细介绍一下制度研究途径。

三、制度研究途径与新制度主义的兴起

(一) 传统的制度研究

由于人类的活动都需要某些规则化的习俗惯例以助于社会过程,因此,制度的概念可以从两个方面来看:一是习俗惯例,也就是人类行为中的规则性可以为人类社会的各种关系带来秩序和可预测性;二是规则或赋予权利,也就是个人的选择集合,就事实上和法律上的关系来说都被社会所认可。

制度研究途径把政治学的分析对象看成是政治形式或制度,就是从政治制度的形成和演变的角度,来探求制度结构类型变化规律的方法。制度主义方法是一种古老的政治学研究方法。在传统的政治学理论中,制度主要指宪政和法律制度,体现为国家政权的组织方式。传统制度研究关注的焦点是正式的规则与组织而不是非正式的惯例,是正式的政府结构而不是更宽泛的对政治管理的制度性约束。

在古代和近代,人们探讨比较多的是政治体制,研究哪一种政体和制度是最好的和最为理想的。柏拉图、亚里士多德的政体划分方法就是典型的规范研究和分类研究,他们的目的是要说明哪种政体是最好的。后世诸如马基雅维利、霍布斯、洛克、卢梭等关于社会契约和政府设置原理的论述,都是对政治制度、政体类型的研究。密尔则从不同制度、政体对个人性格和行为的影响来比较专制制度与民主制度,认为好的政治制度和政府能够促进人民的美德和智慧。[2]

传统政治学的制度研究法主要是静态分析方法,它把政治学看成一种法律规范的科学,研究国家制度的结构和法制等制度性问题,其注意力大多集中在对政府正式机构和与此相关的法律或宪法文件的研究上。例如探讨国家主权、联邦制和宪政体制,或列举与描述总统的权力、地位和功能。传统制度研究的方法论特点是:(1) 规范性,强调对政府的好与坏的评价;(2) 结构主义,认为政府的正式结构决定着政治行为;(3) 历史决定论,强调历史的核心影响;(4) 法律主义,认为正式的法律在政府管理中发挥着主要作用;(5) 整体主义,

① 参见陈振明主编:《政治的经济学分析:新政治经济学导论》,中国人民大学出版社 2003 年版,第 23、25 页。

② 〔英〕密尔:《论代议制政府》,汪监译,商务印书馆 1997 年版,第 82 页。

注重从整个政府体系的角度来描述和比较;(6) 功能主义,认为特定的制度是“政治生活功能的体现”或者“特定的制度对一个民主制度而言是必要的”①。

传统制度研究既有其独特的优势,也存在明显的不足。其优点在于:(1) 大致正确地描绘出现代国家的制度形态,并对这些国家的政治运行发挥了一定的说明和指导作用;(2) 对团体、政体乃至其他制度类型的建构,为学者及其他感兴趣的人士提供了对现代国家政治经济作进一步比较和整理的基础;(3) 隐含的价值或直接强调的信念,一般反映出西方文明的基本内涵,具有重要的文化传承作用;(4) 近代政治学的一些教本或著作,对非西方社会或落后地区的政治发展发挥过鼓舞或激励的作用,也对这些地区现代政治制度的建立提供了一定的指导作用。而其缺点主要在于:(1) 传统政治学注意的政治,主要在于国家或政府方面;而国家正式结构以外的政治,诸如政党或利益集团等,在近代政治学中受到注意的程度很低。(2) 传统政治学研究的层次,主要在于正式的机构组织层次,它涉及个人表现或政治行为的也较少。(3) 传统政治学讨论的制度或政府类型,大多抽取于西方国家的政治经验,而很少关乎非西方社会,因此,非西方社会能否从此类制度分析而直接受益,难以断定。(4) 传统政治学对政治价值的讨论,有时容易流于主观或空泛,对于希望确切掌握其意义或寻求更为明确依据的学者,这还是需要努力改进的地方。

二战之前,法律—制度研究方法一直是政治学研究的主导方法,除了政治理论,政治科学的主要研究活动就是对宪法、法律制度和政府结构进行描述,并对它们进行历时性的和国别性的比较。有时人们又把法律研究途径和机构研究途径视为制度研究方法。热衷法律途径的人企图提高法律的地位,把法律制度看成是超越人为控制的自然现象,认为法律或宪法结构决定、统治与管理着政治过程。机构研究方法注重对立法、行政和司法等政治组织的正式机构的研究。这两种途径都认为,机构、制度和法律都是实现治理活动的手段,对它们的研究将会揭示政治目的的性质,因此,他们着力从机构和制度出发分析特定的社会政治价值,并且尽力从政治价值出发设计合理的机构或制度。可以说制度研究就是政治科学。

“行为主义革命”改变了这一传统,开始注重从个体角度来解释个体是如何以及为何会以他们实际行为的那种方式行事。行为主义打破了法律—制度传统的主导地位,几乎每一个现代政治分析方法都是对传统政治制度研究的否定,伊斯顿是批评传统政治制度研究最具影响力的学者,他发现政治制度研究

① 参见〔英〕大卫·马什、格里·斯托克编:《政治科学的理论与方法》,景跃进等译,中国人民大学出版社2006年版,第90页。

缺乏两项重要基础：首先，法律与制度分析无法解释政策或权力，是因为它无法涵盖所有相关变项；其次，过度事实主义，而忽视了透过事实或意义的一般架构。罗斯认为传统制度分析的基本取向是一项覆盖了规则、程序与正式的政府组织的主题，它运用法学家与史学家的工具，以解释对政治行为与民主效率的约束，而且促进了代议民主制度中的威斯敏斯特模型的发展。在此之后，理性选择学派开始根据个体自利性的相互作用来解释政治。制度主义的影响只残留在政治哲学和规范政治理论中，比如罗伯特·达尔、罗尔斯等人对民主宪政体制的分析。在比较政治学中，法律—制度主义仍是主导性的研究方法，它们常常对比各国的政府体制、中央和地方结构形式、政党制度、选举制度，以便考察政府结构、功能和过程上的异同，加深人们对特定政治系统的理解。①

（二）新制度主义的兴起及其核心特征

1. 新制度主义政治学的兴起

20 世纪 70 年代以后，新制度主义方法逐渐兴起，其兴起既与传统政治制度研究的不足有关，也与行为主义研究的缺失有联系。在各种批评改进的影响下，70 年代前后以来的政治学，乃至社会科学其他部门就制度议题与制度研究表现为多种演变趋势：表现之一是，早期行为主义运动的领导学者逐渐不再强调制度研究与行为研究是两种尖锐不同的方法与途径。表现之二为宏观理论与制度概念的再结合。如阿尔蒙德的《比较政治学》一书中，虽继续坚持功能与系统理论的重要意义，但在随后章节中，却以可观的篇幅描述与讨论各种制度，有时几乎把制度和结构或国家与系统视为可以交替使用的名词。表现之三，在于政治学家对公法与制度功能的再强调。如政策研究者罗威，在 1969 年曾出版专著，痛陈多元社会中利益集团过度活跃的弊端，在书末主张强化公法与政府的作用。表现之四，在于近年政治学面临着某种近乎范式转换的动向，也就是国家概念的复起。由于许多国家结构议题涉及国家的构成、政府的组织，乃至公权的作用，重新讨论国家的概念是理所当然。

概括起来说，一方面，行为主义方法过于关注政治个体和个体的政治行为，而忽略政治结构和社会环境对行为的影响，在很多问题上缺乏解释力；另一方面，新制度经济学在经济学领域取得巨大成功，并强势渗入到政治学中。政治学中新制度主义分析方法的诞生以 1984 年詹姆斯·马奇（James G. March）和

① 参见〔美〕罗伯特·古丁、汉斯-迪特尔·克林格曼编：《政治科学新手册》，钟开斌等译，生活·读书·新知三联书店 2006 年版，第 528—529 页。

约翰·奥尔森(Johan P. Olsen)在《美国政治科学评论》上共同发表的《新制度主义:政治生活中的组织因素》论文为标志。该文首倡在政治科学中恢复重视制度研究的传统,归纳了不同流派对制度的看法,并提出了制度研究应遵循的基本原则。1989 年马奇和奥尔森又在《重新发现制度:政治的结构性基础》一书中,对新制度主义政治学进行了更为系统的阐述。

马奇和奥尔森的命题引发了人们对一系列有关"制度"问题的思考:一个政治制度是由什么构成的?制度如何发挥其作用?个体行为如何与政治制度存在互动?如果我们考虑到 20 世纪七八十年代正在发生的一系列社会政治变革,那么对这些问题的思考就更加引人入胜了。比如英国的私有化改革、东欧的政治转型、西方各国的福利改革,都需要我们思考制度问题。没有任何单一的"新制度主义"能够对这些问题作出全面的回应,新制度主义开始建立各种不同的理论,使用以关于制度运行方式的理论命题为前提的演绎推理方法,来改造"旧"制度主义忽视理论、注重描述与归纳的方法,以适应新时代的要求。①

2. 新制度主义政治学的核心特征

新制度主义是对"旧"制度主义的扬弃,二者不存在截然的对立。新制度主义的很多理论来源于传统制度主义卓越的洞见基础之上。结合英国政治学家马什和斯托克的分析②,我们将新制度主义的核心特征概括为六个方面:

第一,从以组织为焦点到以规则为焦点。比方说规范制度主义就认为制度可以被看做是"规则",但是这里的"规则"是指"惯例、程序、习俗、角色、策略、组织形式以及使政治行动得以建构的技术",还意味着"包围、支持、解释及反驳那些角色和惯例的信仰、范式、法规、文化和知识"。这些规则可以通过政治组织的权威施加和强制,也可能是恰当的行为规则的一部分,它们通过社会化被个体习得和内化。而对于理性选择制度主义来说,制度决定着追求效用最大化的行为者之间交易的基础③,制度还提供了博弈规则,组织和个人一样都是博弈中的参与者。他们将制度理解为存在于组织内部和组织之间的各组规则。

第二,从对制度的正式理解到对制度的非正式理解。新制度主义不仅关注正式规则,还集中关注非正式规则。正式规则是被有意识地设计出来并被明确说明的,如合同、预算体系等,它"一般说来不应该被当成样版式的规则,而应被看成是得到系统说明的特殊的规则类型"。非正式规则如同正式规则一样,也

① 参见〔英〕大卫·马什、格里·斯托克编:《政治科学的理论与方法》,景跃进等译,中国人民大学出版社 2006 年版,第 92 页。

② 同上书,第 95—99 页。

③ 参见〔美〕罗伯特·古丁、汉斯-迪特尔·克林格曼编:《政治科学新手册》,钟开斌等译,生活·读书·新知三联书店 2006 年版,第 246—248 页。

会对行为者的行为发生重要影响。非正式规则可能会强化正式规则,也可能削弱甚至推翻正式规则,非正式规则在正式规则中体现了变化的趋势。

第三,从对制度静态研究到动态研究。新制度主义特别强调对制度稳定性的研究,以及制度稳定与个体行为的关系。他们关注制度如何长期维持,什么因素推动或阻碍了制度化过程。理性选择制度主义将制度的稳定性与理性行为者寻求效用最大化的行为结合起来。网络制度主义则认为制度的稳定性取决于一个不断变化的环境中,行为者达成共识与建立联盟的不断持续的过程。

第四,制度分析的价值立场明晰化。新制度主义对制度体现并塑造社会价值的各种不同方式以及这些社会价值自身的竞争与变化有着深切的关注。如在规范制度主义看来,表面上中立的程序与安排,实际上体现了特殊的价值、利益与认同。政府结构不是价值中立的,而是包含着政治价值并维系着这些价值。而制度变迁也正是发生在其价值变化之时,或制度所包含的价值与其他价值不相容时。反过来,制度也可以在社会内部培育出所需要的价值。

第五,对制度的理解从整体描述向专门研究转化。新制度主义注重对具体政治制度的分析,比如选举制度、税收制度、福利制度、政府间关系、行政体制等等。这些制度不仅通过正式的结构与程序表现出来,还通过跨越组织边界的默示的理解与惯例表现出来。它们未必在整体上有意义,在功能上只是具有解决办法的意义,所以制度是“分化的”,而且制度赋予、保留不同个体和团体的权力也说明了它们是分化的。

第六,制度从把作为外生变量到内生变量的转化。新制度主义强调政治制度是被“嵌入”到特定环境中的,如历史制度主义就强调政策的连续性以制度的路径依赖。理性选择制度主义如奥斯特罗姆和布坎南人等人都将制度分为不同的层次,如古丁和克林格曼所说的,制度规则“被放置在一个更基本甚至更权威的规则、体制、实践和程序的持续上升的等级体系中”①。

(三) 新制度主义的基本范式

作为一种当代西方政治科学的主流研究范式,新制度主义还不存在统一的被公认的研究框架,只是多种理论的集合体,并不存在统一的流派,对其划分也有不同的观点。最为全面的是彼得斯(G. Peters)在《政治科学的制度理论》一

① 〔美〕罗伯特・古丁、汉斯-迪特尔・克林格曼编:《政治科学新手册》,钟开斌等译,生活・读书・新知三联书店2006年版,第21页。

书中所列出的七种类型[①]:(1) 规范制度主义,研究体现在政治制度中的规范与价值如何影响个体的行为;(2) 理性选择制度主义,认为政治制度是规则与动机的体系,在这些体系中,个体试图实现他们的效用的最大化;(3) 历史制度主义,考察有关政府体系的制度设计的选择如何影响个体未来的决策;(4) 经验制度主义,类似于传统的制度主义,对不同的制度类型进行分类,并就它们对政府绩效产生的实际影响进行分析;(5) 国际制度主义,国家的行为受到国际政治生活中正式的和非正式的结构性约束;(6) 社会学制度主义,研究制度对个体产生意义的方式,并为政治科学中的规范制度主义提供重要的理论建构的材料;(7) 网络制度主义,个体与团体之间正式和非正式互动模式如何影响政治行为。而彼得·霍尔和罗斯玛丽·泰勒则确定三种新制度主义:历史制度主义、理性选择制度主义、社会学制度主义[②]。

第一,历史制度主义强调了国家本身具有独立性和自主性,反对行为主义忽视国家的作用,要求回归国家。以埃文思为代表的"回归国家学派"认为集体行动者、制度都有着自己的历史,它们塑造着利益的表达,而宪法、制度、国家结构、政策网络构成了政治过程,塑造着政治结果。[③] 历史制度主义还强调了国家在分析政治结果的重要工具地位。以制度为手段去研究历史上各国的宪法制度、政府具体操作程序、官僚标准的执行程序等,即从各国历史发展和比较的过程中去探求制度变迁的不同过程,寻求在稳定的制度安排下政策变化的根源,以及政治制度与政治观念的互动作用,以解释在特定制度局限下观念变革如何能导致政策变化。这方面的代表有:斯文·斯特默的《建构政治学:历史制度主义的比较分析》,斯科克波的《国家和社会革命:法国、俄国、中国的比较分析》、《对资本主义危机的回应:国家的新马克思主义理论及"新政"的案例分析》、《国家能力以及早期"新政"中的经济干涉》,以及埃文思的《回归国家》。[④]

第二,相对于其他两种制度主义来说,理性选择制度主义更多受经济学的影响,它是将理性选择与制度研究结合起来形成的一个学派。它将制度定义为:"规则是个人在决定谁或什么包括在决策环境中,信息是如何处理的,采取什么行动,以及按什么顺序采取行动,个人行动如何转换为集体决策的过程。

---

① B. Guy Peters, *Institutional Theory in Political Science: The "New Institutionalism"*, London, Pinter, 1999. 转引自〔英〕大卫·马什、格里·斯托克编:《政治科学的理论与方法》,景跃进等译,中国人民大学出版社2006年版,第89—93页。

② 〔美〕彼得·霍尔、罗斯玛丽·泰勒:《政治科学与三个新制度主义》,何俊智译,载《经济社会体制比较》2003年第5期。

③ 赵晖、祝灵君:《从新制度主义看历史制度主义及其基本特点》,载《社会科学研究》2003年第4期。

④ 戴扬:《中国政治学研究中的新制度主义》,载《二十一世纪网络版》2009年第2期。

这些规则存在于个人所述团体共享的语言描述中，而不是外在环境的可见部分。”[①]他们从理性主义出发，对制度与个人之间的双向关系进行解释。一方面，他们认为，制度是人为创造、设计和创新的，这些都是基于个体的理性假设的基础上的。个体行动者是理性的，其行动是受最大化动机所驱使的，因此一旦对制度产生逻辑上的需要，它就被产生出来，即制度是基于个人需要产生出来的；如果人们认为当前的制度不能履行功能时，便会对制度进行重新设计，即个体会通过制度的创新提高收益水平。另一方面，他们也认为，制度构成了一种“策略背景”，可以塑造人的行为、影响政治结果。因为制度是塑造行为方式和提供信息、减少不确定性的执行机制，使得“从交换中获益”得以进行。因此个体利益最大化的实现依赖于制度结构和制度行动，所以他们的行动也将受到制度的塑造。理性选择制度主义学派的主要著作是80年代中期出现的对国会、内阁、官僚制的研究，如马修·D.麦卡宾斯（Mathew D. McCubbins）和特里·沙里文（Terry Sullivan）主编的《国会：结构和政策》、加里·考克斯（Gray Cox）和麦卡宾斯的《立法利维坦》。近期则出现了对公共事务治理的研究，如文森特·奥斯特罗姆的《制度分析与发展的反思》、《复合共和制的政治理论》、《美国公共行政的思想危机》，埃利娜·奥斯特罗姆的《公共事务的治理之道——集体行动制度的演进》、《公共服务的制度建构——都市员警服务的制度结构》等著作中对理性选择理论由于从个体理性出发忽视制度因素所得出的“公用地悲剧”结论的批评，运用制度分析补充理性选择分析，提出了“多中心治理”和“自主治理”的基本观点。[②]

第三，社会学制度主义从质疑传统经济学理论的理性人假设开始，认为个人并不是寻求利益最大化的理性人或者“经济人”，而是“社会人”。由此出发，社会学制度主义遵循着与传统理性主义不同的分析方式，认为个人的行为不是受理性化的选择，而是对特定社会制度的遵从，要受到社会规则和文化规范的支配，是一种适当性逻辑（a logic of appropriateness），而不是结果性逻辑（a logic of consequentiality）。[③] 社会学制度主义继承了社会学的传统组织理论，认为组织具有对个体行动者的教育功能，可以影响人的偏好，代表一种利益结构，并且具有对政治结果或公共政策的可预期性。因此，社会学制度主义关注的重点是：为什么组织采用一套特定的制度形式、程序或象征符号，这些是如何在组织内传播的。社会学制度主义的代表性著作有：马奇和奥尔森的《重新发现制度：

① 黄新华：《政治科学中的新制度主义——当代西方新制度主义政治学评述》，载《厦门大学学报（哲学社会科学版）》2005年第3期。

② 同上。

③ 任丙强：《社会学新制度主义述评》，载《社会科学家》2003年第7期。

政治的组织基础》,保罗·迪马乔和沃尔特·鲍威尔主编的《组织分析中的新制度主义》,约翰·梅耶和斯科特的《组织环境:仪式和理性》等。[①]

(四)新制度主义政治学的困境

20世纪五六十年代兴起的新制度主义政治学,借鉴新制度经济的理论与方法,在对行为主义研究方法的缺陷进行反思的基础上,形成了制度研究途径。它既复兴了传统的制度研究,又拓宽了人们政治学的研究范围,丰富了政治学的研究方法,产生了一大批极具价值的理论成果。新制度主义政治学的意义主要表现在:

第一,新制度主义对传统的研究方法有继承更有发展。新制度主义在传统的历史分析、规范分析、比较分析和整体主义研究方法基础上,突破法律—制度研究途径,把诸如组织结构(如议会制度、官僚制)、意义结构(如符号、典礼、仪式)、规则结构(如家庭、市场、企业、委托—代理结构等)都作为制度的内涵,扩展了人们对于制度的理解,拓宽了制度研究的空间。新制度主义还把规范研究和实证研究结合起来,关注制度与个人的互动关系,不仅把制度看成是影响个人及其偏好的自变量,还把制度当成是受历史与社会影响的因变量,并考虑个人如何改变制度。

第二,新制度主义将价值、规范问题重新引入政治分析,打通了政治科学与政治哲学的联系。既补救了行为主义对价值中立的过分强调所导致的偏颇,也有利于提高理论的解释力。虽然行为主义克服了旧的法律—制度方法的局限,但是却忽视了制度。新制度主义将制度与规则作为自变量以解释政治现象,补充了行为主义的不足,深化了政治学的研究。

第三,新制度主义既关注政治生活中的非正式惯例,也关注正式的章程与组织结构。对制度体现如何体现价值与权力、制度设计所面临的障碍与机会,他们重新给予了解释。至关重要的是,新制度主义的方法论不再只依赖于描述—归纳的方法,而是更加注重假设—演绎方法和理论模型的建立。

当然,新制度主义政治学也面临着一些争论和问题。这些问题与行为主义的分析方法所面临的问题正好相反。这些问题对于新制度主义来说都是基本的和关键的,具体来说主要有以下几个方面[②]:

第一,新制度主义在关于制度的定义与存在问题上内部有争论。"制度"是

---

① 黄新华:《政治科学中的新制度主义——当代西方新制度主义政治学评述》,载《厦门大学学报(哲学社会科学版)》2005年第3期。

② 参见〔英〕大卫·马什、格里·斯托克编:《政治科学的理论与方法》,景跃进等译,中国人民大学出版社2006年版,第104—106页。

新制度主义的核心概念,但是对于什么是制度其内部却存在着不同的看法。新制度主义的各种理论类型提供了一些对制度的定义,但是所有的定义都非常含糊不清,这就使得人们在对制度确认这个基本问题上就产生了分歧。有人认为制度就是规则,可是这又牵出什么东西应该包括在这个规则范畴中的问题。如果想扩展对“制度”的定义,把指导个体行为的每一件事都包括进来,又存在“概念扩张”的风险。这就导致了无法将政治制度与其他社会现象区别开来的问题。而且新制度主义如果通过扩展的“制度”概念“把政治生活的太多方面包括在一个……掩盖了发生的种种互动关系与因果机制的范畴之内”[①],就会面临理论检验和实证研究中无法识别和度量制度的问题。

第二,新制度主义关于制度对个人行为的约束以及个人与制度的关系问题上矛盾重重。无论是规范制度主义、历史制度主义或是理性选择制度主义都认为制度将限制强加于其成员的行为之上,并且个人在没有约束的形势下不能有效地发挥功能。但是另一方面,如果制度是人类选择的结果,那么人类行为就不存在真正的约束。与此相关的一个更为宽泛的问题是,个人行为与组织行为的关系。制度是如何形成行为的?集体的价值如何在原子化的个人和多样化的群体中传播、学习和强化?违反制度的行为如何认定?如何受到惩罚?又怎么确定这种越轨行为只是偶然还是非制度化的开始呢?[②] 这些问题涉及偏好、规则、价值之间的复杂关系。新制度主义对此也是莫衷一是。

第三,新制度主义内部的理论类型的多样化,这些不同的类型在方法论上存在根本分歧。虽然这反映了新制度义的活力和成长,但是也影响到了其本身作为一种分析框架的作用和意义。比如规范制度主义与理性选择制度主义就是两种竞争性的甚至是不相容的取向,这种“把源于有不同知识根据的制度主义的关于制度的深刻见解搅和在一起”是可能的吗?虽然随着不同类型制度主义思想之间由于相互的“知识采用”在增加,它们之间的距离在缩小,但是这足以提醒我们新制度主义不应被描绘成“一种理论”,而应被看成是一种“宽泛的、纵然也是多样化的研究政治的取向”,它们既把制度作为解释大多数政治生活的变量,也把制度本身作为需要解释的因素。新制度主义的力量就来源于它的“多重理论性”和批判性立场。[③]

---

① P. John, *Analysing Public Policy*, London: Pinter, 1998, p. 64. 转引自〔英〕大卫·马什、格里·斯托克编:《政治科学的理论与方法》,景跃进等译,中国人民大学出版社2006年版,第101页。

② 参见〔美〕罗伯特·古丁、汉斯-迪特尔·克林格曼编:《政治科学新手册》,钟开斌等译,生活·读书·新知三联书店2006年版,第313—314页。

③ 参见〔英〕大卫·马什、格里·斯托克编:《政治科学的理论与方法》,景跃进等译,中国人民大学出版社2006年版,第106页。

第十章
政治系统分析方法

政治系统分析方法(Political System Analysis Approach)是现代政治科学的主要分析方法之一,是行为主义政治学兴起后产生的特别引人注目的一种分析框架。“政治系统”这一概念,在现代政治分析中具有首要的意义,行为主义政治学的倡导者正是以“政治系统”这一概念替代传统的“国家”,使之成为现代政治分析的重要概念。“系统分析中的许多主要的概念和主张现在都已被吸收到一般性的政治研究当中。”①行为主义政治学影响下的各种分析框架,或多或少都是以“政治系统”作为其核心概念的,除了戴维·伊斯顿的政治系统论之外,阿尔蒙德的结构功能分析实际上是沿着政治系统论的路径发展起来的。罗伯特·达尔的《现代政治分析》一书中,“政治体系”也是其核心概念。由此可见,政治系统分析方法在现代政治科学研究中具有重要地位。这一分析方法之所以受到广泛的关注,在于它对于理解现代政治有许多的启发,对于分析现代政治现象富有成效。戴维·伊斯顿甚至在《政治生活的系统分析》一书中文版的序言中坚持认为:“系统分析现在仍然是研究一般理论的唯一通览全局的方法和高屋建瓴的视角”。②

一、政治系统分析方法的起源与发展

(一)政治系统分析方法的渊源

关于系统分析方法的缘起,往往可以追溯到古希腊时代。亚里士多德关于

① 参见〔英〕戴维·米勒、韦农·波格丹诺主编:《布莱克维尔政治学百科全书》,邓正来等译,中国政法大学出版社2002年版,第806页。

② 〔美〕戴维·伊斯顿:《政治生活的系统分析》,王浦劬译,华夏出版社1999年版,中文版序。

城邦的研究被认为采用了系统的视角。近代以来，甚至韦伯关于权威系统的分类和马克思关于经济系统的分类，也被认为是一种系统思维。[①]这种理解虽然有道理，但是如果把系统分析方法等同于归类法，就有些宽泛了。

严格而言，系统分析方法是建立在现代政治现象和现代科学发展的基础上的。由于新兴国家的大量出现，信息资料和新技术的日新月异，世界事务日益纷繁复杂，"自然科学家和社会科学家都力图利用系统作为综合分析的共同基础，使这种复杂局面有序化"[②]。

从理论渊源而言，当代的政治系统分析方法主要受一般系统理论（general system theory）和控制论（cybernetics）的影响。

在一般系统理论中，系统指的是一组相互联系的要素，这一要素组列与环境之间存在清晰的边界，并在与环境的互动中维持自己的存在。这里包含三个方面的含义：要素之间的互相联系；系统与环境之间的边界；维持行为。所谓互相联系，是指系统内部各种要素之间的相互依赖与相互作用。系统与环境之间的边界在于表明系统的特性，不同的系统对应着不同的环境。系统有很多种，如生物系统、家族系统、经济系统，甚至单个的人体也是一个系统。维持自己的生存是系统的目标，这就要求均衡和稳定。

控制论是自然科学和社会科学的交叉学科，与信息论、系统论密切相关，并称为"三论"。其创始人为美国科学家诺伯特·维纳（Norbert Wiener，1894—1964）。1948 年维纳的《控制论》出版，该书的副标题为"关于在动物和机器中控制和通讯的科学"。从这个副标题中可以看出，维纳把动物和机器都看做是一种系统，着重研究的是系统内部的控制和通讯。这也表明了系统论、控制论和信息论之间的密切关系。控制论是系统理论的一部分，也是其核心的部分。控制论的核心思想是：无论是机器还是生物有机体，或者社会、经济系统，反馈都是系统稳定的关键因素。控制论特别重视反馈机能，这也是其对政治系统论的主要影响。

现代政治分析方法的兴起与行为主义的影响有关。行为主义主张政治研究的"科学化"，希望能够使政治研究如同自然科学研究一样具有预测功能，而不是局限于夸夸其谈的思辨和论争。而通过系统分析，综合把握政治系统中的输入—输出过程，分析影响政治输出的各种要素，就可以做到这一点。阿尔蒙德指出："当我们把社会结构和机构作为正在起作用的系统功能来思考的时候，

---

① 参见〔美〕罗纳德·H. 奇尔科特：《比较政治学理论——新范式的探索》，社会科学文献出版社 2001 年版，第 161 页。

② 同上书，第 162 页。

我们在社会科学领域中的解释和预测能力就会大大提高。”①

(二)系统论在政治学领域的运用

现代政治系统分析方法的代表人物是美国政治学家戴维·伊斯顿(David Easton),他被认为是第一位将系统论引入政治研究领域、建立了政治系统方法论体系的学者。在这方面,他的代表作主要有:《政治系统》(*The Political System*,1953)、《政治分析框架》(*A Framework for Political Analysis*, 1965)和《政治生活的系统分析》(*A System Analysis of Political Life*, 1965)等,这三本书也被认为是政治系统分析的经典。在伊斯顿创立政治系统分析方法之后,政治学界立即掀起了一股系统分析热,许多学者扩充和修正了伊斯顿的思想,使之成为当代政治分析中影响最大的一种新方法。

在1953年出版的《政治系统》一书中,戴维·伊斯顿就抨击当时政治学的主要问题是缺乏理论,尤其是一般性理论,指出所谓的实证研究,主要只是收集和堆积事实而已,并不能将政治学真正科学化。他主张使用系统概念建构一般性理论,政治学的主要任务是分析一切系统的共同问题——政治系统持续生存的问题。他认为,物理学中已经有了关于运动的一般理论,生物学中已经有了关于生命的一般理论。与此相应,我们在政治学中也应当有一个论述政治生活中心过程的一般理论,“把那些可以说是任何社会政治生活的继续不可缺少的基本过程和活动从整个政治现实中分离出来”②,把握最具综合性的问题,进而在最一般层次研究政治生活。他试图建起一个囊括一切政治现象的宏大而抽象的理论框架,使系统政治学成为可以说明各种局部理论之间的关系并具有高度的概括性和连贯性的政治学一般理论。伊斯顿认为,只重视法律和正式的体制已经过时,政治学应对政治系统及其过程进行理论化,而不是对国家及其体制进行理论化。③

这样的理论框架不局限于“西方中心论”,能够适用于各种政治系统,不管是最民主的还是最专制的,最原始的还是最发达的,最传统的还是最现代的,只是关注一切政治生活系统所面临的最一般问题。系统分析可以使我们透过政治体系的外部特征,透过现象从它们的内在本质去分析和比较它们。这样可以防止从西方的视角来看待发展中国家的政治,使各种政治系统具有可比性。

---

① 〔美〕尼考劳斯·扎哈里亚迪斯主编:《比较政治学:理论、案例与方法》,北京大学出版社2008年版,第62页。

② 〔美〕戴维·伊斯顿:《政治生活的系统分析》,王浦劬等译,华夏出版社1999年版,第15页。

③ 〔美〕罗纳德·H.奇尔科特:《比较政治学理论——新范式的探索》,社会科学文献出版社2001年版,第171页。

由此，行为主义政治学就可以把丰富多样的政治现象抽象为一个简单的框架，以此对各种政治体系进行综合分析。这就如同解剖学中把各种不同的人体还原为一副简单而完整的骨架一样，更易于对人体的各种结构和病理进行观察和分析。这样，民主和专制、传统和现代之间的这些在以前被视为根本性的区别就只不过是外部特征，是次要的。这也是政治系统论与传统理论的重要区别，即它可以同等适用于任何政治体制，目的则在于对政治系统的运作方式进行经验主义研究，在经验基础上对政治生活进行阐释①。

除了戴维·伊斯顿，还有一批政治学家致力于发展和运用系统分析方法，比如美国政治科学家阿尔蒙德、国际关系学家多伊奇和卡普兰等人。阿尔蒙德以系统论为基础创立了政治科学的结构功能主义流派，而多伊奇和卡普兰等人则把系统论运用于国际关系分析和研究，以“国际体系”来概括国际格局，据此研究国际格局的宏观变迁。

（三）政治系统分析的基本模式

戴维·伊斯顿为政治所下的定义为，政治是社会价值的权威性分配。他认为政治是一种决策活动，涉及利益分配。他指出：“为了使一个政治系统具有最大的效用，可以把它看做是一些互动，一个政治系统通过这些互动为一个社会权威性地分配价值，这就是政治系统与它所处的环境中的其他系统的不同之处。”②

戴维·伊斯顿认为，政治理论的核心问题是分析政治系统的生存过程及自我维持的反应的本质和条件——一切政治系统是如何设法在稳定和变化的世界上持续下去的。政治系统的关键特征在于其适应能力——调节机制。每个系统的特性之一是具备对压力做出反应的能力。政治过程是持续不断且相互关联的一连串行为，政治系统看起来有如一个巨大而永恒的转换过程，要求和支持在环境中得以形成，由这些要求和支持中产生了输出，而输出会影响成员向系统表达的支持性观点及它们所提出的要求并由此再进入系统。

政治系统与环境之间的关系是伊斯顿的政治系统理论模型关注的核心内容（见图 10-1 和图 10-2）。系统为了持续下去，必须能够采取一些措施，成功地缓和来自环境的压力，并且对此做出反应。“一般情况下，要是不具备反馈和对反馈作出反应的能力，系统也就不能长久持续下去。”③为了做出反应，当局至少

---

① 参见〔英〕戴维·米勒、韦农·波格丹诺主编：《布莱克维尔政治学百科全书》，邓正来等译，中国政法大学出版社 2002 年版，第 805 页。

② 〔美〕戴维·伊斯顿：《政治生活的系统分析》，王浦劬等译，华夏出版社 1999 年版，第 26 页。

③ 同上书，第 36 页。

要能够获得已经发生的事件的信息，使自己能够在想要这样做或者被迫这样做的限度内做出反应。

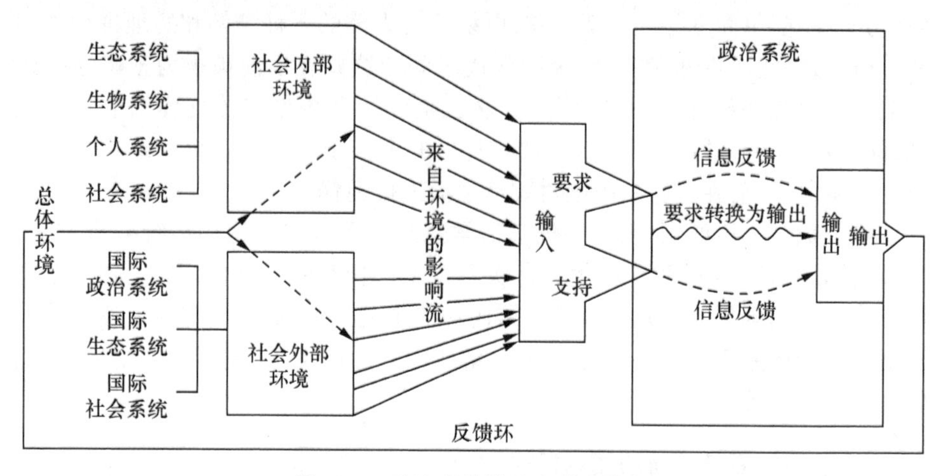

图 10-1　政治系统的动力反应模式

资料来源：〔美〕戴维·伊斯顿：《政治生活的系统分析》，王浦劬等译，华夏出版社1999年版，第37页。

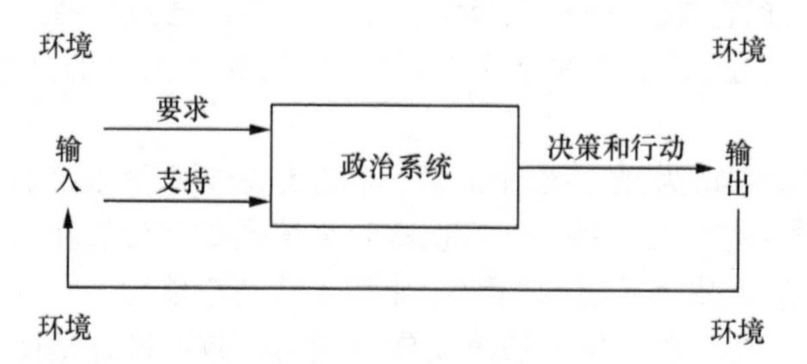

图 10-2　政治系统的简化模式

资料来源：〔美〕戴维·伊斯顿：《政治生活的系统分析》，王浦劬等译，华夏出版社1999年版，第37页。

除了戴维·伊斯顿的系统分析模式，米歇尔、阿尔蒙德、阿普特等人也分别提出了修正的模式。①

米歇尔在伊斯顿的上述黑箱模式（black box model）的基础上提出了不同的输入—输出分析。他认为政治系统的输入除了需求和支持外，期望和资源也是必需的，而输出则包括三个变项：目标、价值（正输出）和代价（负输出）、控制。

① 以下关于这几种模式的介绍，参照俞可平：《西方政治分析新方法论》，人民出版社1989年版，第29—31页。

米歇尔建立的政治系统输入—输出模式如图 10-3。

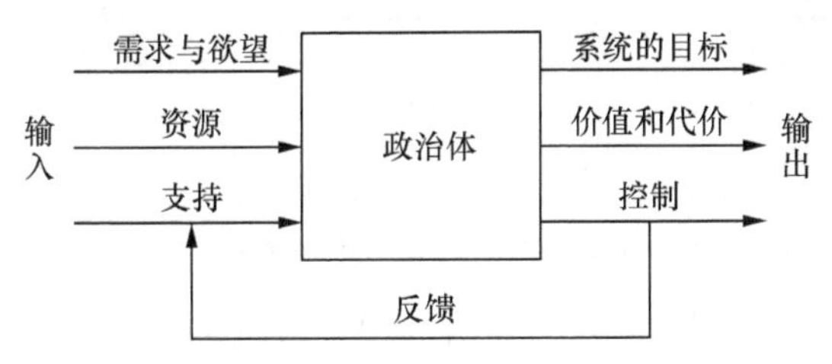

图 10-3 米歇尔的政治系统输入—输出模式

在实际应用中,阿尔蒙德的输入—输出分析模式影响很大,这主要是因为他从比较政治学的角度把伊斯顿的模式进一步具体化了,并且在政治系统的输入与输出之间架上了七大转换功能。这七大转换功能是:(1) 利益或需求的表达;(2) 利益整合;(3) 政治社会化和政治录用;(4) 政治沟通或信息发送;(5) 法规制定;(6) 法规执行;(7) 法规调整。这七项功能的前四项实际上是系统的输入功能,后三项是其输出功能(详细论述见第十一章)。如图 10-4 所示:

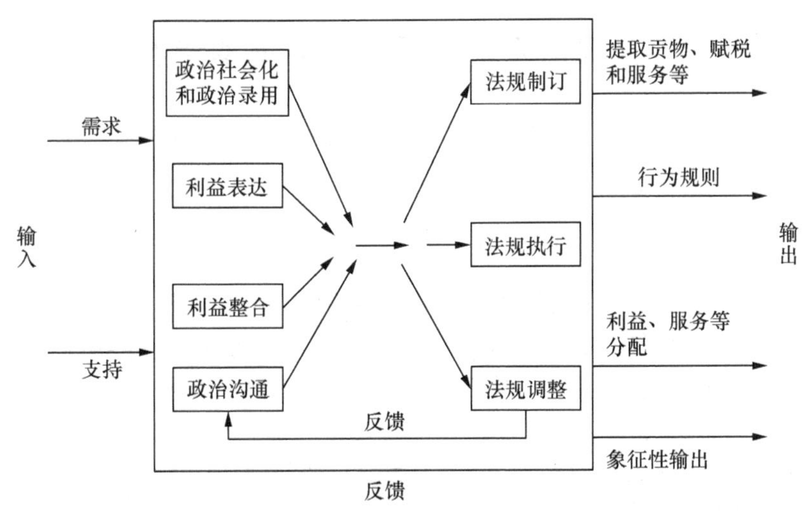

图 10-4 阿尔蒙德的政治系统输入—输出模式

还有必要提及的是阿普特的输入—输出分析,因为他的输入—输出模式很特别。他认为,政治系统的输入和输出在不同性质的政治系统中是完全不同的。在民主系统中,社会产生危机,政府处理危机和做出决策,这就是输入和输出的全过程,因而输入就是社会系统的变动,输出仍是决策。如图 10-5 所示:

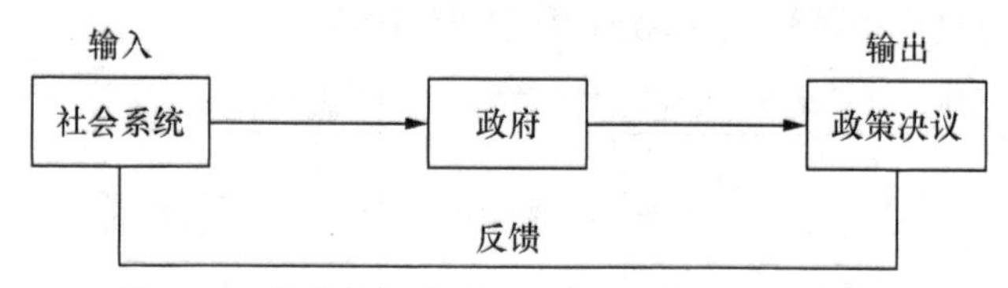

图 10-5 阿普特关于民主系统的输入—输出模式

但是,在专制系统中,输入—输出过程就表现为:政府创设制度,驱使社会化和互动,从而引起社会的变动。因此,在这里政府便是输入,社会的变化便是输出。如图 10-6 所示:

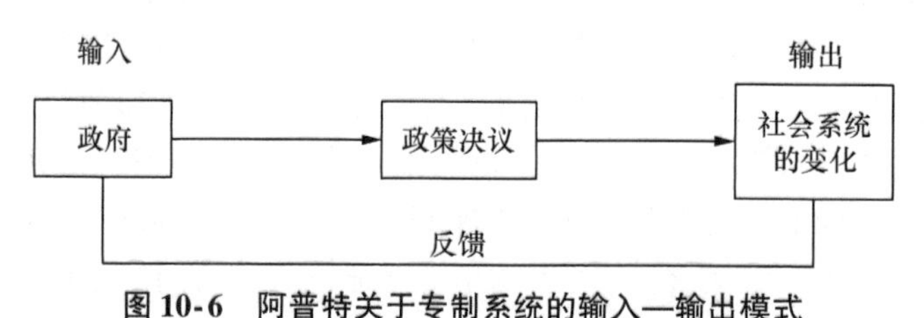

图 10-6 阿普特关于专制系统的输入—输出模式

二、政治系统分析方法的基本特点

政治系统分析具有鲜明的整体性和动态性的特点,同时还是一种宏观抽象分析。

(一) 政治系统分析的整体性

众所周知,马克思主义哲学也要求用普遍联系的观点观察和分析事物,反对用孤立的、片面的形而上学观点看问题。我国的系统科学的兴起得益于钱学森先生的大力倡导。钱学森一生都与系统科学密切联系在一起的。维纳的《控制论》是一本偏重于哲学思想的著作,相当晦涩难懂。然而,钱学森却发现了它对于火箭控制系统研制的重要意义。1954 年,钱学森在美国出版了《工程控制论》一书,把维纳创立的控制论由抽象的理论转化为自然科学领域的现实研究方法,从而把控制论发扬光大。钱学森在其晚年更是专注于研究系统科学和系统工程。他认为,系统科学是现代科学技术体系的重要组成部分。系统科学即包括技术性层次的系统工程,也包括技术层次的理论方法的控制论和运筹学等,更包括基础理论层次的系统学。钱学森的系统论思想也就是综合集成思想,实际上就是强调要从整体上考虑和把握问题。在单个的科学领域是如此,在整个国家的发展规划上也是如此。这个理论强调的是,在处理复杂问题时一定要注意从整体上加以把握，统筹考虑各方面因素。[①]从这里我们也可以看出，钱学森先生倡导的系统论其实也主要是一种整体主义方法。

政治系统分析方法有时被作为整体主义研究方法的一部分来进行介绍，但这难以突出政治系统分析方法的特点。整体主义方法由来已久，它只是一种看待问题的角度，而不是一种系统的理论方法。而政治系统分析方法则是政治科学中一套有着自己的核心概念体系的研究框架。正如《布莱克维尔政治学大百科全书》所认为的："系统分析是作为一种分析政治生活的特定方法而被提出的，因此需要把它同一般系统理论做明确的区别。一般系统理论试图提出一种能适用于任一层次的系统的知识框架。"[②]因此，不能简单地把政治系统分析等同于系统科学。

要准确理解系统概念，首先要把握其两重含义，其一是整体性，其二也是最重要的，即"相互联系"。美国著名国际关系学家罗伯特·杰维斯在其名作《系统效应：政治与社会生活中的复杂性》中归纳了"系统"的两大特征："(1) 组成系统的一系列单元(unit)或要素(element)相互联系，因而一部分要素及其相互关系的变化会导致系统的其他部分发生变化；(2) 系统的整体具有不同于部分的特性和行为状态。"[③]在他看来，系统的概念，强调了系统内各种因素和各种主体之间的相互联系，强调了互动的重要性。"当行为跨越时间与自然和社会空间而经由系统彼此响应时，大量的间接效应就体现出了系统的特征。"系统概念的引入和系统效应的阐释，有助于纠正美国政治学研究中影响广泛的"方法论的个人主义"。这种个体主义方法尽管对于解释个人的动机是正确的，但是却仅限于关注个体，而忽视了个体之间的相互作用，忽视了整体对个体的影响。[④]但是指出系统效应并非是主张"整体主义"(holism)。整体主义的基本立场是"整体大于部分之和"。罗伯特·杰维斯不赞同这种观点，而是认为"整体是异于而不是大于部分之和"。相比于这种整体主义方法，他更强调的是"相互联系"(interconnectedness)，强调的是系统内部各个主体之间的相互影响，而非整体对个体的决定作用或影响。[⑤]

---

① 参见陈磊：《钱学森和他的系统科学思想与方法》，载《科技日报》2009年10月31日。

② 参见〔英〕戴维·米勒、韦农·波格丹诺主编：《布莱克维尔政治学百科全书》，邓正来等译，中国政法大学出版社2002年版，第805—806页。

③ 〔美〕罗伯特·杰维斯：《系统效应：政治与社会生活中的复杂性》，李少军译，上海世纪出版集团2008年版，第3页。

④ 同上书，中文版前言。

⑤ 同上书，第8、11页。

(二)政治系统分析的动态性

政治系统分析方法是一种动态分析。所谓动态性,指的是政治系统分析始终关注政治系统内部的输入与输出的转换过程。它强调,政治系统只有通过不断的信息沟通和自我调整才能维持下去。系统要得到足够的支持,才能继续存在;而要得到支持,必须能够满足要求。满足要求是得到支持的基础。由此可见,系统分析的模式是动态的。伊斯顿认为,均衡分析的主要缺陷在于忽略了系统对付其环境影响的这种应变能力。系统分析比均衡方法更广泛,更有包容性,且更灵活可变。比如,在讨论反馈环节时,伊斯顿指出,如果缺乏充分的信息,或者只接受片面的信息,当局就难以真正和全面了解民众的要求及要求的强烈程度。如果这些歪曲或错误过于严重,则会产生不可挽回的后果,它将使得当局不能够及时采取适当的对策挽回支持丧失的局面,从而造成系统的崩溃。这种事例在政治史上屡见不鲜。1989 年罗马尼亚齐奥塞斯库政府的倒台就是典型事例。直到齐奥塞斯库被推翻的前夕,他还在组织群众大会发表空洞的演说,还错误地以为自己仍然是全体人民心目中的英雄。因此,一个政权的崩溃与缺乏有效的反馈机制是有直接的联系的。

然而,另一个方面,政治系统分析方法所受到的最大批评之一,就是其保守性。比如输出都是为了赢得支持,化解反对意见,维护系统的稳定。伊斯顿则否认这一批评,认为他也注意变迁的问题。伊斯顿认为他指出的政治系统的目的是持续生存(persistence)而不仅仅是自我维持(self-maintenance)。但总归,它是站在政治系统的角度,而非站在社会的角度来看待政治生活的。而且,它把现存制度当作既定政治制度,无法解释革命。所以,戴维·伊斯顿的政治系统分析方法更适应于已经相当成熟的西方的政治系统,分析的核心在于执政当局。在分析尚处于现代化进程之中的发展中国家政治方面,则往往面临重大局限。

从政治系统的角度理解民主与民主化也是很有意义的。政治现代化就是在政治系统中把专制的规则转变为民主的规则,使政治系统能够持续地运行。这种转变的必要性是政治系统的环境变化。现代工业社会中的要求大大增加,原有的专制程序无法有效地解决输入的问题,无法有效地把输入变换为决策,这就威胁到了系统的稳定性和持续性。正如戴维·伊斯顿所指出的:"只要经济上发生变化,在社会结构的范围内就造成权利基础的根本变动,占支配地位的政治系统不能保持不变。"①新的社会力量就会对原先的体制产生不满,在新

① 〔美〕戴维·伊斯顿:《政治生活的系统分析》,王浦劬等译,华夏出版社 1999 年版,第 181 页。

的领导阶层的带领下,就会对旧系统发起冲击。

但是,政治系统的变革需要在两个方面同时作出:一是输入机制的扩大,二是输入处理机制(即决策中心)的改善。后者可以使扩大的输入得到有效的处理,这主要是政府机构的改革。从政治输入的角度考察当前中国的政治体制,可以看出,当代中国的沟通通道还是比较缺乏的,尤其是制度化的沟通通道。制度化沟通通道的缺乏,使得信访成为普通民众表达自己利益要求的重要形式,这就导致信访爆炸,有限的信访机构和信访工作人员难以承担潮水般的信访需求。因此,在输入方面,一方面要适当鼓励和扩大输入,但也要对输入进行必要的控制,使输入不至于达到处理机制所难以承担的程度。

(三)宏观抽象分析的特点

政治系统分析的目的,就是建立一个宏观的分析框架。政治学家艾萨克指出:“在政治科学的方法论中,系统论更多地属于宏观而非微观的范畴。”①《布莱克维尔政治学百科全书》也指出:“他提出的政治系统概念影响巨大,他把政治系统抽象为一种模型,……在政治社会化、政治机构和公共政策分析的研究中,这种政治系统概念一直被广泛使用。”②因此,政治系统分析方法在分析宏观政治问题时有一定的优势。

在讨论政治系统的支持输入时,伊斯顿把政治系统分为三个方面,它们是政治共同体(political community)、规则制度(the regime or constitutional order)和当局(authorities),构成了支持的三个领域。政治共同体指的是政治系统的一个方面,它是由政治分工联合在一起的人群团体,政治系统则是由政治成员组成的。规制是系统内部第二个最基本的方面。规制就是所有的系统中对政治活动的一系列制约。每个系统都有必要制定一整套限制性措施;这套措施应当是正式的,可以付诸实施的。当局指权威角色的承担者,如一个国家的政府。由此也可以看出,政治系统内部也是可以划分为不同的层次的。最高的层次是政治共同体,可以理解为民族国家本身;其次是国体和政体,即国家的社会和政治制度;最后一个层次是具体的政府和当局。政府和当局的更换与国体和政体无关,更与政治共同体无关。西方国家每隔几年便举行大选,大选往往导致执政党的改变和政府的更迭,但是这丝毫不会影响到其政治制度的稳定。而国体和政体的变更也不一定会危及政治共同体。比如,清朝的覆灭只是一个朝代的统

---

① 〔美〕艾伦·C. 艾萨克:《政治学:范围与方法》,郑永年等译,浙江人民出版社 1987 年版,第 330 页。

② 参见〔英〕戴维·米勒、韦农·波格丹诺主编:《布莱克维尔政治学百科全书》,邓正来等译,中国政法大学出版社 2002 年版,第 299 页。

治集团和统治体制的终结,并不意味着中华民族不复存在。当代世界,我们也可以发现支持在政治系统的这几个层次丧失的情形。不支持政治共同体的事例,比如苏联和南斯拉夫联盟的解体。不支持政治规制的事例,比如东欧国家的转型和一些发展中国家的民主转型。不支持当局的事例是大量存在的,比如大选改变执政党。对政治系统的这三个层次的分析重点,针对不同的国家或政治系统会有所不同。对于那些民族国家体系和政治体制长期稳定的国家,需要重点分析的可能只是对执政当局的支持情况,比如西方大多数高度发达的国家。而对于一个国家内部族群矛盾较为突出的国家,则需要重点分析的可能就是对政治共同体的支持情况,比如苏丹、印度、印尼、菲律宾等等。对于那些面临政治现代化的国家,则需要重点分析的可能就是政治体制的支持情况,比如缅甸、伊朗、利比亚等等。这种分析显然属于一种宏观的层次。

当代的许多政治科学家正是在政治系统分析的基础上扩展了政治科学的研究视角,发展出了更具有可操作性的研究框架。比如美国著名国际关系学家莫顿·卡普兰在其代表作《国际政治的系统和过程》中,把系统理论这一新方法引入到对国际格局的分析中,在系统分析了各种国际格局的特征、结构和作用,提出了国际政治系统的六个模式,即均势系统、松散的两极系统、牢固的两极系统、等级统治系统、全球系统和单位否决系统,这被称为"卡普兰国际体系六模式"。这种对国际格局的系统分析方法以及他的"六模式论"产生了深远的影响。

三、政治系统分析方法的分析框架

戴维·伊斯顿曾说过:"在政治学发展的当前阶段,谁想把自己的一套观点标之以理论,那他就必须集中关注概念的形成和革新。"①政治系统分析方法创设了一系列新的概念,如政治系统、环境、干扰和压力、输入和输出等等,在这些新的概念的基础上确立了一种新的分析框架。

输入(input)和输出(output)是描述环境与系统之间的互相影响的指标。输入起着概括性变量的作用,两种主要的输入就是要求和支持。当然,输入可能还有其他的一些形式,但是为了简化理论分析,戴维·伊斯顿把分析集中在两种最主要的形式上。输出表现为当局的决策和活动,其意义不仅在于它有助于影响系统作为其一部分的较广阔的社会中的事件,而且在于它们会因此而有助于决定每个进入政治系统的下一轮输入。这是因为,政治系统的运作是一个

① 〔美〕戴维·伊斯顿:《政治生活的系统分析》,王浦劬等译,华夏出版社1999年版,第13页。

不断循环的过程。

简单而言,政治系统的运作过程就是输入转换为输出的过程,一个特定共同体运行的政治系统是通过输入与输出之间的平衡来维持系统的稳定的,输入和输出之间的不平衡会导致政治系统的瓦解。输入表现为环境对政治系统的刺激或影响,输入是政治系统运作的起点。没有政治输入,也就不可能有政治输出。输出表现为政治系统对环境刺激的反应或对环境的反作用,政治输入是否得当,直接影响着政治输出的结果。

(一) 输入环节分析

输入集中并反映与政治压力相关的环境中的每件事,包括了系统外部一切可能的方式改变、修改或影响系统的所有事件,它们表明环境的影响和条件是怎样调整和导致政治系统的运行的。只要了解了要求和支持的波动,就会发现环境系统对政治体系造成的影响。

1. 要求(demands)的输入

要求是政治系统主要依赖的变量,或者说作为政治系统的必要条件构成了所有政治系统的基本内容。要求经由环境,穿过政治系统的边界而进入政治系统,从而产生"刺激—系统—反映—结果"的过程。当然,要求也可能成为系统持续的潜在威胁。伊斯顿指出,如果没有要求,当局不可能对社会做出约束性的决策。如果我们能够发现某个政治系统的要求输入减少为零,那么可以确定,该系统大概处于衰变过程中。

一般而言,系统成员起码的要求包括:秩序与安全(如人身安全、交通顺畅、环保),法律法规与规范的维持;参与决策的机会以及双向沟通的保证等。作为一个建构的概念,政治系统分析中的所谓要求,就是意向的表达,它具有定向性和明确性两个基本特点,其内容主要为:特定事物的权威性分配是否应该由那些担当此责的人们做出。这表现为两种不同的方式:首先,要求的表达者要求那些有责任代表社会或以社会的名义履行日常义务的人们以人民的意志为其行动准则。其次,如果要求的表达者认定现在负有责任的角色承担者不愿对要求做出反应,那么,他们就会要求更换这些角色承担者。① 这实际上是民主体制的基本要求,也就是选举和更换领导人的权利。

要求如果想得到当局的回应,就必须明确、有力。唯有把分散而混沌的需求加以集结,并以明确的方式如转化为一个行动的纲领,系统才能较有效地对

---

① 参见〔美〕戴维·伊斯顿:《政治生活的系统分析》,王浦劬等译,华夏出版社1999年版,第43—45页。

环境做出反应。这就不难理解,西方国家的各个阶层、群体都竭力建立自己的利益集团组织,发起各种利益表达活动,目的在于使自己的政治要求明确而有力地输入到政治系统之中。

要求是由欲望转化而成的,欲望包括期待、舆论、动机、意识形态、兴趣、偏好等,但欲望并不等同于要求,因为并非所有的欲望都能转化为要求。欲望要转化为要求必须经过两大机制,一是结构机制,一是文化机制。前者如政党和利益集团的简约与综合,后者如政治文化的取向,然后才能通过沟通媒介传达至当局,转化为要求。要求的来源也是判断政治体系属性的一种标准。要求可以来自任何方面,比如人民、政治家、行政官员、思想领袖等,这取决于政权的性质。[①] 以人民作为要求主要来源的政治系统是民主制的,而如果要求主要来自少数人如行政官员、思想领袖,那么这种政治系统可能更具有集权的属性。

要求是压力产生的源泉,对系统造成压力的一个原因是反应失败;另一个原因是输送失败,即要求流量过大导致输送通道阻塞。要求产生的压力包括"容量压力"与"内容压力"。如果系统正常的输送通道或者可以迅即产生的输送通道远不能适应输送大量要求的需要,那么这些要求就会对系统造成压力,形成过分容量的压力。内容压力则是指要求的内容需要系统花费超量的时间。

愿望经过政治系统作用,转换成要求,其中一部分经进一步转换,成为输出。愿望是大量存在的,要求也是大量存在的,但是政治系统不可能处理所有的要求,因此需要进行缩减和调节。调节主要是在沟通通道上。

沟通通道首先要保证社会的正当要求能够传输进政治系统,有足够的通道有效地运行,比如保证通道的数量和通道开放的时间。在处理要求的通道数量不断增加的同时,每一种通道的开放时间还可能逐渐地增多。西方有些国家的议会在发展的最初阶段,议员职务是没有薪酬的。这就使得议员不可能把很多精力放在议会事务上。后来为了加强议会职能的发挥,逐渐开始对国会议员付酬。这种做法其实就可以理解为戴维·伊斯顿在这里所讲的增多通道开放时间。因为付酬制使得议员无须担心生计,可以把主要精力放在与民众的联系和议会的议政上面。

但是,沟通通道并非越多越好,必须要与决策中心的处理能力相适应。为此,必须采取各种措施避免输入超载。这就是要求在必要时缩减沟通通道。当然,在过多要求进入系统的情况下,问题可能不仅出在沟通通道上,而在于决策中心本身。那么,决策中心的处理能力也需要调整和加强。这一方面,其实伊

① 参见〔英〕戴维·米勒、韦农·波格丹诺主编:《布莱克维尔政治学百科全书》,邓正来等译,中国政法大学出版社 2002 年版,第 806 页。

斯顿的政治系统理论与亨廷顿的政治发展理论可以相互印证的。亨廷顿认为,在发展中国家中,政治参与剧增会超过政治制度化水平,从而引起政治动荡。因此在提高政治制度化水平的同时也有必要对政治参与进行一定的控制。[①] 而政治系统论则认为,输入过大会导致系统崩溃,而重建系统的努力首先要从源头上开始,即遏制输入。

2. 支持(supports)的输入

支持指的是对特定政治对象的认同。支持对于政治系统的重要性在于,只有获得充分的支持,系统才能继续持续下去,以便为社会制定各种权威性政策。系统本身如果不能保证对于系统规制的最低程度的支持流入的话,它就无法继续存在。成员提供的支持包括:物资(如金钱、纳税)上的支持;制度上的支持(如遵纪守法);参与上的支持(如投票、参与政治活动等)以及保持与体系的双向沟通。具体而言,支持对于政治系统的价值包括:保证要求能够变成输出;保证政府的稳定性;保证领导人内部的团结。

因此,支持的衰减就构成了第二种压力来源。支持与要求其实密不可分。只有必要的支持,才能保证输入的要求转换为输出。而只有满足了基本的政治要求,有关阶层和群体才能为政治系统提供必要的支持。当然,任何一个政治系统都不可能同时满足所有阶层和群体的所有要求,所以在要求和支持之间,一个政治系统必须做出适当的判断和选择。

造成支持下降的原因有很多,但大部分的原因都可以归结为一类:输出失败。也就是说,政治系统的输出不能够满足社会大多数群体或主要群体的要求。输出可能不能达到令这些群体满意的程度,或者完全不符合他们的要求和利益。导源于输出失败的支持丧失,将会引起系统的瓦解或系统的变更。伊斯顿认为,支持压力的产生归根到底是由政治分裂——即社会分化和集体对抗——所致。

支持的下降将会给系统带来压力,但支持下降本身不一定会引起支持的丧失。因此,支持下降并不等于支持丧失。任何一个政治系统尤其是执政当局可能经常会面临支持下降的情况。在这种情况下,只要能够及时发现并及时做出适当的反应,是能够避免支持丧失的。

(二) 输出环节分析

输入是政治系统运作的基础,政治系统的目的在于维持自己的生存,而输

---

① 〔美〕塞缪尔·P. 亨廷顿:《变化社会中的政治秩序》,王冠华、刘为译,上海人民出版社 2008 年版,第 42、66 页。

出则是达到这一目的的手段。

输出通常并不代表一个内部过程的终点,而是代表与其环境之间的一种互动。通过输出,那些在系统中占有特殊权威角色的人,就能够对系统的其他成员实施某种控制或领导,从而实现政治系统的稳定,并达到政治目的。政治输出的结果会对社会环境构成影响,从而间接影响到下一轮的政治输入。20世纪早期和中期,西方国家中的社会民主主义政党掌权后,先后进行了福利国家建设,使得社会福利和社会保障成为西方社会政策的基础。尽管右翼政党对福利国家心存疑虑,但是由于社会环境发生了变化,即使它们重新上台后,也不敢轻易改变社会政策。因为,社会中的大多数人都已经把社会福利和社会保障当做理所当然的事情。

输出的内容可以分为权威性输出(authoritative outputs)和相关性输出(associated outputs)。前者指当局的决策和行为,对系统成员是约束性的;而后者指非权威性输出,通过政治刺激,通过施加利益和恩惠,在产生或消除系统的支持性压力方面,履行着与权威性输出相似的功能。这两种输出与一般所讲的国家的两大功能——统治功能和社会功能——是大致对应的。前者是对系统成员的强制约束,而后者则是软性笼络。就权威性输出而言,政治系统通过各种法律和条令规范着系统成员的活动,使他们不得不遵守系统的规则,不得不尊重系统的决定。比如,美国在"9·11"事件后做出了加强国内安全的决定,强化了在机场、政府机关等重要部门的安全检查措施。如果拒不遵守这些法令,那么就会遭到来自政治系统的强制性制裁。然而,正如政治学家们一再指出的,任何一个政府都不可能仅仅靠强制和暴力机器生存下去,所以相关性输出在任何一个政治系统中都是经常性的和至关重要的。比如,当今任何一个国家的政府,不管是西方发达国家还是中国这样的发展中国家,都把经济增长、促进就业和提高民众收入作为其重大的任务。

支持的下降是对政治系统的威胁,因此,当支持开始明显地下降的时候,政治系统会做出反应,阻止支持大幅度丧失。系统对支持下降所造成的压力的反应,经常出现的有三种:更恰当的输出、强制或制裁和刺激成员对系统的好感。

强制或制裁往往是迫不得已的临时手段,目的在于阻止可能导致系统崩溃的局面出现。输出本身就代表着一种关键性的积极反应,即对由于其他各种因素而引起的支持下降所造成的压力的反应。输出涵盖的对象越广泛,对政治系统就越有利,但这往往面临政治资源的限制。所以,在政治资源有限的情况下,输出并不一定是针对全体成员的,往往只是针对重要成员,以保持政治系统所获得的起码的支持。因此,我们可以看到,在各国的政治生活中,一个政党往往首先尽最大努力巩固自己在"铁杆支持者"当中的社会基础。刺激成员对系统的好感的手段也有很多,如努力灌输合法感,诉诸共同利益的象征物,助长和加强成员与政治共同体认同的程度。每一个国家、每一个政治组织无不费尽心机树立自己的一套意识形态和象征符号,以加强内部成员的认同感和献身精神。

同样重要的是,政治系统必须及时做出反应,最大限度地阻止支持下降。如果不能及时行动,否则可能无法获得期望的结果。当支持的输入即将低于临界水平时,系统必须拥有制度或其他手段来做出自我检测。这种自我检测的手段就是系统内部的反馈。

(三)反馈环节分析

反馈在政治系统的持续中有着至关重要的作用,它是当局应对压力,达到既定目标的基本手段之一。一个政治系统的目的在于能够对其成员实行必要的控制,产生适当的输出。输出何种政策或行为的依据则是信息。如果当局想要能够以任何方式使其输出从根本上符合某种支持目标,起码的一个条件就是,它们必须具备某种关于支持的现状和关于其输出的相关结果的信息。这种信息向当局的回归,即反馈。反馈环(见图10-7),则是指由信息和有关的输出及其后果所组成的一系列过程,当干扰影响一个系统时,它使这个系统能够控制和调节它们。

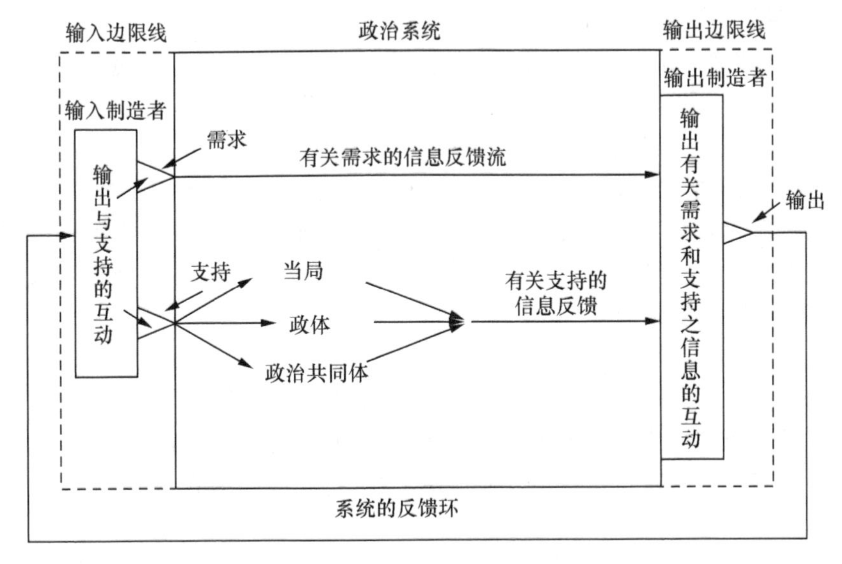

图10-7　系统的反馈环

资料来源:〔美〕戴维·伊斯顿:《政治生活的系统分析》,王浦劬等译,华夏出版社1999年版,第450页。

反馈到当局的有关其决策与行为的后果的信息决定着输出的有效性,从而也决定着输出对支持的影响。如果一个政治系统试图持续下去,必须能够获得足够的对于其以往表现的反馈信息,并能采取措施调整未来的行为。

刺激反馈的可能源泉有三种:一是输出,符合系统成员的利益和要求会刺激产生对系统的支持态度,反之,带来消极态度或负支持;二是环境反馈刺激,即当局改变个人或团体的行为环境,从而间接改变支持方式;三是认知性的反馈刺激,系统成员主观认为有利或不利。反馈信息的及时、精确是十分重要的。反馈不能及时和精确地进行,往往是由于当局的歪曲或错误所致。比如当局的意识形态、偏见、冷漠、缺乏技能和判断等都会影响当局对信息感知的准确性。信息传递所沿的传送带的长度、复杂性和精确性也将影响错误的可能性和机会。信息传递过慢会严重地影响将输出用于产生特定支持的机制的能力。但是,信息传递时间过短也会导致当局做出反应时间不足,而产生不适当的输出。

四、政治系统分析方法的评价

政治系统分析方法的意义在于它为当代政治科学的发展提供了一套新的思路。“政治系统”这个概念一经戴维·伊斯顿在1953年阐释之后,就迅速流行开来,现已“成为政治研究中含义最广泛、适应性最强的概念”①。

然而,政治系统分析方法过于抽象。该方法的核心术语是输入、输出、要求、支持、反馈等。尽管它具有高度概括的特点,但是在具体应用方面,却与现实有一定的距离。美国学者奇尔科特指出了其两大缺点:其一,过分关注稳定、维系和平衡,不能解释政治变革。只关注了社会对于政治系统的要求,而忽视了政府和统治阶级对于社会的要求;其二,缺乏经验性成果和可供测试的假设。甚至有的学者否定其价值,认为系统分析“无所不能,因而又是一无所能”,伊斯顿的“整个事业是徒劳的”②。

而且,试图以政治系统分析完全取代传统的政治分析模式恐怕是行不通的。伊斯顿自己这样说明这个问题:“在50年代,随着行为主义的变革,作为一个概念的国家被认为不合乎要求,不久就为一个含义更加丰富的术语——政治系统所代替了。国家这一概念首先被政治学者抛弃,因为它含糊不清。”③但许

---

① 〔英〕戴维·米勒、韦农·波格丹诺主编:《布莱克维尔政治学百科全书》,邓正来等译,中国政法大学出版社2002年版,第621页。

② 〔美〕罗纳德·H. 奇尔科特:《比较政治学理论——新范式的探索》,社会科学文献出版社2001年版,第172—173页。

③ 〔美〕戴维·伊斯顿:《政治生活的系统分析》,王浦劬等译,华夏出版社1999年版,中文序。

多学者都认为,系统分析方法无法取代传统的以国家为中心的政治研究模式。系统分析方法具有很大的抽象性,很难全面涵盖“国家”这一概念所包容的丰富的历史和现实内涵。因此,国家—社会研究模式以及 20 世纪后期兴起的新制度主义同样具有很大的吸引力。奇尔科特尖锐地指出:“尽管有阿尔蒙德和伊斯顿的反对,比较政治学的主流仍然周而复始地集中恢复国家在政治学研究中的重要地位。”①

当然,尽管有这些批评意见,政治系统分析对于推动政治科学方法论的更新的意义仍然是无法否定的。尽管“国家”这一概念和国家—社会研究模式仍然不可替代,但是“政治系统”概念的异军突起及其持久影响说明政治系统分析仍然不失为当代政治分析的重要工具。

① 〔美〕罗纳德·H. 奇尔科特:《比较政治学理论——新范式的探索》,社会科学文献出版社 2001 年版,第 9 页。

第十一章
政治结构功能分析方法

政治结构功能分析方法(Political Structural-Functional Analysis Approach)与政治系统分析方法密不可分,共同代表了行为主义政治学的新成就。两者都把"政治系统"作为核心概念。以"政治系统"取代传统的国家、政府这些术语正是行为主义政治学的主要特征之一。政治学教授吕亚力先生指出,当代政治学中,影响最大的两种研究途径,可能是结构功能分析与系统论,它们都是20世纪50—60年代发展成功的,……这两种研究途径也都具有浓厚的行为主义色彩。①

一、政治结构功能分析方法的渊源及其发展

(一)政治结构功能分析方法的渊源

结构与功能,最初是生物学研究的概念。一些社会科学家逐渐把它们运用于社会研究中,形成了结构—功能主义的研究方法。这种研究方法强调要从结构和功能相结合的角度去理解社会系统以及社会中的子系统。单纯的结构是没有意义的,因此必须从它所发挥的功能的角度去考察。这种研究方法有时也被简单地称为"功能主义"。

这一研究方法在社会科学领域的奠基人包括英国人类学家马林诺夫斯基、德国社会学家韦伯、美国社会学家帕森斯和以色列社会学家艾森施塔特等人。尤其是帕森斯,被认为是社会学领域结构功能主义分析的大师。

塔尔科特·帕森斯(Talcott Parsons,1902—1979)把结构功能主义应用于社会学研究中,产生了重大的影响。他总结归纳了社会系统的四大功能:适应

① 吕亚力:《政治学方法论》,三民书局1979年版,第221页。

(adaptation);目标达成(goal attainment);整合(integration)和模式维持(latent pattern maintenance),这被称为"AGIL分析模式"或"AGIL分析法"。他认为,现代社会组织产生功能分化,由经济、政治、社会共同体和文化意义上的模式托管系统分别执行。在社会系统与其他系统之间,在社会系统的各子系统之间,存在着多种多样的输入—输出的交换关系,形成社会系统的过程。通过交换,社会秩序得以结构化,并构成社会系统的动态平衡。

阿尔蒙德的政治结构功能分析方法其实是社会学的功能主义与政治系统论的结合。他的政治结构功能主义理论受帕森斯的影响十分深厚,政治结构的分化则是借鉴了韦伯的观点。

(二)政治结构功能分析方法与系统论

政治结构功能分析的主要代表人物是美国政治学家加布里埃尔·A.阿尔蒙德(Gabriel A. Abraham Almond,1911—2002)。他一生著述颇丰,共出版著作18部,发表论文百余篇。对政治科学研究有执着的追求,在比较政治、政治发展、政治文化等领域的研究影响卓著。他的这些研究大都是以结构功能分析作为理论框架的。

政治学的结构功能理论与系统论几乎是同时发展起来的。政治结构功能分析方法其实也可以视为政治系统分析的一种形式。艾萨克指出:"事实上,功能分析只是系统论的一个分支,因此可以将两者纳入同一方法论范畴。"不过,功能分析是一种"更复杂也更使人印象深刻"的方法。[①]

不过,戴维·伊斯顿的政治系统论稍早一些,伊斯顿的最初提出政治系统理论的著作——《政治系统》一书是1953年问世的,而阿尔蒙德最早提出结构功能主义理论的论文《比较政治体系》则发表于1956年。伊斯顿政治系统理论的代表作《政治生活的系统分析》出版于1965年,而阿尔蒙德结构功能主义理论的代表作《比较政治学:结构、体系和过程》出版于1966年。在阿尔蒙德的著作中也多次引用了伊斯顿的著作。可见在基本的理论设计上,阿尔蒙德是受到了伊斯顿的影响,并接受了伊斯顿的很多概念。他还明确地承认,"戴维·伊斯顿是第一个用体系这个明确的术语来分析政治的政治学家"[②]。

与伊斯顿相似的是,阿尔蒙德提出用政治系统、功能、角色等新的概念术语代替国家、政府、民族、权力、职位等传统的政治学术语。采用新的术语,体现了

① 〔美〕艾伦·C.艾萨克:《政治学:范围与方法》,郑永年等译,浙江人民出版社1987年版,第327页。

② 〔美〕加布里埃尔·A.阿尔蒙德和小G.宾厄姆·鲍威尔:《比较政治学——体系、过程和政策》,曹沛霖等译,东方出版社2007年版,第10页。

考察政治的新方法。原先的政治术语过于狭隘,着重于描述特定法律和机构,不能全面概括现代的政治活动和政治过程。“政治体系这个概念可使人们注意到社会内部政治活动的整个范围,……强调了政治领域与环境之间的相互作用。”①

不过,戴维·伊斯顿的政治系统论只注重功能,而忽视了结构;阿尔蒙德则强调结构与功能之间的关系。奇尔科特指出,阿尔蒙德把归类法运用到政治系统当中,用功能和结构的类别充实了伊斯顿的简单化的黑箱,专注于中观层次的分析——政治系统和社会中的各种机构及其功能,这就改变了伊斯顿过于注重宏观框架的不足②。

(三)政治结构功能分析的基本概念

1. 政治体系

政治学的核心概念是“政治体系”——一个包括环境、输入、转换、输出和反馈等部分的系统。阿尔蒙德指出,系统具有两大特征:一是各部分之间的相互依存;二是体系同环境之间的边界③。其实这是对系统的通用的理解,与戴维·伊斯顿的关于系统的定义基本相同。

政治体系依靠合法的强制力量支持,并与国内和国际环境持续发生相互作用。“政治体系是社会在其国内和国际环境中,有意识地制定和追求集体目标的工具。……但从另一方面看,政治体系本身在很大程度上也是由它活动于其中的环境所塑造的。”④可以说,政治体系既是社会的工具,又是社会的产物。

阿尔蒙德在继承戴维·伊斯顿的基本框架的基础上对政治体系的输入和输出进行了更有现实性和更详尽的归纳。他的系统理论同样把体系与环境的相互作用分成三个阶段:输入、转换和输出。输入和输出是体系与环境之间的交换,转换过程则是政治体系内部的。

政治输入分为要求和支持。支持分为政治资源支持和服从性支持。政治输入的三个来源是国内社会、政治精英人物和国际环境。政治输出类型也就是政治体系的目的,包括提取资源、分配利益、管制人民和提供安全四个基本

---

① 〔美〕加布里埃尔·A. 阿尔蒙德和小 G. 宾厄姆·鲍威尔:《比较政治学——体系、过程和政策》,曹沛霖等译,东方出版社 2007 年版,第 4 页。

② 参见〔美〕罗纳德·H. 奇尔科特:《比较政治学理论——新范式的探索》,社会科学文献出版社 2001 年版,第 175 页。

③ Gabriel A. Almond, Bingham G. Powell, Kaare Strøm, and Russell J. Dalton, *Comparative Politics: A Theoretical Framework*, 4th Edition, Longman, 2003, p. 15.

④ 〔美〕加布里埃尔·A. 阿尔蒙德和小 G. 宾厄姆·鲍威尔:《比较政治学——体系、过程和政策》,曹沛霖等译,东方出版社 2007 年版,第 7 页。

方面。

2. 结构与功能

结构指系统内履行特定功能的组列,功能指产生特定影响的行为结果。结构与功能密切联系,在一定条件下可以相互转化。要理解政治现象,只有根据一种政治结构履行的功能才能得到最好的理解。“这种分析之所以称之为功能分析,正是因为它断定某些条件(功能)对系统生存来说是必不可少的。”[1]政治结构和功能具有普遍性,政治结构具有多功能性。从发生作用的方向看,有正结构、正功能和负结构、负功能之分,还有零功能。按表现形式,可分为显性和隐性的功能。

3. 结构、角色与文化

结构由相互作用的角色组成,体系由相互作用的结构组成,如选民、利益集团、立法机关、官僚机构等。使用角色和结构两个术语而非职位和机构,是为了强调参与政治的个人和政治机构的实际作为。角色和结构是可观察的行为,政治行为者的作为深受它们所担当的角色的影响。角色的相互关系包括权力影响关系和管制手段。权力影响关系包括:等级型、平等型和多元型。管制手段包括:规范型、酬报型和强制型。但这些管制手段往往是混合使用的。

阿尔蒙德特别重视政治文化,他认为研究体系不仅要了解其实际作为,还要了解体系内的各种结构和角色的基本倾向,即政治文化。可以说,结构加文化就构成了政治体系。

二、政治结构功能分析方法的基本特点

政治结构功能分析方法具有综合性的特点,同时,它还十分注重功能分析,也相当适于进行比较研究。

(一)政治结构功能分析的综合性

阿尔蒙德强调建设政治研究的综合理论:“政治学如要有效地解释各类社会中的政治现象,而不论这些社会的文化、现代化程度和规模如何,就需要提出一个更加综合的分析框架。”结构功能主义的各种概念可用来创建理论。“在这样的理论框架中,许多似乎无关的理论和概括就能够相互关联,它们的效用也

① 〔美〕艾伦·C. 艾萨克:《政治学:范围与方法》,浙江人民出版社1987年版,第332页。

会提高。”[①]

阿尔蒙德的政治结构功能分析采用了社会学、心理学和人类学分析方法，又采用了经济学和哲学分析方法，目的在于把各种政治现象联系起来。在他的概念体系中，“功能取代了权力，角色取代了社会，结构取代了体制”[②]。这一框架取代了传统政治分析方法。他认为，只有通过采用一种全面的分析模式，“才会使人们有可能把握政治领域的重要意义，把握影响和限制政治领域的因素，但更重要的是，把握政治领域向人类提供的精神上的机会和潜力”[③]。

（二）注重功能分析

结构功能主义把国家作为政治体系进行整体分析，着重分析其实际运作过程以及在各个层次上发挥的功能作用。结构功能分析的目的就在于，使人们理解各种结构在政治体系中是怎样发挥功能的。重要的是，结构与功能既有联系又有区别，功能和结构在一些情况下可能是分离的，相同的结构，在不同的政治体系中，可能发挥不同的功能。这一观点能够对第三世界政治系统中结构与功能的复杂关系作出解释和比较。[④]

这与西方传统的注重法律、机构和制度的静态比较分析方法不同，政治体系的运作被视为一个动态的过程。这与行为主义研究的方向是一致的，这一特点使之特别有助于研究公共政策。阿尔蒙德认为，政党和政府的机构在静态意义上进行研究是没有多大意义的，只有把它们从相互依赖和互动的角度进行综合考察，观察机构间的相互作用是如何产生并实施公共政策的时候，对这些机构的研究才有明确的意义。

（三）注重比较研究

阿尔蒙德的研究重点是比较政治和政治发展。结构功能主义旨在为政治发展的比较研究提供一个分析框架。阿尔蒙德指出，比较分析的优点是显而易见的。

其一，比较分析是防止保守、对各种可能性视而不见的最好办法。在形成

① 〔美〕加布里埃尔·A. 阿尔蒙德和小 G. 宾厄姆·鲍威尔：《比较政治学——体系、过程和政策》，曹沛霖等译，东方出版社 2007 年版，第 4、19 页。

② 〔美〕罗纳德·H. 奇尔科特：《比较政治学理论——新范式的探索》，社会科学文献出版社 2001 年版，第 176 页。

③ 〔美〕加布里埃尔·A. 阿尔蒙德和小 G. 宾厄姆·鲍威尔：《比较政治学——体系、过程和政策》，曹沛霖等译，东方出版社 2007 年版，序言第 3 页。

④ 参见〔英〕戴维·米勒、韦农·波格丹诺主编：《布莱克维尔政治学百科全书》，邓正来等译，中国政法大学出版社 2002 年版，第 299 页。

理论的过程中,任何经验科学都具有一定的保守偏向。“对于具体的政治结构及其同政治功能关系的分析,使我们有可能来描述和比较各种完全不同的政治体系。我们确定政治体系的概念以及政治功能分类的方法,本身就意味着所有的政治体系都必定包括这些功能的发挥。因此,我们可以通过观察政治体系中哪些政治结构执行着不同的功能来对政治体系加以比较。明确的结构—功能研究方法的主要优点是,它能使我们避免混淆结构的正式目标和结构实行执行的政治功能。”①

其二,在检验政治理论时,比较分析可以代替实验作为检验理论的主要方法。因为政治体系不可能搬到实验室里面。当然,比较分析并不能代替实证研究。阿尔蒙德本人其实也是高度重视实证研究的,他关于公民文化的研究就是比较分析与实证研究相结合的范例。在分析政治系统的能力的过程中,阿尔蒙德也特别注重可量化的指标的分析,如政治系统的提取能力和分配能力等。政治体系的提取作为,可以由提取对象的类型、提取的数量(既包括绝对意义上的数量,也包括相对于各种资源的数量)以及由受这些提取影响的集团来衡量。分配的物品种类和数量,以及分配的数量占全社会所有产品的比例都是进行比较分析的重要标准。管制是政治体系实际作为的第三个方面。与分配活动相比较,管制是一种以强制为基础的政治控制。各政治体系在管制方面的实际作为,由于以下四个方面的不同而有所区别:(1) 被管制行动的数量和类型;(2) 受管制的集团;(3) 在执行管制的程序上的限制;(4) 用来强迫人们服从的制裁的类型和严厉程度。因此,比较分析与实证研究的结合才是较为理想的研究方法。

政治文化世俗化和政治结构分化是政治发展的两大趋势,也是衡量各种政治体系发展程度的依据。通过比较不同政治系统的结构和功能,阿尔蒙德提出,政治发展就是在社会经济现代化较为广泛的环境中,已经发生和正在发生的一系列相互关联的政治系统、过程和政策的变化。政治发展并不一定是经济和社会变革促成的,可能来自国际环境、国内社会或内部的政治精英。尤其是在面临外来威胁或侵略的情况下,政治体系需要更多的资源,以及更有效的方式来组织和安排这些资源,往往成为政治发展的契机。“政治发展的推动力包括进入政治体系的输入流程中数量和内容的某些重大变化。当政治体系现存的结构和文化非经过进一步的分化和世俗化就不能对付所面临的问题或挑战

① 〔美〕加布里埃尔·A.阿尔蒙德和小G.宾厄姆·鲍威尔:《比较政治学——体系、过程和政策》,曹沛霖等译,东方出版社2007年版,第58页。

时,发展就会来临了。”①当然,政治发展也可能发生倒退和反复。

三、政治结构功能分析的三个层次

在政治结构功能分析模式中,阿尔蒙德的分析框架最为系统和典型,他的结构功能分析包括三大部分,即系统与环境之间的输入输出互动、系统内部的转换过程和输出结果。与此相对应,政治体系中的每个结构都行使多种功能,可分为体系、过程和政策三个层次(见图 11-1)。

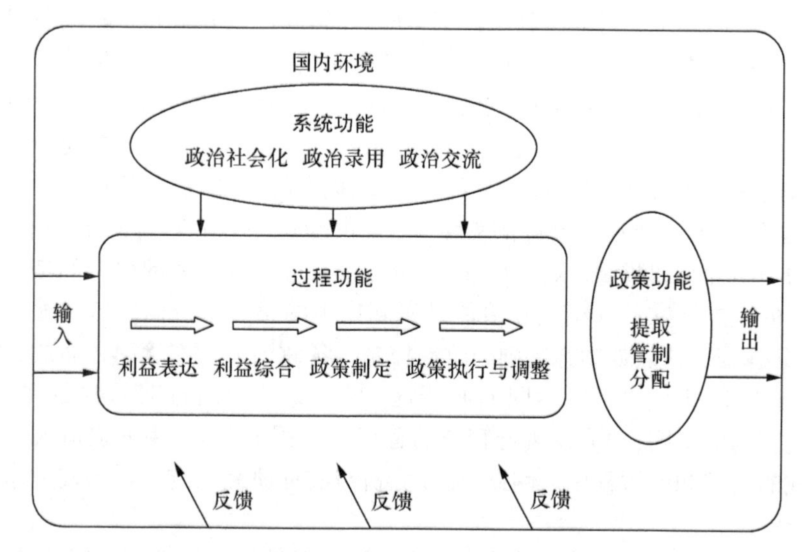

图 11-1 政治体系结构功能的三个层次

资料来源:Gabriel A. Almond, Bingham G. Powell, Kaare Strøm, and Russell J. Dalton, *Comparative Politics: A Theoretical Framework*, 4th Edition, Longman, 2003, p. 48.

(一) 体系功能分析

体系层次涉及体系的维持和适应功能,包括政治社会化、组织录用和政治交流等。政治社会化是政治文化形成、维持和改变的过程。每个政治体系都有某些执行政治社会化功能的结构,它们影响政治态度,灌输政治价值观念,把政治技能传授给公民和精英人物。政治录用为政治体系中的各种结构提供角色。它包括两个方面:选择人员担当角色和为角色提供刺激。政治角色的选择又分

---

① 〔美〕加布里埃尔·A. 阿尔蒙德和小 G. 宾厄姆·鲍威尔:《比较政治学——体系、过程和政策》,曹沛霖等译,东方出版社 2007 年版,第 23 页。

为两类:公民角色和上层角色录用。公民角色有参与者和顺从者之分。大多数现代政治体系都有专门的政治录用机构。民主制度主要是通过定期选举进行录用。政治交流功能是体系的其他功能得以实施的一个必不可少的前提。政治交流的扩大可以促进社会动员,有利于人民控制和监督政治体系。政治交流机构可以把人民意愿传递给领导者,也可以使公众更好地了解政治领导人的行动。只有掌握了充分的信息,公众才能做出合理的选择,政治领导人才能够有效地行动。因此,政治交流实际上是贯穿于政治体系的整个运作过程之中的。

(二) 过程功能分析

过程层次是输入通过转换变成输出的过程,是政治体系对政治要求的加工过程。这个层次上包括利益表达、利益综合、政策制定和政策实施。

利益表达类似于戴维·伊斯顿所讲的要求的输入,是政治系统运作的基础。"当某个集团或个人提出一项政治要求时,政治过程就开始了。"①在非常简单的政治体系中,不存在专门的利益表达机构。现代体系中,利益表达可以由非专业化机构进行,但存在主要为利益表达组织起来的社团。专门利益组织的发展,提高了政治决策者了解各种集团的要求的能力,使之达成各种交易,得到必要的集团支持。利益表达渠道分为合法和非法的或强制性的两类。前者包括上层人物代理、机构性渠道和合法的抗议活动;后者包括政治罢工、暴力骚乱和恐怖活动等。正式的和机构性渠道首先包括大众传播工具。在一个开放的社会里,大众传播工具是向决策者传送政治要求的主要手段。政党、立法机构和行政机构也是重要的渠道。在广泛性问题上,利益集团往往同政党接触,通过政党的纲领和议会活动表达利益和愿望。而利益较为具体时,与政府直接接触更有效。合法的抗议活动是非暴力的但是激烈而直接的压力。有时它介于合法和非法之间。这是社会中无权无势的集团的一种手段,由于他们没有影响决策的途径或资源,在政治体系中没有自己的代表,只能使用非常规手段,如少数民族集团或青年人。西方国家20世纪60年代后期出现的大规模的"学生造反"运动就是一个典型的例子。

利益综合是把各种利益要求转变成重大政策选择的功能,这是各类利益要求接近决策的阶段。利益要求转变为政策要求,必须获得政治资源的支持。利益综合的意义在于:其一,在体系层次上,竞争者采用何种资源对政治体系的稳定性有影响,动用强制性手段和合法手段会威胁或加强民主体系的稳定性。其

① 〔美〕加布里埃尔·A.阿尔蒙德和小G.宾厄姆·鲍威尔:《比较政治学——体系、过程和政策》,曹沛霖等译,东方出版社2007年版,第179页。

二,在过程层次上,作为一个桥梁把分散的利益和资源与得到多数联盟支持的权威性政策制定连接起来,但也可能形成一小批组织严密的竞争性集团。其三, 在政策层次上,利益综合模式影响政策的实质内容。

在不同的政治体系类型当中,利益综合的结构也是不同的。其一,个别上层人物。这是一种传统的方式,也可称为庇护制,但在现代社会中仍然大量存在。因为现代社会仍然是由大量的私人关系构成的。其二,利益集团。利益集团在西方的政治生活中大量存在。它们不仅承担着利益表达的功能,而且也承担利益综合的功能。其实它们表达出来的往往是已经在内部进行综合之后的整体利益。其三,竞争性的政党制度,即自由竞争的多党制。这是在西方国家中普遍存在的政党制度模式。其四,非竞争性政党。根据其内部等级控制的程度和它们与次级集团的关系,可分为合作性政党和等级制政党。这在冷战时期的发展中国家中比较常见。

决策是过程层次的关键性阶段,其作用是把有效的政治要求转换成权威性决策。决策规则是授予当局基本权限,决定政治竞赛如何进行,赋予各种政治资源以特定的价值,决定决策过程的方式。决策规则涉及三个重要方面:(1) 政府权力的区域划分,即联邦制或是单一制。(2) 政府分权,即集权主义、议会制、总统制和混合制。(3) 对政府权力的限制,分受限制和不受限制两类。规则还包括程序和组织法。政府结构在决策过程中起着重要作用。政府就是一套制定和执行政策的机构。政府的各个结构是多功能的。政治决策的过程和实施的过程,便是各种机构和力量复杂运动的过程。

(三) 政策功能分析

政策层次是政治系统的实际作为、结果和反馈。注重政策分析,也是现代政治分析的重要特征,"如果说传统的政治科学主要是考察政治工厂,那么,政治分析所考察的则是这个工厂所生产出来的产品;因此,考察的重点是政策内容、政策工具、政策影响和政策评估"①。

公共政策表示在政治过程中所形成的目标,反映了有关方面所期望取得的社会结果和领导人认为可以取得这些结果的手段。整个政策过程共分成五个阶段:政策制定、政策执行、政策输出、政策结果和反馈。前两个阶段属于过程层次。在公共政策层次上,只涉及后三个阶段。

政治输出的类型包括四类:提取、行为管制、分配、象征性输出。这四个方

---

① 〔英〕罗德·黑格、马丁·哈罗普:《比较政治与政府导论》,中国人民大学出版社 2007 年版,第 439 页。

面也是对政治体系在国内和国际环境中实际作为进行比较的标准。① 对资源的提取是政治体系最突出的实际行为。提取的资源包括金钱、产品、人员或服务等。政治体系分配活动是政治体系作为的第二个方面。政治体系把提取的各种资源进行再分配,是对社会进行政治控制的主要手段之一,恐怕也是最有效的手段。管制是政治体系实际作为的第三个方面。与分配活动相比较,管制是一种以强制为基础的政治控制。象征性输出包括政治性演讲、政治性典礼和仪式,以及政治人物的肖像。它的作用是加强提取、分配和管制的实际行为,让人们愿意纳税、服从法律、承受牺牲等。

输出通过政治文化而成为结果。政策结果包括三个基本方面:福利、安全和国际结果。福利是政治和公共政策的主要结果之一,也是关系到政治稳定和冲突的主要条件之一。社会中福利的分配对政治是至关重要的。在形成社会经济福利分配模式时,政治体系的提取和分配输出,同经济体系的输出发生相互作用。公共政策的安全结果不仅包括人身和财产安全及公共秩序,还包括政治权利的保障,政治自由与政治权利密不可分。这可以主要是以政治反对派的机会作为衡量标准。政治体系的国际行为和结果与国内的类型分析基本相同,但国际范围内的输出和结果之间的关系,较之国内范围内的关系要不明确和微妙得多。

与戴维·伊斯顿一样,阿尔蒙德也十分重视政治体系的反馈环节。结果产生之后,又再一次通过政治文化产生反馈从而影响着政治体制的行为。反馈受到消息渠道和通讯传播工具的影响。反馈过程是为政治舞台上的各种角色提供信息,向他们表明其目标的实现程度,以及价值标准和期望的贯彻程度。反馈的重要性在于,政策意图和政策结果之间存在巨大差距。这种差距产生原因有二:一是政策在执行过程中会被改变;二是政策与其外部环境的互动过程的复杂性。因此,在存在各种不确定性的情况下,最好能把政策过程理解为一种探索,或一个不断摸索的过程。在这一过程中,反馈起着不可替代的作用。

四、政治结构功能分析方法的评价

结构功能分析与系统分析具有很大的相似性,很多学者把结构功能分析当做广义的系统分析的一种。因此,与系统分析一样,结构功能分析受到的一大

① 阿尔蒙德对输出类型的划分与戴维伊斯顿有所不同,更加详细和具体,但与戴维伊斯顿的划分基本相对应。提取、管制和分配实际上对应着政治系统分析框架中的权威性输出,而象征性输出对应着相关性输出。

批评是,它只注重维持政治平衡或秩序,倾向保守,不适于对变革进行分析。社会学家顿·马丁代尔指出,功能主义存在四大缺陷:“意识形态上的保守偏见和对现状的偏爱;缺乏方法论上的清晰;过分强调封闭系统在社会生活中的作用;不能应付社会变革。”[①]这个评论,也着重批评了其保守性。

确实,对比之下,伊斯顿的政治系统分析只是阿尔蒙德政治体系的过程层次,这个过程层次是具有明显的动态性。但是,阿尔蒙德的政治体系分析特别强调了体系层次,强调政治体系的自我维持的结构和功能,比如政治社会化、政治录用等。

阿尔蒙德本人也承认,结构功能分析被人批评为过于强调稳定和秩序,这种批评并非毫无道理,它的这种分析框架确实往往从维持现存体系的角度来看待问题。但是,他也指出,在特定的时间段对政治机构进行静态的分析并非是为了赞美和捍卫它们,而是为了更好地解释它们[②]。结构功能分析实际上也关注公民参政和公民自治,这又容易使人误解为忽视稳定和秩序。因此,阿尔蒙德强调,政治价值之间经常是冲突的,领导人经常面临矛盾的价值选择,要考虑在不同的政治体系中生产什么样的产品,以及这种生产达到的程度。

结构功能主义受到的另一个批评是,它忽视了国家和政治制度的重要性。[③]一些学者提出了新制度主义,重新把制度和国家看做是第一位的因素,认为其对个人行为具有重大的影响。阿尔蒙德则认为,新制度主义并没有什么新东西,结构功能分析既注重功能也注重结构,而结构则就是制度。

其实,结构功能主义与新制度主义并不是相互排斥的。新制度主义确实是在对包括结构功能分析方法在内的政治学新分析框架的批评的基础上产生的。但是,任何一种研究方法都有可借鉴之处,它们应该是互补而非互相排斥的关系。

---

① 转引自〔美〕罗纳德·H. 奇尔科特:《比较政治学理论——新范式的探索》,社会科学文献出版社2001年版,第181页。

② Gabriel A. Almond, Bingham G. Powell, Kaare Strøm, and Russell J. Dalton, *Comparative Politics: A Theoretical Framework*, 4th Edition, Longman, 2003, p. 49.

③ 参见〔英〕戴维·米勒、韦农·波格丹诺主编:《布莱克维尔政治学百科全书》,邓正来译,中国政法大学出版社1996年版,第299页。

第十二章

政治沟通与决策分析方法

沟通与决策都是新的政治科学分析框架,是行为主义政治学兴起的产物,它们分别把沟通和决策作为对政治现象进行考察的重心和出发点。当然,与政治系统分析方法和政治结构功能分析方法相比较,它们具有一定的片面性。因为,无论是沟通还是决策,其实都是政治系统运作的一部分。不过,它们各自把沟通和决策作为研究的核心,有助于深化人们对于政治系统中这两个重要部分的认识。沟通渗透在政治系统运作的每一个环节之中,无论是输入、输出还是反馈都离不开沟通,而决策直接关系到政治系统的输出,因为决策所产生的政策正是政治系统输出的主要内容。

政治沟通与决策理论强调的都是人们的行为,与传统的强调权力的研究取向不同。"把控制论应用于政治科学的领域,人们强调的是决策、控制和沟通,而非权力。"①沟通与决策有密切的关联。决策过程中,最重要的环节之一便是沟通。没有信息的沟通,不可能有效地进行决策。因此,本章把这两种政治科学的分析方法放在一起来介绍。

一、政治沟通分析方法

政治沟通分析方法(Political Communication Analysis Approach)认为政治系统中至关重要的方面是信息被接受和处理的方式,研究的主要内容是政治信息的产生、传播、处理和影响。这些信息可以是媒体上的,也可以是人际间的。因此,政治沟通研究的对象包括传媒、政治家的演讲以及所有试图影响政治过程的正式和非正式的公众交流。

---

① 〔美〕艾伦·C. 艾萨克:《政治学:范围与方法》,浙江人民出版社 1987 年版,第 345 页。

(一) 政治沟通研究的发展与政治沟通分析的意义

1. 政治沟通研究的发展

美国政治学家卡尔·多伊奇(Karl W. Deutsch,1912—1992)在戴维·伊斯顿提出政治系统理论后不久,于1963年出版了《政府的神经:政治沟通和控制的模式》(*The Nerves of Government: Models of Political Communication and Control*),这本书成为政治沟通研究史上的里程碑,因为该书结合了控制论与系统论、信息论的概念,提出了把政府的运作与信息的传送结合起来的分析框架,开启了社会科学对政治沟通的研究。从这部书的名字可以看出,多伊奇把政治沟通的网络比作人体大脑中的神经网。大脑中神经网络处理的是从人体各个部位传递来的信息,政府决策部门也是处理从政府其他部门传递来的信息。"正是沟通这一传递信息、并对信息作出反应的能力,才使组织成为可能。"[①] 没有信息的沟通,政府的决策部门就没有进行决策的参考资料,就如同瞎子摸象一样陷入无能为力的境地。

政府决策的目的是对政治系统进行控制,政治沟通也是服务于政治控制的。由此,我们可以看出沟通理论与控制论之间的密切关系。"政治科学研究中的沟通理论可以被看成是控制论的一般研究方法在政治环境中的应用。"[②] 控制论模式优点在于,它把交流与控制这两个政治决策中的基本过程联结在一起,而且"反馈"和"信息"的概念为考察和测量政治系统在一个变化的环境中的适应能力提供了手段。[③]

控制论尽管讨论的是人工机器的控制原理,但是人类组织也具有与人工机器共同的特征。美国国务院与导弹的制导系统都具有机器的共同特征,即它们都从环境中选择信息,通过通道传递信息,监控相关的数据,并与储存在记忆中的数据进行比较,从而做出决定并做出行动的指示,然后还要收集行动后果的信息。[④] 所以说,尽管美国国务院是一个十分复杂的机构,但是其内部运作过程与相对简单的导弹制导系统在原理上是相同的,通过对信息沟通与系统控制环节的分析可以理解这一过程。

多伊奇自己也指出,他提出的政治沟通理论得益于维纳的控制论。正是维

---

① 〔美〕艾伦·C. 艾萨克:《政治学:范围与方法》,浙江人民出版社1987年版,第345页。

② 同上书,第346—347页。

③ Richard A. Brody, "Reviewed work: the Nerves of Government: Models of Political Communication and Control by Karl E. Deutsch", *The American Political Science Review*, Vol. 58, No. 3 (Sep., 1964), pp. 671—672.

④ Robert L. Crain, "Review: the Nerves of Government: Models of Political Communication and Control by Karl E. Deutsch", *The American Journal of Sociology*, Vol. 70, No. 6 (May, 1965), pp. 736—737.

纳把这一概念扩展到生物学和社会科学。早在1943年,维纳就邀请他加入关于通讯与控制研究的团队,正是从这里多伊奇才开始了解到“信息”这个概念。多伊奇也承认,“反馈”、“控制”和“学习能力”这些提法已经普遍存在于所有政治系统的分析当中,沟通理论和控制论研究方法已经成为一般系统理论的一部分。①

2. 政治沟通的内涵及其意义

“沟通”这一概念,在英文中一般用“communication”,汉语当中也有的翻译为“传播”和“交流”。就如同英文中的“system”,有时翻译为“系统”,有时翻译为“体系”一样。“沟通”一词在描述政治系统内部的信息交流方面,更形象一些。因此,如果就讨论政治系统而言,用“沟通”一词比较得当。而“传播”则更接近一种学科的概念,含义更为宽泛一些。

沟通分析的理论家认为,社会“不仅是一个政治和经济各种安排的网络,而且也是一个学习和沟通的过程”。政治活动归根到底就是一种沟通形式,“政治的历史必然在相当程度上是一部沟通的历史”。哈贝马斯则认为民主就是一种政治沟通形式。②

政治沟通也被认为是政治系统过程的重要环节,无论是戴维·伊斯顿的政治系统论还是阿尔蒙德的结构功能分析都给予高度的重视。政治沟通理论与政治系统论其实是互相促进的。在戴维·伊斯顿关于反馈环的分析中,我们可以看出政治沟通理论对他的影响。在讨论政治系统中要求的输入时,戴维·伊斯顿提出了“沟通通道”的概念,指政治系统内部子系统之间的信息和信息群流动的路径。这些路径构成了“通道网络”,用以传递和过滤信息,这些信息总是与系统成员的愿望与权威性决策的方式有关的。③而阿尔蒙德所讨论的政治交流,其实所指的也就是政治沟通。尽管他并不认为应当把交流或沟通当做政治研究的核心概念,但是他也认为,交流功能是体系的其他功能得以实施的一个必不可少的前提,“政治交流功能的实施,同一个社会中政治文化和结构的维持或变更密切相关”④。

美国学者艾萨克指出:“沟通是政治系统和政治过程的一个方面。因此,把这一途径归入更为普遍的系统理论中,并非一件困难的事。”⑤尽管多伊奇确立

---

① http://www.garfield.library.upenn.edu/classics1986/A1986C096500001.pdf.

② 〔英〕罗德·黑格、马丁·哈罗普:《比较政治与政府导论》,中国人民大学出版社2007年版,第152、154页。

③ 戴维·伊斯顿:《政治生活的系统分析》,华夏出版社1999年版,第140页。

④ 〔美〕加布里埃尔·A.阿尔蒙德和小G.宾厄姆·鲍威尔:《比较政治学——体系、过程和政策》,曹沛霖等译,东方出版社2007年版,第167页。

⑤ 〔美〕艾伦·C.艾萨克:《政治学:范围与方法》,浙江人民出版社1987年版,第350页。

了沟通分析的一整套框架，把沟通视为政治研究的核心，但是也承认沟通分析实际上是可以纳入广泛的政治系统分析的宏观视野之中的。沟通理论把政治系统看做是一个依靠关于环境的信息进行决策的组织，并且这一组织能够根据决策后果的反馈信息调整决策。其实，多伊奇关于政治沟通的研究是服务于政治决策研究的，因为沟通网络的目的正是决策，决策过程居于政府活动的中心。

（二）政治沟通分析的主题与主要概念

沟通分析的研究主题，简而言之，即"谁对谁说了什么，通过什么媒介，产生了什么结果"。这也暗示了沟通过程包括五大要素：发送者（谁）、信息（什么）、途径（怎样）、接收者（对谁）、影响（什么结果）。可见，沟通过程也是一个信息传递的过程（见图 12-1）。

发送者 ⟹ 信息 ⟹ 途径 ⟹ 接收者 ⟹ 影响

图 12-1　政治沟通的单向度传递模式

资料来源：〔英〕罗德·黑格、马丁·哈罗普：《比较政治与政府导论》，中国人民大学出版社 2007 年版，第 153 页。

沟通理论的首要概念是"信息"或"情报"。所谓沟通也就是信息的沟通或传播。政治系统接收与处理的是与系统目标相关的环境正在发生何种变化的情报。沟通分析涉及的主要是信息的传递和对信息的处理过程。如果信息传递过程或信息处理过程出现问题，系统的维持和稳定就会遭受或大或小的挑战和危机。

首先，从信息传递过程看，系统始终面临来自环境产生的信息的压力。"负荷"（load）表示的就是环境产生的信息对系统构成的压力。这里主要涉及的是"时差"（lag）和"歪曲"（distortion）问题。

"时差"是指从系统接收信息到对负荷做出反应的这段时间。"时差"在沟通理论中具有重要意义。决策部门如何对待时差对决策的效果具有重要影响。时差越长，系统的效率就显得越低，越难以应付周围的环境。因为环境是不断变化的，如果系统长时间搁置信息，那么依据过期的信息做出的决策肯定是不得当的，从而可能危及系统自身的稳定。同时，过急对信息作出反应也是不利的。因为此时系统还没有收集到足够的情报，无法对环境产生的负荷做出正确的判断。因此，无论是时差过长或者是过短都是应当避免的。对于一个政治系统的决策中心来说，在事件发生的第一时间就掌握尽可能全面的信息对于正确的决策至关重要。这就不难理解，各国政府部门都特别重视情报机关的建设和情报收集工作。

“歪曲”是对信息的精确性构成威胁的最大因素之一。如果信息被过分地歪曲,那么系统就无法了解真正的环境状况,就不可能正确地进行决策和采取行动。衡量系统效能的标准之一,就是看它在接受和传送信息过程中被歪曲的程度。信息的歪曲或许是不可能完全避免的,但是系统应该尽可能减少歪曲的发生。要防止信息被歪曲,就必须保证阿尔蒙德所指出的政治交流结构的自主性,以免政治系统因为自身的偏见或信息的有限而无法客观全面地认识周围的环境。

其次,政治系统对关于环境的信息进行解读并决定做出何种反应。这里主要涉及的是“增益”(gain)和“反馈”(feedback)和“导引”(lead)。

“增益”这一概念用以表示系统对负荷的反应,即针对负荷做出的自身的变化程度。适当的增益就是系统对信息做出了妥善的处理,准确地应付了环境的压力和要求。如果反应不足,自身变化难以应付环境的要求,就是增益过小;如果反应过度,自身变化大于应付环境的需要,就是增益过大。这两种状况也都是应当避免的。

“反馈”是信息收集与对这些信息做出反应的过程。政治系统对于负荷做出反应之后,就需要收集增益是否成功的信息。通过反馈,系统将调整自己的行为,以对下一个负荷做出更适当的反应。

“导引”是系统对环境变化的预见和提前做出反应的能力。这也是衡量系统效能的另一个标准。因为系统不能仅仅被动地对当前的负荷做出反应,而且应当预见环境的变化提前做出必要的调整。只有具有这样的能力,系统才能够更好地生存下去。

(三) 政治沟通分析的应用与政治传播研究

政治沟通分析方法的优点在于,沟通作为决策过程的基础环节,是一个比较容易被描述和理解的测量单位。通过对内部交流——比如包括反馈环节、沟通通道的控制以及其容量等——的内容分析,就可以对不同国家的政治体制进行比较。[1] 20世纪50和60年代,令学者们特别感兴趣的是,政治沟通对亚非新兴国家政治发展的促进作用。这些新兴的发展中国家的政府可以通过政治沟通,传播新的信息和观念,动员民众,促进政治社会化和国家构建,加快本国的现代化进程。

---

① Robert L. Crain, “Review: the Nerves of Government: Models of Political Communication and Control by Karl E. Deutsch”, *The American Journal of Sociology*, Vol. 70, No. 6 (May, 1965), pp. 736—737.

现代政治沟通分析研究的重点是大众传媒和公众舆论。这方面的学者们认为,对大众传媒的控制,成为一种重要的政治资源。西方广播传媒的兴起更是迫使政治家学习新的沟通技巧。政治沟通分析的学者还特别有兴趣探讨公众舆论的性质及其对政治家的影响、民意测验在民主体制中的作用以及民意测验的局限性。21 世纪初大众沟通出现了三大趋势:商业化,即公共传媒的衰弱和盈利性媒体的兴起;碎片化,即媒体中的整体性和给定性内容逐渐削弱,媒体消费者选择范围扩大和兴趣趋向多元化;全球化,即在“地球村”的影响下,信息传播速度空前加快,信息空前丰富。[①] 这些趋势对于政治沟通形成了新的挑战,政府和公众的互动增多了,媒体的作用增强了,进一步促进了政治沟通研究的扩展。

政治沟通分析与政治传播学具有密切的联系。“政治沟通”和“政治传播”的概念往往可以通用。政治沟通的概念偏重的是学理,而政治传播的概念偏重的是现实效果。沟通理论和政治沟通分析的基本原理与主要概念,已经被广泛地用于政治传播的研究。

现代政治传播研究是多学科研究交叉的产物。它的主要概念来自传播学、政治学、新闻学、社会学、心理学、历史学、修辞学以及其他领域。“政治传播”的概念比较多,但是没有一种获得广泛的认同,或许最好的定义是一种最简单的提法,即“政治过程中传播的作用”[②]。各种各样的政治传播理论和研究关注的一个核心问题是政治传播的效果。

政治传播研究可以说主要是传播学与政治学结合的产物,吸引了这两个学科领域的学者。美国政治学会中设有政治沟通分会。1973 年,国际传播协会也下设了政治传播分会,1974 年该分会创办了研究刊物——《政治传播》。这实际上反映了政治传播研究的兴起。1968 年开始,政治传播就已经进入了大学课程,成为研究生培养的一个方向。在过去数十年来,政治传播的研究不仅局限在美国和欧洲,已经在全世界有了很大扩展,尤其是在欧洲和亚洲。

对于发达国家而言,对政治沟通研究的注意力集中在大众传播媒介对公共舆论的影响等问题上。比如 20 世纪 50、60 年代兴起的电视。现在,电视辩论已经成为政治竞选当中最重要的政治信息传播途径之一,它使得选民能够直接看到竞争的候选人之间的辩论。电视辩论中传播的政治信息给予选民的大量议题和图像信息,对他们做出决定具有重要影响,而且也能够提高选民对选举

① 〔英〕罗德·黑格、马丁·哈罗普:《比较政治与政府导论》,中国人民大学出版社 2007 年版,第 156—159、166—170 页。

② Lynda Lee Kaid(ed.), *Handbook of Political Communication Research*, Lawrence Erlbaum Associates, Mahwah, NJ, 2004, p.15.

议题和候选人的兴趣。

当前的政治传播研究对于新出现的政治传播形式给予了高度重视，比如政治广告，近些年来研究者特别感兴趣的是负面政治广告，尤其是这些广告对于选民投票率的负面影响。目前正在探讨的另外一个新问题是互联网对政治传播的影响。研究者认为，作为一个新的沟通渠道，互联网带来了广泛的变化，对政治传播领域的各个方面都产生了重大影响。尽管互联网还没有像期望的那样对大众的公民参与产生深刻影响，但是这种新的媒介已经为政治传播提供了许多新的机会，在将来可能带来更多令人振奋的变化。美国总统大选时，几乎所有的候选人都建立了自己的网页，这表明了网络对于政治传播的重要性。①

（四）政治沟通分析方法评价

政治沟通分析是一种相当有特色和行之有效的研究视角，特别适合对当代政治社会发展现状进行研究。现代社会日趋复杂化和多元化，政府与公众、各种团体之间的联系和交流越来越广泛。因此，沟通分析和政治传播研究受到人们越来越多的重视。

美国学者艾萨克指出，沟通是政治系统和政治过程的一个方面，沟通研究途径大有可为。因为所有的社会组织都有控制和操纵，随着一切社会组织中控制和筹划的普及，用沟通来描述这些行为是可能的，因此我们可以有系统、有意识地衡量沟通。②因此，沟通分析的专家特别重视对沟通进行量化研究，多伊奇等人的研究重点逐渐转向如何对沟通进行度量的问题。这能够使沟通的变量与政治系统的其他变量联系起来，发展出一系列新的假设和理论。吕亚力教授也指出，沟通理论的优点在于，其主要概念的界定都相当明确，而且可操作化的；用以解释政治系统的若干现象如政策的改变、对领导精英支持的程度与政府效力的增减等等，都比较有效。③

政治沟通理论强调的是系统的动态特征，是系统不断调整而适应变化着的环境的过程。无论是学习能力还是"导引"能力，都体现了这一特征。这也是沟通理论与权力分析模式的重大区别。权力分析模式是静态的，也不需要政治系统进行学习。而沟通理论则认为仅仅依靠使用权力，不可能维持政治系统的生存。"系统必须具有学习甚至改变它基本行为模式和制度的能力。"④

---

① Lynda Lee Kaid (ed.), *Handbook of Political Communication Research*, Lawrence Erlbaum Associates, Mahwah, NJ, 2004, p.3.

② 〔美〕艾伦·C. 艾萨克：《政治学：范围与方法》，浙江人民出版社1987年版，第349页。

③ 吕亚力：《政治学方法论》，三民书局1979年版，第281页。

④ 〔美〕艾伦·C. 艾萨克：《政治学：范围与方法》，浙江人民出版社1987年版，第350页。

沟通理论对我们的一大启发,就是其对学习理论的强调。系统实际上是依据两类信息对环境做出反应:一类是关于环境的新信息;另一类便是经过学习的存储信息。这些存储信息在类似的情况再次出现时会被系统调用,使系统知道采取何种反应会产生何种结果。“可见,沟通理论包括了学习的观念。事实上,正是这一观念,我们才谈得上政治系统为什么能适应环境的变化。”①

但是,沟通分析也有其局限性。沟通过程毕竟只是政治系统过程整体中的一个部分。正如吕亚力教授指出的,虽然信息的传递与处理是决策过程中重要的部分,但决策并不限于此②。尽管沟通分析的倡导者试图把沟通理论构建为政治学中的一般性理论,但是其适用和解释的范围毕竟是有限的。

二、政治决策分析方法

政治决策分析方法(Political Decision Analysis Approach)与政治沟通分析方法相似,都是把政治过程中的一个关键环节独立出来当作核心问题进行研究,同时认为它是理解整个整治过程的关键。决策理论与当代应用广泛的政策科学和政策分析具有密切的关联。

(一)决策理论的发展与政治决策分析的意义

1. 决策理论的发展

决策理论的兴起与政策科学研究的发展密不可分。与行为主义政治学同步发展起来的政策科学,是政治学者试图使政治学研究与现代政治实践同步的努力的结果。随着20世纪政治生活的日益复杂化和政治实际操作方面的日益重要,“规范性的政治理论与现代国家的政治实践之间的距离日益突显,促使许多学者探寻另外一种考察政治的方式,通过对现存政治组织的经验分析使政治理论反映现实的政治实践”③。

赫伯特·西蒙(Herbert Simon)和查尔斯·林德布洛姆(Charles Lindblom)是当代决策理论的代表人物中特别突出的两位。西蒙曾指出,他考察的对象是人类的组织,这种组织既包括大公司,也包括政府机构。而这种考察的目的,则是“从组织的决策过程上,去理解组织”,决策理论的基本假定就是:“决策制定

---

① 〔美〕艾伦·C. 艾萨克:《政治学:范围与方法》,浙江人民出版社1987年版,第349页。

② 吕亚力:《政治学方法论》,三民书局1979年版,第280—281页。

③ 〔加〕迈克尔·豪利特、M.拉米什:《公共政策研究:政策循环与政策子系统》,生活·读书·新知三联书店2006年版,第3页。

过程是理解组织现象的关键。”①

因此，尽管西蒙作为经济学家，关注的主要是企业管理，尤其是企业管理中的决策问题，但是他的决策理论对于一切组织的管理及其决策都是适用的，政府部门也是如此。政府主要从事的工作就是行政管理，在管理过程中一项核心的工作就是决策。

美国经济学家詹姆斯·M. 布坎南（James M. Buchanan）把经济学的研究方法尤其是公共选择理论应用于政治决策分析，着重考察政治决策的性质及其对经济活动的影响。他运用比较与对比法，对个人在私人决策、机构决策与集体决策过程中的选择进行了考察与分析。他认为，在决策过程中，责任与后果是否存在直接的对应关系，与决策的结果密切相关。这种直接对应关系存在于在私人决策中，然而却不存在于机构决策和集体决策中。因此，如何有效地约束机构决策中的当事人就成为政治决策规则设计中的核心问题。②

2. 政治决策分析的意义

政治决策分析把决策作为理解一个组织的关键，认为决策是政治系统最重要的方面，是政治系统运作的中心环节。决策是一种组织行为，小到一个家庭、一个部门、一个企业，大到一个政党、一个国家，甚至国际组织，都要不断地面临决策的问题。

决策这一环节，其实是包含在政治系统的运作当中的。伊斯顿在其政治系统论中，指出政治输出有两个基本类型，一是权威性输出，二是相关性输出。权威性输出指出正是当局的决策和行动。然而，他并没有对决策的过程和模式进行深入的分析。阿尔蒙德的结构功能主义在过程层次上非常注重决策这一环节。他认为，决策是过程的关键性阶段，目的是把有效的政治要求转换成权威性决策。但是他主要分析的是决策的规则。决策规则是授予当局基本权限，决定政治竞赛如何进行，赋予各种政治资源以特定的价值和决定决策过程的方式。同时，他也分析了决策过程的三个方面：问题领域和政策专业化，政策协调和控制以及决策过程中的领导活动。但是，无论是伊斯顿还是阿尔蒙德，都远非把决策当作他们理论的关键部分进行分析，伊斯顿注重输入和输出的转换，而阿尔蒙德注重的是结构和功能的整体分析。

拉斯韦尔等学者则希望以政策科学取代传统的政治研究，以政府活动为导

---

① 〔美〕赫伯特西蒙：《管理行为》，杨砾、韩春立、徐立译，北京经济学院出版社 1988 年版，第 31 页。

② 参见〔美〕詹姆斯·布坎南：《自由、市场与国家》，北京经济学院出版社 1988 年版，第 331—348 页。

向,着重研究政府实际做什么,而非应该做什么[①]。历史上的政治学家主要关心政治哲学、政治制度,而忽视了政府决策过程。其中林德布洛姆指出,应当从决策过程去研究政治,因为决策方法比政治体制更直接地影响政策。[②]

决策理论分析的重点是影响决策者的因素、决策的过程和决策的结构。"决策事实上是判断在既定的环境中如何实现特定的目标。"[③]影响决策者的有两大因素:一是环境,环境不仅影响决策者的目的,而且还对他能够做什么和不能够做什么构成约束;二是决策者的习性,即决策者的态度、信仰和人格对决策目标和决策过程的重大影响。

决策分析的基本理论主要涉及两个方面,一是决策模式类型的探索;二是决策过程分析。下面分别介绍这两个方面的内容。

(二) 决策分析模式的类型

围绕决策者和决策过程的特征,决策理论的研究者建立了一系列的决策模型。托马斯·戴伊在其名作《理解公共政策》一书中列举的分析模型有八种之多,这包括制度主义模型、过程模型、理性主义模型、渐进主义模型、利益集团模型、精英模型、公共选择模型和博弈论模型等。他认为,大多数政策是多种模型共同作用的结果,每一种模型都有各自关注的焦点,有助于理解公共政策的不同方面。[④]在这里,我们着重介绍的主要有完全理性模式、有限理性模式、渐进决策模式、非理性决策模式等。

1. 完全理性决策模式(comprehensive rational model)

完全理性决策模式也被称为经典理性决策模式或者"古典意义上的"理性模式。西蒙和林德布洛姆都曾对完全理性模式做出归纳,并在批判这种模式的基础上提出了自己的决策理论。

林德布洛姆把理性决策模式总结为如下几点:其一,决策者具有明确的价值或目标,并对这些价值或目标的优先性进行排序。其二,决策者能够列出所有可能达到目标的政策手段。其三,能够预见每种政策手段可能产生的后果,就各种政策后果进行比较和评估。其四,能够选择最有助于实现目标的政策。

林德布洛姆认为这种经典的理性模式实际上是无法实现的。他的反对理由有如下几点:一、人类社会的复杂性和信息的不充分。完全理性模式超越了

---

① 〔加〕迈克尔·豪利特、M. 拉米什:《公共政策研究:政策循环与政策子系统》,生活·读书·新知三联书店2006年版,第4、5页。

② 〔韩〕吴锡泓、金荣枰编著:《政策学的主要理论》,复旦大学出版社2005年版,第3页。

③ 〔美〕艾伦·C. 艾萨克:《政治学:范围与方法》,浙江人民出版社1987年版,第280页。

④ 参见〔美〕托马斯·戴伊:《理解公共政策》(第11版),北京大学出版社2008年版,第12页。

人类的智能,也超越了决策者的时间和精力以及所能获得的信息。二、用以指导政策目标的价值观的不明确。社会中的各个群体很难有政策标准上的一致性意见。三、政策分析的客观性难以保证,比如利益集团的干扰、系统内部等级差别对信息交流的妨碍以及政策制定者的能力问题等。①

这些反对意见反映出林德布洛姆对理性的怀疑态度,也反映出他一贯坚持的多元主义观点。其实,林德布洛姆并不反对理性模式当中的理性人假设本身,他认为决策者并不是完全理性的,也不是完全非理性的,关键在于要考虑现实世界的复杂性,这种复杂性不是理性所能够完全解释的。

2. 有限理性模式(bounded rationality model)

赫伯特·西蒙与林德布洛姆一样反对完全理性的假设,他认为有限理性更符合现实中决策者的特征,提出了“有限理性”和“满意原则”两个决策理论基本假设。他指出,传统经济理论中“经济人”的假设是完全理性模式的。这一假设需要决策者具备关于其所处环境的全面的知识,而且具备一个完整、稳定的偏好,并拥有很高的智力能够从被选方案中选择最优方案。但实际上,人类的理性是非常有限的,受到情境和人类智力的很大限制。

完全理性模式要求决策者能够在全部备选方案中进行选择,现实中往往只能得到全部可能方案中的很少几个;完全理性模式要求行为主体应具备关于每种抉择的后果的完备知识和预见,现实中对于后果的了解总是有限的、不完全的;完全理性模式要求决策者具备一套作为选择准则的价值体系,现实中价值体系不总是明确和固定不变的。②

因此,他主张“要用一种符合实际的理性行为,来取代经济人那种全智全能的理性行为”。所谓“符合实际的理性行为”,即“符合生物(包括人在内)在其生存环境中所实际具备的信息存取能力和计算能力的一种理性行为”③。古典意义的完全理性模式的决策者是“最优者”,而有限理性模式的决策者是“满意者”。因此,决策所寻求的也并非是最好的决策,而只是满意的决策。

有的西方学者认为,有限理性模式只是理性模式的一种变异,仍然属于理性模式的一种④。这种观点有一定的道理。但是,绝大多数的决策模式其实都

---

① 参见〔美〕查尔斯·林德布洛姆:《决策过程》,竺乾威、胡君芳译,上海译文出版社1988年版,第19—31页。

② 参见〔美〕赫伯特·西蒙:《管理行为》,杨砾、韩春立、徐立译,北京经济学院出版社1988年版,第78—79页。

③ 〔美〕赫伯特·西蒙:《现代决策理论的基石》,杨砾、徐立译,北京经济学院出版社1989年版,第7页。

④ 〔英〕戴维·米勒、韦农·波格丹诺主编:《布莱克维尔政治学百科全书》,邓正来等译,中国政法大学出版社2002年版,第196页。

或多或少是建立在对决策者的理性假设的基础上的，对于理性的理解却存在很大的差异，理性选择也受到现实中的各种情况的影响。理性选择面临的情况可以分为三类，一是确定情况下的理性行为，能够充分明确了解各种选择及其后果；二是风险情况下的理性选择，对可能的环境状态能够测算其客观概率；三是不确定情况下的理性选择，只能有主观的推测概率。只有第一种情况下，个人选择后果是明确的。后两种都无法确知环境状态，个人选择后果不明确①。因此，把完全理性模式和有限理性模式区分开来还是有必要的。

3. 渐进决策模式(incremental model)

与西蒙一样，林德布洛姆也反对完全理性模式，认为为了选择最佳政策而竭力去追求完美的政策，通常得不偿失，在实际上也不可能达到。一个合理的战略不是要过分追求完美，而是选择不够完美但是可以接受并且能够完成的政策。他甚至直接引用了西蒙关于用“满意”取代“完美”作为决策的准则的观点。②

但是，与西蒙有所不同的是，他试图摆脱理性的分析视角，从决策过程而非从决策者的特点的角度去分析决策模式。西蒙仅仅是从商业决策的角度来反思完全理性模式，而林德布洛姆则是从政治决策的角度出发。

林德布洛姆强调决策是一个连续性的过程，应当把决策看做是一个连续或系列的过程，一个永远没有终点的过程。在实际的权力运用中，决策大体上是个修正过去政策中的失误的过程，专注于政策的逐步或微小改变也有助于提高政策的效力。这种渐进战略的要点是：其一，将决策者的分析集中在熟悉的经验上；其二，大大减少不同政策选择的数目；其三，大大减少必须分析的因素的数量及复杂性。因此决策者应当以渐进的战略取代一蹴而就的战略，不断利用反馈、补救以前的错误，修正政策的目标，这样就会提高为复杂问题制定良好政策的能力，政治体系就会具有高度的灵活性和持久性。③

林德布洛姆认为，通常在政治上切实可行的政策只是与现行政策逐渐或稍微不同的政策，与现行政策大不相同的政策难免失败。这一点从美国的医疗保障政策改革中可以看出，十几年来美国的三任总统都试图对医疗保障政策进行改革，但是收益甚微，尤其是试图对旧的政策体系进行大规模改革的努力往往以失败告终。

---

① 〔英〕戴维·米勒、韦农·波格丹诺主编：《布莱克维尔政治学百科全书》，邓正来等译，中国政法大学出版社2002年版，第197—198页。

② 参见〔美〕查尔斯·林德布洛姆：《决策过程》，竺乾威、胡君芳译，上海译文出版社1988年版，第37页。

③ 同上书，第40、42页。

美国的公共政策研究专家托马斯·戴伊把经济政策视为渐进主义模型的最好例子。他指出,现实中的经济政策制定与完全理性模式不同,它并非是和一种一贯的经济理论紧密联系的,而是相互冲突的经济理论共同作用的结果。更重要的是,经济政策的制定是一个渐进的过程,决策者把注意力集中在适度的政策变革上。渐进主义模型还能够解释,为什么政府的政策、项目和支出持续存在并且不断增长,尤其是在预算编制方面更为明显,预算的编制者通常是以上一年支出为基础对预算进行调整的。①

其实,渐进模式与有限理性模式一样,都是为了提出更接近于实际决策的决策理论。渐进模式也拥有很多的支持者。美国国际关系学家罗伯特·杰维斯对系统效应的分析也可证明这一模式。他认为,系统的复杂性超出了人们的认知和预见能力,"行为的许多效应是非故意的和出乎预料的"。事物都是相互联系和相互作用的,关系十分复杂,远不是我们所能够完全了解和把握的。我们无法完全预料到那个环节会出问题。环境并不是被动地被行为左右,而是会自己产生变化,这些变化尽管可能是被当事者的行为所引发的,但却可能超出当事者的意料。因此,"政策不会只产生理想的结果,没有几个问题可以一劳永逸地解决"②。

然而,渐进决策模式也受到一些批评。这些批评主要包括:其一,缺乏目标倾向;其二,内在的保守性,缺乏大规模的变化和创新;其三,不民主,把决策限制在特定的高层决策者之间的讨价还价;其四,短视,缺乏系统的分析和规划;其五,应用范围有限,只有在现有政策具有很强的连续性和相对稳定的环境中才有用。③这些批评是恰如其分的,指出了渐进模式应用上的局限性。比如,在20世纪30年代初大萧条中上台的罗斯福总统冲破经济自由主义的束缚,改而实行"新政";80年代初上台的里根总统为解决"滞涨"问题,把经济政策重新转向自由主义,这些政策转向都是对旧的政策体系的大规模变革而不是渐进的调整。与此相关,林德布洛姆的渐进主义决策模式更适应于西方国家尤其是美国,对于发展中国家而言,适用是有很大的局限的。

渐进模式是对理性模式的反动,两种模式在特点上的差异十分明显。当然,它们各自也有其缺陷和不足(见表12-1)。

---

① 参见〔美〕托马斯·戴伊:《理解公共政策》(第11版),北京大学出版社2008年版,第160—180页。

② 参见〔美〕罗伯特·杰维斯:《系统效应:政治与社会生活中的复杂性》,李少军译,上海世纪出版集团2008年版,中文版前言。

③ 参见〔加〕迈克尔·豪利特、M.拉米什:《公共政策研究:政策循环与政策子系统》,生活·读书·新知三联书店2006年版,第249—250页。

表 12-1 理性模式与渐进模式的区别

	理性模式	渐进模式
特点	首先设定清晰的目标,然后考虑政策	目标比较模糊,同时考虑达到目标的手段
	“好的”政策就是最适合于理想目标的政策	“好的”政策就是所有相关各方协商一致的政策
	政策分析是综合性的;所有选择的一切后果都予以考虑	政策分析是从一切可能的政策中进行选择,没有最好,只有相对好的政策
不足	非现实主义,缺乏对不可预见的事态的考虑	保守性,决策变成是补救性而非创新性的活动,不足以应对复杂的全局性问题

资料来源:〔英〕罗德·黑格、马丁·哈罗普:《比较政治与政府导论》,中国人民大学出版社 2007 年版,第 443—444 页,略有修改。

4. 非理性模式(non-rational model)

理性模式和渐进主义模式各有利弊。理性模式对于决策更具有指导意义,而渐进模式是对现实政府决策的经验总结;理性模式本质上是一种应用于公共部门的商业决策模式,而渐进模式则是应用于公共决策的政治模型。围绕这两种模式,出现了各种结合两种模式的变种。另一些研究者认为这些变种都含有不同程度的理性主义,他们对纠缠于“渐进”和“理性”模式之争不满,提出了非理性模式。

非理性模式认为,现实中的决策者对决策的目标和决策面临的问题的理解是十分有限的,行为主体之间的关系也是难以预测的。决策是一个很不明确、难以预测的过程。因此,决策也不具有科学性和理性。对决策者而言,结果往往是未知的、偶然的和随机的。大多数决策采用的方式是既非渐进的,也非理性的,只是一种简单的是非判断。

这种模式的价值在于打破了渐进主义和理性主义模式之间的争论判断的僵局,引入了新的思路。①

(三)决策过程分析

1. 决策过程的阶段论

决策理论与政策科学密不可分,相当大部分的内容是重合的。但是政策过程分析比决策过程涵盖的内容更广。政策科学研究的是整个政策过程,这个过程主要分为政策创议、决策、政策执行、政策评估和政策审议五个阶段。但是决

① 参见〔加〕迈克尔·豪利特、M. 拉米什:《公共政策研究:政策循环与政策子系统》,生活·读书·新知三联书店 2006 年版,第 239—252 页。

策理论研究的对象主要是其中的决策阶段。这个阶段也是政策过程中最重要的阶段。这个决策阶段主要包括:对问题的初步分析或探究;确认目标或目的;对所有可能的政策进行考察;选择或决定政策。

当然,决策阶段与政策过程的其他阶段不是分离的,不仅有着紧密的联系,而且也有一些共同的特征。议程设定与决策阶段关系最密切,因此决策理论往往把议程设定也包括在内,甚至政策评估和政策审议也被认为是广义的决策过程的组成部分,因为政策的评估和审议关系到政策的修订和存废的重大选择。比如赫伯特·西蒙就持此种观点,他把决策过程划分为这样几个阶段:第一阶段:明确决策的理由或目标,这包括进行情报和信息的收集,探查环境和寻求决策的条件;第二阶段:设计阶段,即创造、制定和分析可能的行动方案的阶段;第三阶段:抉择阶段,即对政策进行选择;第四阶段:审查阶段,对选择进行评估。[①]如此而言,除了政策执行,政策过程中的其他四个阶段都属于决策过程了(见图12-2)。

政策创议 ⟹ 决策 ⟹ (政策执行) ⟹ 政策评估 ⟹ 政策审议

图 12-2　政策过程与决策过程

资料来源:〔英〕罗德·黑格、马丁·哈罗普:《比较政治与政府导论》,中国人民大学出版社 2007 年版,第 440 页。

德罗尔提出的最优化决策模式,特别强调决策过程的阶段划分。他把决策过程分为三个主要阶段,又分为 18 个次级阶段。三个主要阶段是:其一,总的政策制定,即关于如何做出决策的决策,涉及有关总体上涉及决策体制所必要的活动,以及制定决策的一般原理和规则的活动;其二,是实际决策的阶段,这包括分配资源、制定实践目标、探索政策方案、比较政策方案和确认最佳方案等环节;其三,是政策再决定阶段,即事后决策阶段或决策之后阶段,主要是政策执行和评估决策[②]。可以看出,德罗尔采用的也是一种广义上的决策过程的概念。他试图通过使决策过程尽可能全面和周到,实现决策的最优化。

2. 多元参与的决策过程论

林德布洛姆认为对决策过程阶段的清晰区分是理想化的,现实中的决策呈现出明显的无序的特征。决策并不总是有意识的结果,政策也并不一定有一种明确的目标,往往只是"决策者之间政治妥协的产物"。决策体系是复杂的,"政

① 〔美〕赫伯特·西蒙:《管理决策新科学》,中国社会科学出版社 1982 年版,第 33—34 页。

② 参见〔韩〕吴锡泓、金荣枰编著:《政策学的主要理论》,复旦大学出版社 2005 年版,第 216—219 页。

策是由决策系统本身之外的各种力量形成的"[①]。决策是一种合作的集体努力，政策是一种共同的产物，不可能由个人或小集团单独完成，在一个决策系统中，不同的参与者之间需要进行合作。"政策是通过这些人彼此行使权力或影响力的复杂的过程被制定出来的。"[②]

林德布洛姆认为，决策的专业化既是提高决策者能力的一种方法，又是限制任何一个决策者的权力或影响力的一种方法。专业化首先是在全体社会成员之间的分工，一般是把决策的职能分配给小部分人，即直接决策者。其次是直接决策者之间的分工。决策专业化的另一种形式是对决策的不同环节——如创议、否决、协调和规划——进行区分。

决策过程也是循环的，决策系统不仅只是产生政策，而且也塑造对政策的偏好。这是因为，直接决策者需要吸收并反映公众自下而上的意见和偏爱，但是决策者也自上而下地把政策信息和分析传递给公众，甚至能够创建和改变公众及决策的其他参与者的偏好。

由此可见，林德布洛姆倾向于"把公共政策决策描述为在以自我利益为主的决策者之间谈判与妥协的政治过程。其中最终做出的决策代表了政治上可行的，而不是可取的东西"[③]。正是因为对于决策过程中参与主体多元化的分析，林德布洛姆的渐进模式也被称为"多元主义模式"。正是因为决策过程参与主体的多元性和复杂的相互作用，现实中的决策才往往是渐进的。可以说，林德布洛姆的决策过程分析既是对理性决策模式，也是对精英决策模式的回应。

（四）政治决策分析方法评价

决策分析把决策这一政治过程的重要环节突出出来，确立了新的分析模式，有助于深化人们对政治过程的认识，也特别有助于科学决策。决策理论家努力探索的就是决策的本质以及决策过程的真相，并在此基础上探索如何实现最合理的决策。由上面的分析可以看出，决策理论家们希望通过决策过程各阶段的清晰划分和详尽分工，通过决策过程的各方面的广泛参与来实现这一目标。决策分析和政策科学在现代政治研究中具有如此重要的地位，以致伊斯顿惊讶地发现："政治科学的大部分阵地已为政策研究所占领。"[④]

---

① 参见〔美〕查尔斯·林德布洛姆：《决策过程》，竺乾威、胡君芳译，上海译文出版社 1988 年版，第 5、6 页。

② 同上书，第 47 页。

③ 参见〔加〕迈克尔·豪利特、M. 拉米什：《公共政策研究：政策循环与政策子系统》，生活·读书·新知三联书店 2006 年版，第 246 页。

④ 〔美〕戴维·伊斯顿：《政治生活的系统分析》，王浦劬等译，华夏出版社 1999 年版，中文版序。

尽管决策环节在现代政治过程中具有重要的地位,但是,决策分析和政策科学是无法涵盖整个政治过程的。决策分析的倡导者容易走到一个极端,那就是把决策过程基本上等同于整个政治过程,而且把决策分析完全从属于政治过程。这就会导致对政治过程的一些片面之见和认识上的矛盾。比如林德布洛姆,在其研究中没有能够为有效的决策找到调和政治过程和科学分析之间矛盾的方法。他的结论是应当加强决策过程中的公民控制,却又未能为加强民众控制探索出一套可行的实践方案。有效的决策应当是既能满足效率原则和科学分析要求,又能够回应一般公民要求。[①]因此,正如俞可平先生所指出的:"决策分析只注重对决策本身的性质及其过程的分析,这种分析的结果只能导致歪曲政治与决策的相互关系。"[②]

至于决策理论的缺点和不足,吕亚力教授认为,决策理论严格说来只是一个概念框架,这个分析框架的幅度很广,结构相对松散,作为一个科学理论这也许是它的缺点。决策分析的努力重点之一就是探究决策程序之间的差异对决策者关注何种价值和忽视何种价值的影响,以及程序如何影响决策的内容及成果的性质,但是这类研究的成就仍然不是很丰富。[③] 虽然有这些不足,在现阶段还不失为一个有益的分析手段,随着社会的发展,技术手段的先进,这种分析方法也会逐步得到完善。

---

① 参见〔韩〕吴锡泓、金荣枰编著:《政策学的主要理论》,复旦大学出版社 2005 年版,第 7 页。

② 俞可平:《西方政治分析新方法论》,人民出版社 1989 年版,第 142 页。

③ 参见吕亚力:《政治学方法论》,三民书局 1979 年版,第 274 页。

第三部分

政治科学研究的技术手段：从设计到实施

第十三章
政治科学研究的过程

自20世纪中期以来,政治学研究受行为主义的影响,实证研究迅速发展起来。本部分所说的研究方法主要侧重于实证性、经验性研究,而较少涉及规范性研究。

如果说政治科学研究的目的是通过归纳提炼理论假设,然后用经验证据对理论假设进行实证检验,那么,一项完整的政治科学研究的过程,大致可以分为以下6个步骤:(1) 研究课题:一个政治科学研究的过程,是从确定研究课题开始的。(2) 研究假设:研究者对所研究课题有关概念之间因果关系等的理论假设;为了检验研究假设,必须将研究假设操作化,即将研究假设中的概念转变成可以测量的具体的变量和指标。(3) 研究设计:指研究的具体方案与设想,包括分析单位、操作步骤、研究方式、研究内容等。(4) 搜集资料:根据研究需要确定取得资料的方式与方法。(5) 分析资料:根据搜集到的资料确定合适的分析方法,并对数据进行分析。(6) 研究结论:根据对研究资料的分析得出研究结果。

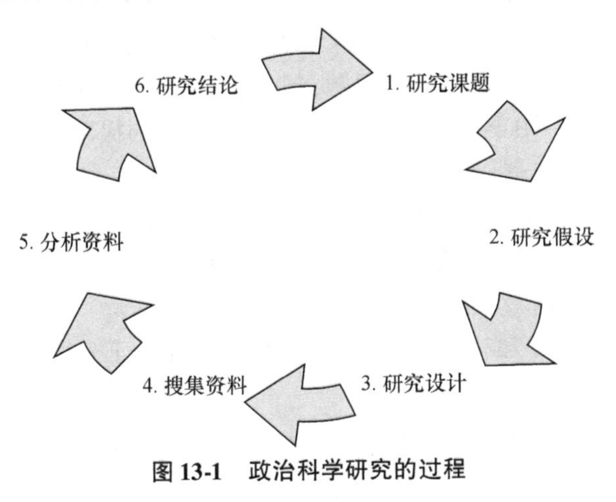

图13-1　政治科学研究的过程

科学研究从确定研究课题开始,经过研究假设、研究设计、搜集资料、分析资料等阶段,最后得出研究结论,形成一个科学研究的循环,如图13-1所示。一项科学研究一般不会就此终止,而是往往会在此次研究的基础上开始进一步的研究,将科学研究不断引向深入。

一、研究课题的选择

选择研究课题是一项科学研究的第一步,能否选择一个恰当的课题,不仅关系到研究能否顺利进行,同时也会影响到研究的最终结果。对于政治科学研究来说,选择和确定研究课题的过程,也是确定研究方向、研究目的的过程。只有选好题目,才能写出好的文章。有些学生往往抱怨说:“我不知道应该写什么!”这是还没有在研究上入门的表现,而且这也反映出这些学生在平时的阅读上下的工夫不够。只有大量阅读、勤于思考才会发现问题。没有一定的知识量,没有在平时的研读过程中的积累、思考是不会发现问题的。如果在研读的过程中发现,对于同样的一个问题,不同的两本书却有不同的观点,而你试图找到不同的观点产生的原因,或者试图分析孰是孰非,那么你的问题也就产生了。对于要撰写毕业论文的学生来说,应该尽量早地选定题目,这可以确保收集到更多的资料,有更多的时间去分析资料数据、认真系统地考虑文章的主要观点和逻辑结构,得到更好的研究成果。[①]

研究课题的选择,要求研究者具备较强的问题意识,充分了解所涉及学科正面临的重大难点热点问题,以及需要解决的理论问题和现实问题,在此基础上提出自己的问题。爱因斯坦说过:“提出一个问题往往比解决一个问题更重要,因为解决问题也许仅是一个数学上或实验上的技术而已。而提出新的问题、新的可能性,从新角度去看旧问题,却需要有创造性的想象力,而且标志着科学的真正进步。”[②]在科学史上,一个重大研究课题的提出和解决,往往会推动科学研究取得重大进展,甚至引起科学的和实践的革命。华裔物理学家高锟的科学成就,就在于他提出可以用光缆而不是传统的金属电缆传输电磁信号,实验成功之后,带来了通讯传输的一场革命。由此可见,一个好的课题的选择对于一项科学研究具有重大意义。

研究课题的选择和确定,要考虑到研究者自身的研究能力、研究条件等制

① Laurence F. Jones, Edward C. Olson, *Political Science Research: A Handbook of Scope and Methods*, New York: HarperCollins College Publishers, 1996, p. 27.

② 〔德〕爱因斯坦:《物理学的进化》,周肇威译,湖南教育出版社2007年版。

约因素，确定一个既能引起研究者兴趣，又适合研究者研究能力的课题。选题主要考虑的因素有两个方面：一是必要性；二是可行性。前一个方面是研究的目的，或者说是选题的依据，后一个方面是研究的条件。两个方面缺一不可。

（一）选题的必要性考察

这个方面要解决的问题是研究的目的是什么。研究的目的主要有两种，与前文所谈到的基础研究和应用研究的分类是吻合的，一是增进知识和发展理论；二是解决实际问题。

1. 增进知识和发展理论

人类的知识是在不断增进的，理论也是在不断发展的。一项新的研究应该在这方面有所贡献。人类社会中，新的问题层出不穷。这些新的问题都需要进行研究。知识正是因为这些新的问题的出现而增进的。如在发达国家出现的种族骚乱的问题，就是一个比较新的问题。

亨廷顿在1969年出版的名著《变化社会中的政治秩序》就是一项理论创新的典范。亨廷顿研究的是一个新发现的问题：发展中国家现代化过程中普遍的政治动荡。二战后，许多发展中国家，尤其是按照西方政治模式构建政治制度的国家，都面临严重的政治动荡。越是那些追求现代化的国家，政治动荡越是剧烈。而那些在现代化方面并不积极或比较落后的国家则要稳定得多。传统的理论对这一问题无法作出有效的解释，因为西方的现代化国家都是高度稳定的。亨廷顿通过大量的资料分析，提出了新的理论，对此提出了令人信服的解释：现代性孕育着稳定，而现代化则滋生着动乱。正是凭借这样一本著作，当时年仅40岁的亨廷顿一举成名。此书也长期成为政治学著作当中引用率最高的一部。

又如，冷战结束后，联合国维持和平行动面临新的情况。因为世界上很多地区的不稳定在以前主要是因为国家间的冲突，而现在主要是因为一个国家的内乱或内战。这些内乱或内战又引起了周边国家的干预，或导致了难民潮。联合国维和行动更多地介入一国的内部争端，这在以前是没有遇到过的。因此这个问题的研究就是对人类知识的一项增进。当前的中国社会，也出现了很多新的社会问题，如离婚率上升、单亲家庭增多、吸毒、网恋等问题，这些都迫切需要进行研究。

当然有的研究未必是研究一个全新的问题，也不是提出一种新的理论，而是重新论证旧的理论或对原有的知识进行补充和修正。如一个研究者从本国的现实和资料出发对亨廷顿的理论进行验证，如果理论与现实相符，则构成新的论证；如果不相符，则可能提出补充和修正。这也是一种理论贡献。当然，有些旧的重大的理论问题，是很难创新的，如战争的根源问题。这个问题前人已经讨论得很充分，除非对人性和国际关系有一种新的理解，否则，一般是提不出什么新的观点，也没有进行研究的价值。

选题最忌重复。重复的选题是没有价值的。当然，不能一概而论。因为尽管两个选题可能是同一内容，但是视角不同，也是有价值的。即使没有新的视角，但是举出新的资料，也是可以的。最不可取的是，选题完全相同，而且在视角和资料上都没有任何突破，没有任何新意，完全是重复前人的话；或者是把有关的论文重新剪切归整，最后形成一篇"自己的"论文。这种"研究"完全是没有价值的，只是一种人力和物力的浪费。

这种重复研究，往往是个人缺乏学术追求和不够严谨所致，不是把研究和增进知识，而是把写文章和发表文章本身当作目的。当然，这也与当前学术界的浮躁风气、高校和科研机构不合理的评估体系有关。有时这种重复研究并非个人有意造成，而是资料研阅不充分所致。可能一项研究已经很充分或者某个课题已经有一篇很完善的研究文章发表了，而研究者并没有搜集到，导致了重复研究。这种情况，一是要加大资料的准备和收集，因为只有这样才能充分了解研究现状，避免重复；二是要更加充分地请教和咨询专家，因为专家比较了解本领域的研究现状。

现在的论文选题，尤其是研究生毕业论文的选题，一般要求在理论上有创新之处。这就是要求论文在增进知识和发展理论方面有所体现，以凸现选题的价值。当然，也不能为了创新而创新，为了所谓的"创新"而任意提出"新"观点、"新"方法和"新"的视角。理论创新，应该是在大量研阅和严谨的研究的基础上提出来的。

2. 解决实际问题

这种研究的目的对应的是应用性研究，其目的主要不是增进知识或发展理论，而是针对某个现实问题进行资料的收集与分析，分析其产生背景和原因，提出解决之对策。比如，中国加入世界贸易组织前后，面临大量的与世贸规则接轨和应对入世挑战的问题，包括法制问题、对农业的冲击、对电子产品和汽车价格的影响，入世也影响中国的政府体制，以至有学者提出"入世政府要先行"。这些由加入世贸组织带来的问题，引发了一股研究热潮。这样的研究是紧要和应时的。

以解决实际问题为主的研究，理论性和抽象性较弱，而现实性较强，其重点和难点不在于概念的界定或理论的逻辑，而在于资料的收集与分析。比如，要研究入世对政府行为的影响，就必须首先收集和了解世贸的规则，还要对政府体制的现状进行了解，最后再对照世贸规则，考察政府的体制有哪些需要改进的地方。

（二）选题的可行性考察

在明确了研究的目的和该项研究确实必要和有价值之后，此项选题是否可以进行，还要进行一个可行性的考察。这就比如一项体育运动，尽管确实对身体有益，但可能不是所有的人都适合。如果不适于从事该项运动，却硬去尝试，可能达不到预期效果，甚至适得其反。因此，有的研究者是做了一项没有价值的研究而耗时费力，而有的研究者也许是做了自己所不适于或没有条件完成的研究而耗时费力。这都是不可取的。

要全面地考察一项研究的可行性，至少需要考察这三个方面：一是文献、资料是否充分；二是个人的才能是否足够；三是选题是否能够得到有效的指导。

1. 文献、材料是否充分

对于文科的学生和研究者来说，文献资料往往是研究的首要因素。我们在下面的章节中会谈到，资料分为二手的文献资料和一手的实证资料。但不论哪种资料，都需要有一定的途径去收集。如果预期的资料无法获取，那么研究恐怕就无法进行。因为一项研究，不可能仅仅凭研究者的想象或推理去进行。当然，研究离不开思想，但是如果仅仅是逻辑的推理和天马行空的思维，可能构成一些伟大的思想著述，但却不是学术研究。因为学术研究需要严密的论证，而没有资料的支持，论证就很难做到严密。而且，即使是纯粹的理论性研究，如果没有对前人的文献，尤其是经典著作的研阅和思考，恐怕也是无法进行下去的。

力倡考据和实证的近代中国著名学者胡适曾经说过这样一句话："一分材料一分货，十分材料十分货。"讲的就是这个道理。这首先是说，资料是否充分，决定了一篇文章的分量；其次是说，文章的论证要严谨，就是要建立在资料的基础上。如果没有资料的支持，就不能轻易对一个问题下结论。当然，胡适是实证主义在中国的代表，他提倡实证对于严谨学风的养成是十分重要的。不过也有的人批评胡适的实证主义过于教条，而忽视了思想的重要性。其实，即使是提倡实证主义的胡适，本身也是一个极有思想的人，1917 年他在《新青年》杂志发表的成名之作《文学改良刍议》，影响深远，如果没有先进的思想，是不可想象的。而且他不仅提出"小心求证"，也提出"大胆假设"，鼓励思想的探索。实际上，当前中国学术界的问题，不仅在于缺乏严谨的学术精神，还在于缺乏思想。很多文章只不过是资料的堆积和文献的综述，缺乏自己的见解和思想。

对于很多研究来说，有关资料的缺乏可能使得该项研究无法进行或者无法达到良好的效果。有些资料本身是难以从一般途径获取的，特别是政府和军事部门的机密文件，因此政治学者往往苦于无法了解到政府的实际行为，而战略研究者苦于无法了解军事的动向。这些都制约了有关研究的深入。

在中国,对于那些研究外国问题的学者来说,外国的文献资料的获取对于他们的研究也是至关重要的。他们能够获得多少外国的文献资料,决定了他们的研究能够进行到什么程度。有些国外的经典著作,很多学者可能仅知其名,而不见其文,这方面的研究就不可能进行。而新的外国学者被引入和新的外国著作被翻译,都会促进研究的深入和催生新的研究领域。比如,国内近年来加大了对德国著名社会学家马克斯·韦伯著作的翻译力度,引进了德国著名法学家卡尔·施米特的著作,这些都很大地促进了现代西方政治思想和社会思想的研究。如果没有这些文献,韦伯研究的深入、施米特研究的开展都是不可想象的。

2. 个人才能

研究者的个人才能存在着很大的差别。

首先要考虑的因素是资历。有的研究者是教授、高级研究人员,有的研究者则初入学术之门,还有很多是尚待入门的本科生和研究生。比如选题,对于高级研究人员来说,已经驾轻就熟,不成问题。而对于初学者尤其是学生来说,还是需要花很大工夫解决的一个问题。一般而言,资历较深的研究者可以选择比较重大和困难的课题,而初学者则宜选择难度小、简单一些的课题,就是说,要把所研究的课题限制在自己力所能及的范围内。比如,以中外政治思想为方向的学生,在考虑自己毕业论文选题的时候,可以选择某一个思想家的思想或政治思想史中的一个方面,而不宜把整个的政治思想作为自己的研究题目。同时也要避免选择那些重大的争论的问题,比如人性的善恶之辩、自由与民主的矛盾、契约论与功利论的争论等。这些重大的争论问题,就连那些大师们也未必争论出一个眉目,何况一个初学者呢?初学者在选择自己的研究题目的时候,也要考虑到自己的研究兴趣和未来的研究方向,争取把当前的选题与未来的研究结合起来,使当前的研究为以后的研究奠定基础。如果不准备从事学术研究,也可以与自己以后的工作设想结合起来,使当前的研究对以后的工作有所裨益。

其次需要考虑的因素是语言。这里所讲的主要是外语条件。一个研究者所掌握的语言对其研究有很大的促进或制约。如果不掌握一种外语,就不能够很好地进行有关国家和地区的研究。晚年的马克思为了研究俄国的社会状况,不顾年事已高毅然学习俄语。这也表明了语言对学术研究的重要性。现在的中国学术研究,比较强调外语。不仅研究生入学考试必考外语,而且高校的教师晋升职称也都要过外语这一关。尽管许多人对此多有责难,认为这是崇洋媚外或者舍本逐末。但是,在当今的政治科学研究中,特别是对于国别和地区研究来说,外语确实是一种重要的工具。比如,一个研究者研究俄罗斯、德国或法国,如果他不懂该国的语言,就只能借助于翻译过来的东西进行研究。而翻译过来的东西其表达是否准确且不说,其数量也是十分有限的。而如果懂得该国的语言,则能够及时、广泛地研阅该国的报章杂志,也能够与该国的人员和研究者进行对话交流,研究的进行会十分便利。因此,掌握外语对于学术研究来说,还是相当必要的。

可能还有一个因素值得考虑,那就是性别。男性和女性在思维和性格方面都存在较大的差距,因此在选择研究的方向时应该有所考虑。一般而言,男性的理性和抽象的思维较之女性发达,因此比较适合从事重大的理论性问题的研究,特别是哲学这样一个领域,一般很少有女性涉足,女性主要从事的是应用研究。

3. 选题的有效指导

特别是对于初学者而言,所选择的题目能够得到有效的指导是十分重要的。因为这就像婴儿学步一样,须有大人在旁扶持,才不至于跌倒。实际上,对于学生自身来说,对于选题与研究也是战战兢兢,希望得到有效的指导。无论是研究生还是本科生的论文写作,培养单位都会安排导师进行指导。而各个培养单位的师资力量和研究特点是不同的。因此,学生在选择自己的题目的时候,应该考虑到自己的选题在培养单位内部是否有研究这方面的老师进行指导,以及所选题目与自己导师的研究方向是否相符。否则,即使勉强进行该课题的研究,也可能事倍功半,甚至误入歧途,无功而返。

选题的指导主要是由导师来负责,但是培养单位内的其他专家也会通过一些形式给予指导。比如开题报告会,就是专家以集体的形式对一个选题进行评估,考察该学生是否值得和是否有条件从事这样一个课题研究。只有通过这样一个程序,才能确立一个可行的选题,以避免浪费时间。当然,在研究的各个阶段都需要专家指导。比如,请专家提示该研究有哪些相关的重要资料,从何种途径可以取得;请专家对课题涉及的重大概念和概念间的联系进行澄清;请专家对论文的修改提出具体意见等等。而且指导不应该仅仅局限于本单位内部,在可能的条件下,应该力争得到国内该研究方向权威专家的指导。

(三)明确研究的问题

在解决了选题的依据和选题的可行性之后,有一个问题是应该引起注意的:选题要尽量明确、具体。现在普遍提倡的是缩小选题,或者说小题大做,而避免宽泛的题目和大而化之。题目过于宽泛和大而化之是中国学术界长期以来的一个特点,现在则被认为是一个重大弊端。大而化之,可能从根本上说并不是学术研究。这可能与中国传统文化的思维方式有关,也与学术界受政治宣传模式的影响有关。中国传统文化流传的是一种发散性的思维方式,逻辑性不强。比如中国古代大量的诗歌、散文,就是如此。而即使是古代的很多理论性著述,也往往是用散文的风格。因此中国古代,几乎没有像西方古代诸如亚里士多德《政治学》这样的注重考证或逻辑的严谨的学术著作。近代以来,由于中国的学术研究一直缺乏独立性,往往受政治的主导,为政治服务,很多研究者同时也是宣传工作者。而政治宣传模式与学术研究模式的要求是相差很远的。政治宣传模式对学术研究的渗透导致了学术研究的题目宽泛、论述笼统,充满空话、套话。这些文章,表面上看来面面俱到,什么都谈到了,但什么都没有谈透。这种宽泛的选题所产生的文章,除去小部分确实有独到的思想和具有启发性的见解之外,大部分都没什么创造性可言,甚至是众人皆知的一些说法的集合,缺乏学术价值。

当前中国的学术研究正在摆脱模式化的政治宣传,逐步与国际学术界接轨,因此学术规范化势在必行。落实到具体的研究上面,首先从选题的明确、具体化做起。比如以中国的教育问题为方向,如果以"论当代中国的教育"为题,则显然太大,不仅一篇论文无法涵盖,即使是一个重大课题也未必能够涵盖。把这个题目缩小到"当代中国的农村教育",恐怕也还是太大,因为农村教育也包含很多方面。最后把这个题目缩小到"农村儿童辍学问题",可能就比较适当了。因此,从小处着眼,才能把研究做实。当然,这种小题大做的办法,并不一定比宽泛的题目写起来容易,甚至还要困难,因为研究者要在一个比较具体而有限的范围搜集资料。然而,这样才能做前人所未做之研究,才能在研究上有创新之处,也只有这样的选题,才能使研究站在学术的前沿。相比宽泛而缺乏学术价值的文章,这种努力还是值得的。

(四) 研究问题的种类

1. 规范性问题

凡是隐含"好与坏","善与恶","应该与不应该"等价值判断的陈述或命题都属规范性问题。柏拉图提出的国家理念、马克思对剩余价值的分析、罗尔斯的正义论等主要进行规范性的研究。规范性的问题往往是思辨的、形而上的,不适宜做深入的实证研究。

2. 经验性问题

可以接受感官资料的检验,以验证其真假的问题。经验性问题往往是实证的,可以进行实证研究。比如迪尔凯姆对自杀问题的研究就是社会科学领域实证研究的典范。

(五) 研究问题的来源

1. 社会政治实践

社会政治实践中面临的重大现实问题是研究课题的重要来源,研究问题的现实性主要来自社会政治实践的需要,社会政治实践既可以为研究题目的选择提供线索,又可以为研究过程本身提供丰富的实证资料。政府部门和研究机构进行招标的重大研究项目,往往具有很强的现实性,而且能为研究项目提供资金支持,是研究问题的重要来源。

2. 个人的生活经验

个人的生活经历和体验也是研究问题的重要来源,而且基于个人生活经验的研究课题往往赋予研究者以极大的研究兴趣,有利于研究的持久进行和顺利完成。

3. 前人的研究

在前人的研究中往往包含了研究者仍然关注的问题,尤其是前人研究中结论尚不明确、论证不甚充分的研究等,均可以成为研究者就同一课题进行深入研究的基础,并随着今人的研究,形成理论和科学的传承与发展。一项好的政治科学研究,往往需要对前人就同一、同类问题已取得的研究成果进行分析和评价,对已有的研究文献进行梳理,并在此基础上确定自己进一步研究的方向。牛顿所说的"站在巨人的肩膀上",指的就是对前人研究成果的借鉴和继承。

(六) 一个好的政治科学领域的研究问题应该具有的特征

1. 原创性

一个研究问题必须具有一定的创新性,这种创新性可以是重大的理论突破,比如提出新概念、新思想等;可以是从新的视角看待和分析原有问题,或者对原有的理论问题运用新的研究方法进行研究等;也可以是运用新的经验资料对原有的理论进行实证检验,或者发现前人理论的不一致并进行修正等。

2. 可验证性

政治科学领域的研究问题不能是纯粹的规范性命题,因为纯粹的规范性命题虽然可以做学理上的说明,但无法用经验资料进行验证。政治科学领域的很多命题往往兼有规范性和实证性的特征,既可以做学理分析,也可以对理论假设进行实证的、经验的检验。

3. 理论性

研究问题应体现一定的概括性和通则性。如前所述,科学的重要功用是提炼理论和通则,从而增强人们对纷繁复杂现象的认识。

研究问题举例：

问题1　个人的社会经济地位是否影响其政治参与程度？

问题2　教育水平是不是会影响个人的工资收入水平，以及教育水平如何影响个人的工资收入？

问题3　普选和选区选举中，哪一个更能提高少数群体的代表性？

二、研究假设

（一）变量与变量关系

在本书的第一章，我们已介绍了政治科学研究中概念的含义与概念的作用。在一项研究中，可能会涉及很多概念，但是会有几个主要概念。一个完整、严谨的研究题目往往是由主要概念之间构成的因果关系明确的。这些主要概念也就被称为变量，变量这个术语的目的在于表示因果关系的互动性。与因果关系相对应，变量分为自变量和因变量。不过，自变量其实是"因"的方面，是指独立的、在一个因果关系中不受其他因素影响的、只因为自身的因素而变化的事物。而因变量则表示"果"这一方面，是指因为自变量变化而随之变化的事物。比如当代的政治学者一般都认为经济发展会促进民主化。经济发展和民主化这两个概念之间就构成一组因果关系，其中经济发展是因，民主化是果。那么经济发展就是自变量，民主化就是因变量。变量之间的关系应该是明确的、可检验的，不可似是而非。在建立变量关系和陈述假设的过程中最常见的问题之一，就是两个变量之间的关系不明确。① 一项研究中如果能够确立一组明确的因果关系，那么严谨和科学性就有了初步的保证。

当然，变量之间关系是复杂的。正如在一组因果关系中，原因可能有很多种，结果也有很多种：多种原因可能造成一种结果，而一种原因也可能造成多种结果。因此，自变量和因变量都可能是多个。不过，为了保证研究的严谨，在一项研究中，还是应该尽量避免同时出现多个自变量和多个因变量的情况，也就是说，至少应该保证自变量或因变量中的一项是单个的。

在多个自变量或多个因变量中，有时也会存在一个核心变量。比如，如果把我们上面提到的经济发展与民主化的关系的课题放大一些，研究影响民主化的各种因素，除了经济发展之外，可能还包括政权的合法性危机、国际环境的变

---

① Laurence F. Jones, Edward C. Olson, *Political Science Research: A Handbook of Scope and Methods*, New York: HarperCollins College Publishers, 1996, p. 191.

化、政治领导得当与否等因素。其中,经济发展可能就是一个核心的自变量,对之应进行重点分析。当然,如果我们试图突出经济发展与民主化之间的关系,我们也可能把这些次要的变量当作是影响这个变量关系的因素,称为干预变量。当然,也可能存在起副作用的干预变量。比如国际环境可能是维护独裁政权而不利于民主化的。同样,如果我们反过来着重研究的是经济发展的影响,那么可以设定多个因变量,除了民主化之外,可能还有生活水平的提高、对外经济交往的扩大等。

当然,一项研究如何选取变量,是一项技术。研究水平的高低、研究资历的深浅,在很大程度上体现在是否能够选取合适得当的变量,建立严谨、明确的变量关系上面。当然,能否做到这一点,也与研究的前期准备,尤其是资料的收集是否充分有关。如果资料收集不充分,那么可能就无法发现研究课题中的最恰当的变量关系。

比如,在一项关于中国城市社区居民自治的制度的研究中,研究者以"社区自组织与直选成本"为题,这个题目就明确指出了此研究涉及的变量和变量关系,其中社区自组织是自变量,直选成本是因变量。① 这是研究者在对城市社区居民自治试验的大量考察的基础上提炼出来的一组变量关系,该项研究具有较高的价值。

(二) 研究假设的操作化

研究假设是研究者对研究课题的尝试性回答,它是用抽象概念陈述社会政治现象之间的关系,主要应是经验性陈述,以便于检验。比如:

假设 1 个人的社会经济地位越高,则其政治参与程度越高;
假设 2 个人教育水平越高,则工资收入越高;
假设 3 从普选到选区选举的变化,将提高少数群体的代表性。

这些研究假设,可以是从对现实社会政治现象的观察比较中发现的。比如说,人们看到一个国家的活跃的政治参与者,往往具有较高的社会经济地位,而社会经济地位相对较低的公民则对参与政治活动比较不积极。基于这样的观察,就可以尝试性地提出上述第一个研究假设,即个人的社会经济地位越高,则其政治参与程度越高。

人们也可以尝试性地提出一些理论假设。如果人们看到在全国范围的普

① 参见陈伟东、吴猛:《社区自组织与直选成本——以武汉市柴东社区和宁波市澄浪社区为个案》,载《当代世界社会主义问题》2005 年第 2 期。

选中,来自少数群体,不管是来自少数族群,还是来自偏远地区的群体,其民意代表当选比例往往较来自多数群体的民意代表当选比例低,不易当选,则为了提高少数群体在国会或议会中的代表性,可以尝试性地提出利用选区选举取代普选的办法,进行理论探讨甚至社会政治实验。这样,我们就得到了上述第三个假设,即将国会议员或代表的选举制度由普选变成选区选举,则可以提高少数群体在国会中的代表性。

(三)概念的操作化

研究假设往往是陈述概念之间的关系,是对社会政治现象的概括性陈述,是抽象的,而抽象的研究假设无法观察,无法测量,无从检验,因而需要对研究假设进行操作化。假设的操作化(operationalization)就是把研究假设转化为一组互相关联的具体变量,这是一个包括抽象概念的操作化过程,是一个由抽象到具体、由复杂到简单的分析、分解的过程。假设的操作化,实质是将作为命题的假设中所包含的概念的操作化。

在明确了研究的变量与变量关系后,接下来的问题就是要对变量进行具体分析,也就是如何衡量变量的问题,即概念操作化。这是量化分析的基本要求。使用量化方法,是当前中国学术研究转型的一大趋向。尽管不是所有的研究课题都适于量化,一项研究当中也不是所有的变量都可以量化,但是量化比较能够避免空洞和偏颇,因此尽量地实现量化还是值得提倡的。

政治科学中的概念是对政治现象的概括和抽象,不同概念的抽象程度会有所不同。抽象程度越高的概念,距离经验现实越远,越不容易进行操作和度量;抽象程度越低的概念,越接近经验层次。对抽象程度高的概念,往往停留在理论层面,但仅仅根据抽象定义无法对概念进行测量,比如温度、智力、政治参与程度、国家的发达程度等。

为此,需要将概念的抽象程度较高的定义转化为容易操作的定义,即依据抽象定义所界定的概念内涵和外延提出一些可观测的调查指标或调查项目来说明如何度量一个概念。概念的操作化在定性和定量研究之间架起了桥梁,可以使抽象概念与经验现象联系起来,从而使经验研究成为可能。

概念的操作定义(operational definition, 或运算化定义),是把概念分解为不同部分、方面、维度,以详细说明概念,然后用一项指标或综合多项指标以形成对概念的度量。这些指标最重要的是,能够通过观察或数据的收集获得。比如上文提到的经济发展与民主化的关系的课题。就经济发展而言,需要设定某些具体指标,来衡量经济发展的程度,比如人均国民生产总值、城市化程度、工业化水平等,这些都是可以通过具体的数据来衡量的。民主化这个因变量可能比较难以量化，可能就需要一定的研究水平和费较大的功夫去琢磨。因此有时研究的水平也体现在概念操作化和量化的水平上面，体现是否能发展和创造出衡量变量的指标上面。

比如在“社区自组织与直选成本”这一研究中，首先要对概念进行的操作化处理，对两个变量都要进行有效的衡量。其中，“直选成本”这一因变量比较好衡量，只要把实际用于直选的开支相加即可，这可以通过数据的收集获得。而自变量“社区自组织”却比较抽象，首先要解释概念，什么叫做“社区自组织”，然后再列举社区组织的类型，最后决定以社区组织的数量、自主程度和活跃程度等指标去衡量社区自组织。这也就可以通过观察获得。

从上面的例子可以看出，有时定量研究中的指标体系可以借助既有的研究成果去设定，有时却需要自己去探索新的指标体系，这本身就是一个研究的贡献。有时这个指标体系比较简单，只需要把收集到的相关数据简单累加即可，但有时这个指标体系比较复杂，需要通过大量的观察和调查才能获得相关的信息。运用或设计指标体系，一定要考虑周全，以免忽视或遗漏重要的指标。因为一种不完全的指标体系是无法对变量进行准确衡量的，可能导致研究发生重大的偏差。比如在对社区自组织的衡量中，如果只涉及组织的数量，而忽视组织的质量这一方面，那么就无法准确衡量社区自组织程度，因为有些时候，两个社区的组织数量可能相差并不大，自组织的程度更多地取决于组织的质量。

有些概念是一维的，比如说收入，这样的概念非常容易操作。但政治科学领域遇到的概念很多都是多维的，如生活状况，包含家庭经济状况、居住状况、生活环境等很多具体方面。对于这样的多维概念，在操作化时就需要做很多工作，首先要对这个概念的主要内涵进行分析，然后就需要对概念内涵的若干主要方面分别进行测量，最后要把对这个概念几个方面内涵的测量指标综合起来，形成一个统一的变量，来对这个综合概念进行描述。

对指标进行综合，主要有三种方法：

（1）指数法：如物价指数、股票价格指数等。

（2）量表法：常用的是总和量表法，将所有的指标相加，然后按确定的标准计算总分。如对领导干部能力的测量，可以主要从德、才两个方面考察，而德、才两个方面也可以进一步细化，然后分别测量，最后形成综合得分。

（3）类型法：将各种指标交互分类予以综合，如可将社会地位从收入高低和教育水平高低两个方面分类考察。

以上述第一个假设为例：个人的社会经济地位愈高，则其政治参与程度愈高。

在这一假设中,个人的社会经济地位和政治参与程度这两个概念都是抽象的,无法进行测量,而如果我们用教育程度(受教育年限等具体指标)来测量社会经济地位,则社会经济地位这一抽象概念就转换成了现实世界可以测量的受教育程度,而受教育程度可通过下述问题进行测量:

请问您的最高学历是:

① 小学及以下

② 初中

③ 高中或中专

④ 大专以上

同理,政治参与程度这一抽象概念可以用参与政治活动项目的多寡来进行测量,比如说可以通过下述问题进行测量:

请问您是否曾经参与过下列活动?(多项选择)

① 在选举期间花费较长时间接触政治信息

② 劝说其他人投票给某一个政党或候选人

③ 参与有关公共事务的演讲会或讨论会

④ 捐款给政党或候选人(含购买餐券、纪念券、候选人各种义卖品)

⑤ 接触民意代表表达自己的观点或寻求帮助

⑥ 张贴候选人或政党的海报等

⑦ 担任政党或候选人的竞选工作人员

⑧ 担任公职候选人

这样,原来的理论假设,通过概念和假设的操作化,就变成了下面这个可测量的假设:

个人教育程度愈高,则参与政治活动的项目愈多。

概念和假设的操作化,可以用图 13-2 来说明,图中虚线表示理论世界和经验世界的分野。

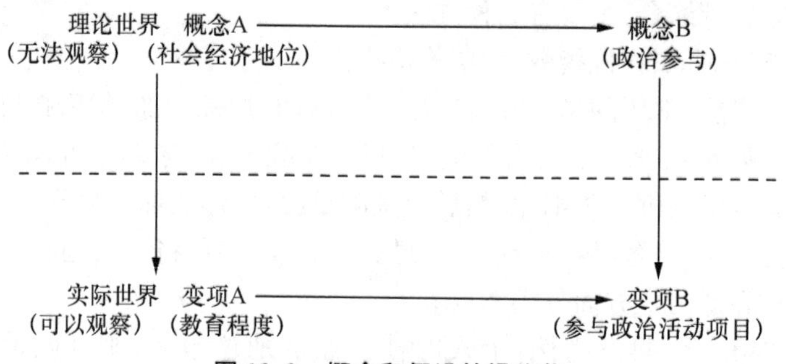

图 13-2　概念和假设的操作化

假设 4 工业化程度越高，亲戚关系越淡漠。

上述假设中的工业化程度和亲戚关系都是抽象概念，需要进行操作化后方能进行测量，其中工业化程度与工业产值、人均收入、人均汽车拥有量等高度相关，可以用其中之一来进行测量；而亲戚关系则可以通过每年亲切见面次数、亲戚间的经济联系或亲戚间的互助行为来进行测量。这样理论假设 4 就可以具体化成下述假设中的一个。

① 工业产值越高，每年亲戚见面次数越少。

② 人均收入越高，亲戚间经济联系越弱。

③ 人均汽车拥有量越高，亲戚家互助行为越少。

④ 工业产值越高，亲戚间经济联系越弱

……

需要注意的是，由于社会政治科学领域的很多概念都是综合性的，对这样的概念在定义和操作时要特别小心。

（四）概念的测量

研究假设操作化的结果是确定需要具体测量的变量、社会指标等。而变量是指反映社会政治现象的数量、质量、类别、状态、等级、程度等特性的项目。

所谓测量是指按照一定规则，将某种物体或现象所具有的特征用一组符号或数字来表示。对政治科学中的概念的测量就是指对社会政治现象之间性质差异和数量差异的度量，以具体地实现概念的分类、比较和度量等功能。

社会和自然现象具有不同的性质和特征，对不同变量的测量往往需要采用不同的尺度。斯蒂文斯将变量的测量分为四个测量层次（Scales of Measurement），即定类测量、定序测量、定距测量和定比测量。理解各个测量层次之间的差异是很重要的，因为不同测量层次的变量不仅包含的信息不同，适用的定量分析方法也是不一样的。

1. 定类测量（nominal scale, or categorical scale of measurement）

定类测量也称类别测量、分类测量或名义测量，是测量层次中最低的一种，它在本质上是一种分类体系，即将调查对象的不同属性或特征加以区分，标以不同的名称或符号，以确定其类别；所含信息最少。

定类测量也可以用数字来表示，但是这些数字只是识别的标志，是编码，并不反映这些事物本身的数量状况或大小。其数学特征是：= 或 ≠。如下面的问题即是进行定类测量：

你认为当今的中国是否发达国家？

① 是 ② 否

2. 定序测量(ordinal scale of measurement)

定序测量也称等级测量或顺序测量，是对测量对象的等级或顺序的鉴别。其取值可以按照某种逻辑顺序，将调查对象排列出高低或大小，确定其等级及次序。

定序测量不仅能区分事物，而且能反映社会现象在高低、大小、先后、强弱等顺序上的差异。其数学特征比定类测量高一个层次，也就是说，不仅能区分异同，而且能确定其大小，可用“ > ”或“ < ”来表示。如下面的问题即是进行定序测量：

你对当前的社会治安状况是否满意？

① 满意　　② 　一般　　③ 不满意

需要注意的是，虽然定序变量可以区分变量顺序的差别，但不表示定序变量的相邻两分之间的间隔是相等的。

3. 定距测量 (interval scale of measurement)

定距测量也称间距测量或区间测量，不仅能够将测量对象区分为不同的类别，不同的等级，而且可以确定它们相互之间的间隔距离和数量差别。

定距测量没有绝对意义上的零点，因此这一测量层次所得出的数据只能做加减，不能做乘除等运算。

4. 定比测量 (ratio scale of measurement)

定比测量也称比例测量和等比测量，它是对测量对象之间的比例或比率关系的测量。

定比测量除了具有上述三种层次测量的全部性质之外，还具有一个绝对的零点——有实际意义的零点，所以其测量所得到的数据包含的信息最多，既能进行加减运算，又能进行乘除运算。

定距测量和定比测量的唯一区别就在于是否有真实意义的零点的存在，二者有时也合并称为定距变量，即通常意义上的连续变量。

例 1　请回答温度这一变量在下列各题中分别属于哪一测量层次？

你感觉今天温度______？

① 冷　　② 热

例 2　① 你感觉今天温度______？

A. 非常冷　　B. 有点冷　　C. 不冷不热　　D. 有点热　　E. 非常热

② 今天的温度是____℃ 至____℃？

③ 今天的温度是____°K至____°K？

例 3　请回答您的家庭收入情况？

①　A. 高　　B. 低

② A. 非常高　　B. 较高　　C. 不高不低　　D. 较低　　E. 非常低

③ A. 0—29999 元　　　　B. 30000—59999 元

C. 60000— 99999 元　　D. 100000 元以上

④ ______元。

研究者在决定测量尺度时,如果可以用较高层次的测量尺度,则尽量使用较高层次的测量尺度,以方便数据的分析,因为测量层次越高,测量所得的信息越丰富;如果需要,高层次的变量可以方便地转化成低层次的变量,反之,则不能。

(五) 测量效果的评估

任何一项精确的、系统的经验研究都离不开测量。而对于任何的测量而言,都会面临一些基本问题,如:研究所得的资料和数据是否是我们感兴趣的资料和数据?这些资料和数据能否准确地反映我们感兴趣的问题?在相同的研究条件下,不同的研究者能否得出相同的研究结论?上述问题,关注的是测量的效果,即测量结果是否准确,测量过程是否稳定可靠,测量结果是否具有可重复性等,而要对测量的效果进行评估,就涉及测量的信度和效度。

如果对测量工具和测量结果的信度和效度一无所知,则无法判断其获得资料的可信性与可靠性程度。

1. 信度(reliability)

所谓信度是指测量数据(资料)与结论的可靠性程度,即测量工具能否稳定地测量到它要测量的事项的程度,信度是就测量的稳定性与一致性而言的。假如测量受偶然因素的影响很大,观测值就会在很大的范围内波动,误差就会很大;在这种情况下,测量是不可靠的,即测得的观测值其可信性很低。

针对测量中不同的误差来源,通常使用下面的信度系数来表示测量的信度。

(1) 再(重)测信度(Test-retest Reliability)

再测信度是指用同一份问卷,对同一群被测者前后测验两次,再根据被测者两次测验的分数,计算其相关系数,得出的再测信度。

假设第一次调查的观测值为 x,第二次的观测值为 y,则重测信度即为变量 x 与 y 的相关系数。

这种信度表示两次调查结果有无变动,反映了测量的稳定程度,可以检测出被测者是否能正确理解所提问题,是否做出了真实稳定的回答等。

需要注意的是,两次测验的时间间隔要适当。时间太短,被测者还记得上次调查的答案;时间太长,情况可能已经发生了变化,因而影响被测者的真实态度。

(2) 复本信度(Parallel-forms Reliability)

复本是相对于原本而言的,它是原本的复制品。对一项调查的问题,让被调查者接受问卷测量,并同时接受这份问卷的复本的调查。然后根据调查结果计算原本数据与复本数据的相关系数,就得出了复本信度。

复本信度可以避免重测信度的某些缺点,但使用的复本必须是真正的复本,即在题数、形式、内容、难度及鉴别度方面都与原本一致。

例如,学校考试用的试卷通常要求有A卷,也要有B卷,B卷作为A卷的复本,其题数、问题形式、内容、难度及鉴别度等应尽量与A卷一致,即要求试卷具有较高的复本信度。

(3) 折半信度(Split-half Reliability)

在无复本且不准备重测的情况下,通常采用折半法以估计信度。折半法是将调查来的结果按题目的单双数分成两半计分,再根据每个人的这两部分的总分计算其相关系数,就得到折半信度。

(4) 评分者信度

在测量工具的标准化程度较低的情况下,不同评估者的判分标准也会影响测量的信度。要检查评分者信度,可计算一个评分者的一组评分与另一个评分者的同一组评分的相关系数。

若信度较低,则说明测量工具不标准或不客观,或者得分易受评分者主观因素的影响。为提高评分者信度,采取的方法是由多人评分,删除极端的评分,然后加总或计算平均值。体育比赛中常用这样的打分和记分方法,即是为了提高评分的可靠性。

在结构化、标准化程度较高的测量中,信度主要受随机误差的影响,随机误差越大,信度越低。随机误差的来源主要有:被调查者、调查者以及测量内容等。如被调查者在被调查过程中是否耐心、认真、专注,以及不受情绪影响;调查者是否按照规定的程序和标准,是否有意或无意地对被调查者施加影响,以及是否准确无误地记录了调查结果等;问卷中的问题和答案选项是否清楚、无歧义。

2. 效度(validity)

效度是指测量的正确性程度和有效性程度,即是否测量到了研究者所要测量的特征的程度。在选择测量方法和设计问卷时,首先要考虑其效度。效度有两个含义,一是测量的特征即为研究的目标特征;二是该特征被准确地测量。效度越高,表示测量结果越能显示出所要测量对象的真实特征。

尽管每种测量方法都有其适用范围和局限性,不存在对所有对象都有效的测量方法,但是,一种有效的测量方法可以被不同的研究人员用来观测同一种现象或同一个概念,这样才能保证他们所测量的内容是一致的和可比的。

效度是一个多层面的概念,是相对于特定的研究目的和研究侧重点而言的。检验效度的方法很多,大体分为内容效度、准则效度和建构效度。

(1) 内容效度或表面效度 (face validity)

内容效度是指测量内容的适合性和相符性,也可以说是指测量所选题目是否符合测量的目的和要求。检验内容效度就是检查由概念到指标的经验推演是否符合逻辑,是否有效。

(2) 准则效度(criterion validity)

准则是被假设为或被定义为有效的测量标准,符合这种标准的测量方法可以作为测量某一特定现象或概念的效标。对同一概念的测量可以使用多种测量方法,每种测量方法与效标的一致性称为准则效度。

(3) 建构效度(construct validity)

建构效度是指测量方法是否反映了概念和命题的内部结构,即验证该测量对理论建构的衡量程度。理论假设一般是陈述两个概念或变量(X、Y)之间所具有的相关关系,那么在经验层次上对 X 的测量和对 Y 的测量也应当是相关的。测量同一个概念可以用多个指标,当用 X 和 Y 的多个指标来测量两个概念之间的关系时,如果不同指标的测量都反映出理论所假设的关系,则这些测量或理论就具有建构效度。

(4) 内在效度与外在效度

测量都是在具体的时间、地点对具体的调查对象所做的观测。如果在一项具体研究中,对上述三种效度的检查都没有发现问题的话,就可以认为这一研究具有内在效度,即资料和结论可以有效地解决所研究的问题。内在效度指的是一项研究结论对于相似的时间、地点和调查对象的有效性。

但研究结论是否可以适用于其他的时间、地点和对象呢?外在效度指的是研究结论的普遍有效性。如果研究结论可以很好地适用于其他的时间、地点和对象,则说测量具有外在效度。

3. 信度和效度的张力

对于研究者而言,我们都希望我们的测量既有信度,又有效度。不过,鱼与熊掌不可兼得,因为测量的信度和效度通常所具有的紧张关系,研究者常常处于两难困境,不得不在信度和效度之间作权衡取舍,常常为了效度而舍弃信度,或者为了信度而牺牲效度。

三、研究设计

在确定研究课题并提出相关的研究假设之后,就要围绕操作化、具体化的研究假设所涉及的变量、指标等确定相应的研究设计。研究设计主要是解决如何进行研究的问题,包括确定研究类型、研究范围、选择分析单位、选择具体的研究方式以及形成研究方案等。

一项完整的政治科学研究,如前所述,包括研究课题的确定、研究假设、研究设计、搜集资料、分析资料等步骤,直至最后得出研究结论,形成一个科学研究循环。这一科学研究循环的逻辑基础,首先是通过归纳提炼理论假设,然后运用实证数据验证所归纳的理论假设的真实性。但需要指出的是,政治科学中涉及的概念,大多数都是发挥分类和比较功能的概念,也就是说,这些概念只能量化至定类和定序层次,很难量化到有意义的定距层次,更不用说定比层次了。这就意味着政治科学家所提炼的理论假设所包含的变量,通常至多是定序层次的,因而极大地限制了实证研究方法在政治科学中的应用。由于真正意义的社会政治实验很难像在自然科学中那样在控制条件下进行,实验法在政治科学研究中的运用也受到极大限制。

但这并不意味着政治科学家就无所作为,政治学者依然可以通过归纳政治现象及其规律,进而提出自己的理论假设,并可以搜集政治科学领域相应的经验证据,对自己的理论假设进行实证检验。

在实际进行的政治科学研究中,由于研究课题性质、研究类型和研究目的不同,对一项研究的不同步骤会有所侧重。

(一)研究类型

1. 探索性研究

探索性研究是指研究者对于研究课题和研究对象进行初步研究,以积累对于研究对象的感性知识,并对研究对象进行初步的理性思考。政治科学领域中的概念,通常不能形成像自然科学中的质量、长度、体积、容量、温度等普遍接受的、标准的概念,一是因为政治科学中的概念,其内涵经常发生流变;二是不同的学者所使用的同一个概念,其定义往往会有所不同。因而,在政治科学领域,到目前为止,尚没有形成经验证据和科学知识的大量积累,一个政治科学研究者往往需要根据自己对政治现象的认知和界定,对历史政治资料进行重新梳理。这就使得很多政治科学研究者无法单单依靠已有的经验资料提炼理论并利用经验资料对理论进行检验。因而,探索性的研究在政治科学领域是很普遍的。

如果研究者对政治科学的一个新领域、新课题或新的现象感兴趣,或者研究者面临的是一个独特的领域或研究空白,则往往对所要研究的对象开展探索性研究。探索性研究的目的是对研究对象形成初步了解和初步知识,往往通过查阅文献或进行社会调查来完成。

探索性研究只能对研究问题形成初步性的认知,但可以为将来更严谨、周密、系统的研究打基础、做铺垫。

2. 描述性研究

政治科学的描述性研究是为了较为系统地说明、展示作为研究课题的政治现象、政治过程的现状或历史演进,其目的是说明某一政治现象是什么,有什么特征和表现。描述性研究的方法以分类和归纳为主,不受理论假设的局限,因为在做描述性研究之前,研究者不必具有清晰的理论归纳,并以这种归纳为指导。毋宁说,在通常情况下,研究者的理论假设是描述性研究的结果,是在对某一课题大量现象的分类说明和描述之后形成的,需要未来进一步验证的结论。

政治科学描述性研究的运用范围是非常广泛的,既可以是以民意测验进行的社会公众对具体的公共政策议题的态度调查,也可以是政治运作过程和运作机制等的描述等,不一而足。

对一个政治课题的准确、全面的描述性研究不仅为人们了解这一课题涉及的政治现象提供有关政治现实的丰富的资料,还可以提供有关政治现象之间的某种逻辑关系或规律性结论,这些规律性结论可以作为研究假设以备分析和验证。

3. 解释性研究

如果说描述性研究的目的在于说明某一政治现象是什么,那么,解释性研究的目的则是要阐述某一政治现象为什么会这样。解释性研究是要探究政治现象之间的内在联系和规律性,尤其是政治现象之间的因果关系。作为政治科学的解释性研究主要是对政治现象之间的关系进行学理上的说明和论证,作为政治科学的解释性研究则不仅要进行政治现实的学理说明和逻辑论证,更重要的是,要利用政治现实经验证据对上述学理说明和逻辑论证(即理论假设)进行实证检验。作为政治科学的解释性研究必须提出理论假设,并对相应的假设进行实证检验,因而往往采用双变量或多变量的统计分析方法。

(二)研究方式

研究设计的一项重要内容是选择课题的研究方式,即根据研究目的确定具体的研究方法。研究方法通常分为四类:社会调查、实地研究、实验研究、文献研究。

1. 社会调查

社会调查也称统计调查,通常采用问卷调查的方式,利用结构化问卷,从被调查者那里获得信息,然后对问卷进行回收、汇总、整理,形成对所研究课题的第一手资料,对汇总的资料进行分析并得出结论。因为社会调查采用事先设计好的结构化问卷和标准的调查程序,能够较为客观地从被调查者得到相应信息,而且收集资料迅速可靠,且得出的调查结论概括性较高,所以社会调查方法自20世纪中叶开始在社会政治科学领域广泛应用。根据是否调查每一研究对象,社会调查可分为普遍调查和抽样调查两种方式。

社会调查尤其适用于对社会政治现象进行总体描述,通过民意测验等形式的调查可以迅速获知社会公众的态度、行为倾向。此外社会调查还可以对政治变量之间的因果关系进行实证检验,为政治学的理论建构增添科学的成分。

2. 实地研究

实地研究通常也就是田野调查,是研究者深入到被研究者的社会政治环境,有时甚至可以作为其中一员与被研究者共同生活,通过观察、访问搜集相关资料。根据研究者是否作为被研究者群体一员的身份出现,实地研究可以分为参与式观察研究和非参与式观察研究两种类型。实地研究比较适合作个案分析,因而在文化人类学中得到广泛应用。哈佛大学的威廉·怀特教授在《街角社会》中对波士顿市的一个意大利人贫民区意裔青年的生活状况、组织形式的研究,是实地研究的一个范例。他通过对闲荡于街头巷尾的意裔青年活动方式、组织结构以及他们与周围社会(主要是非法团伙成员和政治组织)的关系加以观察,获得了丰富翔实的资料,并得出了富有洞察力的结论。

3. 实验研究

实验研究是自然科学研究的主要方法,是根据一定的研究假设,通过引进控制变量,并比较实验组和对照组的实验结果,来检验变量之间的因果关系的一种方法。和其他研究方式相比,实验研究因为能够按照实验者的设计控制自变量,并通过测定因变量的相应变异,对研究者的理论假设进行假设检验,从而解释现象之间的因果关系。

相对于包括政治科学在内的社会科学研究,对自然科学的研究在下述几个方面比较容易标准化操作。一是在对自然现象的研究中,由于研究对象是客观的,对事物的性质及其测量往往容易达成共识,比如对一个物体长度、重量、体积以及温度等变量的定义及其测量在科学界基本没有疑义。虽然在具体的测量过程中不可避免地会出现测量误差,但不同测量者的测量结果都会基本一致。二是对自然现象的研究可以通过反复进行的科学实验观察和验证。人们往往容易模拟相同的实验环境，设计相同的实验条件，对实验人为地施加相同的控制因素等，这些可以反复进行的科学实验为自然科学工作者提供了大量的客观数据和资料，为自然科学家验证和改进自然科学理论提供了客观的证据。三是对自然科学的研究基本不涉及人类伦理规范和价值判断，较少受到人类伦理规范的影响，自然科学涉及更多的是客观事实。

而政治科学研究的对象是人类社会的政治现象，涉及人的道德价值观，人的思维、情感、意志与行动等主观因素，比自然科学研究的对象复杂得多，这使得政治科学研究在应用实验方法时面临几大难点：一是人对社会政治现象的观察和描述难以完全摆脱主观因素。对同一社会政治现象的定义，不同的学者会不尽一致，甚至会大相径庭。即使对一个社会政治现象的内涵和定义能够达成较为一致的意见，对该社会政治现象的测量也没有统一的标准，不同的人对同一社会政治现象的测量往往会有不同结果。二是大规模的社会政治实验难以重复，且社会成本巨大。社会政治实验是关于人类政治共同体的实验，而人是有认知能力的，而且人不可能完全回到过去从头再来，因此社会政治实验无法像自然科学实验那样在相同条件下反复进行。同时，进行一项社会政治实验的成本是巨大的，一个社会绝不可能对自己曾经的历史选择推倒重来。三是由于人的认知和学习适应能力，个体以及群体的行为会发生改变，个体和群体在社会政治实践过程中都会经历和体验不同程度的学习过程和成熟过程。经过一定时期或某个历史事件之后，曾经的个体和群体，在严格的意义上讲，再也不是原来的个体和群体了，这就说明，对一定历史条件下有效的理论成果不可能确保在将来仍旧有效。四是社会政治实验的主体是人类政治共同体，进行社会实验要受到人类伦理规范以及宗教信仰文化传统等的限制。

尽管如此，对小型的政治群体行为的研究仍然可以采用准实验设计的方法，比如说，如果想要检验一种新型的管理方法对提高公务员的工作效率有无影响，可以随机选取两组公务员，对两组公务员的工作效率进行测量（前测）；然后对其中一组（实验组）采用新型的管理方法，而另外一组（对照组）仍然采用原先的管理方法，经过一段时间后，再次测量两组公务员的工作效率（后测）；对两组公务员工作效率的变化进行统计分析，以确定新的管理方法对提高公务员的效率是否有效。

4. 文献研究

通过历史文献资料进行研究，称为文献研究法。比如要研究 20 世纪 50 年代末、60 年代初的中苏两国关系，查阅双方当时报刊上发表的文章，就可以考察两国关系的发展走向，报刊上双方激烈的辩论，就反映了两国关系的恶化。

美国天主教大学在 1998 年有一篇名为《为什么美国的苏联学未能预见苏

联的剧变？——对美国1974至1988年苏联学文献的考察》的博士论文。该文的题目上就标明是“文献考察”，显然是以文献分析为主要方法的研究。作者所主要收集和分析的是美国学者在1974年至1988年间苏联解体前夕对苏联的研究文章。从这些文章中，作者发现，美国的苏联问题学者对于苏联的资料的分析是错误的，低估了苏联经济的衰败和社会裂变的严重程度，及其对政治产生的影响。

使用文献研究的方法，最重要的是全面地掌握相关文献资料，如果只掌握一方面的资料，可能使研究得出片面的结论。当然，有时无法得到全面详尽的资料，是由于客观条件的限制。比如冷战时期，西方的学者就无法得到苏联的档案资料。

对文献资料的分析，还要考虑文献资料的真实性。尤其是官方文献，往往会美化自己的行为，掩盖真相，不足为凭。因此，运用文献资料有时需要辨别真伪。这是相当困难的。比如，在清史研究中，雍正即位的合法性一直存有争议。有一种流行的说法是，雍正是靠矫改康熙的遗诏登基的，称雍正暗中将康熙传位遗诏中“传位十四子”篡改为“传位于四子”，并夺取帝位。但是，中国历史档案馆在2004年11月展览的康熙遗诏表明此传言不实。因为用汉、满、蒙三种文字书写的遗诏中清清楚楚写的是“雍亲王皇四子”，根本无法加笔篡改。可是，随后又有学者指出，档案馆展览的遗诏也是伪造的。就是说，雍正不是篡改康熙遗诏，而是以假造康熙遗诏而登基。关于此问题仍在争论，结果仍不可知。不管结果如何，都可以看出，在运用历史文献时，辨别真伪是必要的，尤其是在一些具有争议的问题上。

即使是非官方的文件，也存在与事实不符的问题。因为非官方的文件，出于一些利己的动机，也会伪造或掩盖事实。而一些报纸杂志受官方的影响，也会搞假报道或者只报喜不报忧。如果仅凭这样的历史文献进行研究，则无法看到历史事件的全貌，或无法看到历史的真容。

对文献资料的分析，有时还需要剖析文字背后隐含的意义，特别是分析政治性文献。因为有些政治表达含糊其词，似是而非。也因为政治问题比较敏感，所以在语言表达上，政治人物往往留有余地或不尽其意，这就需要研究者结合历史背景和其他的文献进行综合考察。

因此，使用文献资料进行研究也需要慎重，最好是全面地掌握文献，既包括本国的，也包括外国的，既包括官方的，也包括非官方的，相互印证和核查，以保证研究的可靠性。

四、文献的检索与综述

所谓文献(literature),广义的定义是指记录知识的一切载体,是指用文字、图形、符号、声频、视频等技术手段记录人类知识的一切载体。在通常的意义上,文献是指有历史意义或研究价值的书面材料,指图书、期刊等各种出版物的总和。

进行一项研究,首先需要考虑收集的是文献资料。因为任何一项研究都是建立在前人研究的基础上,如果不了解前人的研究成果,就无法形成良好的学术传承,无法使自己的研究站在学术的前沿。充分利用前人的研究成果和既有的文献资料,也可节省大量的物力和精力,毕竟利用文献资料比亲自收集一手资料要省力得多。而且,有的研究可以仅仅依靠文献资料就可以进行,不必进行实地的资料收集。

(一) 文献资料的类型

对文献资料的分类有多种方法。

根据文献资料的载体形式可将文献分为印刷型、缩微型、机读型和声像型。(1) 印刷型:是文献的最基本方式,包括铅印、油印、胶印、石印等各种资料。优点是可直接、方便地阅读。(2) 缩微型:是以感光材料为载体的文献,又可分为缩微胶卷和缩微平片,优点是体积小,便于保存、转移和传递。但阅读时须用阅读器。(3) 计算机阅读型:是随着计算机技术的发展和普及出现的新型载体。它主要通过编码和程序设计,把文献变成符号和机器语言,输入计算机,存储在存储介质上,阅读时,再由计算机输出,它能存储大量情报,可按任何形式组织这些情报,并能以极快的速度从中取出所需的情报。近年来出现的电子图书即属于这种类型。(4) 声像型:又称直感型或视听型,是以声音和图像形式记录在载体上的文献,如唱片、录音带、录像带、科技电影、幻灯片等。

根据文献资料的出版形式,可以将其分为:图书、连续性出版物、特种文献。(1) 图书:凡篇幅达到 48 页以上并构成一个书目单元的文献称为图书。(2) 连续性出版物:包含期刊(其中含有核心期刊)、报纸、年度出版物。(3) 特种文献:是指专刊文献、标准文献、学位论文、科技报告、会议文献、政府出版物、档案资料、产品资料等。

根据对文献资料的加工次数可将文献区分为一次文献、二次文献和三次文献。一次文献是指以作者本人的研究成果为依据而创作的原始文献,如期刊论文、研究报告、专利说明书、会议论文等。二次文献是对一次文献进行加工整理后产生的一类文献,如书目、题录、简介、文摘等检索工具。三次文献是在一、二次文献的基础上,经过综合分析而编写出来的文献,人们常把这类文献称为"情报研究"的成果,如综述、专题述评、学科年度总结、进展报告、数据手册等。

(二) 文献资料的来源

文献资料包括很多种,其来源也比较广泛,比如官方的文件和统计资料、报纸杂志的新闻报道、历史记录文献、各种民意调查结果、各种信息的数据库、私人日记和回忆录等等。

1. 官方的文件和统计资料

政府的文件和统计资料是进行政治学研究需要大量运用的一类文献资料。因为政治科学的主要研究内容之一就是政府的行为。政府的各个部门每天都会产生和发布大量的文告和统计数据。官方的文献是政治科学研究需要大量运用的一类文献资料,尤其是各国政府定期公布的普查和抽查资料,如人口普查、工业普查、农业普查、经济普查,还有大量的抽样调查资料等。

比如,对于宪法的研究者来说,各国的宪法和宪法法院的判例具有重要的研究价值。正是从宪法法院的各个历史判例中,宪法的研究者能够对一个国家宪政体制的演变进行研究。一篇题为《改变美国宪政历史的一个脚注》的文章利用的文献资料就是1938年美国联邦最高法院对"美国诉卡罗琳产品公司案"所作的判决书。①

当然,官方的文件和统计资料并不都是公开的,甚至相当大的一部分是保密的,而这些保密的内容往往正是政治研究者最想得到的资料。因此政府的保密行为限制了研究者获得文献的范围,制约了研究的进行。好在各国都有在一定时限内解密文件的法规。中国与其他很多国家一样,都制定了《档案法》及其实施办法,规定档案自形成之日起满30年后可以解密并对公众开放,除非有特别的原因要求对该档案继续保密。②

---

① 任东来:《改变美国宪政历史的一个脚注》,载《读书》2005年第9期。

② 1999年5月国务院批准实施的《中华人民共和国档案法实施办法》第20条规定:"各级国家档案馆保管的档案应当按照《档案法》的有关规定,分期分批地向社会开放,并同时公布开放档案的目录。档案开放的起始时间:(一) 中华人民共和国成立以前的档案(包括清代和清代以前的档案;民国时期的档案和革命历史档案),自本办法实施之日起向社会开放;(二) 中华人民共和国成立以来形成的档案,自形成之日起满30年向社会开放;(三) 经济、科学、技术、文化等类档案,可以随时向社会开放。"第22条规定:"中华人民共和国公民和组织,持有介绍信或者工作证、身份证等合法证明,可以利用已开放的档案。"

每一次重大的档案解密都会对相关的研究产生重要的推动作用。根据《档案法》,外交部档案馆收藏的部分外交档案自2004年初开始对社会开放。目前开放的主要是建国初期的外交档案,许多以前都是绝密,具有极强的研究价值。尽管这些档案很多都是手写的或油墨印制,但对于研究国际关系和中国外交的学者来说,必然是如获至宝。据称,前来查阅者多为研究外交和国际关系的专家、学者。[①]

又比如,苏联解体后,其继承者俄罗斯政府大规模地对苏联的官方档案进行了解密,使以前迷雾重重的与苏联有关的种种历史事件和国际关系事件得以大白于天下。这使得历史学家和国际政治学者得以在研究中大量使用解密的苏联档案,这尤其是对冷战史的研究是一个重大推动。因为苏联是冷战两方中的一方,长期以来,研究者们只能得到部分美国和欧洲的档案材料,却无法接触苏联的档案,关于冷战时期国际关系的研究往往是片面和不充分的。而苏联档案的解密则解决了这一问题,填补了这一重大的文献资料的空白,促进了冷战时期国际关系研究的繁荣,有助于对冷战历史进行比较客观的分析和研究。正是出于完善冷战和苏联档案收藏的目的,以收藏苏联档案和书籍闻名的美国斯坦福大学胡佛研究所在20世纪90年代初就积极到俄罗斯活动,争取到了把大批苏联档案制成缩微胶卷的机会,使得俄罗斯的苏联档案得以传播,便利了美国和其他国家的研究者。现在许多美国之外的研究冷战时期国际关系和苏联的学者也把到胡佛研究所查阅的苏联档案当作重要的学术功课。[②] 2001年6月,俄联邦国家档案馆展览大厅开始举行的卫国战争解密文件展览,回答了开战时期苏联溃败的原因,认为是苏联的战争准备十分不充分所致。一些研究者通过苏联解密的档案对朝鲜战争爆发的真相进行了重新解释,这引起了较大的争议。且不说争议的结果如何,苏联档案的解密确实对澄清与重新认识一些重大的国际关系历史问题提供了机遇。

2. 报纸杂志的新闻报道

报纸杂志是近现代以来重要的传媒工具。自1615年,第一张“真正的报纸”在德国的法兰克福诞生以来,报纸杂志已经成为人们生活中重要的组成部分。据统计,中国2003年就有2119种报纸,每天发行达8500多万份,居世界首位。

这些报纸杂志每天传播了大量的信息,尤其是时事信息,是进行研究可以

---

① 《新中国初期外交档案解密 媒体关注朝鲜相关档案》,中新网,2004年1月21日。

② 顾宁:《美国胡佛研究所档案馆和苏联档案的收藏》,中国美国史研究会网,http://ushistory.xmu.edu.cn,2005年3月7日。

利用的浩瀚的资料库。如果进行的是当前的政治问题的研究,那么可以从近期的报纸中搜集有关的各种事件的报道,作为素材进行分析。比如,对人民代表大会制度的现状及其完善进行研究,就可以考虑从报纸杂志上搜集有关人大制度建设和人大代表活动的各种报道,作为研究的基本资料。

对于历史研究而言,报纸也是不可或缺的重要资料来源。由于报纸的历史很长,所以很多历史事件在报纸上都有记载,通过查阅历史上报纸对事件的报道和综述,可以补充很多官方文献资料所缺乏的具体而详尽的资料。如对于一战爆发原因的研究,有很多偶然因素,有的学者通过对一战爆发前夕各国报纸的报道进行分析,可以发现不同国家的舆论对于事件的不同态度和这些态度间的差异,从而推断对事件的错误判断和主观判断也会影响到战争的爆发。

3. 各种调查结果和数据

社会调查和政治调查已经成为当代经常运用的了解和收集民意的手段,调查的结果和数据往往向社会公开。调查可能是官方进行的,也可能是民间主持的。这些调查结果和数据就成为研究的重要资料。对于政治学研究来说,各种民意调查结果是了解各国领导人受支持程度和各种政策的民意反应的重要资料。

4. 各种研究相关信息的数据库

行为主义政治学的兴起,使得实证研究成为一种必要。实证研究往往需要大量的相关信息和数据。而任何一个研究者本身都不可能有巨大的精力和物力去收集数据,尤其是国际关系类和比较政治类的研究,需要的数据涉及全球。这么庞大的数据收集的任务,恐怕不是任何一个甚至几个研究者力所能及的。为了满足实证研究对各类信息和数据的需要,一些专家致力于建立各种数据库,把各个专题研究的相关数据收集在一起,随时可以调阅分析。

还有一类新兴起的数据库不是研究的原始资料性质的,而是研究成果性质的,即学术文章的数据库。这类数据库把所有领域的学术期刊收集在一起,并建立内部的搜索引擎,研究者可根据自己的需要收集相关的研究文章。比如超星数字图书馆,清华同方开发的中国学术期刊全文库,万方公司开发的期刊、学位论文全文库等,人大复印资料、参考消息报等也都建有数据库。

5. 互联网资料

互联网的出现和发展不过三四十年,但已经成为深刻影响人类社会的重大发明。互联网的最早出现是在 1969 年。当时,美国军方在一项试验中成功地将四台计算机联网。直到 80 年代,互联网才投入商业应用,发展迅猛,现在已经形成全球性的联结数亿台计算机的庞大网络。互联网已经成为很多人每天学习、工作和生活的必需品。截至 2005 年底,我国网民人数达到 1.11 亿,网民普及率达到8.5%,而目前全球网民约9.7亿,平均普及率为15.2%。

对于我们的研究而言,互联网也已经成为不可或缺的工具。互联网已经在很大程度上替代了图书馆,互联网的新闻网站在很大程度上替代了报纸杂志。因为原来只有在图书馆和报纸杂志上才能查阅的各种信息资料,现在坐在家中点击鼠标即可获得。许多报纸杂志都已经上网,还没有上网的报纸杂志已经寥寥无几。

6. 私人日记和回忆录

个人文献主要包括个人日记、回忆录、信件、传记等。私人日记和回忆录是一种重要的研究文献,与官方的文献资料可以互为补充。一般来讲,相比官方文件,私人的日记更为真实可信。因为很多私人日记本来是不准备公开发表的,因此能够客观地记录事件和自己的想法,最为真实。而回忆录的可信度可能要差一些,因为回忆录一般来说都是为公开出版而撰写的。回忆录的撰写者往往站在自己的角度叙述问题,为自己辩护,甚至隐瞒对自己不利的事实和故意歪曲事实。不过,无论是私人日记还是回忆录,都往往比官方文件所记录的事实详细、具体,对于完整、全面地认识事件是十分重要的。

政治家们的私人日记和回忆录为政治学的研究增添了许多素材和便利。私人日记最为真实,但是最不易得到,因为日记往往是保密的,很少见诸公众。有些私人日记是被后人公开的,有些是根据作者的遗言在去世后公开的。这些私人日记也有重要的研究价值,尤其是研究某个思想家思想的话,如果有他的日记,那么研究会更深入。著名学者吴宓先生的日记由三联书店出版,足有十册之多!这是吴宓先生数十年学术生涯、个人际遇和在学界的活动与交往情况的记录,也是20世纪中国学术史、教育史的珍贵记录。而著名思想家顾准先生的日记也已经以《顾准日记》为名出版,为顾准的研究者提供了一份宝贵的资料。

私人日记能够为一项研究的完善提供很多帮助。如宋子文西安日记对西安事变这一中国近代史上最富有戏剧性也是最神秘的重大事件的研究就有一定的价值。据称,宋子文将1万多件本家族的秘密文件保存在斯坦福大学胡佛研究所档案馆。宋美龄去世之后,胡佛研究所公布了这批材料。其中包括宋子文亲历西安事变时记下的日记。这一日记引起了人们的深切关注,有助于澄清西安事变的一些谜团和填补一些空白。①

就回忆录而言,例如法国著名思想家和政治家托克维尔的《回忆录》,该回忆录记载了他参与1848年革命的经历。法国的戴高乐将军在退休后专心写

① 《宋子文西安事变日记独家揭秘》,新华网(http://www.xinhuanet.com),2004年6月22日。

作,有《战争回忆录》传世。英国首相丘吉尔著有《第二次世界大战回忆录》。欧洲一体化的重要领导人让·莫内也著有一部《欧洲第一公民——让·莫内回忆录》。当代的名人写回忆录已经成为一种风气,尤其是那些退休的名人和政治家,退休后头一件大事就是撰写回忆录。写回忆录在中国也开始流行起来,以前比较少,黄炎培先生的回忆录《八十年来》相当可贵,而前外交部长钱其琛的《外交十记》,也引起了人们广泛的兴趣。徐向前元帅也出版过回忆录《历史的回顾》,其中对于解放军历史中“临汾旅”的命名争议,以亲历者、决策者的身份,说明这一命名不是华北一军团擅自授予的,而是经过中央军委批准的。后来发掘出的档案资料证实了徐帅的说法,最终解决了这一长期有争议的军史问题。

(三)文献资料的检索

1. 通过图书馆和资料室或档案馆

各个地方和各种学校与科研机构都会建立自己的图书馆和资料室。由于提供了文献资料的便利,有些图书馆和资料中心的所在地也是某项研究的重镇。比如,香港中文大学的中国研究资料中心,该资料中心在收录中国问题资料方面相当著名,资料非常广泛。哈佛大学的费正清东亚研究中心,也是研究东亚的文献资料的汇聚之地,吸引了很多东亚问题的研究学者。中国最权威的图书馆是国家图书馆,高校当中最突出的当属北京大学图书馆,这些图书馆各自有丰富的藏书和一些独有的文献资料。

档案馆是获取文献资料的重要场所。有些公开的档案可能会结集出版,在图书馆也能查到,但还有大量的档案是没有出版的,只能从档案馆获得。还有那些尚未公开的档案,如果研究者确实需要,可以向档案部门申请获得特许查阅。特别是对于那些研究与历史有关的学者而言,泡档案馆是他们研究生活重要的一部分。

2. 通过各种数据库

前文已经提到过数据库是文献资料的一种重要类型。其实,数据库与图书、报刊资料和互联网资料有时是重合的。因为有些数据是随着政府的文告、出版的图书、报刊公开的,有些则已经上传到互联网。有些数据库是公开的,可以在图书、报刊和互联网上查到,但有些则是非公开的,甚至可能是需要付费才能获得。一般政府性、公益性组织收集的数据和制作的数据库是公开的和免费的,而那些商业性质的数据库是付费的。官方发布的数据一般来说比较权威,政府公布的经济统计数据、人口统计数据等等都是十分有用的。当然,官方的许多数据也并不对外公布。比如,政府一般会在每年的人大会议上发表预算报告,但是预算的详细数据一般来说研究者却无从获得。

有些数据库特别专业,一般不对外公开,只有在特殊需要的情况下才被允许使用。比如,在密歇根大学建立了庞大的战争数据库,收集了自拿破仑战争以来所有可以收集到的战争数据,建立了"战争相关系数"体系。[①]而著名的国际关系学者秦亚青教授完成其《霸权体系与国际冲突——美国在国际武装冲突中的支持行为(1945—1988)》一书,利用了密苏里大学一位教授多年建立的国际武装冲突的数据库。[②]

对于政治科学和国际政治的研究者来说,比较有用的数据库有:

世界银行发布的世界经济类数据;

联合国发展计划署的《人类发展报告》;

美国 CIA 各国情况的数据库;

经济合作组织(OCED)关于欧洲经济状况的数据;

欧洲各国从二战后至今历次大选的数据库(http://www. parties-and-elections. de)。

这些数据大部分可以从其官方网站上免费获得。英国经济学家也有一个各国状况的数据库,比较详尽,经常更新,但需要付费才能进入。

3. 通过互联网

互联网是当代最热门的通信工具和信息传播工具,其兴起极大地促进了文献资料的传播,方便了文献资料的获取。互联网的文献资料十分广泛,获得十分快捷。利用互联网进行学术研究,已经成为当代学术研究者的一门必备技术。现在互联网的搜索引擎主要有:百度、雅虎、google 等等,其中 google 的学术搜索(http://scholar. google. com[③])对于学术研究更加有用。相当多的数据库也都是通过网络来传输和检索的,十分方便和快捷。比如前文提到的超星数字图书馆、清华同方开发的中国学术期刊全文库,万方公司开发的期刊、学位论文全文库等。现在很多高校和科研机构的图书馆都已经购买安装了这些数据库,此外还引进了一些国外的外文期刊资料库,给研究提供了诸多便利。

当然,互联网的信息资料也存在可靠性的问题。因为互联网的资料往往是不经过审核的,可以随意上传。因此,从互联网获得的资料往往还要经过网下的查验,才能正式应用于研究。正是因为对互联网资料的可靠性的怀疑,有些学术期刊反对把互联网资源列入文章的参考文献当中。因此,学术研究应该尽

① 秦亚青:《现代国际关系理论的沿革》,载《教学与研究》2004 年第 7 期。

② 秦亚青:《霸权体系与国际冲突——美国在国际武装冲突中的支持行为(1945—1988)》,上海人民出版社 1999 年版,致谢部分。

③ 值得一提的是,该搜索引擎的口号便是:"站在巨人的肩膀上。"

量避免依赖互联网资料,即使从互联网上获取资料,也应该尽量采用那些正规和严谨的网站上的信息。另外,互联网的信息尽管浩瀚和丰富,但是也不是所有的信息都有。其实,互联网上可用于学术研究的文献资料仍然是有限的,这是因为很多文献资料还没有能够被上传到网络当中,也是因为版权的限制使很多文献资料不能通过互联网自由和免费获得。

表 13-1　互联网上的部分政治学信息资源

网站名称	网址
中国政治学网	http://www. cp. org. cn
政治学在线	http://www. sirpa. fudan. edu. cn/CPSonline/
中国政治学论坛	http://211. 91. 135. 86/dvbbs/index. asp
政治文化研究网	http://www. tszz. com/
中国选举与治理	http://www. chinaelections. org/
地方人大创新	http://www. lpci. cn/
人大代表制度研究	http://www. rddbyj. com/
中国综合社会调查(CGSS)	http://www. cssod. org
中国学术城	http://xueshu. newyouth. beida-online. com/
制度分析与公共政策网	http://www. wiapp. org/
中国农村研究网	http://www. ccrs. org. cn/
中国国际关系研究网	http://www. sinoir. com/index. html
国际关系研究	http://www. internationalrelations. cn/Index. asp
美国政治与法律网	http://www. ciapl. com
香港中文大学中国研究服务中心	http://www. usc. cuhk. edu. hk/
美国政治学研究会	http://www. apsanet. org
美国政治学季刊	http://www. psqonline. org/

(四)文献综述

在研究题目大致选定的情况下,文献综述就是整个论文构思与写作的第一步。甚至研究题目本身的确定,就离不开对相关研究领域文献的全面掌握,因为,只有基本明了了国内外同行最新研究进展,才能有针对性地明确自己的研究方向;只有清晰地梳理出他人的研究脉络和研究路径,才有可能把握学科发展的未来趋势;只有敏锐地发掘出学术界共同面临而又亟待解决的重大理论和实践问题,才能找到自己下一步研究的好的切入点。在阅读和整理文献的过程中,要带着强烈的问题意识,这样阅读和整理文献的过程,也就是选取自己研究的着力点并确立自己的理论框架的过程。

1. 文献综述的作用

文献综述的基本作用是向读者交代该方面研究的现状，使读者清楚作者在这项研究中的贡献在何处。一个好的文献综述可以显示出研究者对该研究领域的熟悉程度和专业程度，表明在该项研究中已经取得的研究成果有哪些，还有哪些问题是有待突破和进一步研究的；表明在该项研究中以往的研究思路和方法是怎样的，而研究者在这方面有何创新之处。文献综述需要在阐述当前研究的成果的同时，指出尚存在的不足，为自己介入此项研究做铺垫。因为，如果该项研究没有不足，或者研究者找不出不足之处，那么该论文也就没有什么价值了。因此，文献综述与本章所谈到的选题依据中的研究现状是有相似之处的。不过，选题依据中对研究现状的阐述是在研究初步进行时所做的，并不深入和细致。而文献综述是对该领域研究相关文献的全面分析和梳理，是研究成果的一部分，既系统又深入。

文献综述也可以帮助有关的研究者了解该方面研究。在其阅读成果的读者中，有很多也是该研究领域的专家、学者或学生。文献综述可以使读者充分而全面地了解该方面研究的总体状况、已有的观点、使用的方法以及资料状况，从而为他们的研究提供便利。

2. 文献综述的内容

文献综述主要是介绍已有研究成果的主要理论观点、研究方法技术，并对其进行评价。

对于已有研究成果的主要理论观点，应该进行系统的整理归纳，而不应该简单地罗列。可以是根据该研究领域的各个问题分类，也可以是根据不同的观点或方法分别进行梳理，这样的文献综述才能显得系统而清晰。比如清华大学阎学通教授在《东亚和平的基础》一文中，其第一部分"对东亚和平体系的多种解释"即是一个文献综述。这个文献综述对20世纪90年代末，学者们就"东亚地区和平是如何维持的"这个问题进行的研究进行了梳理，归纳出三种主要解释：中美地缘均势论、伙伴关系互动论和复杂利益牵制论。

研究方法有时也是文献综述的一项重要内容，尤其是对于实证性研究来说。研究方法里面，有传统的和现代的之分，传统方法有哲学法、比较法、历史法等等，而现代研究方法主要是行为主义的实证研究方法。[①] 更具体而言，本书第二部分所介绍的各种研究方法也都是一些可供选择的研究途径。采用不同的研究方法对同一个问题进行探讨是常见的现象。文献综述有时也对相关文

---

① 参见 Laurence F. Jones, Edward C. Olson, *Political Science Research: A Handbook of Scope and Methods*, New York: HarperCollins College Publishers, 1996, pp. 13—14。

献的研究方法进行梳理,评论其效果如何,是否存在缺陷和不足。

文献综述并不只是平淡地叙述已有研究的成果和方法,而是研究者有针对性地进行分析和评论。这也是文献综述最重要和最精彩之处。无论对相关的文献的理论观点还是对方法技术进行的述评,都应该随之进行自己的评论,而不应该仅仅停留在介绍的层次上。比如,上面所提到的阎学通教授的《东亚和平的基础》一文中的文献综述,作者分别对自己归纳的三种观点进行了述评。每个小部分都首先简要地介绍了这三种解释的主要代表性观点,然后对其进行评论。作者的结论是,这三种主要解释"对理解东亚和平体系都有启示性作用,但也都存在着明显的缺陷"。在这个基础上,作者提出了自己的解释:冷战后东亚出现的非均势态势下的核威慑是东亚和平的基础因素,东盟集体安全合作的扩展以及韩国的和平统一政策是两个辅助因素。①

文献综述可按以下方式进行:一是按照时间先后,将以往研究成果分成几个发展阶段,再对每个阶段的进展和主要成就进行陈述和评价。这种方法的优点是能较好地反映以往不同研究成果之间的前后继承和学术传承,梳理出清晰的历史脉络。二是以学术流派为主线,通过横向比较分析不同学术流派的观点,这种方法的优点是能很好地呈现不同学派之间的批判与借鉴关系。三是将纵向的历史考察与横向的比较分析有机结合,这种方法的优点是既能反映历史的沿革、流变,又能揭示横向的分野和融合。

3. 文献回顾需要注意的几个问题

撰写文献综述的首要环节是对已有成果进行线条清晰的梳理和系统全面的评价。在文献综述撰写中,常见的问题有以下几种:

一是只简单罗列他人观点,未对已有研究成果进行分类、归纳和提炼。这样就缺少一个对已有文献的消化和吸收的过程,还没有厘清已有文献之间的纵向上的学术传承或横向上的学术分野,因而无法展现已有的学术研究脉络,也就很难从整体上把握学科前沿领域的发展趋势。

二是虽然对已有成果进行了归纳或梳理,但未做系统、深入的分析评价。对已有成果进行分析、评价,要集中于已有研究的学术或者实践的贡献与不足之处,通过对文献的分析找到需要研究的问题进而凝练出有价值的研究问题。

三是虽然对已有成果进行了分析、评价,但是对问题的提炼不够精确。对他人成果进行评价并不是文献综述的最终目的,也不意味着文献综述的结束。只有在评说已有成果的基础上挖掘出待研究的问题,才算达到了文献综述的目的。

---

① 参见阎学通:《东亚和平的基础》,载《世界经济与政治》2005年第1期。

四是应注意研究文献的选择要得当。所选择的文献应该是与研究相近或关系密切的,最好是直接相关的。当然,有些研究领域或问题已有的直接相关的研究成果很少甚至没有,那么所选择的文献就可能不是太直接。但是,避免文献综述与正文相脱节还是必要的。文献综述可能会出现的一个很大的缺点就是没有紧扣主题。正如有的学者所指出的:“有相当一部分作者回顾的并非是对特定专题作出贡献的文献,而是与专题相关的整个领域的发展,以至于文献回顾曲曲折折占用不少篇幅,而真正进入正题的文字却不多。这可能还是由于研究主题失于宽泛,或者说作者缺乏问题意识。如果在回顾文献的过程中始终尝试从理论上说明研究主题的来龙去脉,同时为自己的分析框架做好铺垫,至少不会离题太远。”①

五是文献综述中所选择的文献还应该是具有权威性和代表性的文献,一般应该是该项研究的权威学者、权威刊物、代表性的成果。这种文献综述中总结归纳的观点才具有代表性。如果文献综述中选择的文献并不权威或不具有代表性,那么还不如没有文献综述。

六是尽管文献综述需要较多地引用原文,但是应该将作者的主要观点以自己的语言来表述,如果必要,可以使用一些短的直接引用,而避免太长地引用原文②,否则你的文章就会成为别人的文章的拼盘。即使不是在文献综述中,而是在正文的写作中,也应该注意这一点——避免过长地直接引用原文。

五、参考文献与注释

(一) 参考文献与注释的作用

参考文献是在学术研究过程中所参考或借鉴的著作和论文的总称。学术研究往往是在前人研究的基础上进行的,前人的研究和积累是后人研究的基础和出发点,参考文献和注释的目的就是反映学术研究的传承和借鉴。尽管参考文献与注释有时看起来是论文的附加物,但是一项完整的研究论文,必须包含参考文献与注释,否则就是残缺不全的。

概括起来,参考文献与注释的作用在于:

---

① 朱玲:《经验研究中的关键细节》,载《经济研究》2002 年第 11 期。

② Laurence F. Jones, Edward C. Olson, *Political Science Research: A Handbook of Scope and Methods*, New York: HarperCollins College Publishers, 1996, p.39.

(1) 尊重他人的研究成果。在学术研究过程中,研究者有权引用他人公开的研究成果。在享有引用和借鉴权利的同时,研究者有法律义务以参考文献和注释的形式标注出所借鉴的他人的研究成果。如果引用他人的研究而不列出参考文献,就是抄袭或剽窃等学术不端行为。因此,参考文献已经成为一项重要的学术规范。

(2) 反映研究者的学术继承和研究基础。参考文献和注释标明了文章中所引用的观点或资料的来源,不仅是对已有研究成果的尊重,而且能够很好地反映学术研究的继承性。

(3) 为读者提供被借鉴的研究成果的线索,以便详细阅读原文和进一步研究。

(二) 参考文献或注释的方式

现在国内各种刊物执行的参考文献和注释规范并不统一。需要指明的是,在文章中需要标注的内容主要有两种,一是观点或资料的来源;二是对文章内容的解释性说明。总结一下,大致有三种类型:脚注式、尾注式和参考文献式。

(1) 脚注式。脚注式是最简单的一种方式。这种方式把观点或资料的来源和解释性说明都使用脚注的形式标注。这种方式相当简单易行,尤其是可以通过电脑的自动编号做成;也比较方便读者查阅,读者不需要翻页就可以看到标注的内容。但是这种标注方式显得比较凌乱,尤其是文献来源和解释性说明部分混杂,使参考文献很不清晰。而且这种方式占用文章的篇幅比较多。因为同一种文献可能会在文中出现多次,每次仍然需要标注。

(2) 尾注式。尾注式也比较简单,往往是把脚注转换成尾注即可,这通过电脑可以很方便地实现。尾注式还有另外一种可能,就是把文献来源和解释性说明分开,在尾注中只列文献来源,而解释性说明仍然用脚注的形式。

(3) 参考文献式。参考文献式是当前开始流行的一种标注方式。对于习惯于脚注或尾注式的作者来说,这种方式还不容易掌握。这种方式也是把文献来源和解释性说明分开,解释性说明都用脚注,而把所有的来源文献按照在文中出现的顺序编号排列在文后,同类文献合并。任何一个参考文献,在文中和参考文献中都只能有一个唯一的编号,即最早出现的那个编号,避免重复。这种方式使参考文献特别突出清晰,一目了然,但缺点是不方便读者进行查阅。读者在查阅参考文献时,不仅需要翻到最后一页,而且还要查该文献的编号。这种方式也很不灵活,有些标注是文献来源和解释性说明兼而有之的,这些就不好处理;要增删或改动其中一个参考文献的话,其他很多的参考文献编号都要重新调整。因此,对于作者来说也比较费时费力。

由此可见，这三种方式各有利弊。目前，采取这三种方式的国内刊物各有一定数量，并无统一之规。

（三）参考文献与注释的格式

参考文献的著录要遵循一定的标准格式，目前不论在国内学术界还是国外学术界，所采用的格式多种多样，比如在美国学术界主要有美国心理协会格式（简称 APA 格式）和芝加哥大学出版社格式。参考文献的著录格式不管如何变化，都包含了参考文献的基本要素，借助这些要素，读者可以准确找到文献的出处。

1. 参考文献和注释的种类

刊物论文：作者，年份，刊物名，卷号，页码。

论文集中的论文：作者，年份，论文集主编名，论文集名，出版社，出版地，页码。

专著：作者，年份，专著名，出版社，出版地，页码。

学位论文：作者，年份，论文题目，学位取得学术单位名。

专利：作者，年份，专利号，专利取得国。

网络论文：作者，网络地址，发表时间。

2. 参考文献与注释的著录格式

2005 年，关于参考文献著录的国家标准颁布（GB/T 7714-2005），以取代 1987 年颁布的标准。此标准规定了各个学科、各种类型出版物的参考文献的著录项目、著录顺序、著录用符号以及著录方法等。其中规定：

专著的著录格式：

主要责任者. 题名：其他题名信息[文献类型标志]. 其他责任者. 版本项. 出版地. 出版者，出版年. 引文页码.

专著中的析出文献[1]的著录格式：

析出文献主要责任者. 析出文献题名[文献类型标志]. 析出文献其他责任者. 专著主要责任者. 专著题名. 其他题名信息. 版本项. 出版地. 出版者，出版年. 析出文献页码.

连续出版物著录格式：

主要责任者. 题名：其他题名信息[文献类型标志]. 年，卷(期). 出版地. 出版者. 出版年.

---

① 析出文献指论文集中的单篇论文，因为论文集一般不应直接引用，需要列出具体的那篇文章，就如同期刊中的文章一样。

连续出版物中的析出文献著录格式：

析出文献主要责任者. 析出文献题名[文献类型标志]. 连续出版物题名. 其他题名信息. 年,卷(期). 页码.

电子文献著录格式：

主要责任者. 题名. 其他题名信息[文献类型标志/文献载体标志]. 出版地. 出版者. 出版年(更新或修改日期).

对于参考文献表的组织,此标准规定可采用顺序编码制,也可以采用著者—出版年制。按顺序编码制,各篇文献要按正文部分标注的序号依次列出;而按著者—出版年制,则各篇文献首先按文种集中,然后按著者字顺和出版年排列,其中中文文献可以按汉语拼音字顺排列,也可按笔画笔顺排列。

对于正文中引用的文献的标注方法,可采用顺序编码制,也可以采用著者—出版年制。顺序编码制按正文中引用的文献出现的先后顺序连续编码。

此外,对于著录用文字和符号、多个责任者的著录格式等,此标准也作了详细规定。

我国对于参考文献的著录,各研究机构、出版社往往执行自己特定的格式规范。以下是一般学术期刊参考文献与注释的体例格式：

(1) 著作(类型标识为 M)格式:作者或主编姓名:著作名[M],出版地:出版单位,出版年,起止页码。译著的格式前半部分有所不同:[原著者所在国名]原著作者姓名:著作名[M],译者姓名,后面与著作格式相同。

(2) 期刊(类型标识为 J)格式:作者姓名:文章名[J],期刊名,出版年期(卷),起止页码。

(3) 报纸(类型标识为 N)格式:作者姓名:文章名[J],报纸名,出版日期(版次)。

(4) 论文集(类型标识为 C)及析出文献(类型标识为 A)格式:析出文献作者姓名:析出文献名[A],论文集主编姓名:论文集名[C],出版地:出版单位,出版年,起止页码。

(5) 学位论文(类型标识为 D)格式:作者姓名:论文名,作者机构及学位层次,印制年月,起止页码。

至于互联网资料,现在已经开始被很多作者引用,但是还不被有些期刊完全接受,毕竟互联网资源的权威性与可靠性都存在缺陷。一个被引用的互联网页可能很快就会被删除,再也无从查找。有的刊物拒绝把互联网资料列入参考文献,而允许作者作为解释性说明放在脚注中。在论文当中尽量避免使用互联网资源,如确需引用,则应当选取那些权威性和可靠性有保证的网站,尽量要列清网站名,网站主办方和具体的网页。

外文文献的格式与中文文献基本相同。只是书名和期刊名需要用斜体,文章名需要用双引号。如:Erik Oddvar Eriksen and John Erik Fossum(eds.), *Democracy in the European Union: Integration through Deliberation?* London and New York:Routledge Press, 2000, pp. 111-139。

第十四章
实证研究的资料收集

实证研究的资料一般是第一手资料(primary data),也就是研究者亲自通过实地调研或抽样调查的方式获得的研究资料。相比二手的文献资料,一手资料的获得往往需要更大的精力和财力,但是其可靠性和针对性也比二手资料更强。一手资料的收集方式可以分为直接方式和间接方式两种。直接方式主要指实地的直接观察和访谈,实验也可归为此类。间接方式主要指抽样调查。本章主要对这两类一手资料的收集方式进行介绍。

一、实证研究的资料来源

实证研究资料的主要来源渠道是通过社会调查获取的,社会调查是指人们在一定的理论指导下,有目的有计划地运用特定的方法和手段,收集有关调查对象的信息资料,并作出描述、解释和对策的社会认识活动。社会调查的任务,主要是搜集调查对象的真实资料,以便准确地描述社会现象和科学地解释社会现象,进而对社会现象进行预测和提出有针对性的对策建议。

通过社会调查获取实证资料的方式一般分为以下四种主要类型:

(一) 普遍调查

普遍调查(census),简称普查,是为了解总体的一般情况而对较大范围的地区或部门的所有对象都无一例外地逐一进行的调查。如人口普查,工业普查等。

普查的优点是全面性、准确性、普遍性,因为普查是对所有调查对象的无一例外的调查。普查的一个最大的局限性是成本高,需要大量的人力、物力、财力。例如,我国1982年第三次人口普查,动用普查人员710万,正式调查期间还动员了1000万干部群众参加,耗资约4亿元。不仅如此,普查耗费时间较长,通常一个全国性的大型普查项目从准备、制订调查方案到实施、数据汇总整理,需要一年甚至更多的时间。

(二)抽样调查

所谓抽样调查,就是从调查对象的总体中,按一定方式选择或抽取一部分调查对象作为样本,并依据对样本的调查结果推断总体参数的方法。

抽样调查的优点在于:

(1)调查费用低。抽样调查由于调查的仅仅是整体的一部分,因此,所需费用比普查调查大大降低。

(2)速度快。时间往往是最重要的,特别是某些社会现象需要及时了解,随时掌握,如公众对一项政策的反应。

(3)范围广。由于上述两个特点,抽样调查可广泛用于各个领域,各种课题。

(4)可获得内容丰富的资料。普查通常只了解少量项目,无法进行深入分析。例如人口普查,我国1953年的第一次人口普查,只有姓名与户主的关系、性别、年龄、民族、住址6个项目;1982年的第三次人口普查,调查项目也只增加到19个。

(5)准确性高。普查往往需要大批访问员,而这些访问员,有许多是缺乏经验和专业训练的,这往往会降低调查质量。抽样调查通常有专业人员具体执行和操作,准确性较高。

需要注意的是,抽样调查的成功首先要求所选取的样本能够代表总体,所谓代表就是说,所选取的样本从调查要研究的总体特征看,能再现总体的结构。

但在社会研究中,任何个体之间都存在着差异,任何部分都无法完全代表总体,因此,无论采用什么样的选取部分的方法,无论做得多么仔细,没有也不可能抽出毫无偏差的代表总体的所有特点和关系的样本。这也就是说,在用样本来概括总体时,总要有误差,它的大小可以反映出样本代表性的高低。对于研究人员来说,重要的不是没有误差,而是能知道误差的大小和控制它的大小。

(三)典型调查

在对调查对象进行初步分析的基础上,有意识地选择一些具有代表性的典型单位进行深入细致的周密调查,即通常所说的“解剖麻雀”,深入了解情况的调查方法。可择优选点,也可以择劣选点,择平选点。这种调查方法简单易行,主要是毛泽东同志倡导的,在我国政府的调查研究工作中应用十分普遍。在具体执行时,需要注意:

(1) 实事求是地选择典型;
(2) 注意点面结合;
(3) 切忌片面性;
(4) 慎重对待调查结论。

(四) 个案调查

个案调查,也称个别调查,指为解决某一问题,对特定的事物进行的调查。

个案调查适用的范围主要是了解某一对象的生活史或发展过程,分析人们的行为和生活方式与社会文化背景和生活环境的关系,了解某些独特因素或事件对人们特定行为的影响,以及研究特定文化背景下的群体行为等。

二、实证研究资料收集的直接方式:实地调研

实证资料收集的直接方式主要是实地调研(field research),包括直接观察和访谈。尽管这两种方式往往结合在实地调研当中,但是各自具有一些不同的特点,因此分别予以讨论。实验也算是一种直接收集资料的方式,不过在社会科学和政治科学研究领域中不常用到。

(一) 直接观察(direct observation)

1. 直接观察的特点

直接观察的特点是研究者直接进入研究对象所在的地点,亲身接触当地的人或事,直接收集一手的材料。直接观察法的优点是:获得的材料真实可靠,深入具体,非常直观,针对性强。当然,也有一定的缺点,比如受观察者的主观意识和知识的影响大,客观性弱一些;所获取的资料比较零散,需要大量的精力才能量化;收集资料所需要的时间可能也比较长。古人云:“耳听为虚,眼见为实。”尤其是对于实际问题的研究来说,是否具有亲历的体验,研究效果上的差距较大。因此,争取在研究中尤其是实证研究中多采用直接观察的方式获取一手资料,是十分重要的。

政治科学研究中的观察与我们日常生活中漫无目的、随心所欲的观察不同,它是一种有计划、有目的的观察。因为政治研究的对象是确定的,而且政治研究可以使用的精力和财力都是有限的,因此要确定好观察的目的和计划,在有限的时间内取得需要的观察结果。

当然,也不是所有的事物都可以观察到。有些是涉及人的心理活动,当然无法观察。有些是研究者无法接触,比如政党和政府高层的秘密会议。这些会

议往往都是不公开举行的，尽管可能对于政治研究而言非常有价值。不过，很多会议都有会议记录，这些会议记录可能不久会公开，或者作为档案在若干年之后会公开。关于这些会议，可能以后还会有当事人的回忆录可以参考。当然，这些就属于上一章所讲过的文献资料了。

2. 直接观察的分类

（1）局外旁观和参与观察。

按照研究者的在观察场地的角色，观察可以分为局外旁观和参与观察。局外观察指完全站在旁观者的立场上，不参与观察场地的活动。这种观察比较客观，但是往往无法深入观察研究对象的行为。而参与观察则指研究者以某种角色参与到观察场地的活动中，由于身在其中，所以能够对研究对象进行深入的考察。

旁听就是一种局外观察。学法律的学生到法院旁听审判过程，以深化自己的学习；研究政治的学者可以旁听议会的会议，以进行相关的研究。现在中国很多地方的人大常委会会议都开始允许公民旁听，这对于政治研究者来说是一个近距离观察人大运作过程的好机会。当然，现在各地的人大会议允许旁听的公民名额很有限，也很少公开直播。国外很多国家的议会活动都已经实现了全程直播，公民端坐家中就可以从电视中看到议会内议员的辩论和行为。

参与观察的例子也很多，比如有些学者或记者以某种身份深入基层进行一段时间的挂职锻炼。能够亲自参与政治过程，自然与置身事外进行研究大相径庭。有些学者以前曾经担任政府官员，后来到高校或研究部门工作；也有些学者在高校或研究部门工作之后进入政府担任要职。这在国外是比较普遍的，比如美国的很多学者都曾在政府中任职，哈佛大学肯尼迪政府学院院长约瑟夫·奈就曾经担任美国的助理国防部长，美国布什政府的国务卿赖斯女士曾经是斯坦福大学的教授，美国国防副部长、前世界银行行长沃尔福威茨70年代曾在耶鲁大学任教，1994年出任霍普金斯大学高级国际问题研究学院的院长。他们的双重经历使他们能够把学术研究与现实政治结合起来。不过，这种状况也可能导致学术客观性的削弱，学术思想不知不觉地向现实政治妥协。在中国，退职的政府官员进入高校与研究部门的现象也逐渐增多，特别是很多退休的外交官进入外交部所属的外交学院和国际问题研究所从事研究工作。

当然，也有很多学者可能并不直接具有政府工作的经历，但是与政府官员有密切的接触，也是一种观察的机会。现在的政府部门比较重视决策的科学化，因此延揽了不少学者担任顾问和咨询工作，在政府部门获得了学者的意见的同时，学者也对政府部门的运作有了一定的了解。比如很多研究国际问题的学者都有为相关外交部门出谋划策与接触本国和外国外交官的机会，通过这些接触,他们可以直接观察到外交官们的行为和了解到外交官们的思想。

(2)身份公开的观察和身份保密的观察

在观察中,又可以分为身份公开的观察与身份保密的观察。前者指以公开的身份进入观察场所,比如直接表明自己身份的记者、研究者、挂职锻炼的政府官员等。这两种观察方式各有利弊。身份公开的观察有时可以得到被调查者的积极配合,得到观察场所有关部门的协助,使观察得以顺利完成。比如,当一个地方的居民有问题想向有关部门反映时,一个亮明身份的记者会使居民纷纷前来向他介绍情况。但是有时身份的公开反而可能导致被调查者的抵制,特别是当调查者是来调查对当地不利的情况时。因此,有时采取身份保密的观察也是必要的。这类似于古代的"微服私访",目的都是为了获得通过公开身份的方式无法获得的真实情况。尤其是对一些处于社会边缘状态的群体的观察,由于这种群体对曝光于社会比较敏感,所以还是隐藏真实的身份比较好,比如对上访者群体、对乞丐群体、吸毒者群体和同性恋群体等的调查。

(3)结构观察和无结构观察

按照观察是否程序化、标准化,可以分为结构观察与无结构观察。结构观察是指对观察的程序、项目和内容都有周密的事先计划,并严格按此计划进行。这样的观察结果就比较明确,量化起来比较容易。而无结构观察指事先没有周密的计划,只有一个大致的方案,根据到达观察场所的情况或在观察过程中的新想法随时进行调整。这种观察比较具有弹性,但缺点是收集到的信息前后缺乏连贯性,比较零散,不容易整理。

一般来说,结构观察比较适应于研究事先已经进行得比较成熟,对观察场所了解比较充分,对观察的内容有明确的预期的情况。而无结构观察则适应于对观察场所了解甚少,需要在开始观察时对观察场所有一个熟悉和适应的过程的情况。

3. 观察工具和观察记录

在进行观察、进入观察场地之前,在计划好观察内容和程序的同时,要准备好观察工具,尤其是协助观察记录的工具。

在观察的进行中,需要做好观察记录。因为对于实地的直接观察来说,观察记录是最重要的材料。要分门别类、完整有序地对观察到的情况进行记录,以备以后的整理之用。毕竟,仅凭记忆,很多东西会很快遗忘,损失掉很多宝贵的研究材料。对现在的实地调研而言,录音、录像设备是必要的,尤其是录音设备,在做观察记录时最为有用。以前是使用采访用微型录音机,现在普遍使用更加小巧实用的录音笔。

（二）访谈（Interview）

1. 访谈的特点

访谈是实地考察的一项重要的调查技术。访谈的特点是与被调查对象直接交流，具有很强的互动性和针对性，有助于在较短的时间内搜集到较丰富的材料。当然，访谈也需要研究者具有一定的谈话技巧，注意掌握被访谈者的心理，争取被访谈者的积极配合。

其实，在实地考察中，观察往往要与访谈相配合。因为在实地考察中，一个研究者不可能只是被动地看和听，还要主动询问。当然，访谈法其实早已经被某些类型的工作所广泛使用，尤其是记者，记者的采访活动往往主要是以访谈的形式进行。现在电视上也经常会出现很多访谈类节目。

对于研究政治的人来说，有很多可能是无目的的访谈。政学互动和交流的场合，也可以使研究者了解政治。如像一些著名学者与政界、外交界很多著名人物都有密切的关系和经常的接触，与他们的交谈所获取的重要信息，往往胜过对许多文献资料的研阅。

通过访谈得到的材料一般来说，可以通过注释用于论文当中，但需要标明访谈日期和被访谈者的身份。如“×××，个人访谈，××××年××月××日，×××是××大学教授。”

2. 访谈的主要类型

（1）个别访谈和集体访谈。这是根据访谈涉及的人数多少而区分的。如果被访谈对象仅仅是单独的一个，就是个别访谈；如果被访谈对象是若干人，那么就是集体访谈。个别访谈的优点是能够与被访谈对象进行深入的、有针对性的交流，有助于掌握深层次的资料。特别是如果涉及一些隐秘性的话题的话，还可以寻找比较封闭的场所进行交谈。而集体访谈的优点是效率较高，可以在较短的时间内从较多的被调查者当中得到广泛的信息。比如领导人到基层进行视察，经常举行一些座谈会，以了解当地的情况，这就是一种集体访谈的形式。但是，集体访谈的缺点是不够深入，由于在集体场合，一些人不愿表露真实的想法。尤其是如果被访谈者当中有一个主导者或地位较高的人的话，那么其他被访谈者可能会附和他的观点，从而使研究者只能获得片面的信息。

（2）面对面访谈和通讯访谈。这是根据访谈是否是面对面进行而区分的。面对面访谈是指研究者与被访谈者直接见面，这当然是最理想的一种方式。但是有些时候由于条件的限制，无法直接见面，退而求其次，可以选择通讯访谈的形式。通讯访谈常用的是电话的形式，因为电话中的谈话也是直接进行的。另外还有信件的形式，这种方式比较慢，效率很低。现在随着网络的兴起，也可以采取网络的形式,通过电子邮件或网络聊天工具,也比较方便。

(3) 自由访谈和标准访谈或情景访谈。这主要是根据访谈是否按照一个事先计划好的模式而进行来区分的。自由访谈是指研究者只是向被访谈者简要地提出问题,由被访谈者自由地陈述自己所了解的情况。如果研究者事先对有关情况缺乏必要的了解或对研究的课题没有明确的设想,这种方式是比较适合的。但由于研究者缺乏对访谈过程的控制,这种访谈可能会收集到许多无用的信息,白白浪费精力。而标准访谈则是指研究者事先对访谈的内容和程序有比较周密的安排,可能还使用一份详尽细致的访谈单。这种方式效率较高。但是,由于访谈过程完全是由被访谈者控制的,所以可能会由于研究者的主观而忽略掉一些重要的情况。因此,在标准访谈中,也要注意给予被访谈者一定的自由发挥的空间。情景访谈也是一种事先有一定的设计的访谈,使被访谈者进入到事先设计好的情景中,使其受到这种环境的影响,从而更容易透露研究者希望获得的某一方面的信息。比如,电视台的访谈节目就往往通过音像、图片等为访谈嘉宾营造一种特别的氛围。这就是一种情景访谈。当然,这种访谈可能费用比较高,难以操作,而且容易使有些被访谈者感到有压力。

3. 访谈技巧

对于访谈来说,掌握一些技巧是必要的。因为研究者一般都不是专门的访谈员,其从事的工作也往往与访谈相去甚远。有些职业从事者可能比较善于访谈询问,比如警察、记者和心理咨询师等。然而,研究者一般是与书本打交道而不是与人打交道,所以为访谈的需要了解一些访谈技巧并注意运用是必要的。

在访谈之前,应进行周密的准备,把需要访谈的内容和程序计划好。如果被访谈对象是比较重要的人物,对研究起关键作用,对访谈对象的背景和性格事先尽可能进行深入的了解也是必要的,这样才能在访谈中与其更融洽地交流。而且事先了解一些被访谈者的情况,也能够在访谈中着重于主要的问题,节约访谈的时间。

访谈要善于提问,提问的方式应该根据被访谈者的身份和性格而灵活使用。一般来说,不要提过于尖锐的问题,以免使被访谈者感到不快,对后面的访谈不积极配合,甚至中断访谈。访谈中还要善于观察被访谈者。有时被访谈者可能对某个话题感到不快或厌烦,这时应尽快转移话题;有时被访谈者可能对某个话题意犹未尽,或者似乎有其他的想法,这时应该主动引导被访谈者把话题深入下去。访谈环境的选择也是重要的,对于性格外向的人或不太敏感的课题,可能一般的公众场合都能进行访谈。但是对于性格比较内向的访谈者或比较敏感的课题,那么应该尽量在比较僻静的场所进行访谈。

（三）实验

实验是一种在自然科学中最重要的研究方法。自然科学的研究者需要整天待在实验室里进行操作和观察，他们的工作环境主要是实验室，工作对象主要是实验仪器和材料。对于政治学和其他社会科学的研究者来说，工作环境主要是政治社会，工作对象主要是活生生的人。

在研究人的微观行为和心理时，实验法可能是比较有效的。在心理学史上著名的霍桑试验就是一个范例。这项研究是1924年开始的，一直持续到20世纪30年代初。实验的地点是美国芝加哥的一家电气工厂。该项实验本来试图证明生产率会随照明强度的增强而增加的假设，但是发觉在实验过程中，无论是照明强度强弱，生产率都得到了提高。最后发现，生产率提高并非是因为物质条件的改善，而是因为管理者重视工人们的意见和不满，使工人们对工作产生了热情和团队精神。这一实验说明了在生产和管理中搞好人际关系的重要性。另外比较典型的是，美国的《读者文摘》杂志曾经进行过一个“丢钱包”实验。组织者在十几个国家的公共场所，分别“丢放”了100个钱包，里边各装有50美元现钞和失主的姓名、地址、电话。结果，挪威和丹麦“收回率”最高，达到了100%，意大利和墨西哥最低，只收回35%和21%。这个实验似乎可以表明各个国家的居民的品格。

政治科学研究比较难以通过实验法来进行，毕竟很难把庞大而复杂的政治关系和政治活动通过实验而进行，更难以在一个狭小的实验室中进行模拟。比如，一个研究者如果想对比例选举制和简单多数选举制进行比较，就无法在一个特定的国家里通过实验而进行。因为你无法让全体选民按比例选举制的方式投一次票，然后再按照简单多数制再投一次票。

当然，在政治研究中采用实验方法不是不可能的，也不是无用的。有时，在无法接触一些政治事件的情况下，以实验的方式模拟事件，也能够有一定的作用。在政治学专业的学生中，有时开展诸如“模拟联合国”之类的活动，在法学专业的学生中，有时开展诸如“模拟法庭”的活动，这都是一些实验。如果更严格地予以规划和操作，是可以用于政治研究的。

对实验法来说，最重要的问题是实验设计，精心选择实验内容、实验地点和实验对象，精心策划实验程序，以努力营造与真实事件相似的环境和条件。实验的优势是比较明显的，首先是其比较容易控制，实地观察的环境往往比较多变和复杂，而实验观察的环境相对稳定和简单，比较容易观察结果。其次是相比于实地考察，其成本比较低。但是，由于实验具有明显的人为的色彩，所以实验结果不一定可靠，与真实的事件可能并不一致。这需要研究者对实验的结果进行客观的评估。

（四）实地调研的用途

开展实地调研，是政治科学研究向实证和量化的方向发展的要求。尽管不能说只有实证或量化才是科学的，也不是说所有的政治学问题都可以通过实证和量化来进行研究，但实证或量化研究对于当代政治学研究确实具有重要意义。政治学始终具有科学的因素，从亚里士多德开始就是，从那时起政治学就能够分析资料、发现规律和进行预测。现代政治学从宏观向微观过渡，并非是从非科学转变为科学，但确实是微观政治学才使得量化分析的大规模展开成为可能。理论性研究需要避免大而化之，同理，量化分析也要避免陷入技术程序，避免忽视或缺乏理论提升的弊病和局限性。

在很多情况下，实地调研能够收集到研究所需要的大量材料，完成一项研究。比如美国著名人类学家摩尔根（Lewis H. Morgan）的名著《古代社会》就是采用直接观察的方式收集一手资料的典型例子。摩尔根并不是科班搞科研出身，但是他的成就却比今天绝大多数专门搞科研的人更大，这在很大程度上得益于他与印第安部落的长期直接接触。他偶然接触到印第安人，因为兴趣而开始对原始部落和居民进行研究。由于与印第安人的良好关系，使他能够近距离地观察印第安社会。针对广为流传的印第安人是从亚洲迁移到美洲的推测，他决定对此进行验证。他观察到易洛魁人的亲戚称谓与自己所属的白人很不一样，而美洲不同地方的印第安人之间却相近，他就猜想，在更广的范围内是否如此。通过一系列的信件调查和亲自考察，所获得的材料证实了他的猜想。从远东到太平洋岛屿，再到美洲，尽管方言不同，但亲属制度基本类似。这证实了印第安人由亚洲移居美洲的推测。

J. 德勒斯和 D. 柯丹两位学者所撰写的论文《社区实验：市民社会的前兆?》是运用实地调研方法的一个典型例证。该项研究的主题是“社区建设与中国市民社会的发展”，研究者主要是集中了两个月的时间对全国 11 个城市的实验社区进行了实地调研，通过实地的观察和访谈，得到了大量的材料，从而对社区建设在多大程度上会促进中国市民社会的发展做出分析。当然，该项研究也是以文献分析起步的，研究者首先通过文献研阅，对中国社区建设的法规、现状和研究状况进行了深入的了解，然后才踏上实地调研之路。论文的写作结构，也是按照这一思路安排的。实证研究的真实性和客观性在这项研究中体现得非常明显，尤其是与非实证研究相比，更是如此。有的研究本来应该是通过实证研究，借助实地调研得来的一手材料和数据进行分析而进行，然而却只局限于文献分析或逻辑推演，依此撰写的论文给读者的印象就显得空洞和笼统。

当然,实地调研的方法在报告文学写作和新闻采写中已经广泛应用了,值得我们参考借鉴。2003 年,两位作家撰写的《中国农民调查》一书引起巨大的轰动。从 2000 年 10 月开始,安徽作家陈桂棣、春桃夫妇从合肥出发,地毯式地跑遍了安徽省五十多个县市的广大农村,随后,又尽可能地走访了从中央到地方的一大批从事“三农”工作研究和实践的专家及政府官员,作了一次长达两年之久的艰苦调查。2003 年第 6 期《当代》杂志发表他们完成的报告文学——《中国农民调查》。这篇报告文学一面世,即引起巨大反响。全书用文学方式记述了农村税费改革的起因与推行的全过程,内容多是“禁区”和第一次披露的幕后新闻,所涉及的人物上至中央领导、省市地方大员,下至农村基层干部、广大农民,绝大多数都点出了真名实姓。尽管该书并不是一本严格的政治研究的著作,但却是实地调研的一项典范作品。它体现了实地调研的艰巨性,也体现了其巨大的意义。因此,《中国农民调查》作者对于实地调研的执着和热诚,值得政治研究者吸取。

三、实证研究资料收集的间接方式:抽样调查

除了实地调研这样一种直接的一手资料收集方式,还有一种间接的方式——抽样调查。之所以说抽样调查是间接的方式,是因为它一般不亲自到实地去进行资料收集,也不与被调查者直接面对收集资料,至少不是采取互动的形式。

(一) 抽样调查的特点与作用

1. 抽样调查的特点

抽样调查是一种具有极高效率的资料收集方式,它能够在较短的时间内收集到大量的研究所需的信息和数据。抽样调查的特点是以少数代表全体。这种方式有其必要性和可行性。

首先来看其必要性。政治科学研究的对象一般都是大范围的,比如一个地区、一个国家或整个国际社会。从宏观的角度和规范研究的角度可能并不需要对个体进行分析,而微观的和行为主义的政治科学研究都要求把分析深入到个体的层次。但是,任何一个研究者的精力和费用都是有限的,试图对如此庞大范围内的所有个体进行分析是不可能的。因此,只能通过抽样的方式对部分个体进行考察由此推测出整体的状况。

其次,这种收集资料的方式也是可行的。因为抽样方式得出的结果可能与对全体进行调查的结果非常相近,相差无几。在这种情况下,就没有必要对全

体中的所有个体进行调查。当然,要想使得通过抽样调查得出的结果与全体调查的结果尽可能接近,只存在极小的误差,需要精心设计抽样的程序,掌握高度的抽样调查技术。由于数十年来抽样调查的广泛应用和其操作方法的日趋成熟,抽样调查的结果往往只有很小的误差,完全能够适用研究的需要。总起来说,抽样调查是一种有效但冒险的方法。[①] 其关键的技术在于正确处理全体(population)与样本(the sample)的关系,使样本能够尽可能精确地代表全体。

2. 抽样调查的作用

抽样调查在社会调查和学术研究中具有广泛的应用。尤其是在现代社会中,社会生活和经济活动日趋复杂,而无论是政府、社会团体和商业组织都希望了解与自己相关的各种信息数据,抽样调查就是一种必不可缺的工具。比如,民意调查就是抽样调查的一项应用。尤其是政治领域,民意调查是现代民主社会不可缺少的了解与显示民意的手段。现代的民意调查技术已经相当成熟,一般来说,误差都会控制在3%左右。进行民意调查的机构也多种多样,有专业的调查机构,有新闻机构,还有一些政府或社团各自进行的民意调查。随着网络的兴起,互联网的调查也开始增多。网络调查具有快捷、方便的特点。在互联网上,可以就最近发生的重要事件或议题进行迅速的调查,在很短的时间内就会有大量的网民参与,而且无论是参与还是未参与调查的网民,都可以即时查看调查结果。这是一般的调查手段所无法做到的。当然,网络的调查在精确性上可能无法保证,因为网络调查的对象是不具有选择性的,样本的代表性可能偏差很大。因此,一般在政治学术研究中,网络调查并不被运用。

民意调查在西方国家已是相当普遍,特别是每到大选期间,频频有民意调查机构发布其调查结果,而且具有很高的准确度。如2005年5月英国举行大选,在选前一周的4月29日,英国发行量最大的报纸《每日电讯报》公布的调查表明,工党、保守党和自由民主党的支持率分别为36%、32%和24%。5月5日选举的最终结果为:工党、保守党和自由民主党分别获得35.2%、32.3%和22%的选票,与民意调查的最大误差仅为2%。

美国在2004年11月举行了总统选举。在选举前的10月26日,根据路透社民意调查结果,布什以49%的支持率领先民主党候选人克里的46%的支持率。同时,民意调查也指出,还有大约3%的美国选民还没有决定自己的态度。11月3日的大选结果表明,布什以51%的选票获胜,连任总统,而克里获48%的选票。这个民意调查的结果也是相当精确的,误差也仅为2%。当然,也不是所有的民意调查结果都准确。比如《华盛顿邮报》10月27日公布的民调显示,

① 参见吕亚力:《政治学方法论》,三民书局1979年版,第154页。

克里以50%比48%领先布什。尽管这一结果的误差也在3%以内,形势却相反。但总起来说,民意调查预测的结果往往是相当准确的,如果选情不是特别紧绷,在选举日之前大选结果就已经比较清楚了。这就显示了抽样调查的威力。

中国的民意调查也在兴起。据报道,当代中国比较早建立的民意调查机构应是广州社情民意研究中心,成立于1988年,当时是挂靠在广州市政协下的一个民间机构。近年来,民意调查越来越受到政府的高度重视。2004年年初,国家统计局召开专题会议,要求各省市统计部门积极开展社情民意调查,为政府决策提供参考依据。①

除了官办的民意调查中心,还存在一些民营的调查机构。比如创立于1992年的零点公司就是国内成立较早的一家商业性调查机构。其业务大多数为商业性的市场调查,但有时也接受一些政府或社团的社会调查业务。

据称,现在的民意调查主要采取计算机辅助电话调查系统(CATI)进行。这种系统以计算机作为储存被调查者数据和抽样的工具,在通过计算机程序选定样本后,通过电话的方式进行调查。这种技术已经相当成熟。采用这种调查技术,无论是效率还是准确性都有比较充分的保障。

(二) 抽样(sampling)的种类

抽样是一种选择调查对象的程序和方法,是指从组成某个总体的所有元素的集合中,按一定的方式选择或抽取一部分元素的过程。一般来说,抽样主要分为两大类:非随机抽样和随机抽样。如果总体中每一个个体都有不为零的中选机会,称为概率抽样;否则为非概率抽样,这是根据抽样是否采用概率原则划分的。因此也被称为非概率(nonprobability sampling)和概率抽样(probability sampling)。需要指出的一点是:尽管对于抽样进行了分类,而且两个大类内部也划分为不同的类型,但一般在实际的调查过程中都是采用混合抽样的方式。

1. 关键术语

这里首先介绍一些有关抽样的关键术语:

(1) 总体(population)

总体是指所有个体的总合,总体中所包含元素的数目通常用大写字母N(number)表示。一项研究,尤其是社会研究,需要明确研究对象的范围,并对这个范围进行清楚地说明和界定。研究总体一般通过研究对象的资格、时间、空间等特征来界定。

---

① 《民意诉求开始悄悄影响政府决策?》,载《新闻周刊》2005年1月24日。

研究总体是在理论上明确界定的整体,但在实际中很难做到使符合这一定义的一切个体均能有机会被选入样本,调查总体是研究者从中实际抽取调查样本的个体的集合体,它往往是研究总体的进一步界定。

在做抽样调查前,如果不能对研究总体和调查总体有清楚的把握,很容易犯错误。《读者文摘》(*The Literary Digest*)杂志曾经正确地预测了1924、1928与1932年的总统大选结果,但其1936年对总统大选的预测结果却让人大跌眼镜。1936年,《读者文摘》杂志将调查表寄给了从电话簿和车票登记名单中挑选出来的1000多万人,最后收到了200万人的回应。结果显示有57%的选民支持共和党候选人兰登。但投票结果显示罗斯福以历史上最大的优势——61%的得票率——赢得第二任期。相较于罗斯福的523张选举人票,兰登仅得8张。究其原因,《读者文摘》杂志所采用的抽样框并不是美国全体已登记的选民,而是依据电话用户簿和汽车登记簿,这样一来,那些没有家庭电话和私人汽车的选民就被排除在抽样的总体之外了,使得抽取的样本中不成比例地多选择了富人样本,排斥了穷人,而罗斯福的新经济政策最受穷人支持。

(2) 样本(sample)

样本是从总体中按一定方式抽取出的一部分元素的集合,即实际观察的总体的一个子集。样本中的元素数目通常用小写字母n表示。

(3) 抽样单位(sampling unit)

抽样单位是指一次直接的抽样所使用的基本单位,抽样单位有时与构成总体的元素相同,有时则不相同。

个体和抽样单位的关系:个体是收集信息的基本单位,即分析单位。个体与抽样单位在有些研究中是相同的,但抽样单位往往是多层次的。假设一项调查把家庭作为分析单位,在某省范围内进行调查。但是,可能并不存在全省的全部家庭名单,甚至在地市、县区一级也不存在可方便使用的家庭名单。则可先在某省选若干个县(市、区),然后从这些县(市、区)组成的样本中抽选某些乡镇(街办),最后从乡镇(街办)组成的样本中抽出家庭的样本,如果乡镇和街办存在这样的名单的话。这时抽样单位是县、乡、家庭三级,分别称为初级抽样单位、次级抽样单位和终极抽样单位。

(4) 抽样框(sampling frame)

抽样框是从中抽取样本的抽样单位名单。在一次抽样中,抽样框的数目是与抽样单位的层次相对应的,上面例子中有三个层次的抽样单位:县、乡、家庭,则对应的抽样框亦有三个:某全部县的名单、乡的名单、乡中所有家庭的名单。

(5) 变量(variable)

变量即每个个体的某种性质或属性。

（6）参数（parameter）

参数也称参数值，总体值，即总体的变量特征，它是关于总体中某一变量的综合描述，或者说是总体中所有元素的某种特征的综合数量表现。

（7）统计量（statistic）

统计量即统计值，也称为样本值，它是关于样本中某一变量的综合描述，或者说是样本中所有元素的某种特征的综合数量表现。统计值是从样本中计算出来的，用于估计总体参数的样本的变量特征，它是相应的参数值的估计量。比如样本平均数就是总体平均数的估计量。

按照习惯，参数值通常以希腊字母表示，而统计值通常以罗马字母表示。

参数值和统计值之间的区别是：参数值是固定不变的、唯一的，通常是未知的，而统计值是变化的，即对于同一个总体来说，不同样本的统计值是有差别的，对于任一特定样本来说统计值是已知的，可计算的，从统计值推论参数值，是抽样调查的重要内容。

精度：又称精确度，指参数的估计范围，参数的估计范围越窄，精确性越高；反之，参数的估计范围越宽，则精确性越低。

准确度：估计值与真实值的接近程度，估计值越接近真实值，对参数的估计越准确。

误差：估计值与真实值的偏离。

抽样误差：由于总体的异质性和样本与总体范围的差异性，在用样本的统计值去推算总体的参数值时总会有偏差，这种偏差就是抽样误差。它是样本代表性大小的一个标准。

置信度（confidence level）：也称为置信水平，它是指总体参数值落在样本统计值某一区间内的概率。

置信区间（confidence interval）：指的是样本统计值与总体参数值之间的误差范围，置信区间反映的是抽样的精确性程度。

2. 非概率抽样

非概率抽样由于每个个体进入样本的概率是未知的，而且由于排除不了调查者的主观影响，因而无法说明样本是否重现了总体的结构，是否对总体具有代表性。用这样的样本推论总体是极不可靠的，但非概率抽样方法可用做描述性研究，虽然不能用于严格的统计推论和假设检验。

在很多情况下，严格的随机抽样很难进行，例如，由于调查对象的总体边界不清，无法编制随机抽样所应具备的抽样框，因而无法进行随机抽样；或者有时调查的目的仅仅是对研究问题做初步探索，获得研究的线索和提出假设，而不是用样本推论总体，在这种情况下可以运用非概率抽样。

非随机抽样不使用概率原则,按照研究者主观判断选择样本。这种抽样操作方便,省钱省力,统计上也比概率抽样简单,而且可以对调查总体和调查对象取得初步的了解。但是因为主要依靠研究者的便利和主观判断,而研究者的主观判断可能存在偏差,所以可能选取的样本的代表性不高,从而影响研究的准确性和科学性。不过,尤其是在对精确性要求不高或具有试探性的研究中,非随机抽样还是经常被采用的。非随机抽样也可以细分为几种方式,如方便抽样、目的抽样、配额抽样和滚雪球抽样等。

(1) 偶遇抽样(accidental or convenience sampling)

偶遇抽样也被称为方便抽样,指研究者在一定时间、一定环境里所能遇见的或接触到的人均选入样本的方法。一般方便抽样会选择在某些公众场合,比如路边、广场、公园等地对行人进行抽样,“街头拦人”法即为一例,电视台、电台和报社的记者常借这种方法迅速了解公众对某些刚刚发生的重大政治事件的反映。这种抽样是根据研究者的便利和需要直接抽样,虽然方便省力,但是也有较大的偶然性,精确性较差。在选择被调查对象时,调查者并不进行主观判断。在这些场合抽样时,调查对象是他任意看到的任何人。可见,这种抽样只适应于对样本的代表性和调查的精确性要求很低和带有试探性的研究。有些市场调研机构也经常采用这种方法迅速了解顾客需求的变化,或对潜在顾客群体进行定位。

(2) 主观抽样(judgmental or purposive sampling)

主观抽样也被称为目的抽样、判断抽样、立意抽样,因为它与偶然抽样不同,是根据研究者的经验和判断进行抽样, 通常主观选取调查场所,以及主观选取调查对象进入样本,有人为的选择性,有目的地选择那些特定的对象。比如,同样是在公众场合进行抽样,目的抽样就要求调查者根据自己的主观判断对被调查对象进行取舍,还要考虑可供选择的调查对象中那些能够满足调查的需要。要调查对一些比较复杂的政治课题的看法,应该选择那些知识层次比较高、对政治比较关心的居民。在选择调查地点时,目的抽样要求对可供选择的调查地点进行比较、判断,最终选定适于调查的某处地点。因此,目的抽样是否能够成功,在很大程度上取决于调查者的经验和判断能力。

主观抽样的“主观”有两种含义,一是主观判断的意思,即研究者依据主观判断抽取可以代表总体的个体作为样本。这种样本的代表性取决于研究者对总体的了解程度和判断能力,当总体规模小,所涉及的范围较窄时样本的代表性较好。当总体大、范围广,代表性将显著降低。二是“有目的”地选择样本的意思。如在问卷设计阶段,为检验问题设计是否得当,常有意地选择一些观点差异悬殊的人作为调查对象,做试调查,并利用调查结果检验和改进研究设计和问卷。

（3）滚雪球抽样（snowball sampling）

采取滚雪球抽样的方式往往是先从易得的、方便的调查对象开始，然后通过他们得到更多的调查对象，一步步扩大样本范围。滚雪球抽样主要用于探索性研究，因为调查者对被调查群体完全缺乏了解或被调查群体难以接近，如社会边缘的一些群体，如秘密社团、乞丐、吸毒者和同性恋者等，都属此类。政治研究也可能会涉及一些比较秘密的小团体。这些群体通过正常的途径是无法接近的。比较可行的一种办法是先从一个或几个可以接触到的对象入手，争取到他们的支持，通过他们的介绍，接触其他多一些的对象，然后继续争取支持，以滚雪球的方式进一步扩大接触范围，直到接触到的被调查对象的样本数量满足研究需要为止。当然，这种抽样方式的难度比较大，不易操作，需要耐心和灵活性，而且没有条件挑选被调查对象，因此样本的代表性不能保证。但是，越是这种难以得到的调查资料，可能越是宝贵。

（4）配额抽样（quota sampling）

配额抽样也称定额抽样，是根据调查对象内部的不同类型确定抽样比例进行抽样的方式。按照调查对象的某种属性和特征（地区、性别、年龄、教育等）将总体中所有个体分成若干类或层，然后在各层中抽样（非随机抽样，主要是便利抽样）。样本中各类所占的比例与他们在总体中所占的比例必须一样。我们知道，每项研究的调查对象内部都可能是分为不同的类型的。这些类型往往是按照性别、年龄、种族、教育程度、地域、贫富等的区别划分的。调查中如果不考虑这些因素，往往会导致偏差。一项最简单的调查往往也要涉及性别因素，因此往往就需要按照1:1的比例选择相同配额的男女被调查对象，否则只选择了男性或者选择的男性被调查对象远远高于女性，调查的代表性就无法保证。当然，这一比例应该具体地根据被调查地点的实际状况确定。比如一个地方的男女比例可能是70%对30%，那么抽样的配额也应该这样确定。有些调查对象内部的类型更为复杂。比如，一项选前的民意调查，就要把性别、年龄、种族、教育和收入水平因素等都考虑在内，否则是不可能较为准确地预测大选结果的。因此，配额抽样要求调查者事先对调查的总体情况进行比较深入的了解，然后按照一定标准和比例，抽取样本。不难看出，配额抽样比判断抽样代表性要强，但是也并不遵循随机的原则，在确定各种类型的配额后，还是凭调查人员主观判断进行抽样。

配额抽样的根本原则是样本构成要大致反映总体的构成，若做不到这一点，就可能出差错。1936年的美国总统大选，造就了一位与民意调查同意的年轻调查者乔治·盖洛普（George Gallup）。与《读者文摘》正相反，盖洛普准确预言了罗斯福将会击败兰登,当选总统。他通过充分了解全国各收入阶层的民众总数,如男性占多少,女性占多少,以及不同收入、年龄、种族的人群各占多少比重,然后根据总体的这些特征来确定多少富人、多少黑人、多少都市女性等等进入样本,从而保证样本的特征分布和所要研究的总体一致。盖洛普的配额抽样方法(quota sampling)在1940年、1944年都取得了成功。但在1948年,盖洛普与其他大多数民意调查者一样,经历了某种尴尬,他们都错误地预测当时的纽约市长杜威(Thomas Dewey)能击败杜鲁门当选总统。盖洛普这次失败的原因在于,第一,抽样调查本身存在误差,而这一次总统选举,两个候选人票数十分接近;第二,更重要的是,盖洛普的配额抽样依据是1940年的人口普查的资料,而到了1948年,大量的农村人口涌入城市,在很大程度上改变了1940年人口普查现实的人口特征。因为城市居民更支持民主党,即在对乡村投票者人数估计的多于实际的情况下,相对地低估了投票支持民主党的人数。

(5) 自愿样本(volunteer subjects)

自愿样本主要包括网络调查、电话投诉、医院调查等类型。

3. 概率抽样

概率抽样也称随机抽样,概率抽样按照随机原则选择样本,完全不带调查者的主观意识,使总体中每一个体都具有一个已知不为零的被选机会进入样本。

随机原则是概率抽样的基本原则,如果总体中的每一个个体被抽取进入样本的概率相同,那么这样抽取的样本,就具有对总体的代表性。相对于非概率抽样,概率抽样具有两大优点,一是样本更具代表性,因为总体中的个体被抽取进入样本的概率相等;二是概率统计理论使我们能够估计样本的精确度和代表性。

概率抽样包括几种类型,如简单随机抽样、间隔抽样、类型随机抽样和群组抽样等。需要指出的是,随机抽样与非随机抽样的某些类型和形式上具有相似性,但是区别在于是否采用随机原则。

(1) 简单随机抽样(SRS, simple random sampling)

简单随机抽样也被称为纯随机抽样,是最基本的概率抽样,最直观地体现了抽样的基本原理,也是其他抽样方法的基础。简单随机抽样中每一个体均有同等被选机会(重复抽样),或任何样本数为 n 的样本组合中选的概率都是相等的(不重复抽样),因为它是完全按照随机原则进行的抽样。比如一个调查中的总体有100人,那么每个人被抽中的可能性都是1%。这种抽样方式在生活中已被广泛采用,如抽签、摇奖等,都是采用的纯随机原则。

简单随机抽样是概率抽样的理想类型,没有偏见,简单易行。但当总体所含个体数目太多时,采用这种抽样方式不仅费时、费力,而且费用很高,而在总体异质性很高、内部有很多分层时,误差较大,只用纯随机抽样,无法得到具有代表性的样本,因而这种方法在实务中应用较少,往往与其他抽样方式结合使用。

在简单随机抽样中,从总体容量 N 中随机抽取 n 个个体,构成一个样本,样本容量 为 n。

总体由 N 个个体构成;

样本由 $x_1,x_2,\cdots,x_i,\cdots,x_n$ n 个个体构成;

假设:$x_i \sim N(\mu,\sigma^2)$,其中 $i=1,2,3,\cdots,i,\cdots,N$;

因而样本的个体 $x_1,x_2,\cdots,x_i,\cdots,x_n$ 也都服从 $N(\mu,\sigma^2)$;

因为随机抽样,因而样本中的个体 $x_1,x_2,\cdots,x_i,\cdots,x_n$ 都是相互独立的,即 $x_i \overset{iid}{\sim} N(\mu,\sigma^2)$,则样本平均值

$$\bar{X} = \frac{\sum_{i=1}^{n} X_i}{n}$$

也是一个随机变量,且重复抽样时:

$$\bar{X} \sim N\left(\mu,\frac{\sigma^2}{n}\right)$$

不重复抽样时:

$$\bar{X} \sim N\left(\mu,\frac{\sigma^2}{n}\frac{N-n}{N-1}\right)$$

样本标准差为 $s = \sqrt{\frac{\sum_{i-1}^{n}(x_i-\bar{x})^2}{n-1}}$;$\left(注:不用 s' = \sqrt{\frac{\sum_{i-1}^{n}(x_i-\bar{x})^2}{n}},因为 Es = \sigma\right)$而

统计量 $t = \frac{\bar{x}-\mu}{\frac{s}{\sqrt{n}}} \sim t_{n-1}$ 分布

简单随机抽样的统计推论:

第一,点估计(point estimation)利用最大似然性估计方法(maximum likelihood estimation),可推导出:

$$\hat{\mu} = \bar{x},\quad \hat{\sigma} = s$$

第二,区间估计 (interval estimation)

均值的置信度为95%条件下的估计区间:

$$\left(\bar{x} - t_{n-1,0.025} \times \frac{s}{\sqrt{n}},\quad \bar{x} + t_{n-1,0.025} \times \frac{s}{\sqrt{n}}\right)$$

且根据中心极限定理:(Central limit theorem),如果变量是非正态分布,则当样本容量 $n \geqslant 30$ 时,$\bar{x}$ 近似于正态分布;

则均值的置信度为95%条件下的估计区间:

$$\left(\bar{x} - 2 \times \frac{s}{\sqrt{n}},\quad \bar{x} + 2 \times \frac{s}{\sqrt{n}}\right)$$

例

为估计2005年济南市职工年平均收入,某抽样调查队从济南市职工中随机抽取了100名作为一个简单样本,经计算得样本的年收入平均值为4.6万元,样本标准差为3.47万元。

问

1. 济南市职工2005年的年平均收入是多少?

2. 请计算济南市职工2005年年平均收入在置信度为95%条件下的估计区间。

解析

本题所用抽样方法为简单随机抽样,样本容量 $n = 100 \geqslant 30$,样本统计量 $\bar{X}$ 近似于正态分布,

$$\hat{\mu} = \bar{x} = \frac{\sum_{i=1}^{n} x_i}{n} = 4.6 \tag{1}$$

济南市职工2005年的年平均收入是4.6万元。

$$s = \sqrt{\frac{\sum_{i-1}^{n} (x_i - \bar{x})^2}{n - 1}} = 3.47(\text{万元}) \tag{2}$$

济南市职工年平均收入的95%的置信区间为

$$\left(\bar{x} - 2 \times \frac{s}{\sqrt{n}},\quad \bar{x} + 2 \times \frac{s}{\sqrt{n}}\right)$$

也就是:$\left(4.6 - 2 \times \frac{s}{\sqrt{n}},\quad 4.6 + 2 \times \frac{s}{\sqrt{n}}\right)$,即:(3.906, 5.294)

我们有95%的可信度认为济南市职工2005年的年平均收入在3.906万元至5.294万元之间。

第三,总体百分数(population proportion)的点估计和区间估计

变量 X 为两点分布,即

$$x_i = \begin{cases} 0 & \text{事件不发生,如不抽烟} \\ 1 & \text{事件发生,如抽烟} \end{cases}$$

则点估计的公式:

$$\hat{p} = \frac{\sum_{i=1}^{n} x_i}{n} = \bar{x}$$

因为

$$E(x_i) = p, \quad E(\hat{p}) = E(\bar{x}) = p$$

又因为

$$V(x_i) = p(1-p), \quad V(\hat{p}) = V(\bar{x}) = \frac{p(1-p)}{n}\frac{N-n}{N-1}$$

$$\hat{V}(\hat{p}) = \frac{\hat{p}(1-\hat{p})}{n-1}\frac{N-n}{N-1}; \quad E[\hat{V}(\hat{p})] = \hat{V}(\hat{p}) = \frac{p(1-p)}{n-1}\frac{N-n}{N-1}$$

所以

$$s_{\text{百分比}} = \sqrt{\frac{\hat{p}(1-\hat{p})}{n-1}\frac{N-n}{N-1}};$$

总体百分数的区间估计公式为:

区间为:$(\hat{p} - t_{n-1,\frac{\alpha}{2}} s_{\text{百分比}}, \quad \hat{p} + t_{n-1,\frac{\alpha}{2}} s_{\text{百分比}})$

在 $n \geqslant 30$ 的情况下,$t_{n-1,0.025} \approx 2$,我们用:

$$(\hat{p} - 2s_{\text{百分比}}, \quad \hat{p} + 2s_{\text{百分比}})$$

实务中,当 $\frac{n}{N} < 0.05$,用 $\hat{p} \pm 2\sqrt{\frac{\hat{p}(1-\hat{p})}{n-1}}$;

而且 $0 \leqslant \hat{p} \leqslant 1$,$\max = \left(2\sqrt{\frac{\hat{p}(1-\hat{p})}{n-1}}\right) = \frac{1}{\sqrt{n-1}}$,即最大抽样误差;

当 $n = 100$,最大抽样误差为 $\mp 10\%$;

当 $n = 400$,最大抽样误差为 $\mp 5\%$;

当 $n = 900$,最大抽样误差为 $\mp 3.3\%$;

当 $n = 1600$,最大抽样误差为 $\mp 2.5\%$;

因而认为当 $n \in (1000, 1200)$ 时,最大抽样误差为 $\mp 3\%$

因而在实务中,不管总体多大,取 $n \in (1000, 1200)$。

(2) 等距抽样(interval sampling)

等距抽样又译为间隔抽样,或称为系统抽样(systematic sampling),是指在调查总体中按照一定的间隔来抽样,也是一种比较简单易行的随机抽样方式。采用这种方式,就需要被调查总体中的每一个体有编号。有时需要调查者自己对被调查的总体进行编号,有时可以利用既有的编号。比如到一个街道或村落进行调查,就可以利用住户的门牌号码。根据被调查总体的数量和所需样本的数量就可以确定抽样的间隔。比如要到一所高校对大学教师进行一项调查,该校有3000名教师,而调查需要300个样本。可以首先把教师名单进行编号,然后从1开始,每间隔9人取1人,也就是说取1,11,21,31……直到最后共取300人。但是这种方式虽然比较容易操作,也很难保证代表性,因为可能碰巧抽取的样本都是或者大多数都是特例,尤其是如果样本比例太小,比如在上面的例子中3000人的调查总体只取30人,那么极容易产生较大的误差。

等距抽样的具体做法是:

① 将总体排列;

② 计算抽样距离$\left(\text{抽样间距}:K=\dfrac{N}{n}\right)$;

③ 在头K个个体中,随机选取一个个体,设其所在位置为R;

④ 自R开始,每隔K个个体抽取一个进入样本,即$R,R+K,R+2K,\cdots,R+(n-1)K$等个体中选。

等距抽样的好处是快速方便,所以实务中用得很多。有时候不知道N和n,只知道K也可以用。譬如以百货公司顾客、汽车乘客或球场观众为对象,若决定每三十人抽一人,则马上即可进行而不必事先知道总体有多少人,样本要多少等等。

如满意度调查的做法:

① 守住入口,只管k,不管N、n;

② 一般每个入口3人,分别负责预备、计数、访问;

③ 每个入口都要守住,用相同的k;

④ $\hat{N}=nk$;

⑤ 空白文件可记录部分资料,如性别,年龄等信息;

使用系统抽样要注意一个问题:如果总体的排列出现有规律的分布时,就会使系统抽样产生很大误差,降低样本的代表性。在一个有关二战士兵的经典研究中,研究人员从名册中每隔十个士兵抽出一个来进行研究。然而士兵的名册是依系列的组织方式来编排的:首先是中士,接着是下士,其后是二等兵;用一班一班的方式进行编排,每个班10个人。因此,此名册中每隔十个便是一位中士。如此系统抽样可能会取得一个完全是中士的样本。

(3) 分层随机抽样(stratified probability sampling)

所谓分层随机抽样就是先将总体依照一种或几种特征分为几个子总体,每一个子总体称为一层(stratum),然后从每一层中随机抽取一个子样本,将它们合在一起,即为总体的样本,称为分层样本。分层抽样是适用于总体内个体数目较多,结构比较复杂,内部差异较大,但每一层内部同质性较强,差异不大的情况。分层抽样是一种抽样设计。从形式上来讲,分层随机抽样与非随机抽样中的配额抽样比较相似,都是首先按调查总体内部的不同的特征分类或分层。但是在确定了不同的类型之后,是采用随机的方式进行抽样,比如简单随机或者等距随机抽样。这种抽样方式能够确保样本的代表性。

在进行分层抽样时,还要决定是采用比例相称的抽样还是比例不相称的抽样。比例相称的抽样指每个分层按照其在总体中所占比例来抽样。比如按照教育程度划分层次,在1000名调查对象中,大学教育程度为300人,硕士为500人,博士为200人,而需要的样本为100人,那么就按3∶5∶2的比例进行抽样,即大学、硕士、博士各取30、50和20人。而比例不相称的抽样则不按其所占比例抽样,这种抽样方式往往是因为考虑到各分层内部的变异性大小的因素。比如在大学教育程度中,其年龄相差不大,硕士这一层年龄相差较大,博士一层年龄差距最大,而如果年龄的差距会影响到被调查者对调查课题的反应,那么就需要采用比例不相称的抽样,以使得变异性高的群体内的意见得到充分的体现。因此,也许最后的抽样比例是2∶4∶4。当然,这需要对调查总体进行深入的了解和分析才能确定一个合理的抽样比例。

例如我们想对社会公众的政治参与倾向做研究,一个比较好的做法是先把社会公众这一总体分为男性选民和女性选民两类,即两个子总体,然后再分别对每个子总体进行随机抽样。如果男性选民和女性选民的政治倾向有差别,则采用分层抽样的做法可以在不增加抽样成本的情况下,大大降低抽样误差。同样,如果选民的受教育程度会影响其政治参与倾向,则在选取样本时最好考虑这一因素,将全体选民按受教育程度分成若干子总体,再分别对每个子总体进行随机抽样。

分层抽样的最大好处是可以在不增加抽样成本的情况下,大大降低抽样误差。

分层抽样的估计

$$\hat{\mu} = \bar{y}_{str} = \frac{1}{N}\sum_{i=1}^{k} N_i \bar{y}_i$$

$$\hat{V}(\bar{y}_{str}) = \frac{1}{N^2}\sum_{i=1}^{k} N_i^2 \frac{S_i^2}{n_i}\frac{N_i - n_i}{N_i - 1}$$

对总体百分比的估计:

$$\hat{\pi} = \bar{p}_{str} = \frac{1}{N}\sum_{i=1}^{k} N_i \bar{p}$$

$$\hat{V}(\bar{p}_{\text{str}}) = \frac{1}{N^2}\sum_{i=1}^{k} N_i^2 \frac{p_i(1-p_i)}{n_i - 1}\frac{N_i - n_i}{N_i - 1}$$

分层抽样中各层样本数的分配

① 等比例分配：$n_i = n\dfrac{N_i}{N}$

② 纽曼的最佳分配(Neyman's optimum allocation)

$$n_i = n\frac{N_i\sigma_i}{\sum \sigma_i N_i}$$

（4）整群抽样（cluster sampling）

整群抽样又译作集体抽样、群组抽样、聚类抽样，指在调查总体中按照不同级别的群组逐级抽取样本。整群抽样一般先把总体分割成许多小集群，把这些小集群编上号码，然后随机抽取这些号码，凡是被抽中的，则整个小集群的所有成员全部调查。譬如城区中的一个街区、全国范围调查中的县市区等都是常用的集群单位。如果要在一个省内对某一问题进行调查，则可随机选取该省的某些县，然后再在选取的这些县里面各自再随机选取一些乡镇，再在这些被选取的乡镇中选取村，最后落实到被选取的村里面的居民。

整群抽样的优点在于能比较迅速地确定抽取的样本，通过转换抽样单位扩大抽样的应用范围。另外，它可节省抽样调查的人力、财力、物力。如前所述，抽样要求有一份以总体中所有个体排列的清单，即抽样框，但许多调查中往往因抽样单位的选择而无法得到总体的所有个体的可靠名单，有时即使可以得到这样一份名单，抽样的样本中个体分布往往十分分散，对一个十分分散的样本做调查，会非常不方便，时间、交通、费用都是需要考虑的因素，这就限制了抽样的应用范围。例如，我们需从一个几十万人口的城市里以个人为抽样单位进行抽样，就需要有一份将这几十万人口排列出来的清单，这在实际上是极难做到的。在这种情况下，使用整群抽样获得抽样框就容易得多，例如在城市中可以以居民委员会作为抽样单位制作抽样框。整群抽样通过将抽样单位由个人转换成群体，使由简单随机抽样和分层抽样所不能进行的抽样调查成为可能，这就大大地扩大了抽样的应用范围，并节约了人力、物力和财力。

整群抽样的最大缺点是样本分布不均匀，样本的代表性较差。因此，在样本数相同的情况下，与其他抽样方法相比，它的抽样误差要大。如果调查总体内各个级别的单位之间差异很大，那么就可能导致较大的误差。为了避免人为的因素，群组抽样一般以随机的方式进行为宜，当然个别情况也可以使用非随机的方式。此外，有些指标的计算，常常主要关注集体而不是个体，如储蓄率的计算只管总体，不管个体。整群抽样适合做估计，不适合做分析。

整群抽样的分群标准要求群间异质性低,群内异质性高。

(5) 多段抽样(Multistage Sampling)

多阶段抽样特别适用于调查范围大、单位多、情况复杂的调查总体。它是指在第一个阶段先抽出一部分集体(Primary Sampling Unit—PSU,即初级抽样单位),譬如说大学,然后在下一个阶段自中选的集体中抽出第二阶段的集体(Secondary Sampling Unit—SSU, 即次级抽样单位),譬如说系所,其次在最后阶段抽出样本个体,譬如说学生。

对最后阶段抽中的集群,不要求全查,但实务中为执行方便,可全查,但回来后要抽样;抽样阶段尽可能少,以减少误差。

对于群体规模不等的多阶段整群抽样,通常使用概率比率抽样法(probability proportional to size, PPS),就是根据每一群的规模分配样本容量以使总体中的每个个体都有相等的机会被抽中。

(6) 双重抽样(double sampling)

双重抽样是先以低廉的代价自总体之中抽取大量的样本,然后再从这群样本(符合资格者)中抽取第二次样本。在流行病学的研究里比较常见到这种方法。通常是先用很快的方法初步选取大量的样本验血,然后再从有反应的血液中追溯抽样,选取少数的样本进行详细的查验工作。

在设计流程中,有时会遇到定义总体困难或抽样框无从建立的情况,譬如汽车使用者的意见调查,最常见到的则是某项服务或某项产品的消费者意见调查。这些调查的共同困难是建立抽样框极不可能或代价极高。在实务上就可以使用双重抽样来解决,先以较快速低廉的代价进行抽样调查,如电话访问或信件回邮,只询问受访者资格方面的问题,其次再从合格的样本中第二次抽样,进行访问。

(三) 抽样设计的步骤

1. 界定总体,就是根据调查的目的要求,确定调查对象的范围,包括时间、地点和人物。总体的定义越清楚越好,由样本所得的研究结果,原则上只能推论到所界定的总体的范围。

2. 确定抽样框,就是将总体按照抽样单位划分为各个部分,既有穷尽性,又有互斥性,然后将其毫无遗漏地编制成表,即抽样框。

3. 决定数据的搜集方式:面访、邮寄问卷、电话访问,或混合使用。

4. 决定样本数。

样本规模的确定是抽样设计中一个必须事先解决的问题。样本容量 n 取多少合适?决定样本数时要考虑的主要因素是抽样误差以及对估计区间的要求。

(1) 如要求置信度为95%条件下估计区间不宽于(L,U),即最大容忍误差,则:

$$2 \times \frac{s}{\sqrt{n}} \leqslant \frac{U-L}{2}$$

$$\Longrightarrow n \geqslant \left(\frac{4s}{U-L}\right)^2$$

(2) s有时并不清楚,可采用速简估计

我们知道通常的数据若以平均数为中心,左右各三个标准差的距离大概可以包括绝大部分的数据。所以我们可以运用常识判断,找出这组资料可能的最大数和最小数的差,再除以六,即是我们对总体标准差σ的速简估计,因为从最小数到最大数之间大概有六个标准差的距离。

5. 分层,确定各层样本数。

6. 各层独立进行抽样设计。

7. 分段,决定各段抽出单位数。

(四) 抽样的注意事项

1. 研究对象和调查对象要一致

调查的对象是根据研究对象确定的,在设计抽样调查的过程中,要注意保证研究对象和调查对象的一致性,这包括空间上的一致性和时间上的一致性。比如要研究我国公民的政治文化状况,那么就需要在全国选取若干个省进行抽样,而不能只选取某个省。这样得出的调查结果是不能代表整个中国的。

空间上的一致性还比较容易把握,而时间上的一致性则更需要注意。因为有些调查课题的变化性特别强,可能在较短的时间内就会发生很大的变化,从而使得该段时间前的调查结果不再适用。这尤其表现在民意测验中。因此,一般民意测验的频率都会相当高。

2. 抽样的比例要适当

抽样的比例是抽样过程中需要注意的最重要的问题之一,它在很大程度上影响到抽样的效果。样本既不能太小,也不能太大,应该通过周密的考虑选取一个合适的比例。

样本不能太小,因为只有一定数量的样本才能代表总体,才能使调查具有基本的准确度。比如如果调查的总体有3000人,只选取30人恐怕是不够的。尤其是如果被调查的总体包含有不同的类型,样本太小更不能使得各个类型的

代表性得到保证。研究对象内部的变化性越大,则需要的样本的规模也就越大。[1] 如果调查总体的3000人中包含有五六个类型,那么选取30人,每个类型只有5、6人,其代表性自然就很低。因此,在一般的情况下,应该使样本数量尽可能多一些。

同时,样本也不能太大。比如在3000人中选取1500人,恐怕也没有必要。首先,一般任何一项抽样调查都应该充分利用既有的资料,把抽样调查用于必要的研究中,调查的摊子就不需要铺得那么大。其次,样本太大,从经费上来讲也无法做到。相比于文献研究,进行调查需要大量的费用,比如调查问卷的印制、调查差旅费、调查人员聘用都需要较多的经费。而一般提供给政治研究的费用都是相当有限的。另外,样本太大也不能保证资料在确定的时间内收集完全。任何一项研究都有时限,调查样本太大会影响资料收集的速度,拖延研究的完成。

3. 简便性和可能性兼顾的原则

如果一项抽样调查能够以最简便的方式完成,那当然是最理想的。但是,如果考虑不周,忽视了可能性原则,得到的调查结果可能就会有失精确,甚至南辕北辙。此处值得吸取的一个教训就是1936年美国总统大选的民意测验。1936年美国总统大选是在罗斯福和挑战者兰登之间展开的。《读者文摘》杂志进行了一项民意调查,被调查者达到250万人,预测结果是兰登将以57对43的比例战胜罗斯福。然而,最后的大选结果却是相反:罗斯福以62对38的得票率击败了兰登。《读者文摘》杂志调查的失败就是因为它只考虑了简便性原则而忽视了可能性原则。在该项调查中,被调查者是从便于得到的电话簿和俱乐部名单中选取的。但是当时的美国装有住宅电话和参加俱乐部的居民大都是富人,因此《读者文摘》杂志实际上进行的只是对美国富人的调查,而不是对所有可能参加投票的居民的调查。然而,占居民多数的穷人中大多却支持罗斯福。这就导致了《读者文摘》无法正确地预测选举结果。[2]

因此,简便性原则和可能性原则必须兼顾。如果能够充分考虑到可能性,那么即使是比例较小的样本也能够得到比较准确的结果。现在的民意测验一般都采用明确、细致的配额抽样的方式,尽管往往在几千万甚至上亿选民中也就选取1000名被调查对象,然而结果却相当精确,一般误差都能够控制在3%以内。因此,关键的问题恐怕不在于样本的数量,而是样本的代表性。当然,现

---

① Laurence F. Jones, Edward C. Olson, *Political Science Research: A Handbook of Scope and Methods*, New York: HarperCollins College Publishers, 1996, p. 240.

② *Ibid.*, p. 243.

在的民意测验的配额抽样都已经经过许多年的实践,相当完备。而一般的抽样调查则没有这样的条件,抽样比例不可能确定得如此之低。

四、调查问卷的设计

实证研究,无论是抽样,还是访谈,一般都需要调查问卷(questionnaire)。问卷或访谈单是为了配合抽样调查或访谈而准备的,它们可以提高调研的标准化程度,增进调研的效率,便于资料的处理与分析。因此,具有标准化和效率高的优点。二者对于进行调研是必不可少的工具,而且其质量都直接关系到实证研究的成败。当然,它们也有一定的缺点,即难免主观性和简单化,难以体现事情本身的复杂性。

(一)问卷的结构

1. 问卷的类型

问卷是运用统一设计的问题向被调查者了解情况、征询意见的资料收集方法。问卷调查主要分为自填问卷和访问问卷。自填问卷是由被调查者自己填答的问卷,自填问卷又可分为:报刊问卷;邮寄问卷(回收率通常不高);发送问卷;网上问卷(样本代表性差)。

访问问卷是由访员根据被调查者的口头回答来填写的问卷,分为电话访问和面访两类。

邮寄问卷和电话访问渗透力强,具体执行易于操作和掌握,抽样设计束缚条件极少。然而邮寄问卷、电话访问都有回收率低的问题。

而面访所需经费最大,具体执行较为繁杂,数据质量亦难监控,其抽样设计着重在如何有效率地运用有限资源,使得访员顺利接近受访者。因此在初步对调查对象的操作性定义上,通常先把困难度高、耗费大、工作负荷重的地区排除在外,或单独列为一个总体另行处理。面访可以得到比较多的信息,因而大型研究较常采用。

2. 问卷设计的步骤

第一,探索性工作:弄清研究课题涉及的概念以及需要测量的变量,找出不同变量包括的内容和测量的维度,为设计问题做准备。

第二,设计问卷的初稿,包括设计问题和答案选项。

第三,问卷试用:对问卷初稿进行小范围试用,找出不足之处,以便修改。试用过程主要分析以下几个方面:

① 回收率　　② 有效回收率

③ 填写错误　　④ 填答不全

此外，也可以让专家学者帮助提出改进意见。

第四，修改并定稿。

3. 问卷的内容

一张问卷主要包括封面信、指导语以及问题和答案三个方面的内容。

第一，封面信的作用主要是：(1) 说明调查者的身份(who)；(2) 说明调查的大致内容和进行这项调查的目的(why)；(3) 说明调查对象的选取方法和对调查结果保密的措施(how)。

例　国务院发展研究中心社会发展研究部、中国人民大学2003年10月举行的全国综合社会调查城市问卷的封面信：

您好！

感谢您能够参加这次调查活动。本次调查是由国务院发展研究中心社会发展研究部与中国人民大学联合举行的一次全国性的社会基本状况调查，主要目的是了解改革开放20多年来中国城市居民的就业、教育与社会生活等各方面的情况。您是我们经过严格的科学抽样选中的调查代表，您的合作对我们了解有关信息和决策工作具有十分重要的意义。

本次调研工作采取无记名的方式进行。您的回答不涉及是非对错，但务必请您按照您的实际情况逐一回答我所提的每个问题。对您的回答我们将按照《统计法》予以保密。

对您的合作和支持，我们表示衷心的感谢！

第二，指导语。

指导语是用来指导被调查者填写问卷的一组说明，其作用与仪器的使用说明书相似，有些指导语集中在封面信之后，并标有“填表说明”的标题，其作用是对填表方法、要求、注意事项等作一个总体说明。

例如：填表说明

(1) 请在每一个问题后适合自己情况的答案号码上打√或者在______处填上适当的内容；

(2) 若无特殊说明，一个问题只能选择一个答案；

(3) 填写问卷时，请不要咨询他人。

第三，问题和答案。

问题和答案是问卷的主体。问卷中的问题主要分为封闭式和开放式问题两类。

一类是封闭式问题(closed-ended),就是在提出问题的同时,还给出若干个答案,要求被调查者选择一个或几个作为回答。

例1 您为什么参加选举?(可多选并按重要程度先后排列)

① 可以影响政府的政策;② 可以表达自己的意见;③ 为支持所喜欢的候选人;④ 行使公民的权利;⑤ 尽公民的义务;⑥ 党团组织的交代;⑦ 家人或亲友的嘱托;⑧ 所属团体的嘱托;⑨ 单位或社区要求参加;⑩ 随大流;⑪ 其他(请注明)______

另一类是开放式问题(open-ended),是不为回答者提供具体答案选项,而请受访者就题目提供他自己的想法。这类问题主要用于探索性的问题,其优点在于可以让被调查者就某一个问题充分发表意见。

例2 您对我国当前户籍制度改革有什么看法?

对于一些研究者尚不能完全确定穷尽答案选项的题目,可以先设计开放式问题以搜集尽可能多的选项,等对该问题有较大把握后,再将该问题改为封闭式的题目。

根据调查的要求,封闭式问题可以设计为以下几种类型:

(1) 填空式,即在问题后面划一短横线让回答者填写。

如:① 您的年龄是____岁?

② 您家有几口人? ____人

③ 您结婚的时间是哪一年(指初婚时间):_______年

(2) 是否式,答案只有“是”和“不是”(或者其他肯定和否定形式)两种,回答者根据自己的情况选择其一。

例3 ① 您退休了吗? 是□ 不是□

(3) 多项单选式,给出的答案至少为两个,回答者根据自己的情况选择其一,这也是问卷中采用最多的一种问题形式。

如:您的文化程度是____

① 小学及以下 ② 初中

③ 高中或中专 ④ 大专以上

(4) 多项限选式,指在所列举的多个答案中,要求回答者根据自己情况从中选择若干个。

例4 您喜欢看哪一类电视节目(请最多选择三项打√)

① 新闻节目 ② 电视剧

③ 体育节目 ④ 广告节目

⑤ 教育节目 ⑥ 歌舞节目

⑦ 少儿节目 ⑧ 其他(请注明)

(5) 多项排序式,在所列举的多个答案中,选择两个以上的答案,并且要求被调查者为自己的选择答案排序。

例 5　您最喜欢看哪一类电视节目?(请将答案号码填入下表中)

第一　　　第二　　　第三

① 新闻节目　　　② 电视剧
③ 体育节目　　　④ 广告节目
⑤ 教育节目　　　⑥ 歌舞节目
⑦ 少儿节目　　　⑧ 其他(请写明)______

(6) 矩阵式,是一种将同一类型的若干个问题集中在一起,构成一个问题的表达方式。

例 6　您单位/公司是否为您提供下列保险和补贴呢?(每行单选)

	提供	不提供	不清楚	
B10a. 公费医疗	1	2	3	(二)
B10b. 基本医疗保险	1	2	3	(三)
B10c. 补充医疗保险	1	2	3	(四)
B10d. 基本养老保险	1	2	3	(五)
B10e. 补充养老保险	1	2	3	(六)
B10f. 失业保险	1	2	3	(七)
B10g. 住房或住房补贴	1	2	3	(八)

矩阵式的优点是节省问卷的篇幅,同时把同类问题放在一起,回答方式又相同,为被调查者阅读和回答问卷提供了方便。

(二) 问卷设计的原则

抽样问卷和访谈问卷二者的设计原则和方式基本上相似,良好的问卷设计能够获得比较理想的答复率,也就是问卷回收率。问卷回收率达到 50% 才算是合格的,比较理想的是达到 60% ,而达到 70% 以上就非常理想了。[①] 调查问卷回收率的高低与调查者的素质、被调查者的状况和问卷设计都有关系,因此,问卷或访谈单的设计需要注意如下一些事项:

1. 伦理因素和保护隐私

在调研中,有可能会需要收集一些涉及个人隐私的资料。比如被调查者的身份,其性别、年龄、教育程度、居住地域等等。这些资料往往是每项研究都需

① 〔美〕艾尔·巴比:《社会研究方法》,华夏出版社 2000 年版,第 331 页。

要的。而还有一些个人资料可能是一些研究中需要收集的，比如被调查者的收入、婚姻等状况。这些信息的隐私性非常强。在调研过程中应注意，只收集那些为研究所必需的个人资料，而且一定要为被调查者保密。在调研过程中也要注意保护被调查者的尊严和情感，避免伤害和刺激被调查者。也只有这样，才能有望得到被调查者的配合。因此，一般的问卷或访谈单在开头就附一段话，除了表明研究者的身份和目的之外，还要向被调查者保证对收集的个人信息保密。

2. 主观性或客观性的取向

在调查问卷和访谈单设计的过程中，有些题目是想知道被调查者的主观想法，有些题目则是试图获得被调查者的客观情况。这就要具体分析从哪种取向来提问比较有利于研究。政治文化研究可能就大多需要从主观性的角度来提问。不过，也不全是如此，比如询问其在受到不公正对待时是否会向政府有关部门投诉的情况，就可以对其公民能力感进行评估。因此，从主观性角度提问，研究者可以直接得到被调查者意识的信息；而从客观性角度提问，研究者需要自己分析被调查者的回答，从而查明被调查者的意识。两种方式各有利弊，一种比较直接，一种比较客观。当然，有些问题既可以从主观性，也可以从客观性角度提问。比如要想了解一个人属于哪个收入阶层，问题可以是让被调查者自己表明阶层归属，也可以提问被调查者的收入、住房、休闲方式等，从而判断被调查者的阶层归属。有时这两种方式调查的结果并不一致。

3. 反应结构的设计

对于一份调查问卷而言，让被调查者作答的方式有开放式和封闭式两种。这就像考试当中的简答题和选择题。开放式的反应结构是指被调查者可以就提出的问题自由陈述。而封闭式指问题设有几个可供选择的答案，被调查者可以从其中选择一个或多个。在调查问卷中，一般是封闭式的反应结构居多，因为这种方式比较容易整理和量化，而且对被调查者来说也比较便于作答。一般来说，被调查者也比较倾向于从提供的答案中选择，而不愿费心思对问题善加考虑。当然，封闭式反应结构的缺点在于可能设计者考虑得不够全面，从而误导被调查者，使整个调查走偏。因此，一般的调查问卷，往往会把两种反应结构结合起来，在某些问题上，必要时在封闭式的选择之外，留下自由陈述的空间。

4. 题目数量和次序的安排

一份问卷的题目不应太多，具体的数目应该根据题目的复杂和难易程度而定。不过需要被调查者作答的时间应该控制在10—20分钟。因为现代人都普遍珍惜时间，除非是由于某种安排专门来配合调查，一般不会愿意在问卷上投入较多的时间。题目太多，会导致被调查者产生厌烦情绪，从而敷衍和随意地作答,反而破坏调查效果。从研究者的角度讲,题目太多,也不便于进行资料的汇总和分析。因此,问卷的题目应该少而精。问卷或访谈单的题目次序的设计也是一个需要注意的问题。这关系到访谈或问卷调查是否能够顺利进行。在题目次序的设计上,开始时的题目应该尽量简单容易一些,敏感度低一些,而难度较大、敏感度较高的尽量放在后面。这样,就不会使被调查者在一开始接触题目时就有一种望而却步的感觉,对调查产生抵触情绪。即使被调查者对于后面难度较大和敏感度较高的题目拒绝作答,至少能够完成前面的调查题目。

5. 文字表达

问卷或访谈单的文字表达应该是中性的,尽量使用简单易懂、不带有强烈感情色彩的语言。因为被调查对象的倾向是不同的,而调查应该是客观的,目的是全面、真实地收集被调查者的信息。因此,问卷或访谈单一定要避免表现出倾向性,这不仅会误导被调查者,而且会引起被调查者的反感。有时,也需要根据被调查对象的不同,设计不同的问卷和访谈单。比如,针对普通公众和针对专家,问卷往往是不同的。针对普通公众的问卷,问题要直接和简易一些;而针对专家的问卷,就可以深入和学术性强一些。

6. 核查

调研需要的是被调查者的真实信息。但是,有些时候,由于调查的失误或被调查者的原因,并不能保证收集到的信息的可靠性。因此,要想方设法对被调查者提供的信息进行核查,尤其是一些关键信息。核查有时可以直接在调查当中进行,比如在提问被调查者的居住地时,随之提问该地的电话区号,如果答不出,则可以怀疑被调查者所说的居住地为假。核查也可以通过文献检索的方式进行,比如对被调查者提供的年龄、教育程度和居住地等信息,到档案馆等地进行查阅核实。上面所提到主观性和客观性取向的两种题目,也可用于核查,以检验被调查对象主观意识与实际状况和行为是否相符。

(三) 问卷设计中需要注意的问题

1. 答案要具有穷尽性和互斥性

穷尽性(exhaustive)是指答案包括了所有可能的情况。

例 1　您的文化程度是?(请在所选答案的号码上打√)

① 小学及以下　　② 初中

③ 高中或中专　　④ 大专以上

互斥性(mutually exclusive)是指答案相互之间不能相互重叠或相互包含,即对于每个回答者来说,最多只能有一个答案适合他的情况,如果一个回答者可同时选择属于某一问题的两个或更多的答案,那么这就一定不是互斥的。

例2 1. 您的年收入是多少？（请在合适的答案号码上打√）

① 0—10000元　　② 10000—30000元

③ 30000—50000元　　④ 50000元以上

2. 问题要简短、准确、清晰，通俗易懂

例3 您一周的工作时间是多少？

“一周”是指周一到周五？还是周一到周日？

从表述的清晰程度上讲，“一周”不如“上周”，“上周”又不如“上周一到上周五”。

3. 避免双重提问，就是一个问题中不要同时询问两件事情，否则，答案比较难以设计，而且容易让被调查者造成不同的理解

例4 请问您赞不赞成政府提高所得税的比例，将多出来的税收用在社会福利上？

如果一个人反对增税，却主张将经费花在公共建设上——→反对1也反对2；

如果一个人支持增税，也支持扩大社会福利支出——→赞成1也赞成2；

如果一个人反对增税，却主张增加社会福利支出——→反对1却赞成2；

如果一个人支持增税，却反对扩大社会福利支出——→赞成1却反对2。

所以，受访者回答“赞成”或是“不赞成”，你都不知道他真正的意思是什么。因此，提出问题时应避免同一个问题包含两个叙述。

4. 问题不能带有倾向性

如：您喜欢公务员这一令人尊敬的职业吗？

① 同意　　② 不同意　　③ 不知道

5. 问题不能带有诱导性

例5 对于过去政府半年来的表现，有人觉得非常满意，请问您满不满意？

可以改成：对于过去政府半年来的表现，有人觉得满意，也有人觉得不满意。请问您满不满意？

例6 目前的失业率是近几年来的最高点，我们想请问您对政府过去一年的施政表现满意还是不满意？

题目的重点是要问受访者对政府的施政满意度，无须增加前面的叙述。

例7 请问您赞不赞成合理地调高社保费率？

一般的受访者难以理解，也难以拒绝任何“合理”的作为。

例8 请问您有没有听说最近的XXX抢劫案？

续问：请问您对政府在维护社会治安上的作为满不满意？

问题的先后顺序容易造成诱导。

6. 不要用否定形式提问，尤其不要用双重提问

有研究显示，对于否定形式的问题，有一定比例的被调查者会答错选项。

7. 答案尽可能采取一维设计

例 9 您对出租车安装 GPS(全球卫星定位系统)的态度是：

A. 支持，有利于保障安全和调度

B. 反对，增加成本

C. 无所谓，没听说过这个

此问题答案设计中除了包括态度之外，又增加了采取某种态度的原因，使得答案的设计很难穷尽所有的情况，比如说，如果有被调查者对安装 GPS 的态度是反对，但反对的原因是这种措施有可能侵犯个人隐私，那么这种情况下，他将无法作答，因为没有答案适合他的情况。

8. 不要问回答者不知道的问题

例 10 您对我国的社会保障制度是否满意？

例 11 请问您同不同意《京都议定书》的内容？

有些被调查者可能不太了解国家的社会保障制度，或者不了解《京都议定书》的内容。

9. 不要直接询问敏感性问题

例 12 你认为自己有偏见吗？

① 有　　② 没有

③ 有一点儿　　④ 不知道

例 13 测量对黑人的态度：

① 你愿意让黑人生活在你的国家吗？

② 你愿意让黑人生活在你所在的城市吗？

③ 你愿意让黑人住在你们那条街吗？

④ 你愿意让黑人做你的邻居吗？

⑤ 你愿意与黑人交朋友吗？

⑥ 你愿意让你的子女和黑人结婚吗？

10. 自填问卷中的问题数目不宜过多，问题过多会影响问卷的回收率

11. 简单易答的问题放在前面，较难的问题放在后面

12. 能引起被调查者兴趣的放在前面，易引起紧张或产生顾虑的问题放在后面

13. 敏感性低的问题放在前面，敏感性高的问题放在后面。先问行为问题(客观事实)，再问态度、意见、看法，最后问背景资料

14. 开放式问题放在后面

15. 问题的排列要有逻辑顺序;答案选项的排列也要注意

例 14 如果明天就是投票日,在 A、B、C 三位候选人中,您会将票投给哪一位候选人?

这样的问法对第一位被提示的候选人较有利,过去的研究发现,教育程度较低的受访者,比较容易受到题目顺序或是选项顺序所影响。

16. 答案中间选项的提供

在问卷设计的过程中,研究者常常担心,要不要将中间选项如“都可以”、“无所谓”、“无意见”、“不知道”等放进答案选项中。若非在态度两极分化的情况下,往往会有很多人对一个问题的态度处于中间状态。在这种情况下,放进上述中间选项会鼓励受访者直接圈选这些选项,而不愿意在“赞成”以及“反对”上明确表态。结果,可能因为太多受访者选择中间选项或“无反应”的选项,减少可用以分析的有效样本数,增加分析(样本数太少)以及推论(外在效度)的困难。不过,如果受访者真的没有意见而必须强迫他表态,则对我们测量的信度以及效度也会产生影响。

在面访中,往往要求访员不要把中间选项念出来。

17. 敏感问题的处理

假定法:用一个假设作为问题的前提,然后再询问被调查者的看法。

转移法:把直接回答问题的人转移到别人身上,然后请被调查者对他人的回答作出评价。

模糊法:对一些敏感问题设计出比较模糊的答案。

18. 相倚问题

在设计问题时常常遇到相倚问题, 比如,“你退休了吗?”“您退休多长时间了?”

在这两个问题中,后一问题显然只对一部分调查对象适用,一个回答者是否需要填答此题,完全由前一个问题的回答决定。所以,我们通常把前一问题叫做过滤性问题或筛选性问题,而把后一问题叫做相倚问题。

有时一连几个问题都只适用于一部分受访者,设计时往往采用跳答式的方法来解决。

如:您有孩子吗?

① 有　　② 没有　(⟹请直接回答第 20 题)

五、实证资料的整理

一项实证研究往往是本章所讲到的各种方法的结合。比如,美国著名政治学家加布里埃尔·阿尔蒙德(Gabriel Almond)、德尼·维巴(Sidney Verba)在20世纪50年代末60年代初主持的“公民文化——五国的政治态度和民主”(The Civic Culture—Political Attitudes and Democracy)的研究是一项实证研究的光辉范例。该研究历时五年,在英国、美国、德国、意大利和墨西哥五个国家进行了公民政治态度的调查,调查采用民意测验和抽样调查的方法,共采访和调查了5000人。这充分体现了实证方法依靠调研而非推断的特点。研究者在对政治文化的研究中,把政治文化这一概念具体解构为政治认知模式、政治情感状态、党派信仰模式、公民责任感和公民能力感等方面,从而能够在调查中有效地操作。阿尔蒙德“公民文化”研究所奉行的实证精神和其采用的精深的实证方法是值得我们每一个政治研究者学习的。

实证资料收集完成之后,需要进行整理和测量。一般来讲,观察和访谈的资料可以进行定性的研究,如果资料足够详细,也可以进行一定的定量分析。而通过抽样调查获得的资料,必须也便于进行定量的分析,尤其是在需要进行比较的情况下。在进行定量分析的过程中,测量的精度需要根据研究需要灵活掌握。比如地域、年龄、教育程度等细分到何种程度等方面,无一定之规。

抽样调查的资料,一般首先需要以各个题目为单位,对回收的问卷的答案进行统计,从而得到对各个题目的各种选择的比例的数据。这些数据一般需要与收集的个人信息结合起来,根据测量的指标,制作出一个个详细的量表,据此进行分析。具体包括以下两个环节:

(一)资料的编码

编码就是给每个问题及答案一个数字作为它的代码。从资料处理的角度看,编码就是用阿拉伯数字来代替问卷中每一个问题的回答,或者说是将问卷中的答案转换成数字的过程。

表格式问题的情况稍有不同。特别是对于一些具有定序层次答案的态度问题,编码时还要特别注意它的方向性。

在对问卷中的问题进行编码时,要给不同的问题分配合适的栏码,即指定该问题的编码值在整个数据文件中所处的位置。这种栏码有时在问卷设计时就印在问卷上(每页的右边,用一条竖线与问题及答案隔开),但也有很多情况下是在问卷收回后编码时再指定。在大型调查中,因为问卷内容比较多,常常将编码汇集成编码手册,以供分析人员使用调查资料。

编码中,栏码的指定方法是从问卷的第一个项目或问题开始的,先根据每一个项目或问题答案数码的位数,来确定该项目或问题所占有的宽度;再根据前后顺序来确定其在整个数据排列中所处的位置,这样从头依次往后排列,见编码手册节选。

第一个问题的答案代码是6位,宽度为6,栏码为1—6;第2个问题的代码只有1和2,是一位数,故宽度为1, 栏码为7;第3个问题是“年龄”,一般情况下,人们的年龄不会超过100岁,是2位数,故宽度为2,栏码为8—9;……需要说明的是,在给年龄、工资收入、时间、人数等定距变量分配栏码时,一定要根据实际情况,确定合适的宽度。

为了减少编码中的误差,保证编码数据的质量,研究者需要编制一份编码手册(也称编码簿)发给编码员,每个编码员则按编码手册的要求,统一进行编码。在编码手册中研究者将编码的项目和问题一一列出,逐一规定它们的代码、宽度、栏码、简要名称、答案赋值方式及其他特殊规定等等。整个编码手册的格式要规范。表14-1为某编码手册的节选内容。

表14-1　编码手册节选

列	问题号码	变量名称	内容说明
1—6	a1	期刊年月编号	1991年6月第二个个案为910602
7	a2	性别	1. 男 2. 女
8—9	a3	年龄	如实填写
10	a4	学历	1. 小学以下 2. 中学 3. 高中 4. 中专 5. 大专 6. 大学 7. 硕士 8. 博士 9. 其他
11—13	a5	身高	cm
14—15	a6	职业	1. 工人 2. 农民 3. 党政机关公务员 4. 私营企业主 5. 离退休人员 6. 教师医生 7. 公安,司法,军人 8. 企业白领 9. 专业技术人员 10. 其他
16	a7	婚姻状况	1. 未婚 2. 离婚 3. 丧偶 4. 其他
……	……	……	……

(二)调查资料的汇总

调查完成以后,要尽快将资料汇总,形成数据库文件,以便调查者使用。数据库文件的格式如下,左边一栏是序号,列的是被调查者的序号;最上边一行是变量名;中间是被调查者的回答汇总。如表14-2所示。

表 14-2　调查资料汇总

序号	性别	教育水平	…
1	1	B	…
2	2	C	…
3	2	A	…
4	1	D	…
5	1	B	…
6	1	A	…
7	2	B	…
⋮	⋮	⋮	⋮
n	1	B	…

（三）资料的核查

在对调查问卷进行初步汇总基础上，要对问卷资料进行核查。核查的内容主要包括：一是问卷的回收率，如果问卷的回收率太低，则要分析其原因以及对调查结论的影响。二是每份问卷填答是否完整。对一份调查问卷，除其中的开放式问题外，要检查对其他问题的填答是否完整。如果不完整，则要考虑该问卷可否继续使用还是要作为废卷处理。如果一份问卷中涉及的主要问题和变量填答不全，则会影响调查资料的质量。三是对问卷进行逻辑审查。一些大型问卷往往内置或嵌入几个相关的逻辑问题，可以据此对资料的真实性进行某种程度的核查。如一位被调查者在前面的问题中可能回答尚未退休，可是在后面的问题中又填答退休 5 年了，则这份问卷的填答前后矛盾，其提供的资料就不可靠。

在对调查资料进行汇总整理之后，就可以对资料进行统计分析了。

第十五章

实证资料的统计分析

在政治科学的实证研究中，在文献资料、调查资料等汇总整理成数据文件之后，就可以着手对数据资料进行统计分析了。

统计最初是指对国情的研究，主要包括人口、职业等情况的统计。威廉·配第的《政治算术》(1676)用大量的数据来分析国家的实力，是较早的统计学著作。自19世纪中期以来，统计学中引入概率论，形成数理统计学，使统计分析有了坚实的数理基础。20世纪上半叶，小样本推论统计技术迅速发展起来，使统计分析的功能大大扩展。20世纪下半叶以来，随着信息计算技术的发展，学者们终于可以从复杂繁重的运算负担中解脱出来，尤其是大量的统计分析软件的出现，极大地方便了统计分析在社会科学中的应用。

统计分析的主要功能，一是对数据资料进行简化，用总体的数据特征对总体所包含的大量资料信息进行简化描述。例如一个国家可能有上亿甚至十几亿人，每个人的收入千差万别，但可以用人均收入一个数据来大致描述该国的居民收入情况。二是可以描述变量之间的关系。对于两个或两个以上变量的数据资料而言，描述变量间的数量关系是统计分析的重要内容，比如教育程度与政治参与程度之间的关系究竟如何，不仅需要有见地的思辨的分析，还需要由经验证据对学者们的思辨分析所得出的不同结论中作出符合现实的挑选，因为在思辨分析的阶段，不同的学者完全可以建构起大异其趣的理论假设，或者说对同一个问题甚至常常出现迥异的理论建构。在这些情况下，只有实证资料可以充当这些形形色色的理论假设的裁判官。三是可以通过样本资料推断总体的情况。总体规模通常是很大的，通过普查的方式来了解总体的情况需要耗费大量的人力、物力、财力和时间，这时可以用抽样的方法，通过了解一个很小的、具有代表性的样本，由这个样本的情况对总体的情况进行推断。

统计分析依据分析变量的多寡，可以分为单变量分析和多变量分析；根据是否使用统计推论，可以分为描述统计和推论统计。描述统计的主要目的在于用最简单的概括形式反映出大量数据资料所容纳的基本信息。它的基本方法包括集中量数分析、离散量数分析等。而推论统计的主要目的，则是用从样本中所得到的数据资料，即统计值，来推断总体的情况，即总体的参数，它主要包括参数估计和假设检验等。

一、统 计 基 础

（一）集中量数分析

集中量数（也称为集中趋势）分析指的是用一个典型值或代表值来反映一组数据、一组观测值的一般水平，或者说反映这组数据向这个典型值集中的情况。最常见的集中量数有算术平均数（简称平均数，也称为均值）、众数和中位数三种。

1. 平均数（Mean）

平均数是指一组数值之和除以该组数据包含的数目个数，是最常用的集中量数。若一个样本包含 n 个观测值 $x_1, x_2, \cdots, x_n$，则样本平均数为：

$$\bar{x} = \frac{\sum_{i=1}^{n} x_i}{n}$$

在 Excel 中：工具—数据分析—描述统计—汇总统计，输出结果中的平均即 $\bar{x}$

调查资料或文献资料中经常会有按组距分组形式的资料，比如人口普查的许多数据就是以年龄分组的形式给出的，即我们常常知道的是 0 岁—4 岁、5 岁—9 岁、10 岁—14 岁等年龄段的人数等。对于这样的分组数据，因为不清楚每一个个体的值，若要计算样本的平均年龄，就需要先计算出各组的组中值，视为该组数据的平均值，然后再计算所有平均数。

组中值的计算公式为：

（上限 + 下限）/2

例　调查某企业 100 名职工的收入得到如下资料，请计算平均收入。

某企业百名职工收入分布

收入(元)	职工数(人)	组中值	X
100—199	10	150	1500
200—299	10	250	2500
300—399	40	350	14000
400—499	20	450	9000
500—599	20	550	11000
合计	100		38000

该企业职工的平均收入为：

$$38000/100 = 380(\text{元})$$

2. 众数(Mode)

众数是一组数据中出现次数最多(即频数最高)的那个数值,众数与平均数一样也可用来概括反映一组数据的一般水平或典型情况。

对于按组距分组资料采用组中值法,首先通过直接观察找出最高的频数,然后根据最高的频数找到它所对应的组,最后求出该组的组中值作为众数。

在 Excel 的工具栏中选"工具—数据分析—描述统计—汇总统计",输出结果中显示众数。

3. 中位数(Median)

把一组数据按值的大小顺序排列起来,处于中央位置的那个数值就叫中位数,它描述的是定序变量以上层次的变量,它的含义是整个数据中有一半数值在它之上,另一半数值在它之下。

例 有 5 位被调查者,其月收入分布为 200 元,300 元,500 元,800 元,1000 元。3 为中间位置,其所对应的数值 500 元即为该组收入数据的中位数。

当数据个数为偶数时,中位数处于中间两个数值之间,这时一般以中间两个数值的平均数作为中位数。

在 Excel 的工具栏中选"工具—数据分析—描述统计—汇总统计",输出结果中显示中位数。

4. 中位数与平均数的比较

平均数要求计算所有的数值,而中位数只用到数值的相对位置,一般说来平均数利用了更多的信息,更全面和准确。但平均数容易受到极端值的影响,中位数则不会受到这种影响。当资料是定序或者是有开口组的定距测量时,无法计算平均数,中位数能够弥补不足。

（二）离散量数分析

离散量数(也叫离中趋势)分析指的是用一个特别的数值来反映一组数据、一组观测值相互之间的差异程度、分散程度,它与集中量数一起分别从两个不同的侧面描述和揭示一组数据的分布情况,共同反映出数据分布的全面特征。

为了理解离散量数的作用,请见下例。

例　某校三个系各选5名同学参加竞赛,他们的成绩分别如下:

中文系:78，　79，　80，　81，　82；　平均分 $\bar{x}=80$

数学系:65，　72，　80，　88，　95；　平均分 $\bar{x}=80$

外语系:35，　78，　89，　98，　100；　平均分 $\bar{x}=80$

如果仅以集中量数来衡量,这三个队的平均得分一样高。但80分对三个系的代表性是否一样呢?很显然,这个平均分80分对中文系队的同学代表性最高,而对外语系的同学代表性最低,因为中文系5位同学的得分跟80分都很接近,而外语系除了一个得78分的同学的成绩跟80分比较接近以外,其他同学跟80分的差距都比较大,也就是说80分作为一个代表性数值对该组同学的代表性较差。为比较全面反映一组数据的分布特征,除了要计算其集中趋势外,还要计算其离散趋势。

常见的离散量数统计量有全距、标准差、异众比率和四分位差。

1. 全距(Range)

全距也叫极差,它是一组数据中最大值与最小值之差。用公式表示:

$$R = x_{max} - x_{min}$$

在Excel的工具栏中选“工具—数据分析—描述统计—汇总统计”,输出结果中显示为区域。

2. 方差(Variance)

一组数据或观测值的方差反映了该组数据或观测值的离散程度。用公式表示:

$$s^2_{样本} = \frac{\sum_{i=1}^{n}(x_i - \bar{x})^2}{n-1}$$

在Excel的工具栏中选“工具—数据分析—描述统计—汇总统计”,输出结果中显示为方差。

3. 标准差(Standard Deviation)

标准差是最重要的离散量数统计量,是指一组数据或观测值的方差的平方根,标准差的计算公式为:

$$s_{样本} = \sqrt{\frac{\sum_{i=1}^{n}(x_i - \bar{x})^2}{n-1}}$$

比如,将前面例子的资料代入后可得:

中文系:$s = 1.58$(分)

数学系:$s = 12.02$(分)

英语系:$s = 26.62$(分)

从上述结果中可知,中文系代表队的标准差最小,数学系队其次,而外语系代表队的标准差最大。这一结果很好地反映出各队队员成绩之间的离散程度,同时它们也反映出80分的平均成绩对中文系代表队的代表性最大,而对外语系队的代表性最小。

4. 离散系数(Coefficient of Variation)

离散系数也叫变异系数、异众比率,是一种相对的离散量数统计量,用来对两组数据的差异程度进行比较。离散系数是标准差与平均数的比值。其计算公式为:

$$离散系数\ c_v = \frac{s_x}{\bar{x}}$$

离散系数没有量纲,即可以对相同类型的数据比较其相对变异程度,也可以对不同类型的数据比较其相对变异程度。

例1 一项调查得到下列结果,某市人均月收入为92元,标准差为17元,人均住房面积7.5平方米,标准差为1.8平方米。试比较该市人均月收入和人均住房情况哪一个差异程度比较大。

解析 因为该市人均月收入的离散系数为:

$$17/92 = 0.185$$

该市人均住房面积的离散系数为:

$$1.8/7.5 = 0.24$$

计算结果显示该市人均住房面积的差异情况比人均收入的差异情况要大。

例2 对广州和武汉两地居民生活质量调查发现,广州居民平均收入为680元,标准差为120元;武汉居民平均收入为360元,标准差为80元。问广州居民相互之间在收入上的差异程度,与武汉居民相互之间在收入上的差异程度哪一个更大一些?

解析 因为广州居民平均收入的离散系数为:

$$120/680 = 0.176$$

武汉居民平均收入的离散系数为:

$$80/360 = 0.222$$

计算结果显示武汉居民相互之间在收入上的差异程度，比广州居民平均收入相互之间的差异程度更大一些。

5. 数据的标准化

对数据进行标准化最常用的是标准差标准化，即考察某个观测值偏离平均值多少个标准差，这样得出的标准值也称为标准分，即 Z 值。计算公式如下：

$$Z = \frac{x_i - \bar{x}}{s}$$

有了 Z 值之后，如果能够确定该组观测值属于正态分布，则该组数据的 Z 值大致服从标准正态分布 $N(0,1)$，可以根据 Z 值确定某个观测值在该组数据中的大致排序。

例　A、B 两个学生在期中考试中成绩分别为 60 分和 75 分，学生 A 所在班级的平均分为 50 分，标准差为 6.5 分；学生 B 所在的班级平均分 80 分，标准差为 5 分，请问 A、B 两个学生谁考得比较好呢？

解析

$$学生 A：\bar{x}_A = 50,\quad S_A = 6.5;\quad z = 1.54\ \text{sd}$$
$$学生 B：\bar{x}_B = 80,\quad S_B = 5;\quad z = -1\ \text{sd}$$

我们从两个学生的 Z 值可以看出学生 A 的成绩比班里的平均成绩要高出 1.54 个标准差，而 B 比班里的平均成绩低 1 个标准差。跟自己班里的同学相比，学生 A 要考得比学生 B 好。

如果我们进一步设定学生的成绩大致服从正态分布，则我们可以根据标准正态分布表查得学生 A 的成绩要比班里 93.32% 的学生成绩来得高，而学生 B 的成绩则仅超过自己班里 15.87% 的学生的成绩。

（三）频数分布与频率分布

1. 频数分布(Frequency Distribution)

频数分布是指一组数据中取不同值的个案的次数分布情况，它一般以频数分布表的形式表达。例如表 15-1。

表 15-1　学历分布表

学　历	人　数
小学以下	1
中学	72
高中	44

（续表）

学　历	人　数
中专	13
大专	52
大学	58
硕士	4
博士	7
缺失(Missing)	49
总计(Total)	300

该分布表表示本次抽样调查共有300个个案(case;有时亦称观察值,即observation),其中49个个案的数据缺失,即有效数据为251个。

频数分布表能够清晰而简洁地呈现调查数据的某个变量的信息,也能很方便地用数据图形更直观地表示出来,如图15-1。

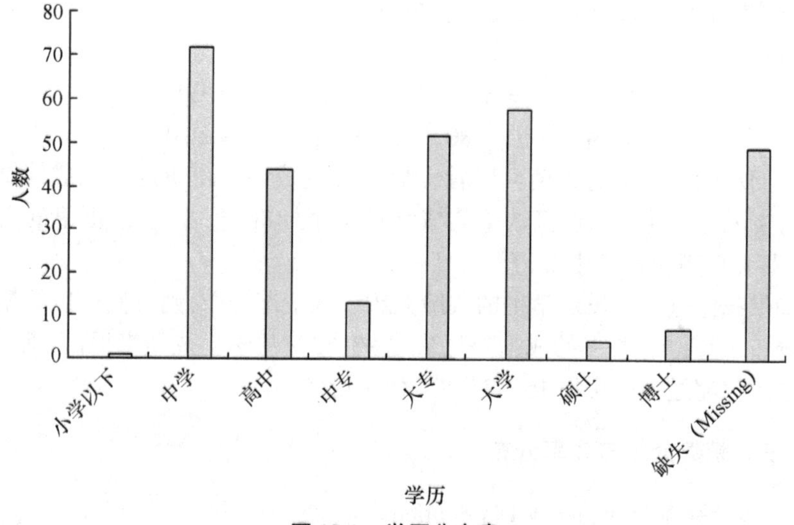

图15-1　学历分布表

2. 频率分布(percentage distribution)

频率分布是一组数据中不同取值的频数相对于总数的比率分布情况,是不同类别在总体中的相对频数分布。

例如表15-1可以加上频率的相关信息。频率只根据有效个案计算。在本例中,即把不同学历出现的频数除以有效个案数251得出。

表 15-2　学历分布表

学历	人数	频率
小学以下	1	0.40
中学	72	28.69
高中	44	17.53
中专	13	5.18
大专	52	20.72
大学	58	23.11
硕士	4	1.59
博士	7	2.79
缺失(Missing)	49	
总计(Total)	300	100

二、随机变量及其分布

随机变量及其分布是统计推论的基础,下面介绍随机变量以及几个常用的随机变量的概率分布。

在科学研究中存在着两种现象,一是必然现象,即在一定条件下必然出现的现象;二是随机现象,即在一定条件下可能出现也可能不出现的现象。产生随机现象的不确定性的原因,是影响事物发展的偶然因素和无法控制的因素的存在。社会政治领域的现象都是可能出现也可能不出现的,都是随机现象。

随机现象中出现的结果不能事先准确预言,但结果的全部可能性可以是已知的。如掷骰子、硬币,虽然结果不可预知,但结果的全部可能性是已知的,掷一枚骰子的结果不外乎 1、2、3、4、5、6,掷一枚硬币的结果不外乎正面、反面。同样的道理,一个候选人是否当选可能难以确定,但最终结果不外乎当选或者不当选两种,不可能有其他的结果。

(一) 概率

随机现象出现的结果虽然不能事先准确预言,但不代表其出现的结果毫无规律性可言。当同一随机现象大量重复出现时,其每种可能结果的频率具有稳定性,即随机现象具有统计规律性。概率论是研究随机现象的规律性的数学分支。

概率的统计定义:在相同条件下大量进行重复试验,当试验次数充分大时,事件 A 的频率总围绕着某一确定值 p 作微小摆动,则称 p 为事件 A 的概率,记

作 $p(A)$。在实际应用中,往往简单地把频率当作概率来使用。

例 为设计某路口向左转弯的汽车候车道,在每天交通最繁忙的时间(上午8点)观测候车数,共观测了60次(天),结果如下:

等候车辆数	0	1	2	3	4	5	6	总和
出现的次(天)数	4	16	20	14	3	2	1	60
频率	0.0667	0.267	0.333	0.2333	0.05	0.033	0.017	1

求在上午8点在该路口至少有5辆汽车在等候左转弯的概率?(0.05)

概率的性质:

1. 非负性,$p(A)\geqslant 0$;
2. 规范性,$p(\Omega)=1$;
3. 可列可加性:设 $A_1, A_2, \cdots$ 为两两互不相容的事件,即对于 $i\neq j$, $A_iA_j=\phi$,则有 $p(\bigcup_{k=1}^{\infty}A_k)=\sum_{k=1}^{\infty}p(A_k)$

(二)随机变量

随机事件是按试验结果而定出现与否的事件,它是一种"定性"的概念,不利于研究。人们对随机现象的兴趣常常集中在其结果的某个数量方面,为了更好地、全面地研究随机试验结果,我们将随机试验的结果与实数对应起来,从而将随机试验的结果数量化,即引入随机变量的概念,用随机变量来描述随机现象。有了随机变量,我们就可以用实数来表示随机试验的各种结果,这样,不仅可更全面揭示随机试验的客观存在的统计规律性,而且可使我们用数学分析的方法来讨论随机试验。随机变量是研究随机现象的一个重要工具,也是概率论的一个基本概念。

随机变量按其可能取值的全体的性质,大致可区分为两大类,一是离散型随机变量,其特征是只能取有限或可列无限个值,其测量层次大致对应于定类变量、定序变量;二是连续型随机变量,这种随机变量的可能取值充满数轴上的一个区间,其测量层次大致对应于定距变量。

(三)随机变量的分布函数

设 X 是一个随机变量,x 是任意实数,则函数 $F(X)=P(X\leqslant x)$ 称为 X 的分布函数,有时也记为 $F_X(x)$。

有了分布函数,对于任意的实数 $x_1, x_2(x_1<x_2)$,随机变量 X 落在区间 $(x_1, x_2]$ 里的概率可用分布函数来计算:

$$P(x_1 < X \leqslant x_2) = P(X \leqslant x_2) - P(X \leqslant x_1) = F(x_2) - F(x_1)$$

在这个意义上可以说,分布函数完整地描述了随机变量的统计规律性,或者说,分布函数完整地表示了随机变量的概率分布情况.

(四) 几个常用的概率分布

1. 正态分布(又称高斯分布)

$$X \sim N(\mu, \sigma^2)$$

$$f(x) = \frac{1}{\sqrt{2\pi}\sigma} e^{-\frac{(x-\mu)2}{2\sigma 2}}, \quad x \in \mathbf{R}$$

标准化后变成标准正态分布:

$$X \sim N(0,1)$$

$$\phi(x) = \int_{-\infty}^{x} \frac{1}{\sqrt{2\pi}} e^{-\frac{1}{2}x^2} dx$$

$\phi(x)$的函数值,已编制成表可供查用。

正态分布的特征:

(1) 正态分布有两个主要参数,μ 为期望值;σ 为标准差;μ 为位置参数;σ 为形状参数。

(2) 很多随机现象都可以用正态分布来描述,如:测量误差 ε 都是用正态分布描述的,测量误差 ε 是随机变量,时大时小,时正时负,不过误差大的机会少,误差小的机会多,正误差与负误差出现的机会几乎相等,这些现象与正态分布曲线“中间高两边低左右对称”是相吻合的,所以测量误差 ε 被当作正态变量看来。有学者说“人类甚至也不是随意犯错误”,就是指误差服从特殊的统计分布。

(3) 许多分布可用正态分布作近似计算,在一定条件下,很多随机变量的叠加都可以用正态分布来近似。

(4) 从正态分布可导出一些有用的分布,统计中常用的三大分布 χ_n^2 分布、t 分布、F 分布都是从正态分布导出的。

2. t 分布

设总体 $X \sim N(\mu, \sigma^2)$,则样本$(X_1, X_2, \cdots, X_n)$的统计量

$$\bar{X} = \frac{\sum_{i=1}^{n} X_i}{n} \sim N\left(\mu, \frac{\sigma^2}{n}\right); \quad z = \frac{\bar{x} - \mu}{\frac{\sigma}{\sqrt{n}}} \sim N(0,1)$$

因为从样本中我们无法得到σ，当用s代替σ后，$t=\dfrac{\bar{x}-\mu}{\dfrac{s}{\sqrt{n}}}\sim t_{n-1}$分布

t分布图形

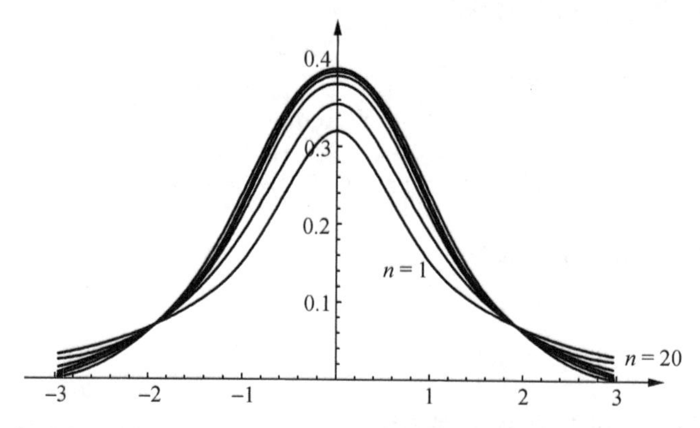

大样本与小样本：

$$n \geqslant 30,\quad 大样本$$

$$n < 30,\quad 小样本$$

当样本数够大($n\geqslant30$)，t分布与标准正态分布的概率分布越来越接近。

3. χ_n^2分布

设总体$X\sim N(\mu,\sigma^2)$，$(X_1,X_2,\cdots,X_n)$是X的样本，则

$$\frac{\sum_{i=1}^{n}(X_i-\mu)^2}{\sigma^2}\sim\chi_n^2\text{ 分布}$$

$$\frac{(n-1)S^2}{\sigma^2}\sim\chi_{n-1}^2\text{ 分布}$$

当样本数n很大时，卡方分布会趋近于正态分布

卡方分布的平均数为其自由度，其标准差为自由度两倍的平方根

$$E(\chi^2)=\mathrm{d}f$$

$$\sigma(\chi^2)=\sqrt{2*\mathrm{d}f}$$

4. F分布

设总体$X\sim N(\mu_1,\sigma_1^2)$，设总体$Y\sim N(\mu_2,\sigma_2^2)$，$(X_1,X_2,\cdots,X_n)$是总体$X$的一个样本，$(Y_1,Y_2,\cdots,Y_n)$是总体$Y$的一个样本，则

$$\frac{\frac{S_1^2}{\sigma_1^2}}{\frac{S_2^2}{\sigma_2^2}} \sim F_{(n_1-1,n_2-1)} \text{分布}$$

F 分布图

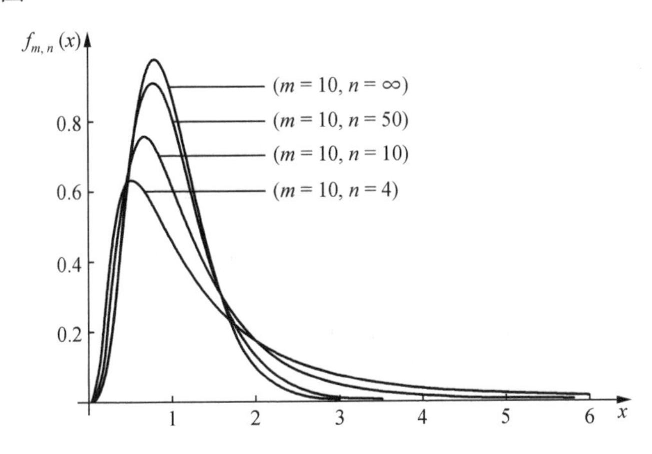

三、统计推论

简单地说，统计推论就是利用样本的统计值对总体的参数值进行估计。统计推论的内容主要包括两个方面：一是参数估计；二是假设检验。

（一）参数估计

参数估计就是利用样本统计量来估计总体的未知参数，它是统计推断的基本问题之一。在很多实际问题中，我们知道一个随机变量服从什么样的分布，但不知道其分布的具体参数，因此需要对未知的参数做出估计。参数估计有两种形式：参数的点估计和区间估计。

1. 点估计

点估计的主要任务是构造一个统计量 $\hat{\theta}=\hat{\theta}(X_1,X_2,\cdots,X_n)$，然后用 $\hat{\theta}$ 去估计 θ。

例　设总体 $X\sim N(\mu,\sigma^2)$，$(x_1,x_2,\cdots,x_n)$ 是 X 的一组样本观察值，求总体参数 μ、σ^2 的极大似然估计值（maximum likelihood estimation）。

解　样本 $(X_1,X_2,\cdots,X_n)$ 的似然函数

$$L(x_1,x_2,\cdots,x_n;\mu,\sigma^2)=\prod_{i=1}^{n}f(x_i;\mu,\sigma^2)$$
$$=\prod_{i=1}^{n}\frac{1}{\sqrt{2\pi}\sigma}\mathrm{e}^{\frac{(x_i-\mu)^2}{2\sigma^2}}$$
$$=\left(\frac{1}{\sqrt{2\pi}\sigma}\right)^n\mathrm{e}^{\frac{1}{2\sigma^2}\sum_{i=2}^{n}(x_i-\mu)^2}$$

两边取对数

$$\ln L=-\frac{n}{2}\ln(2\pi\sigma^2)-\frac{1}{2\sigma^2}\sum_{i=1}^{n}(x_i-\mu)^2$$

分别对参数μ、σ^2求偏导数,并令其为0,得方程组

$$\begin{cases}\dfrac{\partial\ln L}{\partial\mu}=\dfrac{1}{\sigma^2}\sum_{i=1}^{n}(x_i-\mu)=0\\ \dfrac{\partial\ln L}{\partial\sigma^2}=-\dfrac{n}{2\sigma^2}+\dfrac{1}{2\sigma^4}\sum_{i=1}^{n}(x_i-\mu)^2=0\end{cases}$$

$$\Longrightarrow\begin{cases}\mu=\dfrac{1}{n}\sum_{i=1}^{n}x_i=\bar{x}\\ \sigma^2=\dfrac{1}{n}\sum_{i=1}^{n}(x_i-\bar{x})^2\end{cases}$$

即μ、σ^2的最大似然估计量为:

$$\begin{cases}\hat{\mu}=\dfrac{1}{n}\sum_{i=1}^{n}x_i=\bar{x}\\ \hat{\sigma}^2=\dfrac{1}{n}\sum_{i=1}^{n}(x_i-\bar{x})^2\end{cases}$$

点估计优良性的评判标准:

同一个参数往往有不止一种看来都合理的估计法,因此,自然会提出各种估计方法孰优孰劣的问题。为此需要有评价各种估计方法好坏的标准,标准不同,答案也会有所不同,下面介绍几个常用的准则。

(1) 无偏估计,实际意义就是无系统误差

设$\hat{\theta}=\hat{\theta}(X_1,X_2,\cdots,X_n)$是$\theta$的估计量,若

$E(\hat{\theta})=\theta$,则称$\hat{\theta}=\hat{\theta}(X_1,X_2,\cdots,X_n)$是$\theta$的无偏估计量。

例 μ、σ^2的最大似然估计量为:

$$\begin{cases} \hat{\mu} = \frac{1}{n}\sum_{i=1}^{n} x_i = \bar{x} \\ \hat{\sigma}^2 = \frac{1}{n}\sum_{i=1}^{n} (x_i - \bar{x})^2 \end{cases}$$

其中 $E(\hat{\mu}) = E(\bar{x}) = \mu$,所以 $\hat{\mu} = \bar{x}$ 是 μ 的无偏估计量;

但 $E(\hat{\sigma}^2) = \frac{n}{n-1}\sigma^2 \neq \sigma^2$,所以 $\hat{\sigma}^2 = \frac{1}{n}\sum_{i=1}^{n} (x_i - \bar{x})^2$不是 σ^2的无偏估计量

而$E(s^2) = E\left(\frac{1}{n-1}\sum_{i=1}^{n} (x_i - \bar{x})^2\right) = \sigma^2$

所以,我们用 $s^2 = \frac{1}{n-1}\sum_{i=1}^{n} (x_i - \bar{x})^2$

(2) 有效性

在实际问题中,人们常常首先关心的是估计的无偏性,但是一个参数的无偏估计可以有许多,那么在这些估计中哪个为好呢?直观的想法是希望所找到的估计围绕其真值的波动越小越好,波动大小可以用方差来衡量,因此,人们常用无偏估计的方差的大小作为度量无偏估计优劣的标准,这就是有效性。

设 $\hat{\theta}_1 = \hat{\theta}_1(X_1, X_2, \cdots, X_n)$、$\hat{\theta}_2 = \hat{\theta}_2(X_1, X_2, \cdots, X_n)$ 都是 θ 的无偏估计量

若 $V(\hat{\theta}_1) < V(\hat{\theta}_2)$,则称 $\hat{\theta}_1$ 比 $\hat{\theta}_2$ 有效。

(3) 均方误差

对 θ 的两个无偏估计,我们可以通过比较它们的方差来判断哪个更好,但对有偏估计来讲,比较方差意义不大,我们关心的是估计值围绕其真值波动的大小,因而引入均方误差准则。

设 $\hat{\theta}_1 = \hat{\theta}_1(X_1, X_2, \cdots, X_n)$、$\hat{\theta}_2 = \hat{\theta}_2(X_1, X_2, \cdots, X_n)$ 都是 θ 的有偏估计量

若 $E(\hat{\theta}_1 - \theta)^2 \leq E(\hat{\theta}_2 - \theta)^2$,则称在均方差意义上 $\hat{\theta}_1$优于 $\hat{\theta}_2$。

2. 区间估计

区间估计就是用一个区间去估计未知参数,即把未知参数值估计在某两界限之间。区间估计就是根据样本求出未知参数的置信区间,“置信”一词表明区间提供的界限并非绝对可靠,而是只有一定的可靠度,即下文提到的置信度。

设总体 X 的分布中有未知参数 θ,由样本 $X_1, X_2, \cdots, X_n$确定两个统计量 $\underline{\theta}(X_1, X_2, \cdots, X_n)$、$\bar{\theta}(X_1, X_2, \cdots, X_n)$,如果对于给定的 α,有

$$P(\underline{\theta} < \theta < \bar{\theta}) = 1 - \alpha$$

则称随机区间$(\underline{\theta}, \bar{\theta})$ 为参数 θ 的置信度为 $1-\alpha$ 的双侧置信区间,$\underline{\theta}$为置

信下限，$\overline{\theta}$为置信上限。

(1) 单个正态总体数学期望的区间估计

设总体 $X \sim N(\mu,\sigma^2)$，$(X_1,X_2,\cdots,X_n)$是总体 X 的一个样本，求期望 μ 的置信区间。

① 方差 σ^2已知，$\hat{\mu}=\bar{X}$，且 $\bar{X} \sim N\left(\mu,\frac{\sigma^2}{n}\right)$

$$z=\frac{\bar{X}-\mu}{\frac{\sigma}{\sqrt{n}}} \sim N(0,1)$$

给定置信度 $1-\alpha$，有

$$P\left(-z_{\frac{\alpha}{2}} < z < z_{\frac{\alpha}{2}}\right)=1-\alpha$$

$$\Longrightarrow P\left(-z_{\frac{\alpha}{2}} < \frac{\bar{X}-\mu}{\frac{\sigma}{\sqrt{n}}} < z_{\frac{\alpha}{2}}\right)=1-\alpha$$

$$\Longrightarrow P\left(\bar{X}-\frac{\sigma}{\sqrt{n}}z_{\frac{\alpha}{2}} < \mu < \bar{X}+\frac{\sigma}{\sqrt{n}}z_{\frac{\alpha}{2}}\right)=1-\alpha$$

即 $\bar{X}-\frac{\sigma}{\sqrt{n}}z_{\frac{\alpha}{2}} < \mu < \bar{X}+\frac{\sigma}{\sqrt{n}}z_{\frac{\alpha}{2}}$

得出期望μ 的 $1-\alpha$ 置信区间为：

$$\left(\bar{X}-\frac{\sigma}{\sqrt{n}}z_{\frac{\alpha}{2}},\quad \bar{X}+\frac{\sigma}{\sqrt{n}}z_{\frac{\alpha}{2}}\right)$$

置信区间的意义是：如果连续抽样 100 次，每次都建立一个置信区间，所谓 95%（即$(1-\alpha)$）置信区间是指这 100 个置信区间中，会有 95（即$(1-\alpha)\times 100$）个区间会正确地包含着总体平均数，约有 5（即$(\alpha\times 100)$）个不包含着。

② 方差 σ^2未知，用样本方差 S^2代替 σ^2

$$t=\frac{\bar{X}-\mu}{\frac{s}{\sqrt{n}}} \sim t_{n-1} \text{ 分布}$$

给定置信度 $1-\alpha$，有

$$P\left(-t_{n-1,\frac{\alpha}{2}} < t < t_{n-1,\frac{\alpha}{2}}\right)=1-\alpha$$

$$\Longrightarrow P\left(-t_{n-1,\frac{\alpha}{2}} < \frac{\bar{X}-\mu}{\frac{s}{\sqrt{n}}} < t_{n-1,\frac{\alpha}{2}}\right)=1-\alpha$$

$$\Longrightarrow P\left(\bar{X}-\frac{s}{\sqrt{n}}t_{n-1,\frac{\alpha}{2}}<\mu<\bar{X}+\frac{s}{\sqrt{n}}t_{n-1,\frac{\alpha}{2}}\right)=1-\alpha$$

即 $\bar{X}-\frac{s}{\sqrt{n}}t_{n-1,\frac{\alpha}{2}}<\mu<\bar{X}+\frac{s}{\sqrt{n}}t_{n-1,\frac{\alpha}{2}}$

得出期望 μ 的 $1-\alpha$ 置信区间为：

$$\left(\bar{X}-\frac{s}{\sqrt{n}}t_{n-1,\frac{\alpha}{2}},\quad \bar{X}+\frac{s}{\sqrt{n}}t_{n-1,\frac{\alpha}{2}}\right)$$

（2）单个正态总体方差的区间估计

$$\chi^2=\frac{(n-1)S^2}{\sigma^2}=\frac{\sum_{i=1}^{n}(X_i-\bar{X})^2}{\sigma^2}\sim\chi^2_{n-1}\text{分布}$$

$$P\left(\chi^2_{n-1,1-\frac{\alpha}{2}}<\chi^2<\chi^2_{n-1,\frac{\alpha}{2}}\right)=1-\alpha$$

$$\Longrightarrow P\left(\chi^2_{n-1,1-\frac{\alpha}{2}}<\frac{\sum_{i=1}^{n}(X_i-\bar{X})^2}{\sigma^2}<\chi^2_{n-1,\frac{\alpha}{2}}\right)=1-\alpha$$

得出 σ^2 的 $1-\alpha$ 置信区间为

$$\left(\frac{(n-1)S^2}{\chi^2_{n-1,\frac{\alpha}{2}}},\quad \frac{(n-1)S^2}{\chi^2_{n-1,1-\frac{\alpha}{2}}}\right)$$

（3）单侧置信区间

若有 $P(\theta>\underline{\theta})=1-\alpha$，则称随机区间 $(\underline{\theta},+\infty)$ 为参数 θ 的置信度为 $1-\alpha$ 的单侧置信区间，$\underline{\theta}$ 为单侧置信下限；

若有 $P(\theta<\bar{\theta})=1-\alpha$，则称随机区间 $(-\infty,\bar{\theta})$ 为参数 θ 的置信度为 $1-\alpha$ 的单侧置信区间，$\bar{\theta}$ 为单侧置信上限。

如单个正态总体数学期望的区间估计，

期望 μ 的 $1-\alpha$ 置信区间为：

$$\left(\bar{X}-\frac{s}{\sqrt{n}}t_{n-1,\alpha},+\infty\right)\quad\text{或}\quad\left(-\infty,\bar{X}+\frac{s}{\sqrt{n}}t_{n-1,\frac{\alpha}{2}}\right)$$

（二）假设检验

科学研究中的理论假设不是作为一个已被认定为真的事实，而只是作为一个命题或陈述，其正确与否，或更确切地说，我们是否打算接受它，要依据经验证据去做出决定。做出决定的过程，称作对该假设进行检验。

假设一个人声称他的口袋中装有 10 个大小相同的球，其中 5 个黑球 5 个白球。于是,我们来做有放回的摸球试验,每次摸一球,观察其颜色,结果在5次摸球中其结果都是黑球,那么,我们如何看待此人的说法呢?

显然,我们面临两种选择:一种承认他的说法是真的,我们这次摸球实验“比较有运气”罢了;另一种是否定他的说法,“哪会如此运气呢?!”对于后一种想法,我们说,只有信念是不行的,还应该有理论上的分析,给予更有力的论证。下面我们这样来分析:

不妨假设“黑球占50%”这一命题是真的,则在有放回的试验中,5次都摸到黑球的概率

$$\left(\frac{5}{10}\right)^5 = 0.03125$$

这是一个“小概率事件”,即100个人做与我们同样的实验,大约只有3个人会摸出这种“5球皆黑”的结果。然而我们从这100人中任选一人,他会恰好有这种“好运气”?凭常识我们认为这是不太可能的,上述计算结果告诉我们这种事件也不是绝对不可能发生的,因此比较科学而严谨的说法是:我们宁冒0.0312的风险否定他的说法。

以上的分析就是统计学上进行“假设检验”的基本思想,即先对总体的某一参数做出假设,然后用样本的统计量去进行验证,以决定假设是否为总体所接受。它在逻辑上类似于初等数学中的反证法,即不妨假设命题H_0是真的,在这一前提下进行数学推导,结果得到了一个矛盾的结论,于是我们认为命题H_0不成立,而接受反命题H_1。在统计学中所谓“矛盾”与通常数学上的“矛盾”不同,这里我们是指小概率原理,即小概率事件在一次试验中几乎不发生,若发生了就认为有“矛盾”。

另一点不同的是,在数学证明中,一旦H_0命题被推翻,H_1被接受是确定的,而统计学中,否定假设H_0时还应指出“冒多大”的风险,如上例是要冒0.0312的风险的。

假设检验的步骤:

假设检验是从零假设开始的,思路类似法院判案的无罪假定。

(1)建立虚无假设(零假设,null hypothesis)和研究假设(备择假设,alternative hypothesis);每个假设检验问题都有一对竞争的假设,在假设检验中,常把一个被检验的假设叫做零假设,而其对立面就叫做备择假设;两类假设互斥且穷尽,二者必居其一。

(2)根据需要选择适当的显著性水平α;α通常选0.05,0.01,或0.1;α即小概率,称为检验水平,或叫显著性水平。

(3)根据样本数据计算出统计值,并根据显著性水平查出对应的临界值。

(4) 将临界值与统计值进行比较,当统计值大于等于临界值的绝对值时,则拒绝虚无假设,接受研究假设;否则接受虚无假设,否定研究假设。

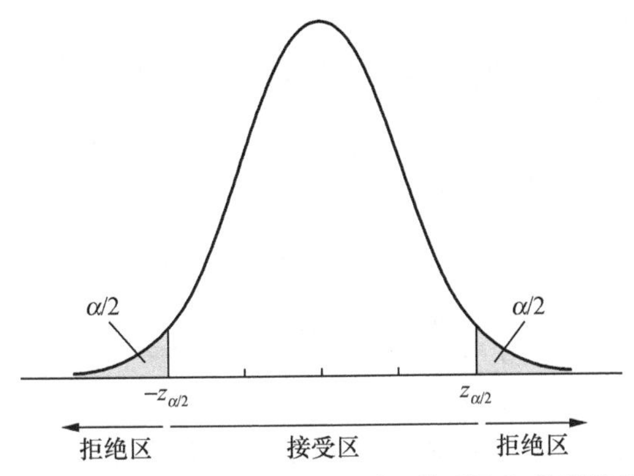

图 15-2 双尾假设检验的"拒绝区"与"接受区":临界值检验法

对于给定的 α,也可以计算样本对应的 p 值;若出现 $p < \alpha$,则我们就拒绝或否定 H_0;否则就不拒绝 H_0。

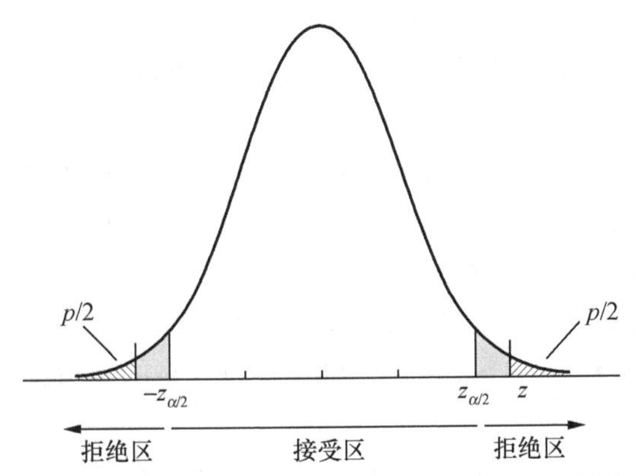

图 15-3 双尾假设检验的"拒绝区"与"接受区":p 值检验法

在统计分析中,一般 α 可选为 0.10、0.05、0.01 或 0.001,而当我们算出 p 值后,对 H_0假设的判断是:

(1) 若 $p > 0.10$, 则不否定 H_0;

(2) 若 $0.05 \leqslant p < 0.10$, 则称 H_0与事实有显著的差异;

(3) 若 $0.01 \leqslant p < 0.05$, 则称 H_0与事实有很显著的差异;

(4) 若 $0.001 \leqslant p < 0.01$, 则称 H_0与事实有非常显著的差异;

(5) 若 $p < 0.001$, 则称 H_0与事实有极其显著的差异.

例 根据某商店上报的资料,其每天平均营业额为 5.50 万元。对该商店的营业额随机抽取10天做调查,平均营业额为6.12万元,标准差为0.70万万元。问该商店上报的数字是否可信?($\alpha=0.05$)

解

$$H_0:\mu = 5.5;\quad H_1:\mu \neq 5.5$$

则

$$t = \frac{\bar{X}-\mu}{\frac{s}{\sqrt{n}}},\quad \text{即 } t = \frac{\bar{X}-5.5}{\frac{s}{\sqrt{n}}} \sim t_{n-1}\text{分布}$$

$$t = \frac{6.12-5.5}{\frac{0.70}{\sqrt{10}}} = 2.80 > t_{n-1,0.025} = 2.26$$

我们有足够证据否定零假设 H_0,接受备择假设 H_1,认为该商店上报的数字不可信(若采用 p 值法:$p = 0.0207 < 0.025$)。

四、相关分析

相关分析主要是判断两个或两个以上变量之间是否存在相关关系,并分析变量间相关关系的程度。许多现象或变量之间都存在着某种依存关系,一种是确定性的函数关系,如 $y=f(x)$,x 为自变量,y 为因变量,当自变量 x 取某值时,因变量 y 有确定的值与其对应;另一种是两个变量之间虽然不存在确定性的函数关系,但两个变量之间存在着统计规律性,具有相关关系,如 $y=f(x,\varepsilon)$,其中 ε 为随机变量,当变量 x 取某值时,变量 y 值并不确定,但 y 按某种规律在一定范围内变化。多数社会经济现象之间都不存在严格的函数关系,而是存在着某种相关关系。

在相关分析中,变量类型不同,所采用的方法也不同。

(一)定类变量的相关分析

在政治科学研究中,我们经常会碰到定类变量,比如一个人的党派、意识形态、对一项政策的态度等,而要分析定类变量之间的相关性,一般要用交叉列表(亦称二联表、列联表)。

当分析两个定类变量间的关系时,我们主要关注两个问题,一是这两个定类变量是否具有相关关系,或者说是否彼此相互独立;二是这两个变量如果彼此相关,它们的相关程度有多强。

我们考虑两个二分变量的情况:

表 15-3　2 维(2×2)交叉分类(cross-tabulation)表

		X		边缘总数
		1	2	
Y	1	n_{11}	n_{12}	n_{1+}
	2	n_{21}	n_{22}	n_{2+}
边缘总数		n_{+1}	n_{+2}	$n_{++}=n$

对交叉列表中两个定类变量间是否相关的检验又称为独立性检验(test of independence),最常用的检验方法是卡方检验(χ^2 test)

在交叉列表中:

单元格(cell):由行变量和列变量交叉的方格;

观察次数 f_{ij}(observed frequency),表示由第 i 行、第 j 列组成的单元格的观察次数;

列边际总数 n_{+j}(column marginal total),表示第 j 列观察频数或次数;

行边际总数 n_{i+}(row marginal total),表示第 i 行观察频数或次数;

期望次数(expected frequency),是当两变量不相关时,我们"应该"看见的分布,计算公式:

$$\hat{f}_{ij}=\frac{n_{i+}\times n_{+j}}{n}$$

独立性检验步骤:

(1) 确立研究假设和相应的虚无假设:

研究假设(H_1):两个变量 X、Y 彼此相关;

虚无假设(H_0):两个变量 X、Y 相互独立。

(2) 决定显著性水平 α,通常 $\alpha=0.05$。

(3) 假设检验规则

如果交叉列表所计算出的卡方值小于查表所得的临界值,则统计上没有足够证据拒绝虚无假设;

如果交叉列表所计算出的卡方值大于查表所得的临界值,则统计上有足够证据拒绝虚无假设,因而接受研究假设。

(4) 计算检验数据:

$$\chi^2=\sum_{i=1}^{r}\sum_{j=1}^{c}\frac{(f_{ij}-\hat{f}_{ij})^2}{\hat{f}_{ij}}\sim\chi^2_{(r-1)(c-1)}\text{ 分布}$$

例　党派与选举的关系

表 15-4　党派与选举的关系表

		X:党派		边缘总数
		民主党	共和党	
Y:1980 总统选举	里根	87	234	321
	卡特	288	12	300
边缘总数		375	246	621

因为$\chi^2 = 307.72 > \chi^2_{1,0.05} = 3.841$,统计数据显示高度显著,拒绝虚无假设,接受研究假设,即选民的党派身份影响选民的投票。

(二) 定距变量的相关分析(Correlation analysis)

定距变量之间相关关系的类型,依据两个变量之间是否存在着线性关系,可以将变量之间的相关关系区分为线性相关和非线性相关;根据两个变量之间相关关系的方向,可以将变量之间的相关关系分为正相关和负相关。当一个变量随着另一个变量的增加而增加时,两个变量之间是正相关关系;当一个变量随着另一个变量的增加而减少时,两个变量之间是负相关关系。

定距变量之间的线性相关关系用佩尔森相关系数(Pearson's coefficient of correlation)来考察。

两个变量 X、Y 的总体相关系数:

$$\rho_{XY} = \operatorname{corr}(X,Y) = \frac{\operatorname{cov}(X,Y)}{\sqrt{\operatorname{var}(X)\operatorname{var}(Y)}} = \frac{\sigma_{XY}}{\sigma_X \sigma_Y}$$

样本相关系数:

$$r = \frac{\hat{\sigma}^2_{xy}}{\hat{\sigma}_x \times \hat{\sigma}_y} = \frac{\frac{1}{n-1}\sum (x-\bar{x})(y-\bar{y})}{\sqrt{\frac{1}{n-1}\sum (x-\bar{x})^2}\sqrt{\frac{1}{n-1}\sum (y-\bar{y})^2}}$$

$$= \frac{\sum (x-\bar{x})(y-\bar{y})}{\sqrt{\sum (x-\bar{x})^2}\sqrt{\sum (y-\bar{y})^2}}$$

Excel 中计算相关系数的命令是:correl(x,y)。

表 15-5　相关关系强度的判断标准

r 值	相关程度
0	完全不相关
$0 < \|r\| <= 0.35$	基本不相关
$0.35 < \|r\| <= 0.5$	低度相关
$0.5 < \|r\| <= 0.8$	显著相关
$0.8 < \|r\| < 1$	高度相关
$\|r\| = 1$	完全相关

使用佩尔森相关系数时，应当注意以下几点：

（1）X、Y 都是相互对称的随机变量，即 $r_{XY} = r_{YX}$；

（2）该系数只反映变量间的线性相关程度，不能说明非线性相关关系；

（3）该系数只反映变量间的线性相关程度，不能确定变量间的因果关系。因为变量之间有因果关系，必须具备三个要件：

① 共变性（covariation），即一个变量必须随着另一个变量的变化而变化，如果两个变量之间没有共变性，即当一个变量发生变化的时候，另一个变量不发生变化，则这两个变量之间就不存在相关性，因果关系更是无从谈起；

② 时间差异性（temporal order），因在前，果在后；

③ 相关关系的独立性：即相关关系不因第三个变量的存在而消亡，也就是相关关系的非虚假性（non-spurious），两变量间的关系不是因为其他变量的影响所产生。比如，有研究者发现一个地区的冰棒销售量与溺水人数有高度的正相关关系，但能否因此说明吃冰棒与溺水之间的因果关系呢？经过分析发现，冰棒销售量与溺水人数的表面的相关关系并不能说明两个变量之间的因果关系，因为这两个变量的关系由一个潜在变量气温引起，即气温越高，吃冰棒的人越多，下水游泳的人也越多（当然溺水的人也多）。如果就单个个案分析，吃冰棒与是否溺水关系不大。

再比如，有数据显示收入和健康问题高度相关：收入越高的人，去医院的次数越多。是财富引起了健康问题，还是健康问题导致了收入的高低？经分析发现，收入和健康问题这两个变量表面上的相关关系是由一个潜在变量年龄引起的，年龄大的人，收入较高，健康较差，去医院的次数也较多，而年轻的人，资历浅，收入相对较低，但比年龄大的人更健康一些，去医院的次数相对较少。如果对不同年龄段的人分别分析这两个变量，则这两个变量的相关程度大大降低。也就是说，如果把所有人分成青年人、中年人和老年人三个子群体，则收入与去医院的次数的相关性基本没有了。每个群体中，收入高的人有去医院次数多的，也有去医院次数少的；每个群体中收入低的人中有去医院次数多的，也有去医院次数少的，因人而异，不存在收入与去医院次数的相关性。

两个变量之间的因果关系是否存在，是在理论建构阶段作为假设提出的，而这种因果关系是否真的存在，需要实证资料的检验，这正是统计检验的目的之一。

相关关系的检验：

对于任意两个变量或两组数据，都可以计算相关系数，但是否因此可以确定两个变量确实存在相关关系，而不是因为数据的随机波动导致的呢？解决这一问题需要对两个变量的相关关系进行检验。

$H_0: \rho = 0$（总体相关系数为0）

$H_1: \rho \neq 0$

把数据看做容量为 n 的样本，则

$$t = r\sqrt{\frac{n-2}{1-r^2}} \sim t_{n-2}$$

步骤：

① 计算 r 值

② 计算 t 值

③ 给定显著性水平，通常 $\alpha = 0.05$；$n-2$，为自由度；

④ 若 $|t| > t_{n-2,\alpha/2}$，则认为 x、y 之间存在相关关系，即该相关关系在 $\alpha = 0.05$ 显著性水平下显著；

若 $|t| < t_{n-2,\alpha/2}$，则认为 x、y 之间不存在相关关系，或相关关系在 $\alpha = 0.05$ 显著性水平下不显著。

通常给定两个变量的数据之后，并不能容易看出两个变量之间的关系，因为数据往往显得很杂乱，不直观，而对数据做出散点图之后，数据间的关系就可以变得清晰起来，非常直观。看下列 A、B、C 三组数据，仅从数据看，很难判断 x、y 两个变量之间的关系。

A	*X*	8	10	15	2	31	11	6	21	7
	Y	20	11	4	8	11	9	5	11	15
B	*X*	2	3	5	6	8	9	11	12	14
	Y	7	9	11	12	16	19	22	25	27
C	*X*	2	4	6	8	10	11	9	3	5
	Y	45	25	9	8	1	1	3	25	17

但两个变量之间的散点图，则可以让两个变量之间的关系变得很直观。

从A组数据的散点图看，变量 X、Y 之间没有很强的相关关系，当 X 增加的时候，Y 的变化很不确定，有时增加，有时减少，经计算，二者之间的相关系数 $r = 0.17$，基本不相关。

从B组数据的散点图看，变量 X、Y 之间有很强的相关关系，当 X 增加的时候，Y 有线性增加的趋向，经计算，二者之间的相关系数 $r = 0.99$，高度正相关。

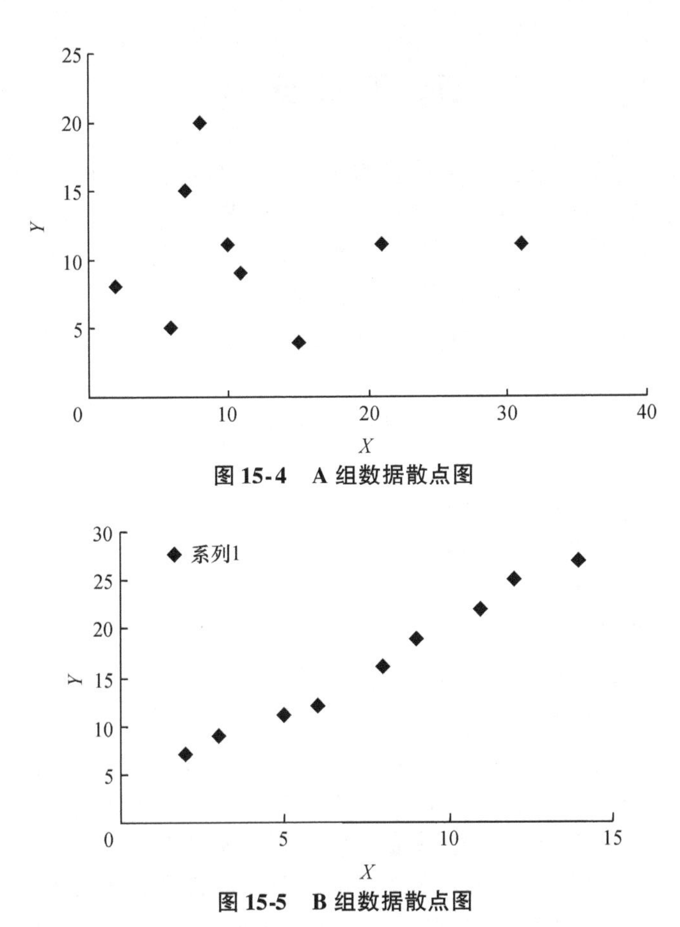

图 15-4 A 组数据散点图

图 15-5 B 组数据散点图

从 C 组数据的散点图看,变量 X、Y 之间有很强的相关关系,当 X 增加的时候,Y 有线性减少的趋向,经计算,二者之间的相关系数 $r=-0.96$,高度负相关。

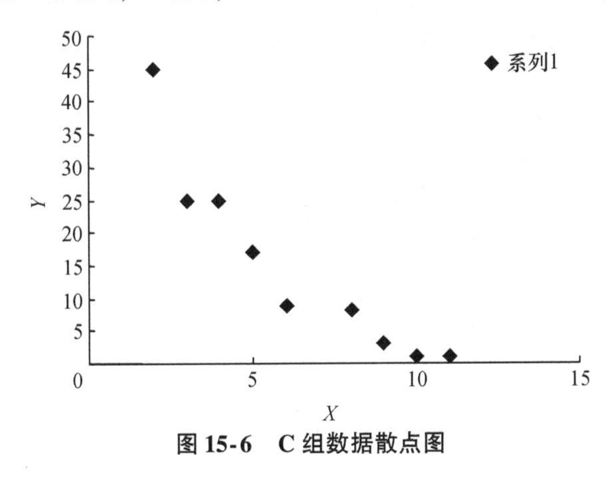

图 15-6 C 组数据散点图

五、回归分析

回归分析是相关分析的继续,目的在于找出制约变量之间关系的合适的数学模型,即变量间的数学关系表达式——回归方程,并根据回归方程进行预测。回归分析一般预先假设或确定了变量间的因果关系,明确了自变量和因变量,从而研究自变量的变化对因变量带来的影响。

一元线性回归是回归分析中最简单的一种,是其他回归分析的基础。

模型:

$$Y = \beta_1 X + \beta_0 + \varepsilon$$

其中:

Y:因变量,response variable;

X:回归变量,regressor variable;

β_0:截距,intercept;

β_1:斜率,slope;

ε:模型的误差项,一般假设 $\varepsilon \overset{iid}{\sim} N(0,\sigma^2)$

具体来讲,模型为:

$$y_i = \beta_1 x_i + \beta_0 + \varepsilon_i, \quad i = 1,2,\cdots,n; \quad \varepsilon_i \sim N(0,\sigma^2)$$

$$\{E(y_i) = \beta_0 + \beta_1 x_i \quad 或者 \quad E(y \mid x) = \beta_0 + \beta_1 x\}$$

回归方程表示当 X 变化时,变量 Y 的期望值随之变化。

确定回归方程 $\hat{y}_i = a + bx_i$,就是确定回归方程的两个参数 β_0、β_1 的估计值 a、b。在确定回归直线时,我们用最小二乘法(Least Squares Estimation,)即令

$$\sum_{i=1}^{n} (y_i - \hat{y})^2$$

最小的直线作为最佳回归直线,由此确定方程组

$$\frac{\partial}{\partial a}\left[\sum_{i=1}^{n} (y_i - \hat{y})^2\right] = 0; \quad \frac{\partial}{\partial b}\left[\sum_{i=1}^{n} (y_i - \hat{y})^2\right] = 0$$

通过解方程组,得出回归直线的方程是:

$$\hat{y} = a + b \times x,$$

其中

$$b = \frac{\sum xy - n\,\overline{xy}}{\sum x^2 - n\bar{x}^2} = \frac{n\sum xy - \sum x \sum y}{n\sum x^2 - (\sum x)^2}$$

$$a = \bar{y} - b \times \bar{x} = \frac{\sum y - b \times \sum x}{n}$$

n 是数据组数

Excel 中回归方程的命令：工具(T)—数据分析(D)—回归

回归方程的检验：

我们知道，对于任何一组数据，都可以找到一条回归直线、一个回归方程，其中，有些回归方程对于两个变量来说在统计上是显著的，而有些则不显著。因此，对于回归方程的检验，成为必要。

$$H_0:\beta_1 = 0 \quad H_1:\beta_1 \neq 0$$

$$F = \frac{\text{RSSR}}{\frac{\text{RSS}}{n-2}} \sim F_{1,n-2}$$

其中

$$\text{RSSR} = \sum (\hat{y} - \bar{y})^2$$

$$\text{RSS} = \sum (y - \hat{y})^2$$

$$\text{TSS} = \text{RSS} + \text{RSSR}$$

如果 $F > F_\alpha$，则拒绝原假设，接受备择假设，认为配置回归直线是有意义的。而如果 $F < F_\alpha$，则说明没有足够的统计证据拒绝原假设，因而认为配置回归直线是没有有意义的。

例　假设对某城市 30 位居民的年收入(万元)和年龄的调查结果如下：

序号	年龄	年收入
1	18	1.2
2	22	2.4
3	23	1.6
4	24	3.1
5	25	2
6	28	2.3
7	28	1.8
8	30	3.6
9	30	4.5
10	31	2.8
11	32	4.5
12	35	3
13	36	7.2
14	37	3.6
15	38	3.5

（续表）

序号	年龄	年收入
16	39	4.2
17	41	4.8
18	44	3
19	46	2.8
20	47	6
21	49	5.5
22	50	8
23	52	5.3
24	55	4.5
25	56	3.9
26	57	8
27	59	4.9
28	61	6.5
29	63	4.2
30	65	3.9

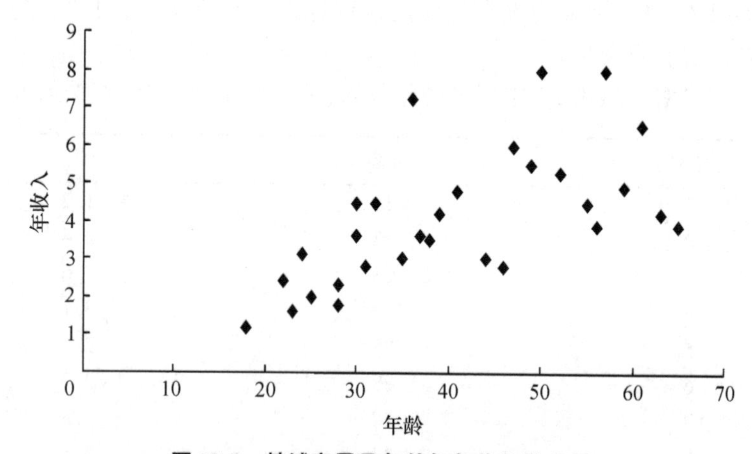

图 15-7　某城市居民年龄与年收入散点图

① 简单描述两个变量的数据散点图；

② 计算年收入对于年龄的回归方程；

③ 对回归方程作说明。

解

① 我们通过对年龄与年收入数据的散点图，可以看出，年收入随着年龄的增长有线性增加的趋势。

② 用一元线性回归模型，$n=30$

$$b=\frac{n\sum xy-\sum x\sum y}{n\sum x^2-(\sum x)^2}=\frac{30\times 5428.7-1221\times 122.6}{30\times 55099-1221^2}=0.081$$

$$a=\frac{\sum y-b\times\sum x}{n}=\frac{122.6-0.081\times 1221}{30}=0.79$$

回归方程是：居民年收入(万元)=0.081×年龄+0.79

③ 回归方程说明，就平均而言，年龄每增加1岁(自变量每增加1个单位)，居民年收入增加0.081万元。

回归分析的目的是对因变量进行合理的预测，预测的基本方法就是将自变量的值代入回归方程，然后得出因变量的预测值。在运用回归方程做预测时，要注意回归方程可能的适用范围以及约束条件。

参考文献

一、著作类

Laurence F. Jones, Edward C. Olson, *Political Science Research: A Handbook of Scope and Methods*, HarperCollins College Publishers, 1996.

Stephen L. Wasby, *Political Science—The Discipline and Its Dimensions: An introduction*, Southen Illinois University, 1970.

Gerald J. Miller, Marcia L. Whicker, *Handbook of Research Methods in Public Administration*, Marcel Dekker, Inc., 1970.

Gary King, *Unifying Political Methodology: The Likelihood Theory of Statistical Inference*, The University of Michigan Press, 1998.

W. G. Cochran, *Sampling Techniques*, 3rd Ed., John Wiley and Sons, 1977.

L. Kish, *Survey Sampling*, Wiley, 1965.

R. L. Scheaffer, W. Mendenhall, and R. L. Ott, *Elementary Survey Sampling*, 5th Ed., Duxbury Press, 1996.

David Patrick Houghton, *Political Psychology: Situations, Individuals, and Cases*, Taylor and Francies, 2009.

Martha Cottam, Beth Dietz-Uhler, Elena Mastors and Tomas Preston, *Introduction to Political Psychology*, Lawrence Erlbaume Associates, Inc., 2004.

Kristen Renwick Monroe, *Political Psychology*, Lawrence Erlbaum Associates, Inc., 2002.

Harold D. Lasswell, *Power and Personality*, W. W. R Norton&Company, Inc., 1948.

Theodore Millon, Melvin J Lerner, *Handbooke of Psychology (Volume 5): Personality and Social Psychology*, John Wiley & Sons, Inc., 2003.

Jeanne N. Knutson, *Handbook of Political Psychology*, Jossey-Bass, Inc., 1973.

Robert A. Dahl, *Mordern Political Analysis*, Prentice-Hall, 1991.

Arthur Bentley, *The Process of Government*, Belknap Press of Harvard University Press, 1967.

Robert A. Merton, *Social Theory and Social Structure*, The Free Press, 1957.

Paula S. Rothenberg, *Beyond Borders: Thinking Critically About Global Issues*, Worth Publishers, 2006.

Hans J. Morgenthau, *Politics Among Nations: The Struggle for Power and Peace*, Alfred A. Knopf, Inc., 1973.

Ernest Nagel, *The Structure of Science: Problems in the Logic of Scientific Explanation*, Hackett Publishing Company, 1979.

Anthony Downs, *An Economic Theory of Democracy*, Harper Publishing, 1957.

Carl Hempel, *Philosophy of Natural Science*, Prentice-Hall, 1966.

Karl Popper, *The Logic of Scientific Discovery*, Hutchinson, 1959.

Joseph E. Harrington, Jr., *Games, Strategies, and Decision Making*, New York: Worth Publishers, 2008.

Green and Shapiro, *Pathologies of Rational Choice Theory*, Yale University Press, 2008.

Peter G., *Institutional Theory in Political Science: The "New Institutionalism"*, Pinter, 1999.

John P., *Analysing Public Policy*, Pinter, 1998.

Gabriel A. Almond, Bingham G. Powell, Kaare Strøm, and Russell J. Dalton, *Comparative Politics: A Theoretical Framework*, 4th Ed., Longman, 2003.

Lynda Lee Kaid. ed., *Handbook of Political Communication Research*, Lawrence Erlbaum Associates, 2004.

〔美〕艾伦·C.艾萨克:《政治学:范围与方法》,郑永年等译,浙江人民出版社 1987 年版。

〔美〕贝蒂·H.齐斯克:《政治学研究方法举隅》,沈明明等译,中国社会科学出版社 1985 年版。

〔美〕斯蒂芬·范埃弗拉:《政治学研究方法指南》,陈琪译,北京大学出版社 2006 年版。

〔英〕大卫·马什、格里·斯托克:《政治科学的理论与方法》,景跃进等译,中国人民大学出版社 2006 年版。

〔美〕罗纳德·H.奇尔科特:《比较政治学理论——新范式的探索》,高铦、潘世强译,社会科学文献出版社 2000 年版。

〔美〕尼考劳斯·扎哈里亚迪斯:《比较政治学:理论、案例与方法》,宁骚、欧阳景根译,北京大学出版社 2008 年版。

〔挪威〕斯坦因·U.拉尔森:《政治学理论与方法》,任晓译,上海人民出版社 2006 年版。

〔美〕W.菲利普斯·夏夫利:《政治科学研究方法》,新知译,上海人民出版社 2006 年版。

〔美〕肯尼思·D.贝利:《现代社会研究方法》,许真译,上海人民出版社 1986 年版。

〔英〕安德鲁·海伍德:《政治学》,张立鹏译,中国人民大学出版社 2006 年版。

〔意〕加埃塔诺·莫斯卡:《政治科学要义》,任军锋等译,上海人民出版社 2005 年版。

〔美〕罗伯特·古丁、汉斯-迪特尔·克林格曼:《政治科学新手册》,钟开斌等译,生活·读书·新知三联书店 2006 年版。

〔美〕斯梅尔塞:《社会科学的比较方法》,王宏周译,社会科学文献出版社 1992 年版。

〔美〕戴维·伊斯顿:《政治生活的系统分析》,王浦劬译,华夏出版社,1999 年版。

〔美〕加布里埃尔·A.阿尔蒙德、小G.宾厄姆·鲍威尔:《比较政治学:体系、过程和政策》,曹沛霖等译,上海译文出版社 1987 年版。

〔美〕哈罗德·D.拉斯维尔:《政治学:谁得到什么?何时和如何得到?》,杨昌裕译,商务印书馆 1992 年版。

〔美〕托马斯·库恩:《科学革命的结构》,金吾伦等译,北京大学出版社 2003 年版。

〔英〕布劳格:《经济学方法论》,石士钧译,商务印书馆 1992 年版。

〔德〕马克斯·韦伯:《社会科学方法论》,韩水法译,中央编译出版社 2002 年版。

〔澳〕马尔科姆·沃特斯:《现代社会学理论》,杨善华等译,华夏出版社 2000 年版。

《列宁全集》第 27 卷,人民出版社 1990 版。

《马克思恩格斯全集》第 21 卷,人民出版社 1986 年版。

《马克思恩格斯选集》第 3 卷,人民出版社 1995 年版。

《马克思恩格斯选集》第 4 卷,人民出版社 1995 年版。

〔古希腊〕柏拉图:《理想国》,郭斌和、张竹明译,商务印书馆 1986 年版。

〔英〕戴维·米勒、韦农·波格丹诺:《布莱克维尔政治学百科全书》,邓正来等译,中国政法大学出版社 1996 年版。

〔古希腊〕亚里士多德:《政治学》,吴寿彭译,商务印书馆 1965 年版。

〔德〕马克斯·韦伯:《社会科学和经济科学价值无涉的意义》,韩水法等译,载《社会科学方法论》,中央编译出版社 1993 年版。

〔美〕威廉·F. 斯通:《政治心理学》,胡杰译,黑龙江人民出版社 1987 年版。

〔美〕罗伯特·达尔:《现代政治分析》,王沪宁等译,上海译文出版社 1987 年版。

〔英〕波普尔:《开放社会及其敌人》,陆衡等译,中国社会科学出版社 1999 年版。

〔韩〕吴锡泓、金荣枰:《政策学的主要理论》,金东日译,复旦大学出版社 2005 年版。

〔美〕D. B. 杜鲁门:《政治过程:政治利益与公共舆论》,陈尧译,天津人民出版社 2005 年版。

〔德〕罗伯特·米歇尔:《寡头统治铁律——现代民主制度中的政党社会学》,任军锋译,天津人民出版社 2003 年版。

〔德〕斐迪南·滕尼斯:《共同体与社会》,林荣远译,商务印书馆 1999 年版。

〔法〕古斯塔夫·勒庞:《革命心理学》,佟德志、刘训练译,吉林人民出版社 2004 年版。

〔加〕迈克尔·豪利特、M. 拉米什:《公共政策研究:政策循环与政策子系统》,庞诗等译,生活·读书·新知三联书店 2006 年版。

〔美〕曼瑟尔·奥尔森:《集体行动的逻辑》,陈郁等译,上海人民出版社 1995 年版。

〔美〕巴里·维恩加斯特:《政治制度:理性选择的视角》,载何俊志、任军锋、朱德米编译:《新制度主义政治学译文精选》,天津人民出版社 2007 年版。

〔英〕格雷厄姆·沃拉斯:《政治中的人性》,郑永年、李茂奇译,浙江人民出版社 1988 年版。

〔英〕罗德·黑格、马丁·哈罗普:《比较政治与政府导论》,张小劲等译,中国人民大学出版社 2007 年版。

〔英〕马尔科姆·卢瑟福:《经济学中的制度:老制度主义和新制度主义》,陈建波、郁仲莉译,中国社会科学出版社 1999 年版。

〔英〕密尔:《论代议制政府》,汪监译,商务印书馆 1997 年版。

〔英〕休谟:《人性论》,关文运译,商务印书馆 1980 年版。

〔英〕亚当·斯密:《国民财富的性质和原因的研究》下卷,郭大力、王亚南译,商务印书馆 1974 年版。

〔美〕巴林顿·摩尔:《民主与专制的社会起源》,拓夫、张东东等译,华夏出版社 1988

年版。

〔美〕本尼迪克特:《菊与刀》,刘锋译,当代世界出版社 2008 年版。

〔美〕查尔斯·林德布洛姆:《决策过程》,竺乾威、胡君芳译,上海译文出版社 1988 年版。

〔美〕丹尼斯·C. 缪勒:《公共选择理论》,杨春学等译,中国社会科学出版社 1999 年版。

〔美〕格伦·蒂德:《政治思维:永恒的困惑》,潘世强译,浙江人民出版社 1988 年版。

〔美〕古德诺:《政治与行政》,王元、杨百鹏译,华夏出版社 1987 年版。

〔美〕赫伯特·西蒙:《管理行为》,杨砾、韩春立、徐立译,北京经济学院出版社 1988 年版。

〔美〕赫伯特·西蒙:《现代决策理论的基石》,杨砾、徐立译,北京经济学院出版社 1989 年版。

〔美〕赫伯特·西蒙:《管理决策新科学》,李柱流等译,中国社会科学出版社 1982 年版。

〔美〕塞缪尔·亨廷顿:《文明的冲突与世界秩序的重建》,周琪等译,新华出版社 2002 年版。

〔美〕罗伯特·达尔:《多头政体——参与和反对》,谭君久译,商务印书馆 2003 年版。

〔美〕罗伯特·杰维斯:《系统效应:政治与社会生活中的复杂性》,李少军译,上海世纪出版集团 2008 年版。

〔美〕罗伯特·杰维斯:《国际政治中的知觉与错误知觉》,秦亚青译,世界知识出版第 2003 年版。

〔美〕西摩·马丁·李普塞特:《政治人:政治的社会基础》,张绍宗译,上海人民出版社 1997 年版。

〔美〕西摩·马丁·李普塞特:《一致与冲突》,张华青等译,上海人民出版社 1995 年版。

〔美〕莫顿·A. 卡普兰:《国际政治的系统和过程》,薄智跃译,中国人民公安大学出版社 1989 年版。

〔美〕托马斯·戴伊:《理解公共政策》(第 11 版),孙彩红译,北京大学出版社 2008 年版。

〔美〕西达·斯考切波:《国家与社会革命》,何俊志、王学东译,上海人民出版社 2007 年版。

〔美〕戴维·K. 希尔德布兰德等:《社会统计方法与技术》,赵平等译,社会科学文献出版社 2005 年版。

〔美〕约翰·G. 冈内尔:《政治理论:传统与阐释》,王小山译,浙江人民出版社 1988 年版。

〔美〕约瑟夫·熊彼特:《资本主义、社会主义与民主》,吴良健译,商务印书馆 1999 年版。

〔美〕詹姆士·戴维·巴伯:《总统的性格》,胡杰译,四川人民出版社 1991 年版。

〔美〕詹姆斯·A. 古尔德:《现代政治思想——关于领域、机制和趋势的问题》,杨淮生等译,商务印书馆 1985 年版。

〔日〕过中丰:《利益集团》,郝玉珍译,经济日报出版社 1989 年版。

〔意〕加塔诺·莫斯卡:《统治阶级》,贾鹤鹏译,译林出版社 2002 年版。

〔意〕维尔弗雷多·帕累托:《精英的兴衰》,刘北成译,上海人民出版社 2003 年版。

〔德〕爱因斯坦:《物理学的进化》,周肇威译,湖南教育出版社 2007 年版。

吕亚力:《政治学方法论》,三民书局1979年版。
彭怀恩:《政治学理论与方法论》,风云论坛出版社有限公司2003年版。
刘岳云:《政治理论与方法论》,五南图书出版公司2001年版。
胡宗山:《政治学研究方法》,华中师范大学出版社2006年版。
张铭、严强:《政治学方法论》,苏州大学出版社2003年版。
俞可平:《西方政治分析新方法论》,人民出版社1989年版。
王浦劬:《政治学基础》(第2版),北京大学出版社2006年版。
陈振明:《政治的经济学分析:新政治经济学导论》,中国人民大学出版社2003年版。
刘志伟:《论政治人理性》,中国社会科学出版社2005年版。
严强、孔繁斌:《政治基础理论的观念——价值与知识的辩论》,中山大学出版社2002年版。
孔德元:《政治社会学导论》,人民出版社2001年版。
朱永新、袁振国:《政治心理学》,知识出版社1990年版。
王科:《政治心理学》,四川人民出版社1988年版。
殷陆君:《人的现代化——心理、思想、态度、行为》,四川人民出版社1985年版。
王东理:《政治文化导论》,中国人民大学出版2002年版。
王德育:《政治学定量分析入门》,中国人民大学出版社2007年版。
何向东:《逻辑学教程》,高等教育出版社2001年版。
楚明锟:《逻辑学》,河南大学出版社2000年版。
金守臣:《逻辑新教程》,山东大学出版社1994年版。
郭桥、资建民:《大学逻辑导论》,人民出版社2003年版。
章士嵘:《科学发现的逻辑》,人民出版社1986年版。
张琼:《科学理论模型的建构》,浙江科学技术出版社1990年版。
李瑛:《现代政治学计量方法》,天津人民出版社2002年版。
风笑天:《社会学研究方法》,中国人民大学出版社2001年版。
风笑天:《社会调查中的问卷设计》,天津人民出版社2001年版。
仇立平:《社会研究方法》,重庆大学出版社2008年版。
卢淑华:《社会统计学》(第4版),北京大学出版社2009年版。
袁方:《社会研究方法教程》,北京大学出版社1997年版。
谭跃进:《定量分析方法》,中国人民大学出版社2002年版。
风笑天:《社会研究方法》,高等教育出版社2006年版。
袁卫等:《统计学》,高等教育出版社2005年版。
秦亚青:《霸权体系与国际冲突——美国在国际武装冲突中的支持行为(1945—1988)》,上海人民出版社1999年版。
时蓉华:《社会心理学》,浙江教育出版社2003年版。
费穗宇、张潘仕:《社会心理学辞典》,河北人民出版社1986年版。
周晓虹:《现代社会心理学》,上海人民出版社2000年版。

二、论文类

Elinor Ostrom, "Rational Choice Theory and Institutional Analysis: Toward Complementarity", in *The American Political Science Review*, Vol. 85, No. 1 (Mar., 1991).

William C. Mitchell, "Political Science and Public Choice: 1950—70", in *Public Choice*, Vol. 98, No. 3/4 (Jan., 1999).

Richard A. Brody, "Reviewed Work: the Nerves of Government: Models of Political Communication and Control by Karl E. Deutsch", in *The American Political Science Review*, Vol. 58, No. 3(Sep., 1964).

Robert L. Crain, Review, "The Nerves of Government: Models of Political Communication and Control by Karl E. Deutsch", in *The American Journal of Sociology*, Vol. 70, No. 6 (May, 1965).

〔美〕克佐德诺维斯基:《介入政治活动的心理动机》,王沪宁译,《现代外国哲学社会科学文摘》1984 年第 9 期。

〔美〕B. J. 比德尔:《角色理论的主要概念和研究》,曾霖生译,《现代外国哲学社会科学文摘》1988 年第 11 期。

〔美〕艾伦·C. 艾萨克:《角色理论与小团体理论》,胡淳译,《现代外国哲学社会科学文摘》1986 年第 7 期。

〔美〕彼得·霍尔、罗斯玛丽·泰勒:《政治科学与三个新制度主义》,何俊智译,《经济社会体制比较》2003 年第 5 期。

王丽萍:《政治心理学中的态度研究》,《北京大学学报(哲学社会科学版)》2006 年第 1 期。

蒋云根:《我国政治心理学在当前应该着重研究的若干主题》,《政治学研究》1999 年第 1 期。

王丽萍:《人格与政治:政治心理学领域核心关系分析》,《北京大学学报(哲学社会科学版)》2002 年第 2 期。

叶丽娟:《行为主义政治学方法论研究纲论》,《武汉大学学报》2002 年第 9 期。

赵晖、祝灵君:《从新制度主义看历史制度主义及其基本特点》,《社会科学研究》2003 年第 4 期。

黄新华:《政治科学中的新制度主义——当代西方新制度主义政治学评述》,《厦门大学学报(哲学社会科学版)》2005 年第 3 期。

任丙强:《社会学新制度主义述评》,《社会科学家》2003 年第 7 期。

田野:《国际制度研究:从旧制度主义到新制度主义》,《教学与研究》2005 年第 3 期。

吴晓文:《政治学视野中的社会学制度主义——一个文献综述》,《四川师范大学学报(社会科学版)》2008 年第 5 期。

戴扬:《中国政治学研究中的新制度主义》,《二十一世纪网络版》2009 年第 2 期。

杨帆、张弛:《利益集团理论研究:一个跨学科的综述》,《管理世界》2008 年第 4 期。

董敏志:《政治心理学的视野:政治行为与人格》,《学术月刊》1995 年第 1 期。

朱金卫、李春茂:《国外选举行为心理学研究综述》,《陕西教育学院学报》2007 年第 3 期。

甘惜分:《舆论与社会进步》,《百科知识》1987 年第 6 期。

尹继武:《心理与国际关系:个体心理分析的理论与实践》,《欧洲研究》2004 年第 1 期。

尹继武:《认知心理学在国际关系领域的应用:进步及其问题》,《外交评论》2006年第6期。

韩召颖、袁维杰:《对外分析政策中的多元启发理论》,《外交评论》2007年第6期。

张清敏:《国际政治心理学流派评析》,《国际政治科学》2008年第3期。

张清敏:《"小团体思维":外交政策分析的特殊模式》,《国际论坛》2004年第2期。

后　　记

根据目前我们掌握的资料，国外大学的政治学专业一般都在大学教育的初级阶段开设政治科学研究方法方面的课程，而且辅助社会科学应用统计软件SPSS的教学，目的在于使学生在开始接受政治理论学习的同时，掌握基本的从事政治分析的方法和技能。国内大学的政治学类专业在早些年一般不开设政治科学研究方法的课程，近年来随着对研究方法的重视以及和国外大学接轨，我们开始在本科教育阶段和研究生阶段增设这样的课程。比如有的学校开设科学研究方法，有的学校开设社会科学研究方法，有的学校开设政治学研究方法。国内高校在开设这门课时多是使用美国学者编撰的教材，国内学者目前相应的教学成果比较少见，而且我们在这门课的教学上存在一种不好处理的矛盾，即一方面想学习西方目前盛行的实证和试验，偏重于问卷、调查、访谈，把资料量化的研究方法，另一方面又受到国内大多数学者偏重于规范研究、价值分析的影响，因而往往会出现这样的困惑，即究竟什么样的方法更适合中国人研究政治问题，这个问题的存在也和我们的教学用书和教学方法有着密切的联系。

我们现在看到和使用的政治学研究方法方面的教学用书，比较著名的有艾萨克的《政治学：范围和方法》、齐斯克的《政治学研究方法举隅》、马什和斯托克的《政治科学的理论与方法》以及夏夫利的《政治科学研究方法》，还有我国台湾学者吕亚力著的《政治学方法论》，大陆学者俞可平的《西方政治分析新方法论》（后来改编为《权利政治与公益政治》）、张铭和严强的《政治学方法论》等。这些教材各有千秋。

欧美学者的成果主要是基于当代政治学已然发展到后行为主义阶段的现实，更多地倾向于实证分析和量化分析，他们主张政治科学的研究应借助于自然科学和其他社会科学的理论和方法，努力把政治研究发展成一门建立在经验的基础上可以验证、可以测量、可以试验的知识体系，因此在研究的方法上注重的是资料的搜集和分析的技术手段，或者说重点在政治研究的实际步骤和操作技能。这种研究政治的方法针对比较成熟的政治体系做相对精致的研究和分析无疑是具有很大的科学性的成分,使得政治学的研究越来越科学化,但它毕竟是建立在对欧美政治现实分析的基础上,多是对微观问题的技术分析,很难探究政治生活的本质,对于中国学生来说仍然有域外之音的感觉。

台湾学者努力结合中国人的思维方式,试图在政治学研究方法上兼顾分析框架和实际研究步骤两个方面的内容,但是实际的效果却是两个方面都不深入,给人一种泛泛而论的感觉。

大陆学者在政治学研究方法领域的涉猎相对比较晚也比较淡薄,多是对目前流行的一些政治研究方法和流派的译介,更谈不上使用和传授当下欧美时兴的比较成熟的具体的研究手段。因此,目前迫切需要一部基本的关于政治科学研究方法的著作和教材。

我们在写作本书的过程中力图做到,既注重对目前西方学者比较看重的政治研究分析框架的探讨,也强调对于实际政治问题分析的技术手段的操作;既突出西方学者前沿性的研究成果,也结合中国学者研究政治问题的习惯和思路。本书着重叙述的是各种主要的政治科学研究路径(political approach),以及分析在什么情况下使用何种方法论,如何应用这些方法来描述、解释、预测政治现象和建立政治理论。

本书是集体合作的成果,各部分作者分别是:导论(方雷、王元亮),第一部分(刘琳),第二部分(方雷、李济时、高国升、潘婧),第三部分(王元亮、李济时、方雷)。全书由方雷负责提纲拟定、体例设计、具体指导、统修定稿等各项工作,潘婧协助整理了全书的参考文献和其他具体工作。

本书系教育部“新世纪优秀人才支持计划资助”的研究成果,在写作过程中我们得到了山东大学教改项目“政治科学研究方法教学内容整体优化研究”和研究生院教材建设项目“政治学研究途径与方法”的资助,在此一并表示衷心的感谢。本书的出版还得到了北京大学出版社的大力支持,特别感谢张盈盈女士为本书付出的辛勤劳动。

由于水平所限,其中缺点错误在所难免,恳请专家学者和读者批评指正。在写作的过程中,我们引用和借鉴了国内外学者的大量研究成果、观点和数据资料,并在页下和参考文献中做了注释和说明,如有遗漏、曲解或错误,敬请学界前辈和同行专家指出和谅解,在此表示衷心的感谢。

作者谨识

2010年10月1日